代償請求権と履行不能

Koji Tanaka

Stellvertretendes commodum und Unmöglichkeit der Leistung

田中宏治

代償請求権と履行不能

信山社

Stellvertretendes commodum und Unmöglichkeit der Leistung

Shinzansha Verlag, Tokyo, 2018
6-2-9-102 Hongo, Bunkyo-Ku, Tokyo-To, ZIP 113-0033 JAPAN
Printed in Japan
ISBN 978-4-7972-6831-7

はしがき

本書は、代償請求権に関する本邦初の単行書であり、とりわけ平成二九年民法改正によって新設された代償請求権規定（民法四二二条の二）および履行不能規定（民法四一二条の二）を考察するものである。内容は大部分が新規であり、全体として書き下ろしである。

「代償請求権」は、「履行不能」という大きな分野に含まれる小さなテーマの一つに過ぎず、従来学界で論争の対象とされることはなかった。他方実務上は、指導判決と目された最高裁昭和四一年判決が危険負担に関する民法五三六条二項の類推を根拠に代償請求権を肯定していた。それに対しては、①その判示に疑わしい点があること、②民法起草者は代償請求権を否定する意思であったこと、③ドイツにおいては危険負担が代償請求権の根拠とされていないこと、を挙げて判例の類推適用論を批判する拙稿を二〇年前に私が発表し、一定の支持を得ていた。その拙稿は、債権法改正の基本方針において「代償請求権」に関して明示的に引用された唯一の学術論文となっていた。他方、「履行不能」については、そもそも、学界において問題意識が希薄で、実務上も判例が無い状況であった。

本書は、そのような状況の下で、代償請求権規定（民法四二二条の二）および履行不能規定（民法四一二条の二）が立法された経緯や、それに至る沿革、さらには外国法の状況を詳細に紹介したうえで、今後、具体的にどのような問題が生じるか、その場合に裁判官がどのような基準で判断を下すべきか、を示そうとする試みである。

本書の内容のほとんどは、言うまでもなく先学の業績に負うものである。また、本書が成るに当たっては、多くの方々のお力添えを必要とした。それらに対し、心より感謝を申し上げたい。

なお、日本学術振興会より、平成三〇年度科学研究費助成事業（科学研究費補助金）研究成果公開促進費（学術図書）が交付された。

平成三〇年九月二八日

田中宏治

目次

細目次

第一部 日本法

第二部 ドイツ法

代償請求権と履行不能

序　章

第一節　研究対象

一　総　説

本書は、平成二九年改正民法によって新設された二つの規定、すなわち、民法四一二条の二第一項の履行不能と民法四二二条の二の代償請求権という二つの規定を研究対象とし、両者の関係を明らかにするとともに、両者に共通する「不能」要件の解釈を論じるものである。

二　問　題

1　代償請求権という語と典型例

本書は、履行不能規定と代償請求権規定とをほぼ同じ比重で論じてゆくものであるが、「履行不能」の意味については追々明らかにすることにして、順序としては後者の耳慣れない「代償請求権」という語の説明から始めることとしよう。

まず、代償請求権という語は、これまで多義に用いられてきたが、本書では、民法四二二条の二の表題としての「代償請求権」を指すものとして用いる。

代償請求権が問題になる典型事案は、たとえば引渡し前に売買目的家屋を第三者が放火して焼失させたときのように、第三者の不法行為によって履行不能が生じた場合である。これは売主の責めに帰することができない事由による履行不能であるから、売主は、買主に対する債務を免れたうえで第三者に対して不法行為による損害賠償請求権を取得する。他方、買主は、売主の第三者に対する不法行為による損害賠償請求権の移転――売主が既に損害賠償金を受け取っていたときは、その支払――を売主に対して求めることができる。その場合の売主の取得した損害賠償請求権または損害賠償金が「代償」であり[1]、それを求める買主の権利が「代償請求権」である。なお、「代償」を「代償利益」と呼ぶ例も多く見られるが[2]、民法四二二条の二の「代償である権利又は利益」のうち後者だけを指すものと誤解されるおそれがあるので、本書では単に「代償」と呼ぶ[3]。

2　旧民法・改正前民法・判例

もっとも、改正前民法には代償請求権の明文の規定が無く、民法四二二条の二は、新設規定である。しかし、施行されずに終った旧民法財産編五四三条に代償請求権が規定されていて、これが、わが国の立法史上初の代償請求権規定である。この規定は、フランス民法に由来するとされ、さらに、旧民法と同様に改正前民法立法者も代償請求権を肯定した、と主張されていた[4]。

最高裁判所の裁判例としても昭和四一年のものが存在し、代償請求権とは、履行不能を生じさせたと同一の原因によって、債務者が履行の目的物の代償と考えられる利益を取得した場合に、債権者が債務者に対し、履行不能により債権者が蒙った損害の限度において、その利益の償還を請求することができる権利である、と定義したうえでその存在を肯定していた[5]。

3　平成二九年民法改正

そして現在では、平成二九年民法改正によって代償請求権規定が新設（旧民法の規定を考慮すると復活？）された。すなわち、——

第四二二条の二（代償請求権）債務者が、その債務の履行が不能となったのと同一の原因により債務の目的物の代償である権利又は利益を取得したときは、債権者は、その受けた損害の額の限度において、債務者に対し、その権利の移転又はその利益の償還を請求することができる。

この条文が加えられることによって、民法典は、最高裁昭和四一年判決とほぼ同内容の規範について明文の規定を持つことになった。そして、その規定については、従来の考え方を前提にすると、①フランス民法に由来する規定が旧民法にあった、②その旧民法と同様に平成二九年改正前民法の立法者も代償請求権を肯定していた、③判例はそれを定式化したものであり、④判例が明文化されたものが民法四二二条の二である、という単純な理解が成り立ちそうである。

そして、右条文によれば、代償請求権発生の要件の一つが「履行が不能となった」ことである。履行不能については、別途次の条文が新設され、二つの項に分かれている。すなわち、——

第四一二条の二第一項（履行不能）債務の履行が契約その他の債務の発生原因及び取引上の社会通念に照らして不能であるときは、債権者は、その債務の履行を請求することができない。

第四一二条の二第二項（履行不能）契約に基づく債務の履行がその契約の成立の時に不能であったことは、第四一五条の規定によりその履行の不能によって生じた損害の賠償を請求することを妨げない。

4　問　題

このようにして二つの条文が新設され、双方に「不能」要件が規定された。効果としては、民法四一二条の二においては、「その債務の履行を請求することができない」ことが、民法四二二条の二においては、「その権利の移転又はその利益の償還を請求することができる」ことが規定された。

本書は、両規定がいかなる関係に立つのか、そしてそこに共通する「不能」要件の関係と解釈如何、という問題を設定する。

三　研究対象の限定

1　研究対象

本書の研究対象は、民法四一二条の二および民法四二二条の二の規定に限定する。

具体的には、それらの規定がいかなる関係に立つのか、そしてそれらの不能要件をいかに解釈すべきか、という問いに答えるため、双方の規定の沿革を辿り、それらの規定の趣旨を明らかにすることである。

2　研究対象としない不能要件——損害賠償請求の要件

本書は、代償請求権の不能要件と、履行不能の不能要件との双方を対象とする。これに対し、本書が対象としない「不能」要件もある。

つまり、従来から民法学において、不能要件は、複数の民法規範を成すものであると認識され、二つの問題に分けて整理されてきた。一つは、履行請求権の限界の問題、すなわち、「目的物の滅失等により債務の履行が物理的に不可能となった場合を始めとして、債務の履行が『不能』になった場合には、債権者は債務の履行を請求することができない」ことについての問題である[7]。もう一つは、損害賠償請求権発生要件としての不能の問題である[8]。

本書は、右二者が理論上区別されるべきことを前提とし、前者の問題だけを扱い、後者の問題における不能要件を研究対象としない。後者の問題は前者の問題と関連する限りで触れる。たとえば、契約締結上の過失責任の要件としての不能を直接には扱わない。

また、両者の関係を論じる問題、つまり、理論上の法的構成として、両者が一体的に扱われるか互いに独立して扱われるか、という問題も直接には研究対象とはしない。

要するに、損害賠償請求の要件としての不能を研究対象とはしない。

第二節　研究方法

一　総　説

研究対象として、民法四一二条の二と民法四二二条の二を掲げ、しかも双方とも新設規定であるとしても、前者が履行不能一般の規定、後者が代償請求権だけの規定、という違いからして一応は、前者が後者の前提となっている、と考えることができる。また、本書は、結論として、そのような内容を主張する。

二　叙述の順序

仮にそうならば、「履行不能→代償請求権」という叙述の順序が正統のようにも見える。しかし、代償請求権の問題の方が具体的で理解しやすいことも多いため、本書では、所々逆の「代償請求権→履行不能」という説明の仕方も柔軟に加えつつ、叙述を進めて行きたい。

他方、本書は、立法史・学説史を遡ることに多くの頁を費やすが、その際には、なるべく時系列は崩さない。これも理解のしやすさのためである。しかし、ある学説が後の時代にどのように影響を与えまたは評価されているかを叙述するために、やむを得ず時代を前後させせなければならなかった箇所が若干ある。

また、本書は、主に日本法とドイツ法を扱うものであるが、前者が主であるので、原則として前者を先に叙述している。しかし、学説の継受としては、ドイツ法から日本法という一方通行であるため、やはり理解のしやすさのために、順序を前後させた箇所がある。

三　手懸かり

身近であるという点から、まず、手懸かりとしては、平成二九年改正前民法の制定過程を代償請求権について検討することから始めるべきであろう。そこでは、①旧民法にフランス式の代償請求権規定が存在していた、②改正前民法の立法者はそれを肯定的に継承する意思であった、という従来の理解（↓第一節二2）が反省を迫られることになろう。

四　全体の構成

本書は、まず日本法とドイツ法に分ける。一方で、日本法について、フランス法、旧民法制定、民法典制定、学説判例の形成および債権法改正作業を歴史的に探る。他方で、ドイツ法についても、その現行法を理解するために、やはりその立法史および学説史を遡る。

構成としては、全体を半分に割り、前半を日本法（第一部）、後半をドイツ法（第二部）とし、最後に結論を置く（結章）。

日本法（第一部）では、民法改正によって新設された二つの規定を理解するため、民法典制定過程（第一章）、民法典制定後の学説史（第二章）、近時の判例と学説（第三章）、民法（債権法）改正（第四章）に分けて、立法・学説の歴史を詳しく検討する。その際には、右に述べたように、理解のしやすさのため、所々手懸かりとして代償請求権を先に検討し、一般論としての不能論は後回しにする。

ドイツ法（第二部）では、第一部でわが国の代償請求権と履行不能における不能要件のドイツ民法学由来が明らかにされることを前提に、ドイツ民法学を詳しく検討してゆく。ドイツ民法典成立史（第五章）、ドイツ民法典成立後の学説史（第六章）、ドイツ新債務法（第七章）に分け、不能要件がどのように変遷してきたかを紹介する。

最後に（結章）、民法四一二条の二第一項と民法四二二条の二という二つの規定の関係を明らかにする。そして、それを敷衍し、両条の解釈論について、第一章から第七章までの検討から導かれる管見を示す。

（1）類語の「賠償」と異なり、「代償」は、サ変動詞としては用いられず、名詞としてだけ用いられる。
（2）於保不二雄『法律学全集二〇　債権総論〔新版〕』（有斐閣、昭四七）一〇八頁等。
（3）我妻榮『新訂債権総論』（岩波書店、昭三九）一四八頁等と同じ用語法。
（4）星野英一「判研」法協八五巻一号（昭四三）九〇頁〜九五頁、九二頁。
（5）最判昭和四一年一二月二三日民集二〇巻一〇号二二一一頁、二二一二頁。
（6）履行請求権の多義性については、窪田充見「履行請求権」ジュリスト一三一八号（平一八）一〇三頁〜一一六頁参照。
（7）法制審議会民法（債権関係）部会「民法（債権関係）の改正に関する検討事項（一）詳細版」（部会資料五―二）（平二二）九頁、民事法研究会編集部編『民法（債権関係）の改正に関する検討事項』（民事法研究会、平二三）七頁。
（8）コモンローにおいては、むしろ両者の問題が明確に区別され、不能概念は、ほとんど常に前者の問題のためのものとして用いられ、後者は、不能ではなく単なる契約違反（breach of contract）の問題として扱われることについて、*Treitel, Guenter H*: Unmöglichkeit, »Impracticability« und »Frustration« im anglo-amerikanischen Recht, Baden-Baden 1991, S. 2.

第一部　日本法

第一章　民法典制定過程

第一節　総　説

改正前民法には代償請求権の規定が無かったが、旧民法には存在した。旧民法の代償請求権の規定がフランス法に由来し、改正前民法の立法者意思が旧民法と同様に代償請求権肯定説を採っている、というのが従来の理解である（↓序章第一節二2）。

第二節　代償請求権

一　旧民法起草過程で参照された外国法

1　旧民法の代償請求権規定

旧民法財産編五四三条は、次のとおりであった(1)。すなわち、――

第五百四十三條　物の全部又は一分の滅失の場合に於て其滅失より第三者に対して或る補償訴権の生ずるときは債権者は残余の物を要求し且此訴権を行ふことを得(2)。

この代償請求権規定について確認することができるのは、当時は「物の滅失」が要件とされ、未だ「不能」概念が要件として用いられていなかったことである。そしてこの規定は、旧民法典を起草したギュスターヴ・エミール・ボアソナード（*Gustave Émile Boissonade*）（一八二五年六月七日〜一九一〇年六月二七日）の理由書（プロジェ）によれば、フランス民法旧一三〇三条に対応するものであった。[3]

2　フランス民法の規定

フランス民法旧一三〇三条は、次のとおり定めていた。[4] すなわち、――

フランス民法旧一三〇三条　債務者の過失なくして、目的物が滅失し、不融通となり又は紛失した場合には、その目的物に関する補償のための何らかの権利又は訴権があるときは、債務者は、それを債権者に譲渡しなければならない。

この規定の要件もやはり「目的物滅失」であり、「不能」概念が未だ用いられていない。

3　フランス民法の欠点

右条文について、ボアソナードは、その理由書の中で次のとおり批判した。すなわち、――

「フランス民法典（第一三〇三条）が、『補償のための権利又は訴権を債務者は債権者に譲渡しなければならないであろう。』と言うことによって、ローマの理論を再生産したように見えたのは、不注意によって引き起こされたことである。そうではなくて、直接に債権者はそれらを行使できる、ということは何の疑いもない。

イタリアの法典は、この観点から、その模範〔であるフランス民法典〕を修正したのである（第一二九九条）。[5]」

ボアソナードによれば、いったん債務者のもとに発生した権利の譲渡を債権者が請求する、というフランス民法旧一三〇三条の規定は、「ローマの理論」であり、無用の規定である。そして、その「ローマの理論」とは、ボアソナード自身によって次のとおり説明された。すなわち、――

「損害賠償の訴権は、債務者にだけ帰属することができるのであり、あるいは、少なくとも、債権譲渡の方法によってだけ債権者に移転することができる、と考えられていた。というのも、これが、ローマ法の理論だったからである。〔ローマ法では〕特定物債務の場合においてさえ引渡しまで所有権は債務者に残るため、もし第三者が目的物を滅失または損傷したときは、債務者だけが直ちに直接損害を被ったことになるので、その理論は、その当時とても理にかなっていた。(6)」

つまり、ボアソナードによれば、フランス民法下では債権者が直接に損害賠償債権を取得するにもかかわらず、それを債務者から債権者に譲渡するものと規定したフランス民法旧一三〇三条は不注意によるものであった。(7)なお、フランス民法旧一三〇三条の規定について、現代のフランスでも、ボアソナードと同様の理解が採られているようである。つまり、特定物債権者は、契約時に所有者となるために、第三者たる加害者に対する固有の損害賠償請求権を取得し、債務者は、債権者に対して賠償請求権を譲渡する必要がない。そのため、フランス民法旧一三〇三条の規定は「通常無駄である（souvent inutile）」、と言われる。(8)

4　イタリア旧民法の規定

そして、そのフランス民法を修正したものとしてボアソナードが引用したイタリア旧民法一二九九条は、次のとおりであった。(9)すなわち、――

イタリア旧民法一二九九条　債務者の過失なくして、目的物が滅失し、不融通となり又は紛失したときは、その目的物に関して債務者に帰属した権利又は訴権は債権者に移転する。

つまり、イタリア旧民法では、いったん債務者のもとに発生した権利または訴権が法律上当然に債権者に移転するのであって債務者の譲渡（行為）によって移転するのではない。したがって、債務者の行為を債権者が請求することをそもそも観念できない。その意味で、ボアソナードが指摘するとおり、イタリア旧民法においては、フランス法の構成が見事に克服されていた。

なお、この規定の要件もやはり「目的物滅失」であり、「不能」概念が未だ用いられていない。

二　ボアソナード草案

1　ボアソナード草案五六五条の規定

ボアソナードは、右のフランス民法旧一三〇三条およびイタリア旧民法一二九九条を参考にし、次の規定を草案として起こした[10]。すなわち、——

ボアソナード草案五六五条　【行使すべき残存する権利】　単に一部の滅失のとき又は滅失に基づいて第三者に対して何らかの訴権を債務者が有するときは、債権者は、その目的物について残存するものを求め又は前述の訴権を行使することができる。〔フランス民法旧一三〇三条、イタリア旧民法一二九九条参照。[11]〕

まず、ボアソナード草案五六五条は、その理由書の説明のとおりに、イタリア旧民法一二九九条に範を求め、いったん債務者のもとに発生した権利の譲渡を請求するフランス民法旧一三〇三条の構成を否定した。

また、この規定の要件もやはり「目的物滅失」であり、「不能」概念が未だ用いられていない。

2　理由書の内容

もっとも、一見すると、ボアソナード草案五六五条の体裁は、イタリア旧民法一二九九条ともかなり違う。ボアソナードは、第五六五条の立法趣旨について次のように説明していた。すなわち、――

「目的物が一部だけ滅失することがあり、そのときに残余物が債権者に属するかどうかは疑う余地がない〔のであり、債権者に属する〕[12]。もし、なす債務関係が問題であり、履行の不能（impossibilité d'exécuter）が全部ではなかったときは、債務者は、できることをできるように履行しなければならない。なさない債務関係についても同様である。

本条は、履行の不能が第三者の過失（faute）から生じる場合に備えている。債務者にとっては意外の事（cas fortuit）または不可抗力（force majeure）であるものは、第三者にとっては責任を負うべき行為である。〔……〕今日では、損害を被り、訴権を有しなければならないのは、〔契約と〕同時に所有者となる債権者である。〔……〕

唯一疑問の余地があるのは、ローマ法の訴権譲渡の理論に立ち帰るように見える場合であり、特定物を引き渡す債務関係（obligation de *livrer*）がもはや問題ではなく、〔そのため所有者であることを理由とする訴権が認めらないところの〕なす債務関係（obligation de *faire*）が問題であり、第三者が過失によってその履行を不能にした場合である。しかし、そこでもまた、第三者の行為によって債権者がひとり損害を被ったかのように、賠償の訴権は直接に債権者に帰属する、と決めなければならない。というのも、まさにそれによって債務者が債権者から解放されるのであるから、債務者は、第三者の行為によって損害を被らず、賠償の訴権を取得しないからである。まさに債権者こそが損害を被るのであり、債権者は、自分自身の問題として賠償の訴権を取得するのである。

その上、この問題は、単に理論的な問題なのではなく、極めて実務的な重要性を有している。すなわち、もし、債務者が無資力であり、かつ、第三者によって惹起された損害賠償の訴権が債務者に帰属すると決めてしまうと、その訴権は、債務者のすべての財産と同様に、債権者全員の引当てとなってしまう。すると、その訴権が優先的排他的に当該債権者に譲渡されなくなってしまう。すなわち、その訴権がすべての債権者たちのために行使されることになってしまうのである。しかし、この草案が採る近代の解決をもってすれば、債権者だけが損害を被るのだから債権者の問題として債権者だけが訴権を取得することになる。

しかしながら、履行に対する障害を惹起した第三者に対して補償を求める訴権を、債務者自身が取得することがある。それは、前条によって債務者が履行の対価についての権利を失ったときである。しかし、それもなお、債務者がその訴権を譲渡しなければならない場合ではない。そのとき、その訴権は債務者または債権者のどちらか一方〔の損害を被った方〕に帰属するのである。(13)」

結局、右理由書は次の二つのことを述べている。第一に、履行が一部だけ不能となるときは、その残余の可能な部分について債権者が履行を求めることができること、第二に、履行の不能が第三者の不法行為によるときは、①目的物たる特定物が滅失したときも、②なす債務関係の履行が不能となったときも、損害を被った当事者だけが損害賠償訴権を取得すること、である。

なお、フランス民法以来この段階に至ってもなお、代償請求権規定の要件に「不能」概念が形式的には用いられていない。けれども、右理由書には「不能」概念が繰り返し登場し、実質的な要件としては、物の滅失だけでなく履行不能一般が念頭に置かれていることを読み取ることができる。もっとも、ボアソナードがそれを強く意識した形跡はない。

3　立法趣旨

本書の視点からは、右理由書の記述のうち、履行不能が第三者の不法行為によるときは損害を被った当事者だけが損害賠償訴権を取得する、という記述が重要である。

この記述の読み方としては、債権者が損害を被ったときは債権者が固有の訴権を、債務者が損害を被ったときは債務者が固有の訴権を行使できるという不法行為原則を確認するだけの規定が第五六五条である、と同条を軽視する読み方もたしかに可能である。しかしむしろ、第一に、ボアソナードがイタリア旧民法を引用しているからにはそれと同様であることが推測されるし、第二に、「第三者に対して何らかの訴権を債務者が有するときは、債権者は、〔……〕訴権を行使できる」という文言の無理のない読み方として、いったん債務者に帰属した訴権が法律上当然に債権者に移転する、という趣旨に同条は解されるべきである(15)。

4　規定が適用されるのはどのような事案かという疑問

そうであるとして、それが適用されるのは一体どのような事案であろうか。債権者が不法行為によって損害を被れば、債権者が損害賠償訴権を取得するのであるから、債務者の訴権の移転が必要な事案は全く存在しないようにも思われるからである。その答えは、このボアソナード草案の段階の資料には見つからない。そこで、立法の次の段階を見ることにしよう。

三　法律取調委員会

1　栗塚委員の修正案

ボアソナード草案においてフランス語で起草された条文は、法律取調委員会（明治二〇年（一八八七年）一二月三日～明治二一年（一八八八年）九月二五日）において日本人委員の手によって翻訳・修正された(16)。第五六五条についても同様であり、明治二一年（一八八八年）三月一九日、栗塚省吾報告委員が次の条文案を提示した(17)。すなわち、

第五百六十五條　物の全部又は一分《ママ》の滅失の場合に於て若し債務者が其滅失の爲め第三者に對し或る補償訴權を有するときは債權者は物に付き殘る所のものを要求し且右の訴權を行ふことを得。

この提案には内容の変更は含まれていなかった。が、傍点部分の二箇所の軽微な字句修正が含まれていた。「滅

失」が全部滅失であることを明示するための、「単に一部の滅失のとき又は滅失」から「物の全部又は一分の滅失」への修正と[18]、残余物の要求と訴権の行使との接続詞の「又は」から「且」への修辞上の修正である[19]。

2　栗塚委員の疑問

もっとも、ボアソナード草案五六五条の趣旨は、法律取調委員会にとって理解しがたいものであったことが議事筆記から明らかである。まず、栗塚報告委員自身の疑問を引用しよう。すなわち、――

「本條は例へば甲者乙者へ對し自己所有の確定物を賣却せり。其際會《ママ》丙者傍より、其確定物を壊滅したりとせんに、此時に當ては、甲者は債務者にして乙者は債權者なり。其補償を有するものは所有權は契約に因て起ると云ふ原則に從へば、乙者より直ちに其補償權を行を得べし。別に甲者其補償權を有すべき理なし。又本條如く甲者羅馬法の原則の如く其物未だ引渡を爲さざる以前は甲者に補償權ありとせば、乙者其訴權を有すべき譯なし。此訴權の存する點は如何と云ふに付き、既に起案者〔ボアソナード〕に質問し置けり[20]。」

不法行為原則によれば損害を被る者が固有の訴権を取得するのであるから、第五六五条の規定する「訴権の存する點は如何」という疑問が生じるのはもっともである。

3　他委員との理解の不一致とボアソナードへの照会

他委員の疑問も議事筆記に残っている。まず、鶴田委員は、甲が乙に売った家屋を第三者丙が放火して焼いたときに甲にも過失があったまたは甲が遅滞に付されていた事例について、危険負担の債務者主義を前提に[21]、乙は甲から「毀し賃」を取ることができ、甲は丙に対して損害賠償を求めることができるので、その近道として、甲の丙に対する損害賠償訴権を「捷經《しょうけい》で直ぐに債權者〔乙〕に移して宜しい」と述べた。訴権を乙に移すという以上は、丙に対する訴権を行使できるのは乙だけであるという解釈であろう。これに対し、その事例について、栗塚報告委員は、「〔甲〕からも訴権があり〔乙〕からも訴権があると云へる」と反論し、尾崎委員も、「兩方の内の一方から行て宜しい」と同調していた(22)。

このように、そもそも本条の立法趣旨について委員間に疑問が残ったため、結局、「(**松岡委員**)之は『ボアソナード』の返事を聞いてから議すことにしましよう」(23)「(**尾崎委員**)兎《と》に角《かく》聞ひてからが宜しい(24)」「(**尾崎**)尚ほ起案者の回答を待つべし」ということに決まった。

四　法律取調再調査委員会

1　栗塚委員の修正案

右法律取調委員会での審議に基づいて再調査案が作成され、その審議のために法律取調再調査委員会（明治二一年（一八八八年）七月三日～一二月二五日）が開催された(25)。明治二一年（一八八八年）一〇月一六日、栗塚報告委員は、第五六五条について次の修正案を提示した(26)。すなわち、——

第五百六十五條　物の全部又は一分の滅失の場合に於て債務者が其滅失の爲め第三者に對し或る報復訴権を有するときは債權者は殘餘の物を要求し且右の訴權を行ふことを得。

修正は、傍点部分を含めた三箇所の軽微なものであった(27)。第一に、「場合に於て若し債務者が」の「若し」を省くこと、第二に、「補償訴權」を「報復訴權」と改めること、第三に、「物に付き殘る所のもの」を「殘餘の物」と変更すること、である。

2　ボアソナードの回答

むしろ関心を引くのは、先の法律取調委員会の照会に対するボアソナードの回答である。その点について、栗塚報告委員は、次のとおり発言した。すなわち、――

「本條は起案者より『債務者が』の四字を刪《けず》り來れり。報告委員にて其滅失の爲めとあるを其滅失よりとし報復訴權を有するとあるを報復訴權の生ずるとすべし。」(28)

つまり、ボアソナードは次の三点について修正を求めた。第一に、「債務者が」を削り、第二に、「其滅失の爲め」を「其滅失より」と直し、第三に、「訴權を有する」を「訴權の生ずる」と直すことである。その結果、第五六五条は次のとおり修正された(29)。すなわち、――

第五百六十五條　物の全部又は一分の滅失の場合に於て其滅失より第三者に對し或る補償訴權の生ずるときは債權者は殘餘の物を要求し且此訴權を行ふことを得。

3　ボアソナードの修正の趣旨

右のようにして施されたボアソナードの修正の趣旨をどう解釈するべきだろうか。

これら三点の修正は単なる文言上の修正であって実質的には無意味な修正である、という解釈もたしかに可能である。しかし、法律取調委員会の日本人委員からの照会を受けたボアソナードが本条の存在意義に疑問を持つに至って文言を修正した、と解すべきである。

なぜならば、ボアソナードがことさらに「債務者が〔……〕有する（le débiteur a）(30)」という文言を削って「生ずる（il en résulte）(31)」と直すことを望んだからである。つまり、修正前の「債務者が〔……〕有する」という文言によっては、いったん債務者のもとに発生した訴権が債権者に移転する、ということになる。それに対し、「生ずる」という文言に直せば、損害を被った債権者固有の訴権が直接に債権者のもとに生ずる、と読むことができる。つまり、ボアソナードは、債権者が固有の訴権を取得する以上は本条が不要になることを認識するに至る一方、条文の削除までは求めずに文言上の修正を指示するに留めた、と解すべきである。この解釈の正当性は、それが日本人委員の意見と一致することおよびその後の旧民法修正においてこの規定が不要として削除されたことによってもまた裏付けられるであろう。

五　旧民法財産編

1　旧民法財産編五四三条

その後の明治二三年（一八九〇年）四月二一日に旧民法財産編は公布された。法律取調再調査委員会案五六五条は、①条番号の変更、②「第三者に對して」の「て」の追加、という修正を受け、旧民法財産編五四三条となった。すなわち、——

第五百四十三條　物の全部又は一分の滅失の場合に於て其滅失より第三者に対して或る補償訴権の生ずるときは債権者は残余の物を要求し且此訴権を行ふことを得。(32)

2　立法趣旨

制定過程の議論を踏まえると、旧民法財産編五四三条の立法趣旨は、次のとおりにまとめることができる。当初、ボアソナードは、第三者の不法行為によって履行不能が生じる場合を念頭に、フランス民法旧一三〇三条の構成〔①〕——いったん債務者のもとに発生した権利を債権者が譲渡しなければならない（権利の移転には債務者の行為が必要）——を否定する趣旨でボアソナード草案五六五条を起草した。それは、イタリア旧民法一二九九条の構成〔②〕——いったん債務者のもとに発生した権利が債権者に法律上当然に移転する——を採用していた。

しかし、その後の日本人委員との問答の中で、ボアソナードは、債権者固有の訴権の発生を認めればこの規定が不要となることに気付き、そのような構成〔③〕――債権者のもとに直接に権利が発生する――としても読める文言に改めた。そして、その内容のままの旧民法財産編五四三条が立法されたのであるから、同条は、第三者の債権侵害によって債権者に対する不法行為が成立することを確認する規定にすぎない、と解釈されるべきである。(33)

六　旧民法修正

旧民法財産編五四三条は、その後の民法修正の過程で削除された。その理由は、同条の修正を担当した民法典起草委員の富井政章博士（安政五年（一八五八年）九月一〇日〜昭和一〇年（一九三五年）九月一四日）の叙述から明らかとなる。

1　富井博士の代償請求権否定説

富井博士は、明治二一年（一八八八年）二月二七日当時法科大学教授として『契約法講義』(34)を公表し、その中で次のとおり解説する。(35)すなわち、――

「物件若し第三者の過失又は所為に因て滅盡したるときは、其被害者と爲るべき者は權利者たり。何となれば、現行法に於ては、權利者は引渡を俟たず合意の一事を以て所有者となればなり。故に其損害要償の權は權利者に在るものとす。義務者は被害者に非ざるを以て要償の訴權を有せず。從て又之を債權者に移すの必要なし。果して然らば佛民法千三百〇三條は全く現行法の下に在て適用なきものとす。是れ不注意にポチエの説を謄載したるものに外ならざるなり。伊太利民法は之に反して權利者に直接の要償權あることを明言せり（一二九九）。是全く無要の條文と云ふべきのみ。」

ここで、「是全く無要の條文と云ふべきのみ」の「是」とは何を指すのかが一応問題となる。同書が「佛朗西民法教科書」として書かれた[36]ことからすると、フランス民法旧一三〇三条を指すと読むこともたしかに可能である。しかし、直前のイタリア旧民法一二九九条を指すと読む方が文法には適っている。しかも、内容的にも、以下で紹介するところの起草委員としての富井提案と一貫させるならば、イタリア旧民法一二九九条を指し、右引用部分全体で、仏伊法双方を批判していると読むべきである[37]。

他方、富井博士は、旧民法財産編五四三条の規定についても、旧民法公布（明治二三年（一八九〇年）四月二一日）直後の同年七月二八日に刊行された『民法論綱』[38]の中で次のとおり述べた。すなわち、――

「伊太利民法及我新民法は之に反して債権者に直接の求償訴権ある事を明言せり（伊一二九九）。是蓋《けだ》し明文を俟《ま》たざる原則の結果なり[39]。」

この箇所には、二つの文が含まれている。第一文は、イタリア旧民法の構成でも旧民法の構成でも、譲渡という債務者の行為を介さずに債権者が権利を取得することを説明する。第二文は、それが不法行為原則どおりであって明文の規定が不要なことを説明している。

すなわち、旧民法財産編五四三条についての富井博士の理解は、まさにボアソナードの理解と同一である。そして、富井博士は、そのような理解の下、第五四三条の削除を提案してゆくことになる。

2　富井起草委員の旧民法財産編五四三条削除提案

その後、いわゆる民法典論争の結果、明治二五年（一八九二年）に旧民法施行延期が決まり、翌二六年（一八九三年）に旧民法修正を目的とした法典調査会が設置され、穂積陳重、富井政章および梅謙次郎の三名が起草委員に就任した。法典調査会において財産編五四三条が取り上げられたのは、明治二八年（一八九五年）四月五日の第七五回法典調査会であった。同条を担当した富井委員は、次のとおり述べてその削除を提案した。すなわち、――

「五百四十三條は、履行の不能に依て債務を免かれたる者が第三者に對して損害賠償其他の訴權を持つて居れば債權者に轉付するに及ばない、其債權を債權者が直接に其權利を行ふことが出來ると云ふ規定なのであります。是は今日の法律に於ては債權者は所有者となつて居る。特定物の場合があれば即ち自分の物を害せられた、夫《それ》故に債權者は第三者に對して直接に權利を行ふことが出來ると云ふことは疑《うたがい》がない。者《ママ》〔「昔」の誤字か〕は反對主義が行はれたのでありますから反對の規則が存して居つたのでありますけれども、今日は言ふを待たないことであらうと思ふ。夫《そ》れから特定物でない場合、例へば作爲の義務に付て第三者が債務者の手を切つて約束した書畫《しょが》を書くことが出來なくなつたと云ふ様な場合、此場合に於ても債權者は第三者の所爲に依て履行を得ることの出來なくなつた事由を以て第三者に對して損害賠償の訴權を持つて居ると云ふことは疑ないことと思ひます。幾ら契約と云ふことは當事者間に債務の關係を生ずるにしても債務者に對しては對人權を持つて居ると同時に社會一般の者に對しては一の對世權を持つて居ると信ずる。即ち契約に依て生じたる所の權利を害せられないと云ふ權利を持つて居る。而て第三者が其權利の實行を受くることが出來ない様にしたときには即ち不正の所爲を行なつたのである。即ち債權者の對世權を害したのであるから無論其箇條を以て損害賠償の訴を起すことが出來るのは論を待たない。債務者も自分が手を切られたと云ふ廉《かど》を以て訴を起すでありませう。夫れを債權者に危險を移すと云ふ様なことが《ママ》必要が少しも生じて來ない。夫《それ》故に此五百四十三條の規定も置く必要がなからうと思ふ。[40]」

富井委員は、削除提案の理由を述べるのに、比較法に言及せず、純粋に理論上の問題とする。まずボアソナードと同様に、同条を「履行の不能」を要件とする規定である、と措定する。そして、富井委員によれば、第三者の行為によって生じる履行不能について、①特定物に関する行為を目的とする債務であっても物権変動の意思主義を前提とすれば、債権者は、既に所有者であって被害者であるのだから、損害賠償債権を取得するし、②ましてやそれ以外の債務において第三者の不法行為によって債務者の履行が不能となることで債権者が損害を被れば、もちろん債権者が固有の損害賠償債権を取得する。したがって、いずれにしても、いったん債務者に発生した権利を債権者に移転する必要がなく、旧民法財産編五四三条の規定が不要になる。

私たちが見てきたように、このような理解には既にボアソナードも到達していたのであり、富井委員は、それを敷衍したにすぎない。

しかし、富井委員がボアソナードと決定的に違うのは、ボアソナードが不法行為原則の確認規定として旧民法財産編五四三条を温存したのに対し、富井委員は不要であることを理由に条文の削除まで提案したことである。

3　削除の決定

この富井提案を受け、箕作麟祥議長が異議の無いことを確認し、旧民法財産編五四三条の削除が決定した[41]。それ以降の旧民法修正過程においては、同条に関する議論は見出されない。

七　改正前民法典

改正前民法典の前三編は、明治二九年（一八九六年）四月二七日に公布され、明治三一年（一八九八年）七月一六日に施行された。しかし、そこには右の経緯から代償請求権の規定が存在しないのである。

八　まとめ

民法制定過程における代償請求権についての議論は次のとおりであった。

1　イタリア旧民法に由来する旧民法の代償請求権規定

第一に、旧民法財産編五四三条には、代償請求権を肯定する規定があった。その規定は、イタリア旧民法に由来するものであり、フランス法の規定を否定する趣旨であった。すなわち、旧民法起草を担当したボアソナードは、いったん債務者のもとに発生した権利を譲渡しなければならないというフランス民法の構成を否定し、いったん債務者のもとに発生した権利が法律上当然に債権者に移転するというイタリア旧民法の構成を参考にボアソナード草案を起草した。そして、ボアソナードは、法律取調委員会・法律取調再調査委員会において邦語訳される際に、イタリア旧民法の構成すら否定する形で、債権者固有の権利の発生とも読める文言に直すことを求めたのであった。そのような経緯で成立した旧民法財産編五四三条は、第三者の債権侵害によって債権者に対する不法行為が成立することを確認する規定にすぎないことになる。

2　改正前民法の立法者意思としての代償請求権否定説

第二に、改正前民法の立法者意思は、代償請求権について旧民法と反対の趣旨、すなわち、代償請求権を否定する趣旨である。改正前民法の代償請求権の部分を担当した富井博士は、イタリア旧民法に由来する旧民法の構成を否定し、代償請求権の存在意義を否定したのであった。

つまり、わが国の代償請求権規定の系譜は、イタリア旧民法からボアソナード草案そして旧民法までで絶たれたのである。

3　従来の見解の評価

従来は、①わが国の旧民法の代償請求権規定がフランス法に由来する、②改正前民法の立法者意思が旧民法と同様に代償請求権肯定説である、と推測されていた(42)（→第三章第三節三1）。しかし、立法資料を詳細に検討すると右の①②はいずれも妥当しない。①旧民法の規定は、イタリア旧民法に由来し、②改正前民法の立法者意思は、旧民法と反対に代償請求権否定説だからである。

4　代償請求権の不能要件

代償請求権の要件としては、フランス民法旧一三〇三条からボアソナード草案五六五条を経て旧民法財産編五四三条まで、「物の滅失」に終始し、条文の文言にはついぞ「不能」概念は登場しない点が重要である。つまり、旧民法までの段階では、規定上は、代償請求権の要件は、不能概念によって成り立っていたわけではなかった。もっとも、考え方としては、代償請求権が履行不能を要件としていることがボアソナード草案の理由書で説明され、旧民法修正の段階でも富井博士が同旨を説いていた。しかし、それ以上の詳しい説明を不能要件に関して見出すことができないため、次節では、代償請求権に範囲を限らずに広く当時の不能概念についての議論を見てみることにしよう。

第三節　不　能

一　旧民法起草過程で参照された外国法

1　旧民法の明文の規定

旧民法財産編には、履行の不能による義務の消滅についての明文の規定が存在していた。位置は、「第二部　人権及ヒ義務　第三章　義務ノ消滅　第六節　履行ノ不能」の冒頭規定である。すなわち、――

第五百三十九条　義務が特定物の引渡を目的としたる場合に於て其目的物が債務者の過失なく且付遅滞前に滅失し紛失し又は不融通物と為りたるときは其義務は履行の不能に因りて消滅す。若し義務が定まりたる物の中の数箇を目的としたる場合に於て其一箇をも引渡すこと能はざるときは亦同じ。

作為又は不作為の義務は其履行が右と同一の条件を以て不能と為りたるときは消滅す。[43]

この第五三九条は、フランス民法旧一三〇二条一項（後述）に由来する。[44]また、第五三九条の規定は、現行民法典では、債権の消滅原因の一つに相当する。したがって、そこで規定される不能は、――後発的不能に限定する文言が無くても――現在の用語の「後発的不能」に相当するものだと言ってよい。

そして、この第五三九条を冒頭規定とする「履行ノ不能」の節に先述の代償請求権規定（第五四三条）が置かれていた。そのため、旧民法においては、代償請求権は、その規定の条文自体には履行不能の文言を欠いていたけれども（前節参照）、履行不能による義務消滅を要件とすることが条文の位置からも明確であった。

他方、旧民法財産編には合意の有効要件としての不能の規定も別途存在した。[45]すなわち、「第二部　人権及ヒ義務　第一章　義務ノ原因　第一節　合意　第二款　合意ノ成立及ヒ有効ノ条件」の条文である。[46]すなわち、――

第三百二十二條一項　合意は不法又は不能の作為又は不作為を目的とするときは無効なり。

これは、現在の用語法で言う、法律行為の有効要件としての「目的の可能」に関する規定である。したがって、その不能は、現在の用語の「原始的不能」に相当する。もっとも、この第三二二条一項が成立した経緯については後で説明するように明確ではない部分が残っている。

このように用語の問題はあるにせよ、現在の「後発的不能による給付義務（債権）消滅」および「原始的不能による契約無効」に相当する明文の規定が旧民法には存在していたことを確認することができる。

2　フランス民法の規定

フランス民法旧一三〇二条一項は、「第三編　所有権取得原因　第三章　契約又は約定的債務関係一般　第五節

債務関係の消滅　第六款　目的物の滅失」において、次のとおり定めていた[47]。すなわち、――

フランス民法旧一三〇二条一項　債務関係（obligation）の目的（objet）であった特定物が滅失し、不融通とされ又は紛失してその存在が全く知られない場合には、債務者の過失なしに、かつ、債務者が遅滞に付される前に、目的物が滅失し又は紛失したときは、債務関係が消滅する。

ここでは、「目的物の滅失」という款の名称からしても、物の滅失こそが債務関係の消滅の要件とされていることが明らかである。

なお、フランス民法旧一三〇三条の規定（「第六款　目的物の滅失」の最後の規定）が先述の代償請求権規定である。そのため、フランス民法においても規定の順序からして、代償請求権発生は、目的物滅失による債務関係消滅を要件とすることが明らかであった。

3　イタリア旧民法の規定

フランス民法旧一三〇二条一項に相当するイタリア旧民法一二九八条一項は、「第三編　所有権及び他の物権の取得及び喪失原因　第四章　債務関係および契約一般　第四節　債務関係の消滅原因　第六款　目的物の滅失」の中に次のとおり規定されていた。すなわち、――

イタリア旧民法一二九八条一項　債務関係（obbligazione）の目的（oggetto）であった特定物が滅失し、不融通とされ又は紛失してその存在が全く知られない場合には、債務者の過失なしに、かつ、債務者が遅滞に付される前に、目的物が滅失し、不融通とされ又は紛失したときは、債務関係が消滅する[48]。

フランス民法旧一三〇二条一項と並べれば、傍点部分以外は全く同じことが明らかである。したがって、代償請求権規定については仏伊の違いが重要であったのとは異なり、本条に関しては、イタリア旧民法の存在は無視してよい。

なお、イタリア旧民法一二九八条の次が代償請求権の第一二九九条である。そのため、フランス民法と同様イタリア旧民法においても、代償請求権発生は、目的物滅失による債務関係消滅を要件とすることが明らかであった。

二　ボアソナード草案

1　ボアソナード草案五六一条の規定

右のフランス民法旧一三〇二条一項を参考に、ボアソナード草案五六一条が次のとおり起草された(49)。すなわち、――

ボアソナード草案五六一条　【履行の不能（impossibilité d'exécuter）の諸場合】　債務関係が特定物の引渡しを目的とした場合において、その目的物が債務者の過失なくかつ付遅滞前に滅失し、紛失し又は不融通物となったときは、その債務関係は消滅する。定められた集合物の中から選択すべき一つの物を債務関係が目的とする場合において、そのすべての物の引渡しが不能となるときも、同様とする。

なす債務関係（l'obligation de faire）又はなさない債務関係（l'obligation de ne pas faire）は、〔なす債務関係の〕作為（exécution）又は〔なさない債務関係の〕不作為（abstention）が右と同一の条件において不能となったときは、消滅する。

右条文をフランス民法旧一三〇二条一項およびイタリア旧民法一二九八条一項と比較すると、一応は、「物の滅失」が要件とされているけれども、制限種類物の引渡しについてついに「不能」概念が登場し、また、表題にも

「不能」概念が登場していることに気付く。
「不能」概念を債務関係消滅の要件とするのは、フランス民法やイタリア旧民法ではなく、ボアソナード草案を起源とするのである。(50)

2　理由書の内容

では、右の「不能」概念は、どのような意図で導入されたのであろうか。ボアソナード草案の理由書においては、この点について次のとおり説明されている。すなわち、――

「この債務関係消滅の原因は、一般に、『目的物の滅失』と呼ばれている。しかし、その表現は、最も頻繁に生じる〔目的物の滅失の〕場合には当てはまるものの、十分な幅を持ってはいない。すなわち、特に、なす債務関係に関してである。〔……〕

種類物全部が、すなわち代替物全部が滅失してしまうことは決してない、ということは明白な真理である〈種類物は滅失しない（genera non pereunt)〉。〔……〕

しかしながら、種類物（chose *de genre*）の債務関係の履行不能（impossibilité d'exécuter）の場合を認めることができる。すなわち、治安措置（sécurité publique）によって種類物全体が不融通となったときがそうである。それは、特定の物質または危険な器具について稀ではない。明文でこの場合を規定していなくても、躊躇することなくこの〔種類物の債務関係の履行不能の〕場合を補うであろう。〔……〕

個別には定められてはいないけれども全体として定められたある数量の中から取られるべき目的（objet）を、法は特定物と同列に置く。そのときその数量は制限種類（*genre limité*）であり、全体として滅失することがあり、そのときはもちろん約定の目的（objet promis）を与えることの不能をもたらす。したがって、一〇〇石の米が貯蔵されている倉庫から取られるべき一〇石を約定した場合において、一〇〇石総てが滅失するときは、〔債務者は〕解放される（libéré）。しかし、一〇石だけ残っているときは、それを〔債務者は債権者に〕与えなければならない。五石だけ残っているときは、その五石を与えて解放される。

もし、引き渡す債務関係の代わりになす債務関係を想定するならば、履行不能は同様に債務者を解放するであろう。もっとも、この場合は特に留意するに値する、というのは、債務者を解放するには、履行の不能が絶対的（*absolue*）でなくてもよく、履行不能は相対的、すなわち、債務者に固有のもの（personnelle）でもよいからである。したがって、債務者の個人的な才能が主として考慮に入れられた、芸術作品、仕事（industire）または文学作品が債務関係の目的であり、かつ、債務者が病気または不治の身体障害によって履行できなくなったのであれば、債務者は解放される。債務者は他の人に履行させてはならないし、履行させなくてもよいのである。

なさない債務関係をここでは法律〔フランス民法〕は想定することができなかったらしい。第三者によってまたは当局（l'autorité）によって、なさない約束したことをなすように強いられる、ということを想定するのはさほど容易ではない。しかしながら、やむを得ない場合にはそういうこともあるだろう。つまり、他人の土地に通行権を有している者が承役地の邪魔となることから、ある期間通行権を行使しないことを約束する。これは、地役物権の放棄ではなく、単なる債務関係である。その期間に、洪水またはその他の――道路工事のような――重大な原因によって、要役地と公道との交通が遮断される。債務者が承役地を通らなければならない。債務者は不可抗力によって、なさない債務関係から解放されたのである。〔なさない債務関係の〕不作為（abstention）が不能であり、債務者は守らなくてもよいからである。隣接地での取水を一時的になさない〔というなさない債務関係を〕約束をしたものの火災によって取水を強いられたときも同様である。

したがって、履行（ここでは、不作為（s'abstenir））の不能による債務者の解放の原則は、「なさない（de ne pas faire）」債務関係にも同様に適用されるのである。

本条において定められているように債務関係が消滅するには、次の三つを要する。すなわち、第一に、債務者が何らかの過失（faute）または懈怠（négligence）を犯して目的物の滅失または履行の不能を惹起したのではないこと、第二に、履行不能が生じた時点で債務者が引渡し（livrer）または履行（exécuter）の遅滞に陥っていないこと、第三に、債務者がそれらの危険を負担していたのではないこと、である。[51]」

つまり、右理由書によれば、特定物引渡しを目的とする債務関係における物の滅失についてのみ規定するフランス民法旧一三〇二条一項の規定が狭すぎるために「不完全ナ」規定であり、[52] ①特定物引渡しの債務関係だけでなく、②制限種類物引渡しの債務関係、③なす債務関係、④なさない債務関係についても規定するべきである。そして、それらはすべて、ボアソナード草案五六一条の表題の「履行の不能の諸場合」に含まれる。[53] すなわち、履行不能の諸場合とは、①特定物引渡しの債務関係においては、目的物の滅失による履行不能であり、②制限種類物引渡しの債務関係においては、制限種類物全部の滅失による履行不能であり、③なす債務関係においては、作為の不能であり、④なさない債務関係においては、不作為の不能であり、それらはいずれも債務者の無過失かつ付遅滞前でなければならなかった。

そして実際に、「履行の不能の諸場合」が①～④であることを明示する形で条文案が起草されたのであった。

3　後発的無責不能こそが要件であること

もっとも、ボアソナードは、履行不能を①～④に限定する趣旨ではなく、履行不能でありさえすれば①～④以外の債務関係においても債務関係が消滅する、と考えていた。たとえば、右に長く引用したボアソナード草案五六一条に関する理由書の記述によれば、同条に明文で規定された制限種類物引渡しではなく、種類物引渡しの債務関係においても、治安措置によって種類物全部が不融通となれば履行不能によって債務関係は消滅する。[54] 結局、ボアソナード草案五六一条は、――その表題が表すとおり――「履行の不能の諸場合」を規定していたのであり、債務者の無過失かつ付遅滞前の履行不能こそが債務関係消滅という効果を導く要件であった。そして、その債務者の無過失かつ付遅滞前の履行不能とは、現在の用語では、後発的無責不能と呼ぶべきものである。

すると、そのようなボアソナード草案五六一条の不能規定においても、代償請求権規定（ボアソナード草案五六五条）においてと同様（→第一章第二節二2）、文言上はともかく実質的には履行不能が要件とされていることになり、代償請求権発生は、履行不能による債務関係消滅を要件としていたことになる。しかし、第一に、両者が直接に並列されていずに条文の位置に隔たりがあることと、第二に、ボアソナード草案五六一条が条文中の文言では主に滅失としているものの表題では不能と言い、他方で同草案五六五条はもっぱら滅失を要件として掲げていることから、両条の関係が――フランス民法（→第一章第三節一2）やイタリア旧民法（→第一章第三節一3）における両条の関係とは異なって――一見して明確とは言い難くなっていることを指摘することができる。

4　ボアソナード草案三四三条一項の規定

その一方で、原始的不能に関しては、ボアソナード草案三四三条が次のとおり起草され、その際にはフランス民法旧一一七二条を参考にしたことが明記されている。[55] すなわち、――

ボアソナード草案三四三条一項　【合意を無効とする目的】　不法又は不能な作為（acte）又は不作為（abstention）を目的とする合意は、無効とする。

ところが、フランス民法旧一一七二条を見てみても、同条の規定は、「不能な、良俗に反する又は法律の規定により禁止される条件は、無効とし、その条件を付した合意は、無効とする。」という不能条件・不法条件に関するもので、わが国の民法一三三条・一三二条の規定に相当するものである。すなわち、ボアソナード草案三四三条一項の原始的不能規定は、フランス民法の規定そのままではないことが明らかである。

ボアソナード草案三四三条一項の規定についての理由書は、この規定が合意の目的に関するものであることを記し、[56] さらに、「草案がまず規定するのは、原則として不法または不能な作為の契約（promesse）が無効であり、その無効はもちろん絶対的な無効だということであるが、それは、諾約者が法律上処分することができる物または行為を合意が目的としていないときは、第三二五条の規定〔「合意が存在するためには、次の各号のいずれにも該当しなければならない。〔……〕確定した目的及びそれを当事者が処分することができること」〕がその合意の存在を認めないからである[57]」と言うのみである。

そこでボアソナード草案三二五条の規定についての理由書を見てみると、それがフランス民法旧一一〇八条に由来することが明らかである[58]。しかし、フランス民法旧一一〇八条は、ボアソナード草案三二五条がそうであるように、目的の確定性を含め合意の有効要件を一般的に規定するものにすぎない。そうすると、結局、ボアソナード草案三四三条一項の原始的不能規定は、フランス民法典なりイタリア旧民法典なり特定の既成の条文を写し取ったものではなく、ボアソナード自身の考案だと言うべきことになる。

そのような考案に至った一つの理由は、草案三二五条に関してであるが、フランス民法一六〇一条（目的物滅失による売買無効の規定）を一般化するべきと述べていることからしても[59]、不能条件に限定されたフランス民法旧一一七二条を一般化しようという意図があったと推測される。しかし、残念ながら経緯をこれ以上詳らかにすることはできなかった。なお、ボアソナードが原始的不能に関してドイツのパンデクテン法学を参照した形跡は見られない。

三　法律取調委員会

1　後発的不能規定

ボアソナード草案五六一条は、明治二一年（一八八八年）三月一九日の法律取調委員会において翻訳・修正された。そこでは、栗塚省吾報告委員が次のとおり修正案を提示した[60]。すなわち、――

第五百六十一条　義務が特定物の引渡を目的としたる場合に於て其目的物が債務者の過愆《かけん》なく且債務者の遅滞に在る前に滅失し紛失し又は通易することを得ざるものと為りたるときは其義務は消滅す。若し義務が定まりたる物の聚《しゅう》合《ごう》中より取るべき一箇の物を目的としたる場合に於て其何れの引渡も不能と為りたるときも亦同じ（第千三百二条第一項）。

又為し又は為さざるの義務は其履行又は封止が右同一の條件に於て不能と為りたるときは消滅す。

ここでの議論は訳語の適不適に終始し、規定の内容については議論されなかった。(61)

2　原始的不能規定

原始的不能に関する規定の修正案は、次のとおりである。(62) すなわち、――

第三百四十三條一項　合意が不法又は不能の所為若くは封止を目的とするときは其合意は無効たり。（第千百七十二條）。

右修正案は、ボアソナード草案の直訳である。その箇所で示したボアソナード草案の拙訳（↓第一章第三節二4）とは、訳語が異なるが、内容は同じである。

四　法律取調再調査委員会

1　後発的不能規定についての栗塚委員の修正案

明治二一年（一八八八年）一〇月一六日の法律取調再調査委員会において、修正案が次のとおり提示された。(63) すなわち、――

第五百六十一條　義務が特定物の引渡を目的としたる場合に於て其目的物が債務者の過失なく且遲滯に在る前に滅失し紛失し又は不融通物と爲りたるときは其義務は履行の不能に因りて消滅す。若し義務が數箇の特定物中の若干を目的としたる場合に於て其一箇の引渡も不能と爲りたるときは亦同じ。

作爲又は不作爲の義務は其履行が右と同じ條件を以て不能と爲りたるときは消滅す。

この段階でついに、「履行の不能に因りて」という文言の挿入が提案された。これによって初めて、目的物滅失等の概念ではなく、その上位概念としての履行不能概念を用いて要件が記述されたことになる。

2　清岡委員の主張

この文言の挿入を強く主張したのは、清岡委員であった。その理由は、「（**清岡委員**）〔挿入しなければ〕なんで消滅するか分らん。只消滅す丈《だ》けでは分りません。履行の不能に因て消滅する場合を云ふのでありましよう」[64]「（**清岡**）履行の不能に因りと云ふは〔……〕消滅の原由を示したるものなればなり」[65]、というものであった。また――既に紹介したとおり――ボアソナード草案五六一条には、「履行の不能の諸場合」という表題が付けられていたため、「（**清岡委員**）表題の履行の不能〔……〕を削ると何んで消滅するか分りません」[66]とも発言された。つまり、「履行の不能の諸場合」という表題を削ることを提案するならば、その代わりに「履行の不能に因りて」という文言を本文中に挿入しよう、という意見であった。

この意見は、ボアソナード草案五六一条の立法趣旨を正確に汲むだけでなく、義務の消滅という効果を定めるに当たって要件を明確にしなければならないという至極真っ当な法律論であった。

3　栗塚委員の主張

にもかかわらず、この清岡委員の主張は、当初からすべての委員に賛成されていたわけではなかった。

栗塚報告委員は、清岡委員の主張に対し、「（**栗塚報告委員**）左様なら、義務が特定物の引渡を目的としたる場合に於て、其債務者の過失なり又不融通物と為りたるときは義務の履行は不能となり、不能と為りたるときは義務消滅、と云はなければなりません」と疑問を挟み(67)、「其義務は履行の不能に因りて消滅す、とあるを、其義務は消滅す、としたし(68)」と反対した。つまり、「履行の不能に因りて」を挿入すると有責不能であってもよい——ボアソナード草案五六一条の「履行の不能」は「債務者の無過失かつ付遅滞前の履行不能」（つまり後発的無責不能）と解釈するべきことは既に述べたとおりであるが——と誤解される恐れがあるので挿入しないでおこう、という主張であった。

しかし、右の栗塚報告委員の危惧に共鳴する者は少なかった模様であり、結局、「履行の不能に因りて」は挿入された。おそらく、本文中に「過失なく」という明文が入っているため、栗塚報告委員の言うような誤解の余地はない、と委員会が判断したのであろうと推測される。

結局、目的物滅失等ではなくその上位概念の履行不能を用いて要件が記述されるべきことは、——ボアソナード草案五六一条においては、その表題「履行の不能の諸場合」によって表現されていたところ——法律取調再調査委員会の修正案においては「履行の不能に因りて」という文言によって表現されることになった。

4　原始的不能規定

原始的不能に関する規定の修正案は、次のとおりであった(69)。すなわち、——

第三百四十三條一項　契約は不法又は不能の作爲又は不作爲を目的とするときは無效なり。

ここでは、「合意」が「契約」に、「所爲」が「作爲」に、「封止」が「不作爲」に字句が改められただけであり、結局、ボアソナード草案（→第一章第三節二4）から内容の変更は施されなかったことになる(70)。

五　旧民法財産編

1　後発的不能規定

旧民法が公布され（明治二三年（一八九〇年）四月二一日）、法律取調再調査委員会案五六一条は、「旧民法　財産編　第二部　人権及ヒ義務　第三章　義務ノ消滅　第六節　履行ノ不能」における第五三九条となった。右修正案五六一条との違いは、条番号および若干の字句の修正のみである。[71]すなわち、――

第五百三十九條　義務が特定物の引渡を目的としたる場合に於て其目的物が債務者の過失なく且付遅滞前に滅失し紛失し又は不融通物と為りたるときは其義務は履行の不能に因りて消滅す。若し義務が定まりたる物の中の数箇を目的としたる場合に於て其一箇をも引渡すこと能はざるときは亦同じ。

作為又は不作為の義務は其履行が右と同一の条件を以て不能と為りたるときは消滅す。[72]

この旧民法財産編五三九条は、その趣旨をボアソナード草案五六一条のそれと同じくし、[73]――「債務者の無過失且つ付遅滞前の目的物の滅失」を債務関係消滅の要件として掲げる――フランス民法（およびイタリア旧民法）を敢えて踏襲せず、――債務者の無過失かつ付遅滞前の――履行不能を債務関係消滅の要件と――ボアソナード草案五六一条のとおりに――規定した点に特徴がある。それによって、義務消滅の効果を導く要件は、履行不能という概念で記述され、「目的物の滅失」（あるいは、単に「物の滅失」）は、履行不能という上位概念に対する下位概念として後景に退き、義務消滅の効果を導く要件ではなくなったのである。

「物の滅失→義務消滅」という要件→効果から成る規範（フランス民法・イタリア旧民法式）の系譜が旧民法成立の時点でついに途絶え、「履行不能→義務消滅」という要件→効果から成る規範が成立していたことが重要である。

しかし、代償請求権規定との関係については、旧民法においても――ボアソナード草案においてと同様――不明確さが温存されてしまった点が重要である。つまり、不能ではなく滅失を文言上の要件に代償請求権発生を規定する旧民法財産編五四三条（↓第一章第二節五1）は、同五三九条との関係が――フランス民法（↓第一章第三節一2）やイタリア旧民法（↓第一章第三節一3）における両条の関係とは異なって――一見して明確とは言い難いのである。

2　原始的不能規定

原始的不能規定の方は、「旧民法　財産編　第二部　人権及ヒ義務　第一章　義務ノ原因　第一節　合意　第二款　合意ノ成立及ヒ有効ノ条件」における第三二二条一項となった。法律取調再調査委員会案三四三条一項との違いは、条番号および「契約」から「合意」への一箇所の字句の修正のみである[74]。すなわち、――

第三百二十二條一項　合意は不法又は不能の作為又は不作為を目的とするときは無効なり。

結局、ボアソナード草案の原始的不能規定も、内容の修正を受けずに旧民法の規定となったわけである。

六　旧民法修正

1　総　説

こうして後発的・原始的不能の規定は、旧民法に条文（財産編五三九条・三二二条一項）として置かれるに至った。しかし、それらはいずれも、その後の旧民法修正の過程で削除されてしまう。代償請求権についての第五四三条と同様の運命を辿ったのである。その経緯を後発的・原始的不能それぞれについて見てゆこう。

2　後発的不能規定の削除

後発的無責不能による義務消滅を規定していた旧民法財産編五三九条削除について、後に同条の修正を担当した富井委員は、次のように述べていた。すなわち、――

「我民法はボアソナード氏の草案に基き汎く履行の不能と改めたるは當を得たるものとす。」(75)

その理由は、次のとおりであった。すなわち、――

「要するに天災に起因する履行の不能は目的物の如何を問はず、諸般の場合に於て債権を消滅せしむるものとす。然るに、佛民法に於て獨り物件滅失の場合をのみ規定したるは其當を失ふものと云ふべきなり。」(76)

「天災に起因する」とか「債権」という言葉遣いが、「債務者の無過失かつ付遅滞前の」とか「義務」という旧民法のそれとは異なっているが、要するに、物の滅失という狭い要件を後発的無責不能に広げる、というボアソナードの説明と同じである。つまり、旧民法財産編五三九条の規定に賛成していたわけである。

しかし、その後に起草委員に就任した富井委員は、法典調査会（明治二八年（一八九五年）四月五日）においては、若干言葉遣いを変え、次のとおり旧民法財産編五三九条を削除してしまうことを提案するに至った。(77)すなわち、――

「既成法典は混同の次に履行の不能と云ふことを置いてあります。本案に於ても最初目録には第六款として履行の不能を置いてあつたのであります、然るに能く々々考へて見ますとどうも規定の要らないことであると思ふ、債務者の責に帰すべき事由に依て履行を爲すことが出來なくなつたと云ふ場合には其債務の消滅すると云ふことは論を待たぬことと思ふ。昔から何人も爲す能はざることを爲す責なしと云ふ様な格言がある位で一點の疑の起ることでないと思ふ。只債務者の責に帰すべき事由に因りて即ち其過失か又は遅滞後に於て履行の不能を生じたときは損害賠償の責を生ずる。夫れは本案の四百十四條〔現行四一五条〕の改正として提出することであります。債務者の責に帰すべからざる事由に因りて履行の不能の生じたるときは債務の消滅すると云ふことは恐らく疑のないことと思ふ。従て既成法典の財産編第五百三十九條から五百四十一條までは只其事柄を含ませて言ふて居ることでありますから削除して宜いことと信じます。」

つまり、債務者の責めに帰すべき事由による履行不能（有責不能）によって、債務は消滅するものの債務者は損害賠償の責任を負うのに対し、無責不能によって、債務が単に消滅する、と言う。そしてそれらは、「論を待たぬこと」あるいは「疑のないこと」であるので、「規定の要らないことである」と言い、削除を提案したのである。

ところで、履行不能によって債務が消滅することは論を待たず、ただ、有責不能のときは損害賠償の責めを生じる、という発言からすると、履行不能でさえあれば有責性を問わずに債務消滅という効果が生じると解釈しているように見える。これに対し、後の時代の諸学説においては、有責不能によって債務は消滅せず、損害賠償債務に「変更」[78]、「転化」[79]または「転形」[80]する、という表現も提案されている。つまり、富井委員は、そのような表現を提案する諸学説とは反対の立場を採っていたようである。もっとも、富井委員は、この「消滅」を詳しく論じる問題意識を全く示していない。そのため、この箇所の立法資料だけでこれ以上のことを論じるのは控えよう。

この富井提案を受けて旧民法財産編五三九条の削除が決定され、それ以降の旧民法修正過程においては、同条に関する議論は見当たらない。

3　原始的不能規定の削除

原始的不能による合意無効を規定していた旧民法財産編三二二条一項の削除を提案したのも富井委員であった。富井委員は、同条を含む「第二款　合意ノ成立及ヒ有効ノ条件」について民法修正を担当し、後発的不能規定の削除が提案および決定されたのと同日の法典調査会（明治二八年（一八九五年）四月五日）において次のとおり述べた。すなわち、――

「夫れから三百二十二條『合意は不法又は不能の作爲又は不作爲を目的とするときは無効なり。』是も別に明文を要しないと思ふ。只どれ程の不能でなくてはならぬかと云ふことに付ては議論がありますけれども、夫れは學者に任かせて置いて宜い。苟《いやしく》も不能と云ふ場合であれば契約は成立しないことは論を俟たぬことである。既に履行が不能であれば債務が消滅すると云ふことは論を俟たぬ、初めから不能であれば成立しないと云ふことは同じ理窟で論を俟たないことと思ふ。(81)」

すなわち、原始的不能であれば契約は成立しないことは「論を俟たない」、したがって、明文の規定が不要であり、そのことは、自らが直前に提案した、履行不能による義務消滅についての明文の規定（旧民法財産編五三九条）を削除すべきことと「同じ理窟」であるとしている。

この富井提案を受けて旧民法財産編三二二条一項の削除が決定され、それ以降の旧民法修正過程においては、同項に関する議論は見当たらない。

4　富井委員の皮肉な運命

このように、後発的・原始的不能の明文の規定を民法典から削除することに指導的役割を果たした富井委員は、実は、その法学教育をフランスでのみ受けたにもかかわらず、フランス法学を批判してドイツ法学を高く評価したことで広く知られ(82)、旧民法典がドイツ法を摂取していないことを理由にその施行に反対していた(83)。

しかし、これまで見てきたように、実際には、後発的・原始的不能に関する限り、旧民法は、「物の滅失→義務消滅」という要件→効果から規範を成り立たせるというフランス民法の系譜を絶ち、「履行不能→義務消滅」という要件→効果から新しい規範を成立させていたのである。そして、この新しい規範こそ、後で見るように、ドイツ法に近いものなのであった。

その意味で、フランス法よりドイツ法を評価していた富井委員が、結果としては、ドイツ法に近い（近づける原動力となったのはボアソナードである（→第一章第三節二1））旧民法の不能規定を削除させるに至った、というのは、皮肉な運命だと言ってよいであろう。

七　改正前民法典

1　後発的不能規定の不存在

こうして、改正前民法典が成立した。

旧民法典の「財産編　第二部　人権及ヒ義務　第三章　義務ノ消滅　第六節　履行ノ不能」に対応する部分は、改正前民法典では「第三編　債権　第一章　総則　第五節　債権の消滅[84]　第六款　履行不能」であるはずのところ、現実には「債権の消滅」の節には第五款までしかなく、「履行不能」の款が存在しない。

しかし、それは「履行不能」による「債権の消滅」を否定する趣旨ではなく、それどころか、むしろそれを肯定するべきことが「論を俟たぬこと」であるために明文の規定が省かれたにすぎない、という立法者意思が明らかである。

2　原始的不能規定の不存在

原始的不能に関しても、右のような経緯で明文の規定が削除された。

したがって、改正前民法典の「第一編　総則　第五章　法律行為」には、第九〇条の前後に「目的の可能」に関する規定として存在してよいはずの原始的不能による法律行為無効の規定が存在しないことになった。

しかし、それは「原始的不能」であれば法律行為が無効になることを否定する趣旨ではなく、それどころか、むしろそれを肯定することが「論を俟たぬこと」であるために明文の規定が省かれたにすぎない、という立法者意思が明らかである。

八　まとめ――不能についての立法者意思

旧民法財産編五三九条には、ボアソナードの提案によって、――フランス式の物の滅失ではなく――後発的無責不能を要件とする義務消滅の規定があった。また、旧民法財産編三二二条一項には、やはりボアソナードの提案によって、――フランスやイタリアには見られなかった新しい体裁の――原始的不能の合意を無効とする規定が設けられた。

しかし、いずれの条文も民法修正の過程で富井起草委員の提案によって削除され、改正前民法にはそれらに対応する明文の規定が存在しない。しかし、富井委員によれば、旧民法に反対する趣旨ではなく、論を俟たないこととして明文化が省かれただけである。したがって、改正前民法の立法者意思は、旧民法のそれと同様、後発的無責不能による義務消滅および原始的不能による合意無効を肯定するものである。

第四節　ま と め

一　代償請求権について

旧民法には代償請求権を肯定する規定が存在した。その淵源は、たしかにフランス法にまで遡ることができる。しかし、旧民法の立法者意思は、フランス流の代償請求権を継受することには無く、むしろそれを拒否したイタリア旧民法を範とすることにあった。これに対し、改正前民法の立法者意思は、旧民法の立法者意思に反し、代償請求権を否定する趣旨であった。

二　不能について

不能に関しては、旧民法には、後発的無責不能による義務消滅および原始的不能による合意の無効の明文の規定が存在した。けれども、改正前民法にはいずれについても明文の規定が存在しない。しかし、改正前民法の立法者意思は、旧民法の規定を否定することにはなく、むしろ当たり前のこととして明文の規定を省略しただけであった。

三　代償請求権規定と不能規定の関係

1　フランス民法

フランス民法においては、物の滅失を要件とする債務関係消滅の規定のフランス民法旧一三〇二条一項（↓第一章第三節一2）とやはり物の滅失を要件とする代償請求権発生の規定フランス民法旧一三〇三条（↓第一章第二節一2）とが並列されていて、規定の順序からして、代償請求権発生は、物の滅失による債務関係消滅を要件とすることが明らかであった（↓第一章第三節一2）。

2　イタリア旧民法

イタリア旧民法においても、物の滅失を要件とする債務関係消滅の規定のイタリア旧民法一二九八条一項（↓第一章第三節一3）とやはり物の滅失を要件とする代償請求権発生の規定のイタリア旧民法一二九九条（↓第一章第二節一4）とが並列されていて、規定の順序からして、代償請求権発生は、物の滅失による債務関係消滅を要件とすることが明らかであった（↓第一章第三節一3）。

3　ボアソナード草案

これに対し、ボアソナード草案においては、不能規定のボアソナード草案五六一条（↓第一章第三節二3）においても代償請求権規定のボアソナード草案五六五条（↓第一章第二節二3）においても、文言上は滅失と言っていても実質的には不能が要件であった。しかし、両条の位置が離れていたことと、両条の文言では主に滅失を要件として掲げていたため、代償請求権発生が不能による債務関係消滅を要件とすることが、フランス民法やイタリア旧民法ほど明らかではなくなっていた（↓第一章第三節二3）。

4　旧民法財産編

さらに、旧民法財産編においても、右の不明確さは温存されてしまった。つまり、代償請求権発生が不能による義務消滅を要件とすることがフランス民法やイタリア旧民法ほど明らかではない（↓第一章第三節五1）。

5　旧民法修正と改正前民法典

そして、旧民法修正を経て成立した改正前民法典においては、そもそも物の滅失または履行不能を要件とする義務消滅の明文の規定も代償請求権発生の明文の規定も存在しない。もっとも、規定が削除された理由は、両者で異なっていて、前者については履行不能による義務消滅の規範を肯定するべきことが「論を俟たぬこと」であるために明文の規定が省かれたにすぎないのに対し（↓第一章第三節六2）、後者は規範として代償請求権発生を否定する趣旨で削除されたのであった（↓第一章第二節六2）。

こうして、改正前民法典が、不能についても代償請求権についても、明文の規定を欠いて成立すると、その段階では、――特に後者についての規範が存在を認められなかったわけであるから――両者の関係という問題も存在しないかのような様相を呈したのである。

（1）本節の記述の大部分は、拙稿「民法五三六条二項但書類推適用論の批判的検討――代償請求権に関する一考察」阪大法学四八巻一号（平一〇）一六九頁～二二三頁、一八四頁～一九七頁が初出である。

（2）片仮名は平仮名に直し、濁点および句点を付けた。

（3）*Boissonade, Gustave Émile*: Projet de code civil pour l'Empire du Japon accompagné d'un commentaire, tome 2, 2e éd., 1883, p. 922. これは、ボアソナードによる『大日本帝国のための民法典草案、付註釈』（直訳）、いわゆるボアソナード草案理由書である。旧民法研究のためには同理由書の検討が不可避なことについて、池田真朗『ボワソナードとその民法』（慶應義塾大学出版会、平二三）一〇八頁以下参照。理由書には第三版まで存在してそのうち第二版に拠るべきことについて、沖野眞已「契約の解釈に関する一考察（一）――フランス法を手がかりとして」法協一〇九巻二号七四頁註一七、八九頁註三四参照。なお、旧民法の編纂一般についても、同・七〇頁～七二頁参照。

（4）現在では、二〇一六年改正によって後継規定のフランス民法一三五一条の一第二項（「〔履行不能が目的物の滅失による場合において、債務が履行されたとしても滅失していたであろうことを債務者が証明することによって遅滞にかかわらず免責されるときでも〕債務者は、債権者に対し、目的物に関する（attachés）権利及び訴権（action）を譲渡しなければならない。」）に引き継がれている（Dalloz: Réforme du droit des obligations: Un supplement au Code Civil 2016, À jour de l'ordonnance n° 2016-131 du 10 février 2016, p. 52）。なお、フランスの代償請求権に関しては、沢井裕・後掲「判批」一二五頁～一二六頁、甲斐道太郎「代償請求権と不当利得」谷口知平還暦『不当利得・事務管理の研究（三）』（有斐閣、昭四七）一五九頁～一六九頁、一六一頁～一六二頁、浜上則雄「代償請求権について（上）（中）（下）」The Law School 三九号（昭五六）六四頁～七三頁、四一号（昭五七）四〇頁～四三頁、四二号（昭五七）三五頁～四七頁、三九号六四頁～六五頁を参照した。

（5）*Boissonade, Gustave Émile*: op. cit., Projet, N° 646, p. 734. 直訳である。なお、もともとボアソナードのフランス民法典引用は、文字通りではない。ボワソナード氏起稿、加太邦憲・一瀬勇三郎・藤林忠良合訳『民法草案財産篇講義二　人権之部』（司法省、版年不明）一一八五頁～一一八六頁（第一六九回　明治一六年二月二三日）にも同旨の意見が示されている。なお、この文献の元となったボアソナード草案の講義については、有地亨「旧民法の編纂過程にあらわれた諸草案――旧民法とフランス民法との比較検討の準備作業として」法政三九巻二～四合併号（昭四八）一二七頁～一五八

頁、一三五頁、向井健「民法典の編纂」福島正夫編『日本近代法体制の形成（下巻）』（昭五七）三一三頁～三九六頁、三七一頁参照。

(6) *Boissonade, Gustave Émile*: op. cit., Projet, N° 646, pp. 733-734.

(7) ボアソナードと同様の疑問は既にフランス本国においても表明されていたこと、さらに、フランス民法旧一三〇三条の規定自体は、一八世紀フランス民法学の大家ロベール・ジョゼフ・ポティエ（*Robert-Joseph Pothier*）（一六九九年一月九日～一七七二年三月二日）の学説がほぼそのまま採用されたものであることが知られている。*Bollenberger, Raimund*: Das stellvertretende Commodum. Die Ersatzherausgabe im österreichischen und deutschen Schuldrecht unter Berücksichtigung weiterer Rechtsordnungen, Wien, Univ., Habil., Wien, Newyork 1999, S. 132ff. 参照。

(8) *Weill, Alex/ Terré, François*: droit civil, Les obligations, 4e éd., 1986, p. 1037. 半田吉信『売買契約における危険負担の研究』（信山社、平一一）二〇五頁にも同旨。

(9) リソルジメント（イタリア統一運動）においてフランス民法典を模範として一八六五年に成立したイタリア旧民法典（Codice civile italiano del 1865）である。これに対し、一九四二年に成立したイタリア現行民法典は、ドイツ法の影響が顕著である。ここで取り上げるイタリア旧民法一二九九条の後継条文は、イタリア現行民法一二五九条であるけれども、似て非なるものである。

(10) ボアソナード草案の前には「明治一一年民法草案」があったけれどもこれとは無関係にボアソナード草案が起草されたことが知られている（前田達明・原田剛「明治一一年民法草案　解題」前田編『史料民法典』（成文堂、平一六）四八一頁）。なお、明治一一年民法草案には、「義務の目的たる物件の滅尽する事」による義務消滅の規定が存在したが、代償請求権の規定が存在せず、同草案は現行代償請求権の参考資料とはならない（同・五四八頁以下参照）。

(11) *Boissonade, Gustave Émile*: op. cit., Projet, p. 723.

(12) 本書では、フランスの法律用語を翻訳するときは、»obligation«に「債務関係」、»créance«に「債権」、»dette«に「債務」という訳語を当てて三者を区別している。これら諸概念の相互関係については、債権者（créancier）が債務者（débiteur）に対してある給付（prestation）を求めることができる法律関係が債務関係（obligation）であり、その債務関係を、債権者から見たものが債権（créance）であり、債務者から見たものが債務（dette）である、という理解に従う

（フランス民法研究会「共同研究　体系・フランス民法〔債務法〕」〔高橋康之〕判タ五五八号（昭六〇）二六四頁、山口俊夫『フランス債権法』（東京大学出版会、昭六一）一頁）。

(13) *Boissonade, Gustave Émile*: op. cit., Projet, N°s 646-647, pp. 733-735.

(14) ボアソナード草案の不法行為の原則規定は次のとおりである（*Boissonade, Gustave Émile*: op. cit., Projet, p. 273)。すなわち、――

ボアソナード草案三九〇条【義務の第三の原因、不正の損害】　過失又は懈怠によって他人に損害を加える者はこれを賠償しなければならない。〔……〕

(15) ボアソナード自身が司法省法学校における民法草案講義で明言する。「本條は、權利者は右の訴權を執行するを得可しと記して、右の訴權は負債主より之を讓渡するものにあらず。當然權利者に移轉するものなる事を明示せり。」（片仮名は平仮名に直し、濁点および句読点を付けた。ボワソナード氏起稿・前掲『民法草案財産篇講義　二　人權之部』一一九二頁～一一九三頁（第一六九回　明治一六年二月二三日）。）

(16) 有地亨・前掲一三九頁～一四〇頁、向井健・前掲三七五頁。

(17) 法律取調委員會「民法草案財産編人權ノ部議事筆記二」『日本近代立法資料叢書　九』（商事法務研究会、昭六二）一一四頁（片仮名は平仮名に直し、傍点、濁点および句点を付けた）。

(18) 村田委員が「『全部』と云ふのは可笑《おかし》くはありませんか」と質問しているのに対して、栗塚報告委員は、「直して參つたのです」と答えて、この箇所の修正を認めている（法律取調委員會・前掲一一四頁（片仮名は平仮名に直した））。

(19) 栗塚報告委員が認めている。「殘る所の物を要求し『又は』を原文で『且』と直して參りました」（法律取調委員會・前掲一一四頁（片仮名は平仮名に直した））。

(20) 法律取調委員會「民法草案議事筆記」『日本近代立法資料叢書　一五』（商事法務研究会、昭六三）九〇頁（片仮名は平仮名に直し、傍点および句読点を付けた）。

(21) 法律取調委員会において報告されていた草案は次のとおりである（法律取調委員會「民法草案財産編人權ノ部議事筆記一」『日本近代立法資料叢書　八』（商事法務研究会、昭六二）八二頁～八三頁（片仮名は平仮名に直し、濁点および句点を付けた））。すなわち、――

第三百五十四條　諾約者は特定物の引渡まで善良なる管理者の注意を以て其物を保存すべし。懈怠又は悪意の場合に於ては其損害賠償の責に任ず。……

第三百五十五條　與ふるの合意の目的たる物が特定物なる總ての場合に於ては意外の事又は抗拒することを得ざる力に出たる滅失又は損壊は諾約者が危険を負擔したるとき及び停止の未必條件に付き記載したるものを除くの外要約者の損に歸す。右に均しく物の總ての増加は要約者の益に歸す。

然れども若し諾約者が物を引渡すの遲滯に在り且物が引渡されし場合に於ては必ず滅失せざるべく又は毀損を受けざるべかりしときは其損失は諾約者の負擔に歸す。

(22) 法律取調委員會・前掲「民法草案財産編人權ノ部議事筆記二」一一五頁（片仮名は平仮名に直し、ルビを付けた）。
(23) 法律取調委員會・前掲「民法草案財産編人權ノ部議事筆記二」一一五頁（片仮名は平仮名に直し、ルビを付けた）。
(24) 法律取調委員會・前掲「民法草案議事筆記」九〇頁（片仮名は平仮名に直した）。
(25) 有地亨・前掲一四〇頁、向井健・前掲三七五頁。
(26) 法律取調委員會「民法草案財産編再調査案議事筆記」『日本近代立法資料叢書　一一』（商事法務研究会、昭六三）三八二頁（片仮名は平仮名に直し、傍点、濁点および句点を付けた）。
(27) 法律取調委員會・前掲「民法草案財産編再調査案議事筆記」三八二頁。この点が再調査委員会においては主に議論された。ボアソナード草案中の原語»action en réparation«の訳語の問題である。結局、「（**南部委員**）報復訴權と云ふは音が悪いね」「（**南部委員**）報ずると云ふは困るね」という意見が通り、結局は、元の「補償訴權」に戻すことで決着した。他に「求償訴權」という候補も尾崎委員によって挙げられたものの、賛同されなかった。
(28) 法律取調委員會「民法草案再調査案議事筆記」『日本近代立法資料叢書　一五』（商事法務研究会、昭六三）一一〇頁（片仮名は平仮名に直し、ルビ、濁点および句点を付けた）。
(29) 法律取調委員會・前掲「民法草案財産編再調査案議事筆記」三八三頁（片仮名は平仮名に直し、濁点および句点を付けた）。
(30) *Boissonade, Gustave Émile*: op. cit., Projet, 2e éd., p. 723.
(31) *Boissonade, Gustave Émile*: Projet de code civil pour l'Empire du Japon, 1889, p. 601.

(32) 片仮名は平仮名に直し、傍点、濁点および句点を付けた。

(33) 旧民法公布後に出版された、ボアソナード草案理由書の第三版（*Boissonade, Gustave Émile*: Projet de code civil pour l'Empire du Japon accompagné d'un commentaire, tome 2, nouvelle éd., 1891, Nos 646–647, pp. 802–804）およびボアソナードによる旧民法の理由書（*Boissonade, Gustave Émile*: Code civil de l'Empire du Japon accompagné d'un exposé des motifs, tome 2, exposé des motifs du livre des biens, 1891, pp. 794–795）の記述は、ここまでたびたび引用したボアソナード草案理由書の第二版とほとんど同じである。もっとも、後者の旧民法理由書からは、フランス民法およびイタリア旧民法についての叙述（ボアソナード草案理由書第二版および第三版には存在していた）が削除されている。それは、既に述べたとおり、フランス民法旧一三〇三条を「不注意によって」規定された無用のものと批判しつつイタリア旧民法を採るべき構成として引用することがもはや不適切である、とボアソナードが認めたことの傍証になろう。

(34) 時期的には法律取調委員会が財産編の審議を開始した直後であり、第五六五条の審議の直前である。

(35) 富井政章『契約法講義』（時習社、明二二）五〇〇頁～五〇一頁（片仮名は平仮名に直し、傍点、濁点および句読点を付けた。傍線はいずれも原典）。

(36) 「方今《ほうこん》我邦に於て法律の學駸々《しんしん》として進み、其之れに關する書目亦た日に多きを加ふと雖も、獨り佛朗西民法教科書の具はらざるは世人の深く遺憾とする所なり」（富井政章・前掲『契約法講義』「例言」一頁。傍点、ルビ、濁点および読点を付けた。）また、「余曩《さき》に契約法講義を著はし佛民法を基礎として債權の一部を論述せり」（富井政章・後掲『民法論綱　人權之部　下巻』「例言」一頁。ルビを付けた）とも述べられている。

(37) 拙稿・前掲「民法五三六条二項但書類推適用論の批判的検討」阪大法学四八巻一号一九五頁の卑見を改めた。

(38) 富井政章『民法論綱　人權之部　下巻』（岡島寶文舘、明二三）。「我新民法の條文を參照し」「債權全論」について論述したものである（同「例言」一頁）。

(39) 富井政章・前掲『民法論綱　人權之部　下巻』三四三頁（片仮名は平仮名に直し、ルビ、濁点および句読点を付けた。傍線は原典）。第五四三条の規定に関する限り、引用部分以外は、『契約法講義』とほとんど同一の記述である。

(40) 法典調査会「民法議事速記録三」『日本近代立法資料叢書　三』（商事法務研究会、昭五九）六三八頁～六三九頁（片仮名は平仮名に直し、傍点、ルビ、および句読点を付けた）。

(41) 法典調査会・前掲「民法議事速記録三」六三九頁。
(42) 星野英一・前掲「判研」九二頁。
(43) 片仮名は平仮名に直し、濁点を付けた。
(44) *Boissonade, Gustave Émile*: op. cit., Projet, tome 2, 2e éd., 1883, p. 722.
(45) 本書の原始的不能に関する論述の大部分は、拙稿「原始的不能と契約無効――債権法改正［提案H］の学説史的考察」阪法四八巻五号（平一〇）九三頁〜一三〇頁を初出としている。
(46) 片仮名は平仮名に直し、句点を付けた。本条については、北川善太郎『日本法学の歴史と理論』（日本評論社、昭四三）三六頁〜三七頁参照。そこでは本条がフランス民法旧一一一九条に由来することが推測されているけれども、むしろ同法旧一一二八条および同法一六〇一条に由来するものと思われる。
(47) 現在では、二〇一六年改正によって後継規定のフランス民法一三五一条（「給付の履行不能は、それが不可抗力事由に起因して確定しているときは、その部分について債務者を解放する（libère）。ただし、債務者がその責任を負うことに同意した又は既に遅滞に陥っていたときは、この限りでない。」）に引き継がれている（Dalloz: op. cit., p. 52）。
(48) 傍点を付けた。
(49) *Boissonade, Gustave Émile*: op. cit., Projet, p. 722.
(50) 北川善太郎・前掲『日本法学の歴史と理論』四六頁が旧民法財産編五三九条以下の「履行ノ不能」の規定について「フランス民法一三〇二、一三〇三条に由来する。〔……〕しかしそこでは目的物の滅失が扱われていて不能という言葉は法文上出ていない。」（傍点は原典）と指摘するとおりである。
(51) *Boissonade, Gustave Émile*: op. cit., Projet, N°s 635–638, pp. 723–726.
(52) ボワソナード氏起稿・前掲『民法草案財産篇講義　二　人権之部』一一七四頁（第一六九回　明治一六年二月二三日）。
(53) *Boissonade, Gustave Émile*: op. cit., Projet, N° 448, p. 482. ボワソナード氏起稿・前掲『民法草案財産篇講義　二　人権之部』一一七五頁（第一六九回　明治一六年二月二三日）参照。
(54) ボワソナード氏起稿・前掲『民法草案財産篇講義　二　人権之部』一一八八〜一一八九頁（第一六九回　明治一六

年二月二三日）も参照。

(55) *Boissonade, Gustave Émile*: op. cit., Projet, p. 51.

(56) *Boissonade, Gustave Émile*: op. cit., Projet, N° 100, p. 109.

(57) *Boissonade, Gustave Émile*: op. cit., Projet, N° 100, p. 110. この部分は既に北川善太郎・前掲『日本法学の歴史と理論』三七頁が紹介している。

(58) *Boissonade, Gustave Émile*: op. cit., Projet, p. 45. なお、op. cit., Projet, p. 919の対照表上は、フランス民法旧一一〇八条に加えて同旧一一二八条・旧一一二九条にも相当すると記されている。

(59) *Boissonade, Gustave Émile*: op. cit., Projet, tome 2, 2ᵉ éd., 1883, p. 58.

(60) 法律取調委員會・前掲「民法草案財産編人權ノ部議事筆記二」一一〇頁（片仮名は平仮名に直し、ルビ、濁点および句点を付けた）。

(61) 法律取調委員會・前掲「民法草案財産編人權ノ部議事筆記二」一一〇頁〜一一一頁、法律取調委員會・前掲「民法草案議事筆記」八九頁。

(62) 法律取調委員會・前掲「民法草案財産編人權ノ部議事筆記一」六一頁（片仮名は平仮名に直し、濁点および句点を付けた）。

(63) 法律取調委員會・前掲「民法草案財産編再調査案議事筆記」三七七〜三七八頁（片仮名は平仮名に直し、濁点、傍点および句点を付けた）。

(64) 法律取調委員會・前掲「民法草案財産編再調査案議事筆記」三七八頁（片仮名は平仮名に直し、ルビおよび句点を付けた）。

(65) 法律取調委員會・前掲「民法草案再調査案議事筆記」一〇九頁（片仮名は平仮名に直した）。

(66) 法律取調委員會・前掲「民法草案財産編再調査案議事筆記」三七八頁（片仮名は平仮名に直した）。

(67) 法律取調委員會・前掲「民法草案財産編再調査案議事筆記」三七八頁（片仮名は平仮名に直し、読点を付けた）。

(68) 法律取調委員會・前掲「民法草案再調査案議事筆記」一〇九頁（片仮名は平仮名に直し、読点を付けた）。

(69) 法律取調委員會・前掲「民法草案財産編再調査案議事筆記」一七八頁、法律取調委員會・前掲「民法草案再調査案

議事筆記」五六頁（片仮名は平仮名に直し、句点を付けた）。
(70) 北川善太郎・前掲『日本法学の歴史と理論』四六頁で既に紹介されているとおりである。
(71) 字句の変更は、「遅滞に在る前に」から「付遅滞前に」へ、「數箇の特定物中の若干を」から「定まりたる物の中の數箇を」へ、「其一箇の引渡も不能と爲りたるときは」から「其一箇をも引渡すこと能はざるときは」へ、二項において、「右と同じ條件を以て」から「右と同一の條件を以て」へ、という四箇所である。
(72) 片仮名は平仮名に直し、傍点および濁点を付けた。
(73) 旧民法公布後に出版された、ボアソナード草案理由書の第三版（*Boissonade, Gustave Émile*: op. cit. Projet, tome 2, nouvelle éd. 1891, Nos 635–638, pp. 794–797）およびボアソナードによる旧民法の理由書（*Boissonade, Gustave Émile*: op. cit. Code civil de l'Empire du Japon, tome 2, 1891, pp. 787–790）の記述は、本文で引用したボアソナード草案理由書の第二版の記述と同じである。
(74) 片仮名は平仮名に直し、句点を付けた。
(75) 富井政章・前掲『民法論綱　人權之部　下巻』三三七頁（片仮名は平仮名に直し、句点を付けた。傍線は原典）。
(76) 富井政章・前掲『民法論綱　人權之部　下巻』三三六頁～三三七頁（片仮名は平仮名に直し、濁点、句読点および傍点を付けた）。
(77) 法典調査会・前掲「民法議事速記録三」六三八頁（片仮名は平仮名に直し、傍点および句読点を付けた）。三林宏「『原始的不能・不能無効』に関する一考察」伊藤進還暦『民法における「責任」の横断的考察』（第一法規、平九）九三頁～一三五頁、一〇一頁も参照。
(78) 我妻榮・前掲『新訂債権総論』一〇一頁。
(79) 平井宜雄『債権総論〔第二版〕』（弘文堂、平六〔初版は昭六〇〕）七四頁以下。
(80) 森田修『契約責任の法学的構造』（東京大学出版会、平一八）一〇二頁以下。そこで主張されている「債務転形」という用語の出自について、川村泰啓『個人史としての民法学』（中央大学出版部、平七）四一二頁参照。
(81) 法典調査会・前掲「民法議事速記録三」六四七頁（片仮名は平仮名に直し、傍点および句読点を付けた）。
(82) 星野英一「日本民法学の出発点」『民法論集　第五巻』（有斐閣、昭六一〔昭五二初出〕）一四五頁～二一三頁、一七〇頁。

(83) 大久保泰甫『日本近代法の父　ボワソナアド』(岩波書店、昭五二) 一七九頁。

(84) 平成二九年改正後の新規定では、第五節に債務の引受けが挿入されたため、第六節に移動している。

第二章　民法典制定後の学説史

第一節　総　説

前章では、旧民法がイタリア旧民法に由来し、文言上は「滅失」を、実質的には不能を要件とする代償請求権規定を有していたこと、しかし、改正前民法の立法者が代償請求権規定を否定したことを見た。ところが、民法典制定後の学説は、立法者意思に反して代償請求権肯定説、しかも不能を要件とする説を確立する。本章では、その過程をつぶさに検討しよう(1)。結論を先に述べれば、ドイツから輸入された学説の影響が非常に大きかった。

第二節　起草者の学説

一　総　説

民法典公布時を起点とする民法学の学説史は、一般に立法者（起草者）による民法典の解説・注釈がその中心となる(2)。しかし、本書では、起草者の学説はそれ以降の学説と比較して重要ではない。なぜならば、代償請求権を起草者が否定したために、それについての起草者の学説が民法典公布後には全く残されなかったからである。他方、不能論については、若干の記述が残されているので、本節ではそれを見てみよう。

二　梅　説

起草者の一人である梅謙次郎博士（万延元年（一八六〇年）～明治四三年（一九一〇年））は、債務不履行による損害賠償に関する改正前民法四一五条についての記述の中で、不能に関して次のとおり述べた。すなわち、――

「履行が不能と爲りたるときは、不能を責むること能はざるが故に、其債務は消滅すべきこと固より論を俟たず。然りと雖も、若し其履行の不能と爲りたることが債務者の責に帰すべき事由に因れるときは、即ち債務者が履行を不能としたるものにして、是れ純然たる不履行の場合とす。故に此場合に於ても亦債務者は損害賠償の責に任ぜざることを得ず。例へば債務者が其債務の目的たる特定物を故意又は過失に因りて毀滅したるときは、其債務の履行不能と爲り爲めに其債務の消滅を來すと雖も、是れ固より債務者の責に帰すべき事由に因れるが故に、之に由りて生じたる損害を債権者に賠償せざることを得ざるものとす。[3]」

この箇所には、二つの内容が含まれている。第一に、履行不能を要件として債務が消滅すること、第二に、有責不能を要件として損害賠償責任が生じることである。もっとも、それは、改正前民法四一五条の文理を述べているだけに近く、不能論としての実質は無いに等しい。そのことは、同じく起草者の富井委員が残した文献と比較することで明らかになる。

三　富　井　説

代償請求権の規定の削除を提案した富井委員は、民法典公布後に代償請求権については何も語るところが無かった。しかし、不能論においては、原始的・後発的不能および有責・無責不能の区別を肯定することに詳しい記述を残していて、不能論に関して淡泊だった梅博士とは一線を画している。しかし、その不能論は、石坂説を初めとする後輩たちによる大正期の学説に従ったものにすぎない。(4) そこで、私たちは、起草者の学説を終えて大正期の学説に移ることにしよう。

第三節　ドイツ法継受による通説形成

一　石坂博士の代償請求権肯定説

1　学説継受としての代償請求権肯定説

民法解釈学としての代償請求権肯定説は、立法者意思とは無関係に学説継受の一つとして成立した。それは、民法施行（明治三一年（一八九八年））から僅か一四年後のことである。この時期の民法学は、民法典の文言や起草者の考え方を余り考慮することなくドイツ民法学に従っている点に最大の特色があり、代償請求権についても、同様である。

2　学説継受の唯一無二のタイプ

もっとも、ドイツからの学説継受といっても様々なタイプがある。

北川善太郎博士（昭和七年（一九三二年）四月五日〜平成二五年（二〇一三年）一月二五日）の学説継受の分類によれば、明文の規定が、①ドイツ民法典、②旧民法典、③改正前民法典のそれぞれに存在したかどうかで、分類される。(5) つまり、ドイツからの学説継受のタイプとして、⑴ドイツ民法典と日本民法典のいずれにも規定されている制度（たとえば、債務不履行・損害賠償・瑕疵担保・法人・法律行為）、⑵ドイツ民法典で存在するが日本民法典には採用されなかった制度、⑶ドイツ民法典には存在しないが日本民法典に存在する制度、⑷いずれの民法典にも明文では規定されていない制度、の四つに分類され、(1)(2)(4)が重要とされる。さらに(2)は(a)ドイツ民法典特有の制度(たとえば、原始的不能による契約無効)、(b)他の立法例にも存在する制度、の二種類に分類される。

第一章で見たように、代償請求権の規定は、フランス民法典やイタリア旧民法典に明文のものが存在する。また、第五章以下で詳しく説明するが、ドイツ民法典にも明文の規定が存在する。他方、わが国では、旧民法典には明文の規定が存在していたが、改正前民法典には規定が無かった。にもかかわらず、民法典成立後にドイツ法からの学説継受によって代償請求権肯定説が支配的となった。このように、仏伊独の民法典および旧民法典に明文の規定が存在する制度が改正前民法典の立法において否定され、それが学説継受によって判例として復活した民法上の制度は、北川博士の(2)(b)に該当する。

北川博士の分類当時は、代償請求権の学説史研究が存在しなかったため、(2)(b)に該当する例が存在しないものとされ、それを前提に「あったとしてもあまり当面の目的からは直接には重要ではないであろう」[6]と片付けられていた。しかし、(2)(b)に該当する例は実在し、それが代償請求権なのである。

結局、代償請求権の学説継受は、①ドイツ民法典で(フランス民法典やイタリア旧民法典でも)肯定され、②旧民法典で肯定され、③改正前民法典で否定され、しかしその後に学説として肯定されたという意味で、唯一無二のタイプである。

3　石坂音四郎博士

学説継受の嚆矢となったのが、石坂音四郎博士(明治一〇年(一八七七年)～大正六年(一九一七年))の研究であった。そもそも石坂博士は、「岡松および川名兼四郎と並んで、大正初めに絶頂に達する、ドイツ概念法学の代表者であり」[7]、ドイツ法継受の中心的役割を果たした人物だが、その学説の一つが代償請求権肯定説である。

4　石坂説の概要

石坂博士がその代償請求権肯定説を最初に展開したのは、自身の単行論文「給付不能ノ効力」においてであった[8]。まず、代償請求権とは「債務者が給付不能を生じたる事由に因りて給付の物体の代償たるべき利益を取得したる場合に〔……〕債権者〔が……〕債務者に対し其利益を償還すべきことを請求する権利」と定義する[9]。具体例としては、給付すべき目的物が第三者の不法行為によって滅失した場合において債務者が第三者から不法行為による損害賠償金を受けたときは、債権者が債務者に対してその賠償金を請求することができる、というものである[10]。この場合には債権者固有の損害賠償請求権が発生するため代償請求権が不要になるのではないか、という問題については後述する（→第二章第三節一7）。

代償請求権の根拠は、不能となった給付の物体に代わる利益が債権者に帰すべきである、という考え方であり、それが「代償主義（Surrogationsprinzip）」であると言う[11]。

5　引用文献

ここで石坂博士が論拠としてもっとも多く行を割いて紹介する文献は、フリッツ・シュルツ（*Fritz Schulz*）（一八七九年六月一六日～一九五七年一一月一二日）の不当利得法の論文である[12]。もっとも、その引用の仕方は、代償主義の説明に続けて、「然《しか》るに近時シユルツ〔……〕は利益償還の義務は單に債権のみならず凡ての私権の侵害ある場合に認むべきものにして従て代償の観念を以て其根據となすは狭きに失すとなし、凡て他人の権利を侵害せる者は、其侵害に因りて得たる利益を権利者に償還することを要す[13]」とし、「近時」のドイツ法学説紹介の余論にすぎない。

むしろ、石坂博士が内容において拠り所としているのは、パンデクテン法学およびドイツ民法典制定後の文献であり[14]、それらは第五・六章において直接かつ詳細に説明する。

6　要件・効果

石坂博士によると、代償請求権の要件は、第一に、債務者が利益を取得したこと、第二に、それが給付不能を生じた事由によること、第三に、その利益が給付の物体に代わるべきものであること、の三つである。効果は、その利益の償還を請求する権利が債権者に発生することである[15]。

なお、第二の要件としての給付不能は、債務者の責めに帰することができない事由による不能に限られず、債務者の責めに帰すべき事由による不能も含むものである。そのため、債務者の責めに帰すべき事由による不能によって損害賠償請求権と代償請求権の双方が発生することがあり、両者の関係が「請求權ノ競合ナリトス」、と石坂博士は説明した。つまり、択一的に請求することができ、先に損害賠償請求権を行使したときは、それによって債権者は「履行アリタルト同一ノ満足ヲ得タルモノナルカ故ニ」さらに代償請求権を行使することができない。先に代償請求権を行使して取得した代償の金額が損害額に満たないときは、その限りにおいて代償請求に加えて損害賠償請求をすることができる、と説明していた[16]。

こうして、この石坂論文において、わが国では初めて、代償請求権規範の存在が――その要件・効果という形で正式に、しかも現在の通説判例とほぼ同じ内容で――主張された。

7　債権者固有の損害賠償請求権との関係

私たちの関心を引くのは、第一に、要件に掲げられている「給付不能」の意味であり、第二に、債権者固有の損害賠償請求権と代償請求権との関係である。

前者については、項目を改めて詳述する。

後者は、民法典制定過程において問題になったものである。つまり、給付すべき目的物が第三者の不法行為によって滅失した場合において債務者が第三者から不法行為による損害賠償金を受けたとき、という代償請求権の典型例とされる事案においては、第三者に対する債権者固有の損害賠償請求権発生によって、代償請求権の存在意義が無くなってしまうのではないか、という問題である。ボアソナードにおいても（↓第一章第二節四3）、富井博士においても（↓第一章第二節六2）、同様に問題視された。

富井博士の見解からすれば、この場合には給付すべき目的物の所有権が契約成立時に債権者に移転しているため、債権者は、所有権侵害による不法行為の被害者として加害者たる第三者に対して直接に損害賠償請求権を取得することができ、債務者に対する代償請求権の取得という迂遠な手段が不要となる（↓第一章第二節六2）。それだからこそ、代償請求権が改正前民法の立法においては否定された。

しかし、この問題に関する石坂博士の理解は、富井博士のそれとは異なっていた。

第一に、石坂博士は、物権行為の独自性を肯定する。[17] そのため、債権者であるというだけでは所有権帰属を当然視することができず、富井博士が言う所有権侵害による不法行為の成立を前提とすることができない。そうすると、債権侵害による不法行為の成立を肯定してはじめて、代償請求権の必要性を否定できることになる。

第二に、石坂博士は、「第三者の債権侵害を認むることを得ざるが故に、債權者は、直接に第三者に対して権利を有せず、代償請求權に依りて保護を受けたることを得べし」と言う。[18] すなわち、石坂博士においては、債権侵害によって不法行為が成立しないのが原則であった。[19] そのため、石坂博士は、代償請求権の必要性を否定できなかったのである。つまり、石坂博士の見解によれば、原則として、代償請求権と債権者固有の損害賠償請求権との重複の問題が生じないのである。[20]

なお、右の論理に関連して、石坂博士は、一方で、代償請求権肯定の理由として債権侵害による不法行為の不成立を挙げ、[21] 他方で、債権侵害による不法行為の成立を否定する理由として代償請求権の存在を挙げる。[22] 一見、それは循環論法であるが、代償請求権肯定と債権侵害による不法行為不成立を一組の論理として主張するものと受け止めることができ、虚偽の論証と咎め立てるほどではない。

8　その他の論点

石坂博士は、右の要件・効果の他に、代償請求権をめぐる次の四つの論点に言及している。すなわち、①保険金を代償請求することの可否、②第三の要件（その利益が給付の物体に代わるべきものであること）を欠く場合に利益を請求することの可否、③債務者の法律行為によって取得した利益を代償請求することの可否、④不能となる給付が物の使用収益であるときに代償請求することの可否、である。

①を石坂博士は肯定する。保険金は、保険契約に基づいて取得する利益であり、給付不能を生じた事由が唯一の原因ではないけれども唯一の原因である必要はなく数箇の原因の一つでよい、と言う(23)。

②を石坂博士は否定する。要件とする以上当たり前のことであるが、代償請求権が本来の債権を基礎とするものだからと言う。たとえば、債務者が取得した手付金や損害賠償の目的を有しない違約金を債権者は代償請求することができない。また、不能によって節約した履行の費用は、債権者は代償請求することができず、それは、改正前民法五三六条二項後段（平成一六年法律一四七号による改正前の同項但書）の規定に従って、費用償還請求権の目的となる、と言う(24)。

③を石坂博士は否定する。たとえば、売主が売買目的物を引渡し前に第三者に二重売却したときは、第一買主は、売主に対して第二売買の代金の支払または代金請求権の移転を請求することができない。その理由は、「代金は必しも其物體の實際の価格に依りて定まるものにあらざるが故に其物體の代償と云ふを得ざるのみならず、代金取得の原因は賣買契約に基くものにして給付不能は其原因にあらず」という点にあり、つまり、第三の要件が欠けるからである(25)。

④を石坂博士は肯定する。その理由としては、単に、「代償は其使用収益の代償を含むものと解するを正當とするが故なり」と言う(26)。

9　まとめ

代償請求権肯定説をドイツから輸入したのは、石坂音四郎博士であった。不法行為成立を理由に代償請求権を否定した富井博士と違い、石坂博士が代償請求権を肯定したのは、①物権行為の独自性の肯定と②第三者の債権侵害による不法行為成立の否定という二つの論理に依拠していた。そのような石坂説における代償請求権の要件は、第一に、債務者が利益を取得したこと、第二に、それが給付不能を生じた事由によること、第三に、その利益が給付の物体に代わるべきものであること、であり、効果は、その利益の償還を請求する権利が債権者に発生することであった。

ここで重要なのは、石坂博士が①立法者意思に反する形で代償請求権を肯定しただけでなく、②その要件として旧民法の物の滅失とは違って不能概念を掲げたことである。

そのため、次に問題になるのは、その不能概念の内容である。項を改めて見てゆこう。

二　石坂博士の不能論

1　総　説

しかし、代償請求権との関係において石坂博士の不能論には物足りなさが残る、と先に打ち明けておこう。それは、代償請求権と不能の関係について、石坂博士が論じてくれていないからである。つまり、石坂博士は、一方で「不能」を代償請求権発生の要件として掲げ、他方で不能を事細かに分類するが、前者の「不能」が後者の何れに当たるのかについて明確に記述していない。とりわけ、それが①後発的不能に限られるのか②無責不能に限られるのか、という二点が不問に付されていることが不明確さを招いている（後発的不能に限られるように読めるが、明確ではない）。そしてこの不明確さは、残念ながら、博士の学説を継いでいった諸学説のいずれにも当てはまるのである。

2 特徴

石坂論文全体の七割弱の分量は「給付不能ノ種類」の章に費やされた。[27] すなわち、不能の要件論が石坂論文の主たる部分である。その最大の特徴は、原始的・後発的不能に有責・無責不能の区別を組み合わせることによって、現在まで踏襲される不能の種類の雛形を示した点にあった。以下、石坂博士が不能の種類をどう解していたか、順を追って見てゆこう。

その際、注意すべき点が二つある。石坂博士の不能論が、第一に、ドイツ法の直輸入であったこと、第二に、立法者意思を無視していたことである。

第一に、石坂博士の不能論は、あくまでも「今吾人が給付不能を論ずるは我法典の解釈として之を爲す[28]」ものであった。にもかかわらず、ドイツの諸学説を並べてその中の優れたものを「我法典の解釈として」採用する、という論じ方であった。そこではドイツの不能論がわが国にも通用することが暗黙の前提とされていた、と言えよう。たとえば、――民法典制定過程においては、ボアソナードや富井博士によって、「履行不能」と言われてきたにもかかわらず――石坂博士においては「給付不能」と用語が変わっていることもその一つの現れだろう。これは、ドイツの用語、„Unmöglichkeit der Leistung“ の直訳である。しかし、石坂博士が履行不能と給付不能との用語の違いを意識した様子はなく、両者を同一のものとして扱っているので、ここでも両者の違いに構わず論を進めることにしよう。

第二に、立法者意思は、全く顧みられなかった。すなわち、後発的無責不能による義務消滅（→第一章第三節七1）と原始的不能による合意無効（→第一章第三節七2）をそれぞれ肯定するのが立法者意思であったが、それについては言及されないで終わっている。

3　主観的不能・客観的不能の区別の否定

石坂博士は、わが国においても給付不能の観念自体を肯定するものの[29]、ドイツ法の給付不能における「最重要なる不能の區別」[30]としての主観的・客観的不能の区別をわが国の民法解釈としては否定する。

そもそも、不能が客観的か主観的かを区別する標準について、ドイツの学説は二つに分かれていた[31]。第一説は、給付をなすことができない人の範囲を標準とし、何人も給付をなすことができない不能を客観的不能、債務者のみが給付をなすことができない不能を主観的不能と呼ぶものであった。第二説は、給付不能を生じさせる原因を標準とし、給付そのものの不能を客観的不能、債務者の一身に存する事情に基づく不能を主観的不能と呼ぶものであった。しかし、石坂博士は、これら「二個の見解は共に其當を得ず」[32]と断じた。すなわち、そもそも給付義務を負うのは債務者だけであるから、第三者が給付することができるか否かを基準に不能を客観的と主観的に分ける第一説は無意義である、と非難し、返す刀で、その批判は第二説に対しても妥当する、と言う。というのは、いやしくも債務者が給付をなすことができなければ、その原因を問う必要がないからであった[33]。

こうして客観的・主観的不能の区別を否定した結果、石坂説においては、客観的・主観的不能の区別と組み合わせて論じられるべき——後述の——原始的・後発的不能の「區別の實益は其大半を失ふに至」り、その区別は「單に給付不能存する場合に契約成立するや否やを定むる標準たるに過ぎ」[34]なくなるに至る。

わが国の民法典が——ドイツ民法典とは異なり——客観的・主観的不能を区別する明文の規定を欠くため、石坂博士の解釈が可能だったのである。実際に、この点についての石坂説は支持され続け、わが国では客観的・主観的不能の区別を肯定する学説はその後もほとんど登場しない（皆無だったわけではない[35]）。

4　原始的不能・後発的不能の区別の肯定

これに対し、その次に重要な原始的・後発的不能の区別については、石坂博士は肯定する。もっとも、この区別は、既に民法典起草過程において、遅くとも旧民法典においては見て取ることができたものである（↓第一章第三節五1・2）。

これに対し、「〔旧民法では〕不能を法概念上、原始的と後発的に区別しているとはいえない」と指摘する学説もある。[36] しかし、既に見たように、旧民法には原始的不能（財産編三二二条一項）と後発的不能（財産編五三九条）の明文の規定が存在していたことが歴然たる事実であり、起草委員としての富井博士も、それぞれの規範を区別したうえで肯定していたことからすると、ドイツ法が参照された形跡がないというだけで、その当時原始的・後発的不能を区別していなかった、とまで言うのは、つまり、「ドイツ法における原始的・後発的不能の区別」だけを「原始的・後発的不能の区別」として承認するのは、厳しすぎるだろう。むしろ、「〔原始的不能の給付を目的とする契約が無効であるという〕ドイツ法の考え方は、学説継受期にわが国に導入され、日本でも通説となっていったのである。旧民法の系譜とは切れたかたちで、原始的不能＝契約無効という考え方が日本でも通説となっていったのである」[37] という程度に、旧民法における系譜を承認しつつ、それとは「切れたかたちで」ドイツ法の原始的・後発的不能の区別が継受されたという認識が正確であろう。もっとも、改正前民法の解釈論における原始的・後発的不能の区別は、有責・無責不能の区別と共にあってこそ真価を発揮し、有責・無責不能の区別は、石坂博士によって初めて輸入されたのであるから、その限られた意味で「〔旧民法では〕原始的と後発的に区別しているとはいえない」という先の学説（北川説）も正鵠を得ている。

まず、石坂博士は、「主観的不能客観的不能に次ぎて重要なる區別」[38] としての原始的・後発的不能の区別を肯定する。そして、「原始的客観的不能存する場合には契約は無效なりや」[39] という切り口から、原始的・後発的不能の区別の標準時を問題にする。そして、それが契約成立時であるとするドイツの通説を批判し、契約成立時に不能であるというだけで契約を無効にする理由はない、と言う。[40] その批判は次のような給付概念と履行期との関係についての理解に基づいている。それは、従来、履行期が給付の観念に含まれず、単なる「給付義務の物體即、一定の行爲」が「給付」と理解されてきたところ、履行期が給付の観念に含まれるに至り、「一定の場所、一定の時期の於ける一定の行爲」こそが「給付」であり、したがって、給付不能とは給付が履行期における不能のことである、という理解である。(41) そうであるならば、履行期における不能の原因が契約成立時に存在することが「原始的不能」、それ以外の不能が「後発的不能」となる。(42) そして、「法律は債務者が履行すること能はざる給付を物體とする債権の發生を認むべき理由なきが故」に、右の意味における原始的不能の契約が無効であるのは「論理上必然の結果」であり、「我法典は云ふを俟たざる所なりとして此原則を掲げ(43)」ていない、と石坂博士は説明した。

しかし、このような石坂説は、原始的・後発的不能の区別の標準時を契約成立時とするドイツ法通説に反対するアンチテーゼとしての意義を担ったにすぎないようである。(44) そして、石坂博士が力点を置いていたのは、あくまでも要件論であり、効果論ではなかったことを看過してはならない。(45) そのため、本書においては、後発的不能の効果として義務消滅を肯定するか否かに関する石坂説こそが気に掛かるところであるが、石坂論文でそれは全く論じられていない。また、原始的不能の効果についても、右に述べたこと（「契約は無効とす」）以上のことには触れられていない。

5　有責不能・無責不能の区別の肯定

石坂博士の業績としてもっとも評価されるべきは、学説史上の嚆矢として、(46) 後発的不能が債務者の故意または抽象的過失によって生じたか否かで有責・無責不能を区別したことである。(47)

有責不能であれば、「債務者は給付義務を免れ不能に因りて生じたる損害を賠償すべき義務を負ふ〔……〕給付不能に基く損害賠償債権は本来の債権が単に其物體を變更したるものに過ぎず、本來の債権が消滅し新なる債権が發生せるに非ず。從て本來の債権に附從せる擔保権、優先権は其儘に存續し、時效も亦本來の債権の履行期より起算すべきものとす(48)」。つまり、後発的有責不能が債権を消滅させずに、単に変更するだけだ、という解釈である。

これに対し、無責不能であれば、「債務者は全く給付義務を免れ、又損害賠償を為すことを要せず。此點に關しては我法典には直接の明文なしと雖も、第四百十五條後段の反對解釋に依りて明かなり」[49]とされ、後発的無責不能が給付義務を完全に消滅させると解した。

すなわち、立法者意思として肯定されていた後発的無責不能による債務消滅が石坂説においても肯定された一方で、後発的有責不能による債権の物體の變更という解釈が示されたのであった。

6　まとめ

石坂博士は、客観的・主観的不能の区別を否定し、原始的・後発的不能および有責・無責不能の区別を肯定した。このうち、原始的・後発的不能の区別は、民法典制定過程において既に見られたものであるが、有責・無責不能も体系上区別したうえで後発的無責不能が債務を消滅させるという解釈を示したことに石坂博士の不能論が学説史上不可欠のものとなった理由がある。

立法者意思と比較すると、石坂説は、後発的無責不能による義務消滅および原始的不能による合意無効の双方を肯定する点で同じであるが、後発的無責不能とは後発的不能と無責不能との組み合わせであることを示すことによって概念を明確にしている点で異なり、体系化が進んでいる。

三　末弘説

1　総　説

つぎに、石坂博士の学説がどのように受け止められていったか、次の時代の末弘嚴太郎博士[50]（明治二一年（一八八八年）一一月三〇日～昭和二六年（一九五一年）九月一一日）の業績「雙務契約ト履行不能」に照らして見てみよう。

原始的不能については、石坂博士が「論理上必然の結果」としての契約無効を主張するだけでその効果について検討をほとんど加えていなかったのに対し、末弘博士は効果を実質的に論じた点で違いを見せた。他方、後発的不能については、末弘説の意義は小さい。

2　原始的不能

末弘博士は、「吾人は二三枝葉の點に至れば尚多少之〔石坂博士の給付不能論〕に服し得ざるもの之なきにあらずと雖も、少くとも重要なる諸點に於て大に賛同の意を表するものなり」とした上で、一方で、客観的・主観的不能の区別を否定する点および、給付不能を履行期における不能と解した上で原始的・後発的不能の区別を肯定する点では石坂説を踏襲し(51)、他方で、石坂博士がやり残していた「雙務契約に對する効果如何の問題」について一歩先に踏み出した(52)。

末弘博士によれば、「給付の原始的全部不能は其給付を目的とする契約をして全然無効ならしむる(53)」。もっとも、その理由づけは――「論理上必然の結果」と単純に断ずる石坂論文とは打って変わって――詳細である。まず、「給付不能が契約の無効を來すべきや否やは一に成法上の問題にして論理上の問題にあらず(54)」と言う。なぜならば、不能な給付を物体とする債務は発生しないけれども契約が有効に成立する、と解することができるし、現実に原始的不能の契約を有効と解する例外が存在するからである(55)。

しかし、結局は、ローマ法以来諸国民法が原始的不能の契約を無効としてきたことを理由に、わが国の民法が特に反対の明文を掲げていないことからも、わが国の立法者意思も無効説である、と解釈する(56)。したがってその契約が双務契約であるときは、ただ不能な給付を目的とする債務のみならず可能な給付を目的とする相手方の債務もまた発生しない、と解する。その理由づけとしては、双務契約上の双方の債務は、別個であるものの、交換的代償的密接な関係に立ち、債務の一方が不能のため発生しない場合に他方も発生させないことが法律上公平で、当事者意思にも沿うからである、と言う[57]。

こうして、末弘論文において、原始的不能による契約無効が十分な理由づけを伴って主張されるに至り、原始的不能ドグマが定立された。しかしまた、このドグマが論理上唯一のものではなくあくまでも一つの解釈論として主張されたことは、後に契約有効論からの批判を受ける糸口となっていった。

3　契約締結上の過失

さらに、契約締結上の過失についても、石坂説を土台にドイツ法的な議論を展開した。つまり、末弘博士は、──わが国には明文の規定が欠けているために認められないと主張していた──石坂博士の契約締結上の過失理論を前提に、消極的契約利益の賠償請求の可否を議論した。そして、結局は、石坂博士の結論とは逆に、それを肯定した[58]。明文の規定がないという一事でもって、ローマ法以来諸国の法律が認めて来ている原則を否定することはできない、というのがその理由づけであった[59]。

こうして、「原始的不能ドグマ」とその不都合を解消すべき理論としての「契約締結の過失」が初めてセットで主張されるに至ったのである。

4　後発的不能

末弘博士の原始的不能ドグマが契約締結上の過失理論とセットになって学説史上確かな足跡を残したのに対し、博士の後発的不能論に独自性は見出せない。代償請求権論についても、その内容は、石坂説の繰り返しに過ぎず、再論するに値しない[60]。しかし、その要件としての履行不能が後発的不能であることが文脈から明らかであったことは、石坂説との明確な差異であった。また、危険負担に関連して代償請求権が言及されたことからすると、無責不能が念頭に置かれていたらしい点でも、石坂説よりも進歩している。石坂説においては、代償請求権の要件の不能がその詳細な不能論と全く接続されず、原始的・後発的不能の区別、有責・無責不能の区別との関係が全く示されていなかったからである（→第二章第三節二1）。

また、代償請求権論は、末弘説の影響からか、以降は後発的不能論の一部として扱われるようになる。その意味で、末弘説こそが代償請求権の要件論を不能論と接続したとも言うことができ、その存在は看過することができない。

5 まとめ

末弘博士は、原始的不能の契約無効についての解釈論を深めたことで原始的不能ドグマを樹立し、不能学説史にその名を残した。他方、代償請求権については、大きく論じなかったけれども、その要件としての不能が後発的無責不能であることを示すことによって代償請求権論と不能論が接続されていて、その点で石坂説よりも体系化されていた。

四　鳩山説

なお、「日本の民法をドイツ流の概念法学で理論化・体系化し、わが国の法解釈学としての基礎を築いた」[61]鳩山秀夫博士（明治一七年（一八八四年）二月四日〜昭和二一年（一九四六年）一月二九日）は、意外にも代償請求権を含む不能論においては大きな役割を果たさなかった。むしろ、代償請求権・原始的不能の双方について末弘博士の学説を引用しつつ、これに従うことを簡潔に表明するだけであった[62]。

五　勝本説

1　登場

末弘説以降、不能論は、原始的不能論と後発的不能論として、二つの道を別れて歩んでいく。代償請求権は、末弘説の流れを汲んで後発的不能論の一部として論じられるようになり、これを肯定する学説が通説化する。その決定打となったのが最高裁昭和四一年判決であり、その内容は改めて検討するけれども、そこに至る途中、代償請求権肯定説にわが国独自の工夫を加えた学説が発表される。勝本正晃博士（明治二八年（一八九五年）～平成五年（一九九三年））のそれである。

2　新説

勝本博士の代償請求権肯定説は、概ね石坂説と同様であるが、有責不能による損害賠償請求権との関係についての新説を含んでいた。すなわち、――

「而して此場合に於て、本來の損害賠償請求権と代償請求権との間には、其價値を同じうする範圍に於て、請求権の競合を生ずる。従つて債権者は任意に其一を行使し得べく、其完全なる滿足を受けざる限度に於て、他の請求権を行使し得る。即ち、代償請求権を行使したるときは、之に依りて受けたる利益を損害賠償請求権の數額より控除することを要する。〔……〕

尚ほ、代償請求権の範囲は、如何なる場合に於ても、本來の損害賠償請求権の範圍を出でない。獨民二八一條二項が、債権者が不履行に因る損害賠償請求権を有する場合に於て、第一項に定むる権利（代償請求権）を行使したるときは、債権者に給付すべき損害賠償は、取得したる補償又は補償請求権の價額だけ減少すと規定してゐるのも同趣旨なりと解すべきである。[63]」

右引用部分の内、第一段落は、石坂説（およびドイツ法）と同じである。それに対し、第二段落は、代償請求権が損害額に上限を画されるという新説を含み、要件論として非常に重要である。ドイツ流の代償請求権論が輸入された当初から、ドイツ民法旧二八一条二項の規定に倣い、代償請求権の行使によって損害が填補される場合の損害額の控除だけが認められてきた（↓第二章第三節一6）。ところが勝本説によれば、代償請求自体が損害額に上限を画されるので、代償額が損害額を超過するときに違いが生じ、従来の——ドイツ流の——解釈によれば代償全部を請求できたのに対し、勝本説によれば損害額までの代償しか請求することができない。すなわち、損害額に上限を画されることによって、そうでなければ無関係であったはずの損害の不発生が代償請求権発生の消極的要件の一つとなり、債務者は、損害不発生を証明することによって代償請求を免れることができる。すなわち、勝本説の代償請求権の効力は、その点において石坂説（およびドイツ法）のそれより弱いのである。

3　誤解？

その根拠としては、勝本博士は、右のとおりドイツ民法典の規定を引用するだけでなく、わが国の従来の学説として石坂説、三瀦説、嘉山説および川添説を引用する。しかし、それら引用文献に当たってみても、ドイツ民法典の規定はもちろんわが国の学説のいずれも損害額の控除は肯定するけれども、損害額を代償請求の上限とはしていない。[64] そのことからすると、勝本博士が従来の学説をなぞるつもりでそれを誤解して無意識に新説を書いてしまった可能性がある。[65]

しかし、それが誤解に基づくものであったか否かにかかわらず、勝本博士がドイツ法とは異質な日本独自の内容を代償請求権肯定説に加えて発表している以上、この独自説のプライオリティが博士に帰することになったのは確かである。

六　我妻説

1　代償請求権肯定説の通説化

代償請求権肯定説の通説化を現在の視点から振り返るとき、見逃すことのできない出来事は、我妻榮博士（明治三〇年（一八九七年）四月一日〜昭和四八年（一九七三年）一〇月二一日）によって、代償請求権肯定説がその体系書『民法講義』に書き込まれたことである[66]。すなわち、——

「履行不能を生じたると同一の原因によって債務者が利益を取得することがある。債権の目的物を第三者が破壊し、債務者がこれに對して不法行爲に基く損害賠償請求権を取得するが如きである。かかる場合には、債権者はこの債権の目的物に代る利益（代償 Surrogat）を請求する権利あるものと解せられて居る（獨民二八一條は明文を設く）。蓋し、目的物に代る利益は本来これを請求する権利ありし債権者に歸屬せしむるをもって公平に適すとなすべきだからである。この制度は履行不能につき債務者に責任なき場合に実益がある（右の第三者の滅失が債務者の過失によるときは債務者は債務不履行による賠償責任あるも、然らざるときは債務者は債務を免れる）[67]。」

この記述自体は、ドイツ民法典の明文の規定を挙げただけであり、それまでの肯定説をなぞるものにすぎない。しかし、「民法学史上最大の存在として今日に至るも学界とりわけ実務界における影響力は圧倒的であ」[68]った我妻博士の御墨付きが代償請求権肯定説の通説化を決定した、と言ってよいであろう。

2　後発的不能論の踏襲

他方、我妻博士の後発的不能論は、末弘博士の繰り返しに過ぎず、その意義は小さい。すなわち、石坂説を踏襲している。一方で、「不能を主観的不能と客観的不能に分け、履行不能は後者に限ると説く説がある〔……〕。然し、社會觀念を標準とし、本來の給付内容を目的とする債權を存續せしむべからざる事由をもって不能となせば、特にかかる區別を爲す必要なしと考へる」と客観的・主観的不能の区別を否定した(69)。他方で、後発的無責不能によって債務者が債務を免れると説いた(70)。従来の石坂説・末弘説との相違点は、代償請求権の要件としての不能が無責不能に限定されず、ただ、無責不能の場合に「実益がある」とされたことだけである。ドイツ法に影響を受けたものと推測されるが、確かではない。

3　原始的不能ドグマの通説化

また、我妻博士は、末弘博士の原始的不能ドグマを契約締結上の過失理論とともに支持し、これまたその通説化に大きな役割を果たした(71)。すなわち、原始的不能のときは、一方で「現實的な履行の請求權」を「理論的に」認めることができず、他方で損害賠償債務も、それが一度発生した債務の変形または拡張である限りは、無効な契約からは発生しないけれども(72)、いわゆる「契約締結上の過失」によって相手方がその契約を有効なものと誤信したことによって損害賠償義務が生じる場合がある、と説いた(73)。

おそらくこのような原始的不能ドグマの通説化の影響があったのであろう。判例においても、「一般に契約の履行がその契約締結の当初において客観的に不能であれば、その契約は不可能な事項を目的とするものとして無効とせられる」という解釈が見られるようになった(74)。

七　於保説

さらに、於保不二雄博士（明治四一年（一九〇八年）一月二二日〜平成八年（一九九六年）一月一四日）がその体系書『債権総論』において説いた内容も重要である。すなわち、——

「履行不能を生ぜしめたのと同一の原因によって債務者が履行の目的物の代償となる利益を取得した場合、例えば、債務の目的物を第三者が毀滅したために、履行不能を生じたと同時に債務者が損害賠償請求権を取得した場合や保険金請求権を取得した場合に、もし債務者の責に帰すべき事由がないときは、債務者は債務を免れながら代償利益を保持しうるものか、また、もし債務者の責に帰すべきときは、債権者は債務者に対する損害賠償請求のみで満足すべきものか。これについてわが民法は別段の規定をおいていないが、ドイツ民法は明文をもっていわゆる代償請求権を規定している（ド民二八一条）。この問題は、結局のところ、公平の観念に基き、不当利得および不法行為の一般法理にしたがって、債権者にとっても妥当な結果を導きだしうべきものであるが、わが国においても、ドイツ民法にならって、率直に代償請求権の成立を一般的に承認している。

この代償請求権は、履行不能が債務者の責に帰すべからざる事由によって生じた場合、ことに双務契約において危険を債権者が負担すべき場合（民五三四条）に最も実効がある。だが、履行不能が債務者の責に帰すべき事由によって生じた場合にも、債権者は損害賠償請求権だけに限られないで、これとともに代償請求権を取得する。もっとも、債権者が代償請求権を行使して利益をえたときは、その限度においてそれだけ損害賠償請求権から控除されることになる（ド民二八一条二項参照）。」(75)

於保説にもそれまでの肯定説と異なる独自の内容は無かった。しかし、その『債権総論』が有斐閣の法律学全集の一冊として権威を持ったこと、そして、後に指導判決となった最高裁判決の文言が於保説のそれと酷似していたことが、代償請求権の学説史における於保説の役割を看過できないものとしている。

八　岡村説

このように通説化した代償請求権肯定説に反対した学説も有るには有った。もっとも、元大審院判事の岡村玄治博士の説が唯一であった。(76)

岡村博士は、代償請求権の問題とされているもの総てが「不法行爲又は不當利得の法理に依りて解決すべきもの」だと主張した。たとえば、第三者が過失によって目的物を破壊したために債務が履行不能となったときは、所有権侵害または債権侵害に基づく損害賠償を直接その第三者に対して債権者は請求でき、仮に第三者が損害賠償を債務者に支払ってしまって第三者が債務を免れていたとしても、債権者は債務者に対して不法行為または不当利得によってその部分について請求することができるので、明文の規定のない代償請求権を敢えて認めるべきではない、と説いた(77)。

これまで見てきたところによると、実はこの岡村説こそが、立法者意思に沿うものである。それにもかかわらず、岡村説に対してはせいぜい「正当な指摘を含んでいる(78)」という遠慮気味な評価が見られただけであった。当時は代償請求権肯定説が立法者意思だと誤解されていたこともあって、岡村説は、「確《たしか》に理論的には筋が通っているが、実際的な考慮に欠ける感がある」と等閑視され(79)、学説史に埋没してしまったのであった。

第四節　まとめ

代償請求権論においても、不能論においても、立法者意思とは無関係にドイツ法の学説継受がなされた。代償請求権については、不能を生じた事由と同一の原因によって債務者が代償を取得することを要件とする肯定説が民法典の立法者意思に反して通説化した。これは石坂博士によって輸入され、末弘博士・我妻博士・於保博士らによって賛同されたものである。その過程では、代償請求権の価額が損害額を上限とするという勝本説も主張された。

他方、不能自体についても、まず、石坂博士によって有責・無責不能の区別が後発的不能について加えられたことが重要である。そして、後発的無責不能を要件に債務消滅の効果が生じると解されるようになった。また、ドイツ流の原始的不能論が発展し、契約締結上の過失論に裏付けられた原始的不能ドグマが末弘博士・我妻博士によって主張され通説化した。

また、当初は、代償請求権論と不能論は切り離された形で論じられていたが、末弘説において両者が接続されて以降、代償請求権論は、後発的不能論の一部として論じられるようになった。我妻説・於保説においては、代償請求権発生の要件としては、後発的不能であれば、有責・無責を問わないとされた。

(1)　本章の学説史の組み立て方については、吉田邦彦『債権侵害論再考』(有斐閣、平三) のそれに多くを学んだ。というのは、起草者の見解と「断絶」して「ほぼ全面的にドイツでの議論の影響を受けている」(同書三八頁) 石坂博士の立論に影響を受けたという点で、代償請求権論が債権侵害論と共通しているからである。

(2)　星野英一「日本民法学史 (一) (二) (三) (四)」法教八号 (昭五六) 三七頁～四四頁、九号 (昭五六) 一四頁～二二頁、一〇号 (昭五六) 一五頁～二五頁、一一号 (昭五六) 一六頁～二四頁 (同『民法総論』(有斐閣、昭五八) 所収)、八号三七頁。同「日本の民法解釈学」『民法論集　第五巻』(有斐閣、昭六一) 二一五頁～二五一頁 (早稲田法学五八巻三号 (昭五八) 三〇五頁～三三二頁初出)。そこでは、学説史が四つの時期に分かれるとされている。すなわち、第一期は、民法前三編の公布された明治二八年 (一八九五年) から起草者の一人である梅謙次郎博士が死亡した明治四三年 (一九一〇年) まで、第二期は、その後大正一〇年 (一九二一年) まで、第三期は、その後昭和三〇年 (一九五五年) まで、第四期は、それ以後である。以下では、右の第二期の学説史に重点を置いて検討する。

(3)　梅謙次郎『民法要義　巻之三　債権編』(有斐閣、訂正増補版、明三二＝大元＝昭五九復刻 (初版は明三〇)) 五六頁 (片仮名は平仮名に直し、傍点、濁点および句読点を付けた)。

(4)　富井政章『民法原論　第一巻　總論』(有斐閣、大四 (初出は明三六・三七)) 四〇二頁、同『民法原論　第三巻　債権總論　上』(有斐閣、昭四) 六五頁～七七頁。もっとも、客観的・主観的不能の区別については、先行する石坂説に従わず、これを肯定する (七三頁)。

(5)　北川善太郎・前掲『日本法学の歴史と理論』三一一頁～三三二頁。

(6) 北川善太郎・前掲『日本法学の歴史と理論』三一頁。

(7) 石田喜久夫「石坂音四郎」法教一八一号（平七）九八頁～九九頁。そこでは「日本民法学におけるナンバー・ワンの巨匠」と賞賛されている。ナンバー・ワンかどうかはさておき、夭折の大学者である。

(8) 石坂音四郎「給付不能ノ効力」京都法學會雑誌七巻二号（明四五）二五頁～五二頁、四一頁以下（同『民法研究第二巻』（有斐閣、大二）「給付不能論」二〇三頁～三一九頁、三〇八頁以下、同『改纂民法研究下巻』（有斐閣、大九）「給付不能論」一二五頁～二〇八頁、二〇〇頁以下所収）、同『日本民法　債權總論　上巻』（有斐閣、合本、大一〇（初出は明四四））五八一頁以下、同『債權法大綱』（有斐閣、第四版、大九（初版は大六））一〇九頁以下。右『民法研究』（論文集）、『日本民法』（体系書）および『債權法大綱』（教科書）のうち、『民法研究』が主著、『日本民法』が副著とされる（穂積重遠「法學博士石坂音四郎教授ヲ悼ム」法協三五巻五号（大六）一頁～一〇頁、四頁以下）。代償請求権に関しては、『民法研究』と『日本民法』が一字一句同じであり、『債權法大綱』がそれらの簡略版となっている。

(9) 石坂音四郎・前掲「給付不能ノ効力」四二頁、同・前掲『日本民法　債權總論　上巻』五八一頁、同・前掲『債權法大綱』一〇九頁。

(10) 石坂音四郎・前掲「給付不能ノ効力」四二頁、同・前掲『日本民法　債權總論　上巻』五八一頁以下、同・前掲『債權法大綱』一〇九頁。

(11) 石坂音四郎・前掲「給付不能ノ効力」四四頁、同・前掲『日本民法　債權總論　上巻』五八二頁。

(12) *Schulz, Fritz*: System der Rechte für den Eingriffserwerb, AcP 105, 1909, SS. 1–489. 不当利得法を損害賠償法の反面と捉え、後者の目的が侵害者の権利侵害無ければ存すべきであった被害者の財産状態の回復であるのに対し、前者の目的が侵害者の権利侵害無ければ存すべきであった侵害者の財産状態の実現にある、と説く（石坂音四郎・前掲「給付不能ノ効力」四四頁、同・前掲『日本民法　債權總論　上巻』五八三頁）。不当利得の分野では百年の時を超え現在に至るまで最重要論文の一つである。なお、シュルツは、ローマ法学者として名を成したが、ベルリン大学教授であったときにユダヤ人として職を追われ、イギリスに亡命し永住した。藤原正則「侵害利得法の現状：代償請求と利益の返還（Gewinnherausgabe）」北法四四巻六号（平六）一七〇頁～一九六頁、一七二頁のシュルツに関する記述も参照。

(13) 石坂音四郎・前掲「給付不能ノ効力」四四頁（片仮名は平仮名に直し、傍点、ルビ、および句読点を付けた）。

(14) 代償請求権の箇所では逐一引用されず、「給付不能論」の冒頭において「参考書の主なるもの」として一括して挙げられている。「給付不能論」の初出は、石坂音四郎「給付不能論」新報二一巻（明四四）九号一頁〜八頁、一〇号七二頁〜七五頁、一一号五八頁〜七三頁、一二号三七頁〜四五頁、二二巻（明四五）一号一七頁〜四三頁、二号六一頁〜七一頁、三号一二頁〜二三頁、二一巻九号一頁（片仮名は平仮名に直した）。「給付不能論」は、給付不能の要件論を扱ったものであり、効果論を扱った前掲・京都法學會雜誌「給付不能ノ效力」と合わせて「給付不能論」として『民法研究』に収録された。

(15) 石坂音四郎・前掲「給付不能ノ效力」四五頁以下、四二頁、同・前掲『日本民法　債權總論　上巻』五八一頁以下、五八四頁、同・前掲『債權法大綱』一一〇頁。

(16) 石坂音四郎・前掲「給付不能ノ效力」五一頁。後に紹介するドイツ民法旧二八一条二項の規定と同一内容の記述である。なお、損害額を超える代償を債務者が取得した場合についての言及は無い。

(17) 石坂音四郎「物權ノ設定移轉ニ關スル我國法ノ主義」『改纂民法研究上巻』（有斐閣、大八）三三五頁以下。

(18) 石坂音四郎・前掲「給付不能ノ效力」四七頁（片仮名は平仮名に直し、および読点を付けた）。

(19) 石坂音四郎「債權ハ第三者ニ依リテ侵害セラルルヲ得ルヤ」『民法研究第一巻』（有斐閣、明四四）一三五頁〜一八九頁、一五八頁以下。吉田邦彦・前掲『債権侵害論再考』三五頁以下参照。

(20) したがって、現在でも債権侵害による不法行為の成立を厳格に解するときは、債権者が代償請求権によって保護されることについて、加藤雅信『新民法大系Ⅴ　事務管理・不当利得・不法行為（第二版）』（有斐閣、平一七）二〇三頁以下参照。

(21) 石坂音四郎・前掲「債權ハ第三者ニ依リテ侵害セラルルヲ得ルヤ」一五八頁以下。

(22) 石坂音四郎・前掲「債權ハ第三者ニ依リテ侵害セラルルヲ得ルヤ」一六三頁以下。

(23) 石坂音四郎・前掲「給付不能ノ效力」四五頁以下。

(24) 石坂音四郎・前掲「給付不能ノ效力」四六頁以下。

(25) 石坂音四郎・前掲「給付不能ノ效力」四八頁（片仮名は平仮名に直した）。

(26) 石坂音四郎・前掲「給付不能ノ效力」四九頁（片仮名は平仮名に直し、濁点を付けた）。

(27)　石坂音四郎・前掲「給付不能論」新報二一巻一〇号七二頁～二二巻三号二三頁（同・前掲『民法研究第二巻』二一二頁～二九一頁、同・前掲『改纂民法研究下巻』一三一頁～一八八頁所収）。
(28)　石坂音四郎・前掲「給付不能論」新報二一巻九号二頁（同・前掲『民法研究第二巻』二〇四頁、同・前掲『改纂民法研究下巻』一二六頁所収）（片仮名は平仮名に直し、傍点および濁点を付けた）。
(29)　石坂音四郎・前掲「給付不能論」新報二一巻一一号六一頁（同・前掲『民法研究第二巻』二一八頁、同・前掲『改纂民法研究下巻』一三六頁所収）。ここで、石坂博士は、根拠条文として債務不履行による損害賠償の改正前民法四一五条後段と、解除の同法五四三条を挙げる。
(30)　石坂音四郎・前掲「給付不能論」新報二一巻一一号五八頁（同・前掲『民法研究第二巻』二一五頁、同・前掲『改纂民法研究下巻』一三四頁所収）（片仮名は平仮名に直した）。
(31)　石坂音四郎・前掲「給付不能論」新報二一巻一一号六一頁～六四頁（同・前掲『民法研究第二巻』二一九頁～二二一頁、同・前掲『改纂民法研究下巻』一三七頁～一三八頁所収）。
(32)　石坂音四郎・前掲「給付不能論」新報二一巻一一号六四頁（同・前掲『民法研究第二巻』二二一頁、同・前掲『改纂民法研究下巻』一三八頁所収）（片仮名は平仮名に直し、濁点を付けた）。
(33)　石坂音四郎・前掲「給付不能論」新報二一巻一一号六六頁～六七頁、七〇頁～七一頁（同・前掲『民法研究第二巻』二二四頁～二二五頁、二二八頁～二二九頁、同・前掲『改纂民法研究下巻』一四〇頁～一四一頁、一四三頁～一四四頁所収）。
(34)　石坂音四郎・前掲「給付不能論」新報二三巻二号六二頁～六三頁（同・前掲『民法研究第二巻』二七〇頁～二七一頁、同・前掲『改纂民法研究下巻』一七三頁所収）（片仮名は平仮名に直し、濁点を付けた）。
(35)　その肯定・否定を巡る問題についての詳細は、潮見佳男「日本における客観的不能と主観的不能の区別——学説継受とその遺産」新井誠・山本敬三編『ドイツ法の継受と現代日本法——ゲルハルド・リース教授退官記念論文集』（日本評論社、平二一）一九三頁～二一七頁に譲る。
(36)　北川善太郎・前掲『日本法学の歴史と理論』三六頁（傍点は原典）。
(37)　加藤雅信「『不能論』の体系——『原始的不能』・『契約締結上の過失』概念廃棄のために——」名法一五八（平六）五五頁～七八頁、五九頁。

(38) 石坂音四郎・前掲「給付不能論」新報二三巻二号六二頁（同・前掲『民法研究第二巻』二七〇頁、同・前掲『改纂民法研究下巻』一七三頁所収）（片仮名は平仮名に直し、濁点を付けた）。

(39) 石坂音四郎・前掲「給付不能論」新報二一巻一一号七三頁（同・前掲『民法研究第二巻』二三一頁、同・前掲『改纂民法研究下巻』一四六頁所収）（片仮名は平仮名に直した）。

(40) 石坂音四郎・前掲「給付不能論」新報二一巻一二号三七頁～三八頁（同・前掲『民法研究第二巻』二三二頁～二三三頁、同・前掲『改纂民法研究下巻』一四六頁所収）。

(41) 石坂音四郎・前掲「給付不能論」新報二一巻一二号四〇頁～四一頁（同・前掲『民法研究第二巻』二三五頁～二三六頁、同・前掲『改纂民法研究下巻』一四九頁所収）。

(42) 石坂音四郎・前掲「給付不能論」新報二一巻一二号四四頁（同・前掲『民法研究第二巻』二四〇頁、同・前掲『改纂民法研究下巻』一五二頁所収）。

(43) 石坂音四郎・前掲「給付不能ノ效力」京都法學會雜誌七巻二号二六頁（同・前掲『民法研究第二巻』二九二頁、同・前掲『改纂民法研究下巻』一八九頁所収）（片仮名は平仮名に直し、濁点を付けた）。同箇所では、「第四百十條に於て債權の目的たるべき給付中始より不能なるものあるときは債權は其殘存するものに付き存在すと規定せるは必竟此原則の適用に過ぎず」として、不能による選択債権の特定の条文が傍証に挙げられた（片仮名は平仮名に直し、濁点を付けた）。

(44) 「獨法の通説に従へば、債權の原因たる事實發生當時に存する不能を原始不能とし、事實發生以後に生ずる不能を後發不能とす」（石坂音四郎・前掲「給付不能論」新報二三巻二号六三頁（同・前掲『民法研究第二巻』二七一頁、同・前掲『改纂民法研究下巻』一七四頁所収））（片仮名は平仮名に直し、濁点および読点を付けた）。

(45) 石坂音四郎・前掲「給付不能論」新報二三巻二号六一頁～七一頁（同・前掲『民法研究第二巻』二六九頁～二八〇頁、同・前掲『改纂民法研究下巻』一七二頁～一八〇頁所収）。なお、いわゆる契約締結上の過失は、不法行為または債務不履行を成立させず、わが国の民法典には特別の規定を欠くので認められない、と論じられた（石坂音四郎・前掲「給付不能ノ效力」京都法學會雜誌七巻二号二七頁～二八頁（同・前掲『民法研究第二巻』二九三頁～二九四頁、同・前掲『改纂民法研究下巻』一九〇頁所収）（片仮名は平仮名に直し、濁点および句読点を付けた））。

(46) 北川善太郎・前掲『日本法学の歴史と理論』四三頁～四四頁。

(47)　石坂音四郎・前掲「給付不能論」新報二二巻三号二一頁〜二二頁〔同・前掲『民法研究第二巻』二九〇頁〜二九一頁、同・前掲『改纂民法研究下巻』一八七頁〜一八八頁所収〕。
(48)　石坂音四郎・前掲「給付不能ノ效力」京都法學會雜誌七巻二号三〇頁〔同・前掲『民法研究第二巻』二九六頁、同・前掲『改纂民法研究下巻』一九二頁所収〕（片仮名は平仮名に直し、濁点および句読点を付けた。傍点は原典）。
(49)　石坂音四郎・前掲「給付不能ノ效力」京都法學會雜誌七巻二号三八頁〜三九頁〔同・前掲『民法研究第二巻』三〇五頁、同・前掲『改纂民法研究下巻』一九八頁所収〕（片仮名は平仮名に直し、濁点および句読点を付けた）。
(50)　末弘嚴太郎「雙務契約ト履行不能（一）〜（四、完）」法協三四巻（大五）三号一頁〜四二頁、四号四七頁〜九〇頁、五号三七頁〜六〇頁、六号一一六頁〜一五七頁。
(51)　末弘嚴太郎・前掲「雙務契約ト履行不能」法協三四巻三号四頁〜一三頁。
(52)　末弘嚴太郎・前掲「雙務契約ト履行不能」法協三四巻三号三頁（片仮名は平仮名に直し、濁点および傍点を付けた）。
(53)　末弘嚴太郎・前掲「雙務契約ト履行不能」法協三四巻三号四頁（片仮名は平仮名に直した。傍点は原典）。
(54)　末弘嚴太郎・前掲「雙務契約ト履行不能」法協三四巻三号九頁（片仮名は平仮名に直し、濁点を付けた。傍点は原典）。
(55)　ここで末弘博士は、ローマ法の自由人の売買とイギリス法の impossible in fact（相對的不能）を例に挙げる（末弘嚴太郎・前掲「雙務契約ト履行不能」法協三四巻三号八頁〜九頁）。
(56)　末弘嚴太郎・前掲「雙務契約ト履行不能」法協三四巻三号一〇頁〜一一頁（立法資料の調査は含まれていない）。
(57)　末弘嚴太郎・前掲「雙務契約ト履行不能」法協三四巻三号二〇頁。
(58)　末弘嚴太郎・前掲「雙務契約ト履行不能」法協三四巻四号四七頁〜四八頁。
(59)　末弘博士は根拠として、売主の担保責任規定の類推と不法行為とを挙げる（末弘嚴太郎・前掲「雙務契約ト履行不能」法協三四巻四号六五頁）。
(60)　末弘嚴太郎・前掲「雙務契約ト履行不能」法協三四巻六号一三二頁以下、同・『債權各論』（有斐閣、大七）一七一頁〜一七三頁。
(61)　能見善久「鳩山秀夫」法教一七九号（平七）八〇頁〜八一頁、八〇頁。

(62) 鳩山秀夫『日本債權法總論』（岩波書店、大五）一四〇頁～一四一頁（代償請求権）、同・一二四頁（原始的不能）。

(63) 勝本正晃『債權總論〔中巻之二〕』（巖松堂書店、昭一一）三六八頁以下（傍点を付けた）。

(64) 石坂説については、前掲『改纂民法研究下巻』「給付不能論」二〇七頁以下、前掲『日本民法　債權總論　上巻』五八九頁、『債權法大綱』一一〇頁以下、三瀦説については、三瀦信三『債權法提要總論上冊』（有斐閣、大一二）一五五頁、嘉山説については、嘉山幹一『債權總論』（敬文堂書店、増訂改版、昭二）二〇九頁、川添説については、川添清吉「給付不能による代償請求權」法論一二巻一号（昭八）一七頁～四〇頁、三七頁が引用されているが、いずれの箇所にも勝本説の根拠となるような内容は無い。ドイツ民法の規定については、後に詳述する。

(65) たしかに、石坂音四郎・前掲『改纂民法研究下巻』「給付不能論」二〇八頁の二行目「賠償」は「代償」の、同三行目「代償」は「賠償」の誤記であり、分かりにくい。そのことが勝本博士の誤解を招いた可能性がある。

(66) その後には『注釈民法』（有斐閣）において「通説」と書き込まれたことも通説化に寄与したであろう。ただし、その要件・効果に関する記述は、我妻博士のそれと比べて簡単である（「物の滅失または毀損によって、債務者がその代償たるべき利益を得ているときにも、債権者はその代償の譲渡を請求し得る〔……〕」（『注釈民法（一三）』（有斐閣、昭四一）〔甲斐道太郎〕三〇五頁））。

(67) 我妻榮『債権総論』（岩波書店、昭一五）一一七頁。戦後に改訂された記述においては、仮に否定すれば「この結果は著しく公平を失する」と言い、代償請求権が公平を理由づけとして肯定されるべきことが一層明確である（我妻榮・前掲『新訂債権総論』一四八頁）。

(68) 星野英一・前掲「日本民法学史（二）」法教九号一六頁。同「我妻栄」法教一七六号（平七）六八頁～六九頁、六八頁にも同旨の記述がある。

(69) 我妻榮・前掲『債権総論』一二二頁以下。その記述は、我妻榮・前掲『新訂債権総論』一四四頁にも引き継がれ、区別不要論が通説となることに大きく寄与したと思われる。その経緯について詳しくは、潮見佳男・前掲「日本における客観的不能と主観的不能の区別」二一二頁、二一四頁以下、二一八頁参照。

(70) 我妻榮・前掲『債権総論』一二二頁～一二三頁および一二五頁。

(71) たとえば、川島武宜『法律学全集一七　民法総則』（有斐閣、昭四〇）二二二頁参照。このように原始的不能ドグマが通説化したからこそ（磯村哲・後掲四〇一頁）、それを否定する原始的不能ドグマ否定論も後に出現することになる。
(72) 我妻榮『債権各論上巻』（岩波書店、昭二九）八〇頁～八一頁。
(73) 我妻榮・前掲『債権各論上巻』三八頁～三九頁。そしてこれを「信義則を理由とする契約法上の責任（一種の債務不履行）」と説明した（同・三九頁～四〇頁）。
(74) 最判昭和二五・一〇・二六民集四巻一〇号四九七頁、四九九頁。ただし、改正前民法五六一条の規定に基づく解除を認めた事件であって、原始的不能についての説示は傍論である。
(75) 於保不二雄『法律学全集二〇　債権総論』（有斐閣、昭三四）九九頁～一〇〇頁。昭和四七年の新版の記述も、一箇所だけ送り仮名の変更が見られるものの、それ以外は全部同じである。
(76) 岡村玄治『改訂債権法總論』（巖松堂書店、改訂五版、昭六（初版は大一三））一〇〇頁、同「代償請求権」末川博編集代表『民事法学辞典下巻』（有斐閣、再版増補、昭三九）一二九七頁～一二九八頁。
(77) 岡村玄治・前掲『改訂債権法總論』一〇〇頁（片仮名は平仮名に直し、濁点を付けた）。
(78) 沢井裕・後掲「判批」一二五頁。
(79) 星野英一・前掲「判研」九三頁。

第三章　近時の判例と学説

第一節　総　説

判例によれば、代償請求権とは、履行不能を生じさせたと同一の原因によって、債務者が履行の目的物の代償と考えられる利益を取得した場合に、債権者が債務者に対し、右履行不能により債権者が蒙った損害の限度において、その利益の償還を請求することができる権利である。この判例を確立したのは、昭和四一年一二月二三日の最高裁判所判決（民集二〇巻一〇号二二一一頁）であった。

代償請求権の明文の規定は、改正前民法典には存在しなかった。それにもかかわらず、前記最高裁昭和四一年判決は、代償請求権を肯定し、指導判決とみなされてきた(1)。以下では、この昭和四一年判決をその根拠と理由づけの説得力に着目して分析してゆこう(2)。

他方で、この時期の不能論には見るべきものは多くない。わずかに、原始的不能についてこの時期にドグマ否定論が登場したことが本書に関連する事柄である。

第二節　最高裁昭和四一年判決

一　事実の概要

XがY所有の土地上の建物（本件建物）を賃借し敷金を交付していたところ、原因不明の火災によって本件建物が焼失した。Xは、A保険会社との損害保険契約に基づいて火災保険金一四七万円余を受け取った。他方、Xは、Yに対して敷金返還債権等を有すると主張し、一〇五万円の支払を求めて訴えを提起した。

第一審において、Yは、火災についてのXの過失を理由とする損害賠償債権を自働債権、Xの主張する敷金返還債権等を受働債権として相殺の意思表示をした。しかし、Yの主張が退けられ、Xの請求が八五万円の限度で認容された。

控訴審において、Yは、代償請求権を抗弁として主張した。すなわち、Xの建物返還債務が火災により履行不能となり、火災という同一原因によってXが保険金を受け取ったのであるから、Yは、その損害の限度においてXの受け取った保険金について代償請求権を取得し、その代償請求権をもってXの敷金返還債権等と相殺する、と主張した。

控訴審は、Yの相殺の抗弁を認め、Xの請求を棄却した。すなわち、——

「建物は〔Y〕主張のように〔X〕の負担において建築せられて〔Y〕の所有としその後一年間は右建築の費用と賃料とを過不足なく相殺する約で……之を〔Y〕より〔X〕に賃貸するものであったのか、或は、〔X〕主張のように、……建物は〔X〕において建築して一年間使用して後之を〔Y〕に所有権を移転し、然る後、更《あらた》めて賃料を定め、〔Y〕より〔X〕に……賃貸するものであったのかそのいずれでもあれ、……建物が建築せられた直後の昭和二八年三月一四日……火災により焼失したことは当事者間に争がなく、右火災が原因不明の出火によるものである……から〔X〕は〔Y〕に対し、……建物の引渡し又は返還を《ママ》〔X〕の責に帰すべからざる事由により不能となったものといわねばならない。しかして、一般に履行不能を生ぜしめたと同一の原因によって債務者が履行の目的物の代償となるべき利益（例えば賠償又は賠償請求権或は保険金又は保険金請求権等）を取得した場合には、右履行不能につき債務者の責に帰すべき事由の存しない限り、公平の観念に基き、債権者において債務者に対し右履行不能により蒙りたる損害の限度において、代償請求をなすべき権利を認めるのが相当である。」「本件につき之を見るに、……〔X〕が……建物を目的とする保険契約に基き前記火災により〔A〕保険会社より保険契約金一、五〇〇、〇〇〇円の内金一、四七六、七六五円を受取つたことは、……明らかであり、他面〔Y〕が前記火災により……建物の給付不能により蒙つた損害は、他に特段の事情の認むべきもののない本件では、右保険金と同額と認むべきであるから、〔Y〕は〔X〕に対し、右履行不能と同一の原因により〔X〕が取得した保険金につき右損害額の限度たる金一、四七六、七六五円を之が代償として請求しうべきものといわねばならない[3]。」

Xは、上告し、(i)わが国の民法典にはドイツ民法やフランス民法とは異なり代償請求権についての明文の規定がないので代償請求権が認められない、(ii)火災保険金は債権の目的物に代わる利益ではない、などと主張した。

二　判旨

これに対し、最高裁は、おおむね控訴審の判断を維持し、上告を棄却した。すなわち、――

(i)①「一般に履行不能を生ぜしめたと同一の原因によつて、債務者が履行の目的物の代償と考えられる利益を取得した場合には、公平の観念にもとづき、債権者において債務者に対し、右履行不能により債権者が蒙りたる損害の限度において、その利益の償還を請求する権利を認めるのが相当であ」る。

②「民法五三六条二項但書（平成一六年法律一四七号による改正（民法現代語化）後の二項後段）の規定は、この法理のあらわれである（昭和二年二月一五《ママ》日（二五日の誤記）大審院判決、民集六巻二三六頁参照）。されば、論旨は理由なく、採用することができない。」

（ⅱ）「論旨は、家屋滅失による保険金は保険契約によって発生したものであって、債権の目的物に代る利益ではない、というにあるが、本件保険金が履行不能を生じたと同一の原因によって発生し、目的物に代るものであることは明らかである。論旨は、独自の見解であって、排斥を免れない。[4]」

判旨（ⅰ）と（ⅱ）に分けると、判旨（ⅰ）で代償請求権が一般的に肯定され、判旨（ⅱ）で具体的に火災保険金について肯定された。また、判旨（ⅰ）においては、②が①を根拠づけている。

判旨（ⅰ）は、その後に教科書類において言及されることが通例となり、広く知られた存在となる。判旨（ⅰ）を用いて代償請求権を定義すると、履行不能と同一の原因によって、債務者が履行の目的物の代償として利益を取得した場合に、債権者において債務者に対し、履行不能により債権者が蒙った損害の限度において、その利益の償還を請求する権利である、ということになる。これを要件と効果に分析すると、要件は、ⓐ（債務者の有責性を問わない）履行不能、ⓑ目的物の代償を債務者が取得したこと、ⓒそれが履行不能と同一の原因によること、ⓓ代償以上の損害の発生、効果は、債権者の債務者に対するその利益償還請求権（代償請求権）の取得、となる（ⓓを第四の要件として挙げるべきかどうかについて→三3）。

しかし、判旨（ⅰ）の評価は分かれている。一方で、「代償請求権を認めた」ものとして「大きな意義を有する」と肯定的に評価されることもある[5]。しかし、他方で、「その事案が複雑なので、どれだけの先例的価値を認むべきかは、問題である[6]」という否定的な評価も与えられている。以下では、判旨（ⅰ）を①と②に分けて検討してゆこう。

三　代償請求権の内容

1　学説との関係

まず、判旨(ⅰ)①は、代償請求権の内容についての解釈である。この法解釈は、学説の文章との比較からしても、瀬戸判事の調査官解説からしても[7]、主として於保説に依拠しているようである。すなわち、要件が「履行不能を生ぜしめたのと同一の原因によって債務者が履行の目的物の代償となる利益を取得した」こと、という文言が於保説のそれとほぼ同一であり、効果も「代償請求権の成立」という文言はやや異なるが、内容は同じである。また、制度趣旨として「公平の観念」を挙げる点で全く同じである。

2　勝本説(少数説)の採用

しかし、本判決と学説との関係において、於保説の影響よりも重要なのは、要件の一部について少数説の勝本説が採用されたことである。

つまり、本判決と於保説には一点、重要な違いがある。それは、本判決が傍論とはいえ「損害の限度において」という要件を課した点である。それに対し、於保説を始めとする多数説は、ドイツ法と同様に、代償請求権を行使して利益を得たときは、その金額が損害賠償請求権の金額から控除される、と解するだけで、本判決のような第四の要件を課さない。

すなわち、この点では、本判決が勝本説（少数説）を採ったことになる（本判決自体は勝本博士に言及していないけれども、学説のプライオリティが勝本博士に帰する以上（↓第二章第三節五3）、勝本説が採用されたという評価になる）。

3 「損害の限度において」が第四の要件であること

右の「損害の限度において」がいかなる効果に対する要件であるか、二つの解釈をすることができる。

第一に、代償請求権発生の要件だ、という解釈である。すなわち、ⓐⓑⓒに加えてⓓ代償以上の損害の発生という第四の要件が加えられたことになる。代償額が損害額を超えるときは、損害額の代償請求権が発生することになる。

第二に、代償請求権行使の要件だ、という解釈である。すなわち、代償請求権発生の要件はⓐⓑⓒに尽き、発生した代償請求権を行使するにはⓓ代償以上の損害の発生という要件が満たされなければならない、という解釈である。代償額が損害額を超えるときは、代償全額の代償請求権が発生するが、損害額を限度として行使することができることになる。しかし、わざわざこの複雑な解釈をすることの利点を見出すことができない。

したがって、第一の解釈を採用し、「損害の限度において」とは、ⓓ代償以上の損害の発生という、代償請求権発生の第四の要件と解すべきである。

4 第四の要件の意義

勝本説が採用されて第四の要件が課されたことの重要性は、損害額を上限とする本判決の代償請求権の性質を次のように敷衍することによって示すこともできる。

すなわち、①債務者有責の履行不能のときは、代償請求権は、損害発生の証明責任が転換された、一種の填補賠償請求権として機能する。②債務者無責の履行不能のときは、代償請求権は、――填補賠償請求権発生には原則として帰責事由が必要であるところ――例外的に帰責事由を不要とする、一種の填補賠償請求権として機能する。結局、①②からすると、代償請求権は、損害賠償請求権と同様に「債権の効力」の一つであり、本来の債権の履行不能を要件とする一種の填補賠償請求権であり、その損害要件または帰責事由要件が緩和されたもの、と説明することもできる。

5　「損害の限度において」の当時の評価

右のような説明が当を得たものであるか否かはともかく、本判決が少数説を採用して従来のドイツ流の多数説と乖離していることについて、本判決当時の学説はほとんど気がつかなかったようである。

この乖離を指摘した文献は僅かに二点しかない。まず沢井評釈は、この乖離を指摘した上で特に理由を明らかにせずに本判決に賛成する(8)。それに対し、浜上論文は、「代償請求権の趣旨を誤解したか、もしくは、Yが損害の限度で代償請求権を行使すると主張したことを考慮したのではないかと思われる(9)」、「最高裁判所が、代償請求権を債権者の損害の範囲に限定したのは誤りであるといわなければならない(10)」と本判決にはっきりと反対する。

6　最高裁の誤解？

ところで、「損害の限度において」という少数説を本判決が採用した理由はどこにあるのだろうか。

本判決には——調査官解説等を含め——、勝本説を意識して採用した形跡が残っていない。むしろ、「損害の限度において」は、その言葉遣いからして、最高裁が——しばしば見受けられるように——控訴審判決に引きずられて判示したものと考えられる（↓第三章第二節二）。さらに、控訴審判決にも、意識して勝本説を採用した形跡が残っていないことから、その言葉遣いからして、控訴審における当事者Yの主張(11)に引きずられて判示したものと考えられる。そして、当事者Y（債権者）としては、債権者に有利な多数説ではなく債権者に不利な少数説（勝本説）を主張する理由がないのであるから、そのような学説上の差異も自らの主張が少数説であることも知らずに、結果として少数説と同一の見解を主張していたものと考えられる。

そうであるならば、当事者も、控訴審裁判所も、最高裁も、誰も気がつかずに結果として少数説を採用したことになる。それどころか、多数説と少数説の違いを知らずに、於保説等の多数説をなぞったつもりの判決を――浜上論文の言うように（→第三章第二節三5）――誤って下した可能性が高い。

結局、学説においても勝本説が「損害の限度において」を誤って要件としてしまった可能性が高いように、最高裁も「損害の限度において」を誤って要件としてしまった可能性が高い。管見によればそうであり、その意味で、「誤りである」という浜上説に賛成である。

しかし、右のような推測が正しいか否かは別論、結果として①本判決は、「損害の限度において」を要件とする少数説を採用し、②――浜上論文を例外として――学説は、本判決を全面的に受け入れた（→第三章第一節）。そのため、わが国の代償請求権論は、本判決前には石坂説以降ドイツ法と同一の要件論を唱えていたのに対し、本判決以後はわが国独自の（第四の）要件を備えるものとなったのである。

四　代償請求権の根拠

他方、判旨(ⅰ)②は、代償請求権の根拠についての解釈であり、それが引用する改正前民法五三六条二項後段と大判昭和二・二・二五民集六巻二三六頁[12]の存在が判旨(ⅰ)①の代償請求権肯定説を根拠づけることに成功しているのか否か、が問題となる。

大審院昭和二年判決の事実は次のとおりであった。すなわち、XがAに金銭を貸与してその担保のためにA所有の家屋に抵当権を設定した。貸金債務の弁済期が到来してXが抵当権を実行しようとしたところ、次順位抵当権者YがAのXに対する債務と同額の金銭の支払をXに対して約し、これと引き換えにXのAに対する抵当権付き債権のYへの譲渡が約され、Xは、抵当権実行を取り下げた。ところが、YがXに対する支払を準備している間に、B市のAに対する租税滞納処分によって本件家屋が公売に付せられてCの所有となったためにXの抵当権が消滅し、Xは、抵当権をYに譲渡できなくなった。XがYに対して約定代金の支払を求めたところ、Yは、反対給付たる抵当権の譲渡が不能となったことを理由に支払を拒んだ。

控訴審は、Xの抵当権の消滅がXの責めに帰することができない事由によることを理由にXの抵当権付き債権譲渡義務の消滅とYの代金支払義務の存続（改正前民法五三四条一項）を判示した。

これに対してYが上告した。Yは、改正前民法五三四条一項の「滅失」に目的物が滅失していない場合までを含めてしまうと目的物が公用徴収された場合においては売主がその補償金と売買代金とを二重に利得することになってしまう、と主張した。

大審院は、Yの主張を退け、「物の滅失に基かずして権利の消滅したる場合も亦〔改正前民法五三四条一項の規定〕の適用あるものと解するを妥當なりとす」と判示して上告を棄却した。その際、傍論において、債務者の利益償還義務を肯定した。すなわち、――

「民法第五百三十六條第二項は、債權者の責に歸すべき事由に因りて履行不能を生じたる場合に於てすら債務者が其の債務を免れたるに因り得たる利益を債權者に償還することを要する旨規定するが故に、當事者双方の責に歸すべからざる事由により履行不能を生じたるときは、債權者を其の責に歸すべき事由に因り履行不能を生ぜしめたる場合に比し利益なる地位を與ふる理由こそあれ不利益に待遇すべき何等の理由存せざるを以て、此の場合にありては、勿論解釋として債務者が債務を免るるに因り得たる利益を債權者に償還すべき義務あるものと解するを正當なりとす」[13]

ここで右の判示について気を付けなくてはならないのは次の二点である。

第一に、既に指摘されているとおり、そもそも傍論にすぎない、という点である[14]。判決理由は、目的物が滅失せずに抵当権が消滅する場合においても改正前民法五三四条一項の規定が適用される、というものであった。しかも、その判決理由自体がその後は支持されず、むしろ改正前民法五三六条一項の規定が適用される、という解釈が有力である[15]。

第二に、あくまでも、債務を免れたことによる利益であって履行不能と同一の原因による代償ではない、という点である。すなわち、利益償還請求権（改正前民法五三六条二項後段）と代償請求権とは、たしかに似ている。しかし、前者は、債権者主義の危険負担において債務者の不当利得を返還させる制度であり[16]、そこで言う「利益」とは、債務の履行のために支出するはずであった費用や費やすはずであった労力のうち、債務を免れたことによって節約された消極的利益である。たとえば、賃借した家屋を賃借人が焼失したために賃貸人がその家屋の設備につい て節約した費用[17]、請負人が不要となった材料を用いて他の注文に応じたときの材料費[18]、労働者が節約した交通費[19]、労働者が他の雇用によって得た報酬等[20]である。それに対し、後者の「代償」は、履行不能によって債務を免れたことと同一の原因によって取得した積極的利益であり、たとえば、保険金や損害賠償金、そしてそれらの請求権である。両者は、重複することを想定することができない。

両者はわが国でも当初から区別されていて[21]、「五三六条二項によって償還すべき利益は、債務を免れたことによってえられた、いわば消極的な利益であって、主として支出を免れた債務履行のための必要経費のごときものである。〔……〕給付目的物の代償たる利益は、少なくとも直接的にはここに入らない[22]」とされてきた。そして、昭和二年判決は、この前者についての改正前民法五三六条二項後段の規定が、同条一項の規定が適用される場合だけでなく、同じく債権者主義の改正前民法五三四条一項の規定が適用される場合にも類推適用されることを示したものにすぎない[23]。したがって、この大審院昭和二年判決は、債権者主義の危険負担を前提としていない最高裁昭和四一年判決を根拠づけるには不適当である。結局、判旨(ⅰ)②は判旨(ⅰ)①を適切に根拠づけていない[24]。

本判決の段階では、実は、代償請求権と改正前民法五三六条二項後段の規定する利益償還請求権との区別が未だ十分ではなかったのである。

五　事実認定の問題点

1　認定されなかった契約内容

右に検討してきた代償請求権の内容・根拠づけの問題とは別に、本判決は、その事実認定の不十分さゆえに「契約の内容が明確でないのは致命的」で、「本件判決が具体的事実にそくして妥当であるかどうか、また本件判決の定立した規範をどのように考えうるか、を判断することは困難であ」り[25]、「この判決の具体的妥当性や先例的価値を判定することも全く不可能である」[26]、という手厳しい批評を受けることがある。そこで、本判決の事実認定を洗い直してみよう。

裁判所による認定事実は、「一　事実の概要」において挙げたごく簡単なものであり、それ以外の当事者の主張は大きく食い違っていた。

つまり、Xの主張によれば、昭和二七年一二月二五日に成立した契約の内容は、XがY所有の土地上に本件建物を建築して建物所有権を取得し、一年後にYに対して無償で本件建物を譲渡して改めてYから賃借する、というものであり、その将来の賃貸借のためにあらかじめ敷金が交付されていたところ、昭和二八年三月初め頃本件建物が完成して一〇日ほど後に、原因不明の火災によって本件建物が焼失した。そして、Xは、本件建物について敷金返還債権と貸金債権等を取得していると主張して、それらの合計一〇五万円の支払を訴求した。

これに対し、Yの主張によれば、契約の内容は、本件建物所有権を当初からYに帰属させてYがXに本件建物を賃貸して最初の一年間の賃料を建物建築費と過不足なく相殺する、というものであった。

控訴審判決は、本契約がXの主張するとおりであったとしてもYの主張するとおりであったとしても、いずれにしても結論に変わりがない旨を述べ、本判決もそれを前提としている。けれども、次に緻密に検討してみれば、本契約がXの主張するとおりか、Yの主張するとおりかで結論が変わってくる。

2　X主張のとおりの契約と仮定したときの結論

もし本契約が、X主張のとおりであったならば、Xは、本件建物建築義務、一年後の本件建物引渡義務および一年後からの賃料支払義務を負い、それに対し、Yは、敷地提供義務および一年後からの本件建物使用収益義務を負っていたはずである。そして、Xが本件建物建築義務を履行したもののその直後に本件建物が焼失したことにより、本判決によればXの本件建物引渡義務が履行不能となって消滅し[27]、その代わりにYは、Xが受領した保険金を代償として請求することができる。また、Yの一年後からの本件建物使用収益義務も履行不能となって消滅したはずであり、それと存続上の牽連関係に立つXの一年後からの賃料支払義務も消滅したはずである（改正前民法五三六条一項）[28]。なお、Yが負っていた敷地提供義務の存否については、そもそもそれについてXが主張していなかったからであろう、判決では言及されていない[29]。

3　Y主張のとおりの契約と仮定したときの結論

これに対し、もし本契約が、Y主張のとおりであったならば、本件建物所有権がXに帰属せず、損害を被る可能性がないので、Xには被保険利益が無く[30]、Xの締結した損害保険契約は無効であったはずである。したがって、Xが保険金一四七万円余を受領したときは、Xは、同金額をA保険会社に対して不当利得したことになり[31]、AはXに対して同金額の不当利得返還請求権を取得する。ところが結論としては、Yがこの金額を代償請求してそれが認められたことが重要である。なぜならば、Xの利得が正当なものでなくとも代償請求権の目的となることができる、ということを最高裁が認めた印象を与えたからである。

他方、Xは本件建物建築費一二〇万円余を負担して本件建物を建築し、当初からYに所有権が帰属し、その建築費一二〇万円余が最初の一年間の賃料に充てられるのであるから、Xは、一年間の賃料一二〇万円余を前払していた、ということになるであろう。そうであるならば、本件建物が焼失することによって、Yの本件建物賃貸義務が履行不能となって消滅し、Xの賃料支払義務および本件建物返還義務も消滅するときは（改正前民法五三六条一項）、Xは、一年間の賃料相当額一二〇万円余を不当利得に基づいて返還請求することができるはずである（民法七〇三条）。そうすると、一方で、Yは、Xに対してXが受領した保険金一、四七六、七六五円の不当利得返還請求権――Yの主張にしたがえば代償請求権――を仮に取得したとしても（取得するかは疑問である）、他方で、Xは、Yに対して一二〇万円余の不当利得返還請求権を取得するので、Yが請求できる金額は、その差額約二七万円に止まることになり、結局、Xの請求する一〇五万円の全部を受働債権として相殺することができないことになろう。

4　帰　結

もし本契約がXの主張するとおりであったとしたら、――右に述べたとおり――Yが代償請求できるはずであり、本判決が正当である。それに対して、Yの主張するとおりであったとしたら、――右に述べたとおり、Xの賃料前払が不当利得となるために――むしろYに不利に判決されるべきであったと思われる。その意味で、本判決は、Xに酷なようにも見える。しかし、Xは、そう主張しなかったのであるから、Xの主張自体に落度があったと言うべきであろう。

たしかに、本判決が契約の細かい内容を認定していないことは惜しまれる。しかし、それが本判決の先例的意義を損ねているとまでは言えない。「具体的な結論は、Xにとって、いささか酷な感じがするが、止むをえないとも思われる。〔……〕事案としては、判決の結論に至らざるをえないだろう。」[32]という沢井説に賛成である。

右のような私見が妥当かどうかいずれにせよ、本判決がXの所有権および取得した利益が正当かどうかにかかわらずYに代償請求権を認めたことは、その分だけ代償請求権発生の要件を緩やかに認めることになった。それは、ボアソナードや富井博士が代償請求権を不要として否定した考え方とは明らかに逆方向の解釈であり、本判決は、わが国における代償請求権論のターニングポイントとなった。

なお、YのXに対する請求権について、Y主張のとおりの契約と仮定したときは、「厳密には不当利得返還請求権ということになり、代償請求権という実益もないが、その名目で請求がなされた場合にこれを否定すべきではあるまい[33]」、という説明が見られる。が、これは不正確である。Xが自ら締結した保険契約にもとづいて保険金を取得したとしても、そのためにYに損失を及ぼすわけではないからである。不当利得返還請求権が発生するにしても、それは、AのXに対するものであって、YのXに対するものではない（→第三章第二節五3）。

六　まとめ

最高裁昭和四一年判決は、要件を、ⓐ履行不能、ⓑ目的物の代償を債務者が取得したこと、ⓒそれが履行不能と同一の原因によること、ⓓ代償以上の損害の発生、効果を、債権者の債務者に対する利益償還請求権の取得、とする代償請求権の一般論を判示した。

まず、代償請求権の内容としては、ⓓの要件を課す点で、その当時の少数説に従ったものであった。

また、代償請求権の根拠についても判示されたが、改正前民法五三六条二項後段の利益償還請求権との区別がなされず、説得力を欠くものであった。

第三節　他の裁判例と学説

一　総　説

右に検討した最高裁昭和四一年判決以外にも「代償請求権」に相当する言葉で表現された権利が認められた裁判例がわが国には数件存在する。しかし、果たしてその中に、最高裁昭和四一年判決（【裁判例一】）に言う代償請求権の実体を備えているものがあるのだろうか。そのような裁判例がどの程度あるかによって、昭和四一年判決の先例としての価値を判断することにしよう。[34]

二　他の裁判例

1　本来の意味の代償請求権

まず、本来の代償請求権を明確に認めた裁判例が一件存在する。

【裁判例二の一】 長崎控判昭和八・三・二〇新聞三五六〇号五頁

〔事実の概要〕和解契約の目的物である建物が引渡し前に焼失したが、債務者Yが火災保険金二万円の支払を受けたため、債権者Xが保険金を代償として引き渡すことを求めて訴えを提起した。

〔判旨〕「本件和解契約が特定せる土地建物に関する所有権の移転を目的とせる双務契約にして、其の目的たる建物が昭和三年十一月中火災に罹り焼失したることは前段説明の如くなるを以て、右火災が当事者双方の責に帰す可からざる事由に因りたることの証左なき本件に於て、債務者たるYが自己債務の履行を免れたるに拘らず控訴人に対し代金四万円の支払請求権を失はざることは民法第五百三十四条に照し疑なきところなり。然れども這《これ》は畢竟債務者をして債務の履行を為したると同一状態に置き其の反対給付を受くるの権利を失はざらしめむことを期するものに外ならずして、固より之によりて過当なる利得を保有せしむるの趣旨にあらず。債務者が目的物の滅失を来したると同一事由に因り其の物の代償たる可き利益を取得したる如き場合に於ては、債務者は一面自己の債務を免れ而も尚反対給付を受くるの権利を有するのみならず、他方に於て右代償たる利益を保有するは其の結果二重の利得を受くるものなるに反し、債権者独り履行不能に因り生じたる損害のみを負担す可しとするは公平の原則に照し到底首肯し能はざるところにして、斯《かか》る場合債権者が債務者に対し本来の給付の残留せるもの又は其の代りとして取得したる利益の引渡を求め得可しと解するは民法第五百三十六条第二項第四百二十二条の精神に顧み妥当なりと謂はざる可からず。而して右債権者の引渡を求め得可き代償の範囲如何に付ては疑の存するところなりと雖も、不法行為により目的物を喪失又は滅失せしめたる第三者に対する所有物返還請求権又は損害賠償請求権が目的物の代償たるは勿論、債権者が目的物の焼失により受けたる保険金の如きも亦《また》焼失に因り生じたる損害の賠償たるに外ならざるが故に、上記代償請求権の適用あるものと認む可く、従て係争家屋の焼失により債務者たるYの取得したる保険金二万円を以て焼失家屋の代償なりとし、之が給付の請求権ありとするXの主張は此の点に於て正当なりと謂《い》ふ可し。蓋《けだ》し保険金は債務者が保険契約を締結したるの結果として取得したるものなる点より見れば之を代償中に包含せしむるは不可なるが如しと雖も、履行不能の原因たる目的物焼失の事実は代償取得の唯一なる原因たるを要せず、数箇原因中の一たるを以て足り、保険金の取得は履行不能の原因たる焼失より生ずる法律上の結果にして其の間因果関係の存することは叙上不法行為者に対する損害賠償請求権に於ける場合と異るところなきのみならず、本来債務者は被保険物焼失したる場合之に代らしむる意思を以て保険契約を締結するものなれば因りて得たる利益は寧《むし》ろ之を代償と認むるを以て相当とすればなり(35)。」

〔解説〕この事件は、最高裁昭和四一年判決と同様に引渡し前に滅失した目的物の保険金が代償として引き渡されるべきとされた本来の意味での代償請求権に関するもので、かつ、最高裁昭和四一年判決に時期的に先行したものである。「債務者が目的物の滅失を来したると同一事由に因り其の物の代償たる可き利益を取得したる」という要件、「債権者が債務者に対し本来の給付の〔……〕代りとして取得したる利益の引渡を求め得可し」という効果の解釈も明確である。しかも、火災保険金の取得には保険契約も必要であるために履行不能が唯一の原因ではないにもかかわらず同一の原因の要件を満たすと解することも、説得力をもって理由づけられている。さらには、履行不能の帰責事由が明らかでないことを述べて、危険負担の規定の適用が無い事案であることも明確にすることで、要件が右のものに尽きることを際立たせている。

【裁判例二の二】 大判大正一五・七・二〇民集五巻七〇九頁

〔事実の概要〕 YがAに対してY名義のC株式を譲渡し、さらにAからB、BからXへと転転譲渡された。株式の名義書換えがなされないうちに、C株式会社がD電気株式会社に合併されて解散し、さらにE株式会社と改称した。YがEの株式割当を受けたため、Xは、名義人であるYに対して名義の書換えを求めて訴えを提起した。

〔判旨〕 まず、立法趣旨を解釈する。「債務者の責に帰すべからさる事由に因り履行不能を生じたる場合に、債務者をして通常債務を免れしむる所以《ゆえん》のものは、之に対し其の債務を認め損害賠償義務を負担せしむべき根拠なきに至りたるが為の故なれば、債務者の責に帰すべからさる事由に因り履行不能を生じたる事由のみに依り、直に債務者が其の履行不能の発生に因り本来の給付の残留せるもの又は其の代りとして取得したる物又は権利に付債権者に対し之が給付を為すの責務なしと断ずるを得ず。若《も》し此種の給付義務を認めざるときは、債務者が履行不能に因り其の債務を免れたる結果債権者は損害を被るに反し、債務者は履行不能に因り却て本来の給付物体の残留せるもの又は其の代りとして取得したる物又は権利を取得して利得することとなり極めて不公平なる結果を生ずべし。斯の如きは立法の趣旨なりと首肯することを得ず。」

そこで、「而して民法第三百四条が第三百五十条第三百六十二条第二項第三百七十五条〔現行三七二条〕に依り質権権利質及抵当権に準用せられ、質権又は抵当権の目的物が滅失又は毀損し権利質の目的たる権利が滅失する場合に於ても質権又は抵当権を消滅せしめず、其の滅失又は毀損に因り債務者が受くべき金銭其の他の物に対して其の権利を行ふことを得る旨を定め又民法第五百三十六条第二項は双務契約に於て債権者の責に帰すべき事由に因り履行不能を生じたる場合にありても尚ほ債務者は其の履行不能の結果其の得たる利益を債権者に償還することを要する旨定めたる趣旨に徴するときは、双務契約に於けると片務契約に於けると問はず、債務者は履行し得べき限りは履行せざるべからざるものにして、本来の給付が履行不能となりたる場合に於ても其の給付の物体の残留するもの又は其の代りとして取得したるもののあるときは、債権者が之に付利益を有し其の給付を求めたる場合に之に応ずべき義務あるものと解するを妥当なりとす。」

そして、「株式の売買に於ける売主の義務に付ても売買の目的たる株式が株式会社の併合に因り消滅したる場合にありては〔……〕売主は其の併合に因り従前株式に対し割当られて取得したる株式を買主に移転する義務を負担するものと論断するを相当なりとす。」(36)

〔解説〕この判決は、評価が難しい。「本来の給付が履行不能となりたる」ことと「其の代りとして取得したるものある」ことを要件として「債権者が之に付利益を有し其の給付を求めたる場合に之に応ずべき義務」を認めたものである。したがって、「代り」としか言わず「代償」という言葉遣いをしていないけれども、現在の意味の代償請求権を認めた古い裁判例と評価することもできる。(37)しかし、私は、次の理由から先例的価値が低いと考え、(38)慎重を期して本書では代償請求権の裁判例とは認めないでおきたい。つまり、この事件で果たして株式の移転が履行不能となったのか、つまり割当株は代償ではなく本来の目的物そのものと解されているのではないか、そもそも契約の解釈として解決されているのではないか、ということである。(39)なお、そもそも債務の目的が何であったのかという契約の解釈の問題は、以下のすべての裁判例において看過できない役割を果たすが、本件ではそれが顕著である。

2　執行不能に備えた塡補賠償請求権（改正前民法四一五条後段）

代償請求権の実体を備えないにもかかわらず、裁判例において「代償請求権」の（またはこれと類似の）呼称を与えられることがあるのは、塡補賠償請求権（改正前民法四一五条後段）、とりわけ、執行不能に備えたそれである。塡補賠償請求権とは、言うまでもなく、債務不履行による損害賠償請求権のうち、――履行が遅れたための損害賠償としての遅延賠償請求権ではなく――履行に代わる損害賠償請求権である。

【裁判例三の一】 名古屋高判昭和四七・九・七判時六九二号九〇頁

〔事実の概要〕 投資信託受益証券の申込証拠金領収証を所持するXは、AからYに対する投資信託受益証券引渡請求権を譲り受けたものと主張し、Yに対し、主位的に、同証券の引渡しを求め、それが不能であるときに備えて、予備的に、「代償」として受益証券相当額の支払を求めて訴えを提起した。

〔判旨〕「XとAとの間に右債権譲渡行為がなされたことを認めるに足りない。〔……〕結局、XはYに対し、本件各領収証に表示されている受益証券引渡請求権を有しないというべきであるから、その引渡不能を条件とする代償請求権も有しないというべきである。」[40]

〔解説〕 この事件では、「代償」の語は、「塡補賠償」と言い換えることができ、しかもその方が現在の用語法として適切である。もっとも、一次的請求権たる引渡請求権の存在も否定されたため、そもそも引渡請求権の不能すら肯定されなかった。

【裁判例三の二】 札幌地判昭和五〇・四・一五判タ三二六号二九二頁

〔事実の概要〕 詳細は不明であるが、XがYに対し、所有権に基づく自動車五台の引渡しを請求し、引渡しの執行不能に備えて目的物の時価と遅延損害金の支払を求めて訴えを提起した。

〔判旨〕「自動車の引渡の強制執行が執行不能となつた場合、この代償請求権について遅延損害金が発生するのは、右請求権が右自動車の引渡の強制執行が執行不能になることを停止条件として確定的に発生すると解されることに鑑み執行不能の日から履行期を徒過して遅滞に陥り一種の不法行為として民事法定利率年五分の遅延損害金を求めうるものと解される。」

〔解説〕 この事件でも、「代償請求権」の語は、「塡補賠償請求権」と言い換えることができ、しかもその方が現在の用語法として適切である。そのような塡補賠償請求権が執行不能の日から遅滞に陥ると判断された。

【裁判例三の三】 名古屋高判昭和五一・一二・二七判時八五六号八五頁

〔事実の概要〕 Xらは、Y証券会社に対し、A、BおよびC会社の株式の買付けを委託をし、代金を支払った。Yも委託どおりの買付けを履行した。Xらは、第一次には特定物としての株券の引渡しを、第二次には種類物としての株券の引渡しを求め、さらにそれらが不能であるときに備えて、「代償」として株式相当額の金銭支払を求めて訴えを提起した。

〔判旨〕「YはX_1に対し、A株式三、〇〇〇株の株券を引渡し、右引渡の強制執行不能のときは、執行不能となった株券につき、別紙株価記載の株価の割合による金員を支払うべき義務があり、また、X_2に対し、B株式二、〇〇〇株、C株式一、七二五株の各株券を引渡し、右引渡の強制執行不能のときは、執行不能となった株券につき、別紙株価表記載の株価の割合による金員を支払うべき義務がある。したがって、X_1およびX_2の各株券引渡の請求中、第一次請求である特定物たる株券の引渡を求める分は理由がないから棄却し、第二次請求である種類物たる株券の引渡を求める分およびその代償請求は理由があるから認容すべきである(41)。」

〔解説〕本判決では株券の引渡しが不能になったという判断が下されてはいない。また、当事者の主張と照らし合わせると、本判決の「代償請求」の語は、「執行不能に備えた填補賠償請求」の意味で用いられていることが分かる。

【裁判例三の四】 東京地判昭和五四・七・一九判タ三九八号一三〇頁

〔事実の概要〕詳細は不明であるが、目的物引渡しと損害賠償を求めて訴えが提起された。

〔判旨〕「引渡請求の強制執行が効を奏しない場合の損害額は本物件の口頭弁論終結時の時価で算定すべきところ、特段の事情が認められないから、前示の金三三五万円〔……〕をもって右時価と認めるのが相当である。〔……〕このような強制執行の不奏効を理由とする代償請求権は、いわゆる将来の給付請求であり、訴外送達による請求によって債務者が遅滞に陥る性質のものではないが、執行の不奏効と同時に損害賠償債務として発生するものであるから、その遅延損害金は本来の引渡請求権が契約上の債権である場合〔……〕には右不奏効の翌日から発生するものと解すべきであり、また本来の引渡請求権が所有権に基づくものである場合〔……〕には右不奏効の日から発生する（不法行為に因る損害賠償義務に該当する）ものと解すべきである。」

〔解説〕この事件でも、「代償請求権」の語は、「填補賠償請求権」と言い換えることができ、しかもその方が現在の用語法として適切である。そのような填補賠償請求権は、本来の給付請求権が約定請求権であるか物権的請求権であるかによって、執行不能の翌日または執行不能の日から遅延賠償債務が生じると判断された。

【裁判例三の五】福岡高判平成九・一二・二五判時一六三五号九一頁

〔事実の概要〕XがAより仕入れて所有していた冷凍蛸をYが占有していたため、Xは、所有権に基づいて蛸の引渡しを請求し、その引渡しの強制執行が功を奏しないときに備えて蛸の時価相当額の「代償金」支払を求めて訴えを提起した。

〔判旨〕「Xは、Yに対して、本件蛸の所有権に基づき、その引渡しを求めることができるというべきところ、〔……〕本件蛸の価額は、六六八八万二四七〇円と認められるから、本件蛸の引渡しの強制執行が効を奏しないときは、Yは、Xに対し、本件蛸の代償として右同額を支払うべきであるということになる[42]。」

〔解説〕この事件でも「代償」という語が「執行不能に備えた填補賠償」の意味で用いられていることは掌を指すがごとく明らかである。そして、やはりその方が現在の用語法として適切であるのも【裁判例三の三】と同様である。

3　解除による原状回復に代わる価格返還請求権(民法五四五条一項)

【裁判例四】　最判昭和六二・七・一〇金法一一八〇号三六頁

〔事実の概要〕　X所有の土地を買い受けたAの売買代金の不払を理由として売買契約が解除された後、同土地がAからB、BからYへと転売され、Bが所有権移転登記を具備しているところ、YのXに対する土地所有権に基づく引渡請求に対し、Xは、Aの原状回復としての土地返還債務の履行不能によって価格返還請求権を取得したと主張し、それを被担保債権とする留置権の存在の確認を求めて訴えを提起した。

〔判旨〕「原審のいわゆる価格返還請求権は、Aが、Xの所有に係る本件土地を買受け、売買契約を解除されたのちこれをBに売り渡して所有権移転登記を経由し、Xに対する本件土地の返還債務を履行不能としたことによつて発生した代償請求権であって、本件土地に関して生じた債権とはいえないので(最高裁昭和四三年(オ)第五八六号同年一一月二一日第一小法廷判決・民集二二巻一二号二七六五頁参照)、Xは、右債権を被担保債権として本件土地につき留置権を行使することはできないものというべき」である。(43)

〔解説〕　本件は、いわゆる「解除後の第三者」が登場したために、解除権を行使した売主が所有権を喪失した事件である。その場合には買主の原物返還が不能となるけれども、それが買主の責めに帰すべき事由によるときは、売主は、価格返還請求権を取得する、と解されている。(44) そうであれば、本件の「代償請求権」の実体は、原状回復請求権(民法五四五条一項)である。(45) 他方、本件の事案では原状回復請求権に加えて(実体としての)代償請求権も認められそうであるけれども、「履行不能と同一の原因によって、債務者が履行の目的物の代償として利益を取得した」という要件のあてはめが示されていないので、代償請求権の先例として認めることはできないだろう。

4　不当利得返還請求権(民法七〇三条)

【裁判例五】　宮崎地判平成五・一二・二六判タ八二三号一五六頁

〔事実の概要〕土地建物の売主Xが錯誤を理由に不当利得返還請求するに当たり、都市計画法に基づく土地区画整理事業の施行のために原物返還が不能であり、「原状回復に代わる代償請求権として」土地建物の対価と同額の請求権および契約が有効であった場合に受けることができたであろう租税の特別控除相当額の請求権を取得した、と主張してその履行を求めて訴えを提起した。

〔判旨〕「本件各契約が錯誤により無効であるとしても、YがXに返還すべき不当利得の現存利益の額は、本件においては本件各契約によってXが受領した代金等の合計額三八七五万三九八七円の全額というべきであり、Xの本件年度の所得税その他の税金のうち、〔……〕特別控除の適用を受けた場合にXが納付すべき税額との差額相当額については現存利益として残存していないということはできないといわなければならない」。

〔解説〕本件では、「代償請求権」の語は、判決では用いられず、ただ当事者の主張において「原状回復に代わる代償請求権」と用いられているだけである。その意味は明らかに、不当利得の原物返還に代わる価額返還請求権である。判旨においても、それを前提に、不当利得の現存利益の解釈だけが問題となった。

5　遺産の一部の売却代金請求権や滅失損傷による損害賠償請求権など（代償財産）

【裁判例六の二】大阪高判平成五・一〇・二七判タ八七三号二三八頁

〔事実の概要〕共同相続人Xが遺産の一部を勝手に売却してその代金で取得した甲土地について、Xらが共同相続人Yらに対し、遺産分割の対象となる代償財産ではない旨の確認を求めて訴えを提起したところ、そもそも特定の不動産が代償財産か否かを確定するのが訴訟事項か家庭裁判所がその非訟的裁量により行う審判事項かが争われた。

〔判旨〕「代償財産として遺産分割の対象となるのは、相続財産について物上代位が認められるのと同様な考えによるものと解せられるが、それについての争いは、相続財産に属していた客体の変動に伴って生ずる代償請求権の存否、範囲に関する紛争として、訴訟事項に属するものである。(46)」

〔解説〕遺産の処分によって受ける財産を「代償財産」と呼ぶのは、通常の用語法である(47)。そして、その「代償財産」を受ける権利という意味で、本件の「代償請求権」が用いられている。その言葉遣いは、たしかに紛らわしいけれども、他の文献にも見られ(48)、内容的には本来の代償請求権と明確に区別することができるので、「代償財産」という語とともに用いられる限りは誤解の恐れも小さいだろう。

【裁判例六の二】　大阪地判昭和五八・四・二五判時一〇九九号八九頁

〔事実の概要〕共同相続人Yは、遺産の一部を勝手に売却して代金を受領するとともに、被相続人Aが賃借権を有していた農地の賃貸借契約を合意解除し、離作補償として土地および補償金を受領し、さらにその土地を換金した。他の共同相続人Xは、Yが受領した金銭が遺産の代償財産であると主張し、それを受ける代償請求権の確認を求めて訴えを提起した。

〔判旨〕「相続開始後に本来の相続財産につき代償物が生じ、それが遺産分割時に存在するとすれば、代償物が生じるに至つた原因が相続財産の一部分割とみられるなど特別の事情が存しない限りは、その性質の許す限り、これを相続財産とみて遺産分割の対象財産に含ませるのが、より衡平で妥当な分割を可能にし、遺産分割制度の趣旨にそうものと解せられる。〔……〕

しかしながら、〔……〕右Xの主張によれば、Yが右対価全額をすでに利得しているというのであるから、XY間で、事前に右利得分をYにおいて保管し、これを後日遺産分割の対象とする旨の合意をしているなど特別の事情が存しない限り、もはやXのYに対する自己の持分についての、実体法上の請求権が残存するにすぎず、遺産分割手続において、右Yの利得を事実上考慮するのは格別、Xが主張するように、Yの利得額全額に対し、あたかも相続財産に法主体性を認めるかのような代償請求権なる概念をもうけ、これを相続財産ということは現行法のもとにおいてはできないというべきである。(49)」

〔解説〕本判決は、【裁判例六の二】とは異なり、代償財産に関し、「代償請求権」という言葉遣いを明確に否定する。紛争内容は【裁判例六の二】と同様であるが、用語法は本判決の方が望ましい。

【裁判例六の三】長野家審平成四・一一・六家月四六巻一号一二八頁

〔事実の概要〕共同相続人Yが遺産の一部の公社債投信や新大型株式債権ファンドを勝手に換金したため、その金額についても遺産分割の対象となることを前提に、他の共同相続人Xは、Yに対して審判による分割を申し立てた。

〔判旨〕「相続開始後に相続人の一人が他の共同相続人に無断で遺産の一部を売却したり費消したりしたときは、当該遺産は本来は遺産の範囲から逸出して遺産分割の対象とはなりえず、代わりに他の共同相続人の当該処分を行った相続人に対する損害賠償請求権あるいは不当利得返還請求権がいわゆる代償財産として分割の対象になるものと解される〔……〕。そこで本件の場合を検討するに、公社債投信などが解約されたときは、遺産が売却された場合と同様、それ自体は本来は遺産の範囲から逸出して損害賠償請求権などに代わるものの、相続開始時点におけるその残高は本件記録上明らかであるので、少なくともその額の損害あるいは不当利得が発生しており、しかも他の共同相続人がその額をもって遺産分割の対象としていることからすると、相続開始時点における上記残高をもって遺産分割の対象とすることができるものと解するのが相当である。すなわち、解約されたりして遺産の範囲から逸出した上記新大型株式債権ファンドなどの代わりに、XのYに対する損害賠償請求権など合計八、八四〇、四三三円が遺産の範囲に入ることとなる。

〔……〕当事者の意向及び本件における一切の事情を総合して考慮すると、本件は現物分割によるべきであり、次のように分割するのが相当である。〔……〕代償請求権合計一二、〇九〇、五五七円（これをXに取得させると、後に履行の問題を残すこととなり相当でないので、その全額をYに取得させるのが最も相当である。[50]」

〔解説〕ここでは、「代償請求権」の語は、【裁判例六の一】とも【裁判例六の二】とも異なり、共同相続人に対するものではなく、代償財産のうちで第三者に対する請求権を指している。混用の可能性があり、紛らわしい用語である。

【裁判例六の四】高松家審平成八・一〇・二一家月五一巻七号四八頁

〔事実の概要〕共同相続人亡Aが遺産の少なくとも一部を勝手に売却し、その代金を自己の生活費に充てた。共同相続人Xらは、その金額についても遺産分割の対象となることを前提に、他の共同相続人Yに対して審判による分割を申し立てた。

〔判旨〕「共同相続人のうち一部の者が遺産に属する財産を遺産分割前に勝手に処分したときは、財産の価値変形物につき物上代位が認められ、同人がこれを費消したときは、同人に対し不当利得返還請求権又は不法行為に基づく損害賠償請求権等の代償請求権が生ずる。これらの代償財産は遺産そのものではないが、共同相続人においてこれを遺産分割の対象に含める合意をするなど特別の事情がある場合、遺産に準じ、あるいはこれと同視できるものとして遺産分割の対象に加え得ると解すべきである。[51]」

〔解説〕本件では、共同相続人に対する不当利得返還請求権または損害賠償請求権そのものを「代償請求権」と呼んでいる。これは、【裁判例六の一】の用語法とおおよそ同様のものである。なお、この判決における「物上代位」の用語法は、正確とは言えない。

【裁判例六の五】那覇地判平成一二・六・二九判時一七六四号八〇頁

〔事実の概要〕共同相続人Yが遺産中の株式を勝手に売却してその代金を受領したため、他の共同相続人Xらは、不法行為による損害賠償請求権を取得したと主張し、その履行を求めて訴えを提起した。

〔判旨〕「株式は、遺産分割の手続を経ることなく当然に共同相続人各人に帰属するものではないから、Yは本来他の共同相続人全員の同意を得ることなしに本件株式にかかる権利（株券）を処分することができなかったにもかかわらず、無権限で本件株式を処分したことになる。

したがって、Xらがこれを追認していない以上、右処分の効果は、当然にはXらに及ぶものではない。Xらは、本件株式にかかる権利を喪失したが、それは買主が本件株式（株券）にかかる権利を善意取得した反射的効果であるにすぎない。換言すれば、本件売却代金は本件株式と同一性を有するその変形物であって、当然にいわゆる代償財産として相続財産に含まれるということはできないのである〔……〕。

そして、遺産共有の状態にあった財産が他に逸出したのであるから、その行為者であるY（これが不法行為であることはいうまでもない。）に対してXらが損害賠償請求権を取得したことも当然である〔……〕。

そこで、問題は、Xらが、法定相続分に応じた損害賠償請求権を当然に可分的に取得したのか、これを遺産（準）共有の状態で取得したのかということである。

まず、相続財産中の債権、債務は、遺産分割の手続を経ることなく当然に法定相続分に応じて共同相続人各人に帰属することは確立した裁判例であることはいうまでもない。右は、相続開始時における遺産についてであり、相続開始後に遺産が債権に変わった場合である本件とは事案を異にするが、これから推し量るとすると、本件についても、当然、共同相続人に可分的に帰属するとみるべきようにも思われる。

しかし、他方、相続開始時に存した金銭については当然には共同相続人には分割帰属しないというのであり〔……〕、家庭裁判所の実務においても、共同相続人や全員の同意があれば、本件のような場合でも、売得金や債権を代償財産であるとして、遺産分割の調停、審判の対象とする場合があることは、当裁判所に顕著であって、本件について、可分的に共同相続人に帰属すると解さなければならないほどの実質的理由があるわけでもない。

また、東京高等裁判所昭和三九年一〇月二一日決定（高民集一七巻六号四四五頁）は、本件と同様の事案について、無権限処分者に対する代償請求権が遺産分割の対象となる旨明言しているところである。〔……〕してみると、XらのYに対する請求権は遺産分割を経ることなくこれを行使することはできない[52]」。

〔解説〕本判決は、「代償請求権」を【裁判例六の一】や【裁判例六の四】と同義で用い、それが遺産分割の対象となり、それを経ずに行使することができない、と判断したものである。

6　代償分割において一部の共同相続人が取得する請求権

【裁判例七】国税不服審判所裁決平成二四・三・八裁決事例集八六集一頁

〔事実の概要〕三人の共同相続人間で遺産分割協議が成立し、Yが不動産全部を取得するのと引き換えにXらに金銭支払義務を負担する、といういわゆる代償分割が合意された。その金銭債務が履行されないうちに相続税が課税されることになったため、Xらが再度の遺産分割協議を求めたところ、改めて共同相続人全員で協議を成立させ、Yが遺産全部を取得することになった。そして、Xらは、相続しないことを前提とした課税処分の更正を求めたところ、原処分庁が更正をすべき理由がない旨の通知処分をしたため、Xらがその全部の取消しを求めて不服申立てをした。

〔判旨〕「かかる合意による本件再分割の内容は、〔……〕Xらが被相続人の遺産について一切相続しないというものであり、本件当初分割の内容が、XらがYに対して本件各代償債務の弁済を受ける権利を取得するものであったことからすると、実質的にはXらがかかる権利（代償請求権）を放棄するものとなっており、本件再分割は、被相続人の財産の相続に関する限り、Xらに何ら利点がないものということができる。このような本件再分割を含む合意をXらは敢えて行っているところ、上記の本件再分割に至った経緯に加えて、Xら自ら、Yが本件当初分割において定められた本件各代償債務を履行しない上、請求人らはYの相続税に係る連帯納付義務まで課せられたので、これを消滅させるため、本件合意解除と本件再分割を行った旨主張していることからすれば、上記の合意は、Yの相続税に係るXらの連帯納付義務を〔不当に〕免れることを目的としてされたものといわざるを得ない。〔……〕

したがって、更正をすべき理由がないとした原処分は適法である。」

〔解説〕本裁決は、国税不服審判所の裁決にすぎないので他の裁判例とは同列に扱うことができないが、相続税法上の課税処分の適法性が問題になり、遺産分割の一方法としての「代償分割」（一部の共同相続人が特定の財産を得るのと引き換えに他の共同相続人に対して債務を負う分割）がなされた場合に共同相続人が他の共同相続人に対して取得する請求権を「代償請求権」と呼んでいる。

7　単なる「代わりの請求権」

【裁判例八】名古屋地判昭和四八・四・二七判タ二九八号三二七頁

〔事実の概要〕Y会社は、その就業規則において女子の定年を三〇歳と定め、X女が満三〇歳に達したことを理由に退職となった旨を通告し、その後は賃金を支払わなかった。X女は、本件女子定年制の無効を主張し、雇用契約上の権利を有する地位にあることの確認を求め、退職とされた期間の賃金の支払を求めた。その際に、賃金に含まれる食券支給については、退職とされた期間中に食券制度が廃止されたことを理由に、食券相当額の支払を請求して訴えを提起した。

〔判旨〕「食券制度はYの賃金体系上はいわゆる厚生手当に類し、基準内給与に含まれると解するのが相当であるところ、XはYの責に帰すべき事由により就労を妨げられているのであるから、特段の事情なき限りその提供（勤務）は一〇〇パーセントなされたものと解するほかはなく、食券制度が〔……〕廃止された時点において、XはYに対し一ケ月一、〇〇〇円の割合による食券代金相当額の代償請求権を取得したものというべきである。(53)」

求権ではない。

〔解説〕本件の「代償請求権」は、食券給付に代わる賃金請求権、つまり約定請求権である。また、債務者の責めに帰すべき事由による不能を理由とする塡補賠償請求権と解することもできる。いずれにしても、本来の代償請求権ではない。

8　不法行為による損害賠償請求権(民法七〇九条)

【裁判例九】東京地判平成二・三・一三判時一三三八号一一一頁

〔事実の概要〕昭和五四年七月一一日の東名高速道路下り線日本坂トンネルにおける衝突事故において、Aから割賦販売の方法で購入して所有権をAに留保していたXの被害車両は、滅失した。しかし、Xは、事故当時その代金全額の支払を完了していたことを理由に、車両相当額の損害賠償を請求して訴えを提起した。

〔判旨〕「自動車が代金完済まで売主にその所有権を留保するとの約定で売買された場合において、その代金の完済前に、右自動車が第三者の不法行為により毀滅するに至ったとき、右の第三者に対して右自動車の交換価格相当の損害賠償請求権を取得するのは、不法行為当時において右自動車の所有権を有していた売主であって、買主ではないものと解すべきである〔……〕。しかしながら、右売買の買主は、第三者の不法行為により右自動車の所有権が滅失するに至っても売買残代金の支払債務を免れるわけではなく(民法五三四条一項)、また、売買代金を完済するときは右自動車を取得しうるとの期待権を有していたものというべきであるから、右買主は、第三者の不法行為後において売主に対して売買残代金の支払をし、代金を完済するに至ったときには、本来右期待権がその内容のとおり現実化し右自動車の所有権を取得しうる立場にあったものであるから、民法五三六条二項但し書及び三〇四条の類推適用により、売主が右自動車の所有権の変形物として取得した第三者に対する損害賠償請求権及びこれについての不法行為の日からの民法所定の遅延損害金を当然に取得するものと解するのが相当である。」

〔解説〕結論としては、代金が完済されていることを理由に、Xの損害賠償請求が認容された。本件は、代償請求権を認めたものとして引用されることがあるけれども、(54) 問題とされる損害賠償請求権は、X固有の損害賠償請求権である。第三者の損害賠償請求権の移転を求める代償請求権が認められたわけではない。

9 まとめ

最高裁昭和四一年判決以外にも、「代償請求権」という語が用いられた裁判例は、一再ならず現れている。けれども、最高裁昭和四一年判決に言う代償請求権の実体を備えているものは、――評価の難しい【裁判例二の二】【裁判例四】を除いて――【裁判例二の一】ただ一件である（本件と同様に、引渡し前に滅失した目的物の保険金は代償として譲渡すべきとされた）。しかも、それは最高裁昭和四一年判決前のものである。それ以外は、執行不能に備えた填補賠償請求権（改正前民法四一五条後段）、解除による原状回復に代わる価格返還請求権（民法五四五条一項）、不当利得返還請求権（民法七〇三条）、遺産の一部の売却代金請求権や滅失損傷による損害賠償請求権など（代償財産）、代償分割において一部の共同相続人が取得する請求権、単なる「代わりの請求権」および不法行為による損害賠償請求権のいずれかである。

そのため、最高裁昭和四一年判決が改正前民法下での裁判実務において先例として機能してきた、と言うことが難しい。

三　代償請求権の学説

1　星野説の功罪

それでもなお、最高裁昭和四一年判決を指導判決として判例理論が形成されたと目されたのは、当時、それが民法典の立法趣旨に反しない、という解説が星野英一博士（大正一五年（一九二六年）七月八日〜平成二四年（二〇一二年）九月二七日）によって施されたことが大きかったようである。すなわち、――

「危険負担につき債権者主義をとっているフランス民法において（（旧）一一三八条二項）、代償請求権が認められている（一三〇三条。但し、「債務者はその物に関する損害賠償のためのなんらかの権利または訴権が存在するときは、これを債権者に譲渡する義務を負う」とある）。そして、保険法（一九三〇年七月一三日法三七条）が、保険金請求権につき同じ趣旨を規定している。わが旧民法には、フランス民法一三〇三条に由来する規定があったが（財産編五四三条「物ノ全部又ハ一部《ママ》[55]ノ滅失ノ場合ニ於テ其滅失ヨリ第三者ニ対シテ或ル補償訴権ノ生スルトキハ債権者ハ残余ノ物ヲ要求シ且其訴権ヲ行フコトヲ得」）、民法修正の過程で脱落した。その理由は未だ明らかにすることができないでいるが、旧民法と反対の趣旨をとったということではないようであり（そのような場合には、通常ははっきり説明されるが、なんらの解説がない）、これを否定する趣旨とは考えられない）。[56]」

星野博士の見解は、要するに、①旧民法の代償請求権規定がフランス法に由来していた、②改正前民法の立法者意思が旧民法と同様に代償請求権肯定説を採っていた、という二つの内容である。もっとも、その見解は、判例研究の中で示されたものにすぎず、本来は軽い推測をしたという程度の書きぶりであった。しかし、これによって、フランス民法→旧民法→改正前民法立法者意思→判例、という肯定説の流れが存在するものと見なされた。また、最高裁昭和四一年判決自体が今日に至る約五〇年間に圧倒的支持を得たのも、この星野博士の賛意が大きく寄与したと思われる。実際に最高裁判決後、代償請求権否定説は途絶え、肯定説が絶対的な通説となった[57]。

しかし、第一章において明らかにしたように、民法典制定過程を精査した場合に示唆されるのは、星野博士の見解とは逆に、①旧民法の代償請求権規定がそもそもフランス法ではなくイタリア法に由来していたことと、②改正前民法においても代償請求権を否定するのが立法者意思であった、ということである。その限りでは星野博士の言明が不適切であったと言わなければならない（→第一章第二節八3）。しかし、その言明があったからこそ、代償請求権についても旧民法の研究が進められたとも言え、星野博士のこの問題における功罪も、直ちには断定しがたいものがある。

2　磯村保説

さて、他に、判例の内容について加えられた研究は乏しかったが、それでもこの時期には、磯村保教授（昭和二六年（一九五一年）一二月九日〜）による特記すべき学説が出現した。それは、最高裁昭和四一年判決が「損害の限度」でしか代償請求権を認めないことに着目し、それに対する異論を唱えた研究である。既に紹介したとおり、最高裁昭和四一年判決当時は、そこで要件論に関する少数説が採用されたことに気がつく者がほとんど無かったところ（→第三章第二節三5）、初めてこの要件論に着目した重要な問題提起である。

つまり、二重売買における第一買主に——損害の限度を超える——第二売買代金相当額の代償請求権を取得させることを主張した学説である[58]。たとえば、売主Aから第一買主Bが一〇〇〇万円で不動産甲を購入したが、移転登記前に第二買主Cが一二〇〇万円で甲を購入して移転登記を了した場合において、Bの被った損害（たとえば転売利益）が一一〇〇万円に留まるときでも、一二〇〇万円の代償請求権を取得させようという新説（磯村保説）であった[59]。

しかし結局のところ、磯村保説も、圧倒的な判例支持の学界では、一つの有力説であることに甘んじなければならなかった。それでも、その後、代償請求権を損害の限度に制限するという判例ベースの改正民法が成立するに至り、改めてアンチテーゼとして磯村保説の価値が再評価されるべきことは後に述べる（→結章第三節第二款五3・4）。

3　代償請求権の根拠

他方、代償請求権の根拠についても、少なからぬ学説が最高裁昭和四一年判決に追随した。そして、改正前民法五三六条二項後段の規定の類推解釈を主張した（多数説）[60]。

つまり、次のように危険負担と関係させる理解が有力であった。すなわち、改正前民法の危険負担が特定物契約においては債権者主義（改正前民法五三四条）を採っていたことを前提にすると、第三者の不法行為によって、売主が買主に対する債務を免れたうえで第三者に対する損害賠償請求権（代償）を取得し、他方で買主は、売主に対する代金債務を負う。そうすると、売主が損害賠償金と代金とを二重取りする一方で、買主は、損害を負担するという不公平な結果になる。そこで、買主が売主の取得する代償を求めることができる、というのが代償請求権制度の根拠だ、ということである。つまり、危険負担の債権者主義の結果における不公平を是正するための制度という理解である。そして、改正前民法の解釈としては、危険負担についての民法五三六条二項後段の規定が類似の規定としてその類推がなされ、判例も「民法五三六条二項但書〔平成一六年法律一四七号による改正後の二項後段〕の規定は、この法理のあらわれである」(61)と判示してその類推適用を肯定している、というのが有力な見解であった。

もっとも、その見解を支える基礎研究は乏しく、代償請求権が買主の危険負担との関係で発展したという主張や(62)、やはり買主の危険負担の場合における売主の二重の利得を調整することを制度趣旨と解する主張が見られる程度であった(63)。

このような根拠づけに対して批判的に検討を加える作業は、昭和期にはほとんどなされなかったが(64)、平成期に入ると、判例、民法制定過程およびドイツ法の沿革を理由に、危険負担が代償請求権とは関係しないという主張が現れ(65)、そのためもあろうか、近時の文献では民法五三六条二項後段を引くものがほとんど見られなくなっている。

四　代償請求権の立法論

平成二九年度に成立した民法（債権法）改正では、民法四二二条の二の規定が成立し、改正前民法下の判例・通説上の代償請求権規定が明文化された。その詳しい民法（債権法）改正の審議過程については、第四章においてまとめて論述しよう。

五　まとめ

最高裁昭和四一年判決以外にも、「代償請求権」という語が用いられた裁判例が散見される。けれども、最高裁昭和四一年判決に言う代償請求権の実体を備えているものは、最高裁昭和四一年判決前のただ一件である。そのため、最高裁昭和四一年判決が改正前民法下での裁判実務において先例として機能してきた、と言うことが難しい。

学説においては、最高裁昭和四一年判決を肯定する通説が形成された。その際には、①旧民法の代償請求権規定がフランス法に由来していた、②改正前民法の立法者意思が旧民法と同様に代償請求権肯定説を採っていた、ということが星野博士によって主張された。その主張の影響下において、フランス民法→旧民法→改正前民法立法者意思→判例、という肯定説の流れがわが国には存在するものと考えられるに至った。しかし、第一章において考察したとおり、①旧民法の代償請求権規定がそもそもフランス法ではなくイタリア法に由来していたことと、②改正前民法においても代償請求権を否定するのが立法者意思であった、ということが明らかである。したがって、右の星野説は不適切であった、と言わなければならない。

また、「損害の限度において」という要件を課する最高裁昭和四一年判決に否定的な磯村保説も登場したけれども、少数有力説に留まった。

さらに、最高裁昭和四一年判決に追随する学説においては、同判決において言及された改正前民法五三六条二項後段の規定を用いて、その類推解釈によって代償請求権を根拠づける見解が有力となった。もっとも、その見解を支える基礎研究は乏しかった。平成期に入ると、判例、民法制定過程およびドイツ法の沿革を理由に、危険負担が代償請求権とは関係しないという主張が現れ、そのためであろう、近時の文献では代償請求権の根拠として民法五三六条二項後段を引くものがほとんど見られなくなっている。

第四節　不能の学説

一　総　説

1　学説継受以降の無関心

民法典制定後に、石坂説によって継受されたドイツ流の不能論が我妻説にいたる頃までに一応完成すると（↓第二章第三節）、それ以降の時期においては、履行請求権（＝給付義務）の限界についての不能論は、全くと言っていいほど論じられなくなってしまう。

僅かに、「履行不能となれる給付については債務が消滅するといふことは履行不能の効果であつて歸責事由をめぐつて展開されるところの損害賠償責任の問題とは無關係な事柄である」[66]とか「履行不能となると債務者は不能となる給付の実現をなすべき義務を当然に免れる」[67]という記述がさほど強調されずに見られる程度である。また、「内容実現不能による消滅」を債権消滅原因として挙げる文献もある。[68]さらに、「判例・学説は債務の履行不能によって債務者が履行義務を免れることを認めてきた」[69]ともされる。しかしそれらは例外であって、ほとんどの場合には給付義務の消滅という効果を導く要件が「後発的無責不能」か「後発的不能」か「不能」という問題意識はほとんど示されてこなかった。[70]むしろ、たとえば、「履行不能（Unmöglichwerden der Leistung, impossitilité d'exécution）とは、債務者の責めに帰すべき事由に基づいて履行が不能となることをいう」[71]という定義を掲げて、それらの区別を全く意識しないことが明らかな文献も見出される程である。

このように不能による給付義務消滅について、その要件たる不能概念を明確にしよう、という姿勢が見られなかった理由としては、①わが国では不能による給付義務消滅の明文の規定が欠けているために解釈論の契機とならななかったこと、②実務上争われる具体的事件が無かったこと、を挙げることができるだろう。

2　実務上の無関心

他方で、実務上も、不能についての争いと言えば、給付義務消滅の問題ではなく、損害賠償請求権発生の要件としてのものしかなく[72]、本書で扱うところの、給付義務消滅を導く効果の問題は、全く見られない。不能となる以上は、給付義務の消滅という効果の発生が疑われず、その不能要件が「後発的無責不能」か「後発的不能」か「不能」という理論上の問題は、裁判上意識された形跡がない。

3　不能論の不人気

こうして、履行請求権（＝給付義務）の限界という意味でのわが国の不能論は、石坂説以降ほとんど進展を見せなかった、と言ってよい。

そのような不能論の不人気は、一応右のように、①明文の規定の不存在と②具体的事件の不存在にその理由を帰することができるけれども（→第三章第四節一1）、次のように裏側から理由づけをすることができる。

それは、履行請求権（＝給付義務）の限界については、石坂説以降、後発的無責不能こそが債務消滅の効果を導く要件だという解釈に疑いが持たれず、それ以外の不能として、まず、後発的有責不能については、債務が消滅せずに損害賠償債務に変化するに留まるという理解で満足し、それ以上に本来の給付義務がどうなるのか、ということに関心が払われなかったと説明することができる[73]。

さらに、原始的不能については、そもそも後発的不能と合わせて統一的に論じることが可能かどうかという問題意識すらなかったことを指摘することができる。つまり、給付義務（債務）消滅（不存在）という効果を導く要件としては後発的不能の問題であることが無意識に前提とされてしまっていて、原始的不能と統合した単なる「不能」概念が要件となるかもしれない、という問題意識が全く無かったのである。
もっとも、原始的不能それ自体については、右の問題意識の欠如とは無関係に、戦後昭和期に原始的不能ドグマ否定論が登場し、論争が見られたことに言及しなければならない。

二　磯村哲説

ドグマ否定論の嚆矢となる学説史研究を磯村哲博士（大正三年（一九一四年）一二月九日〜平成九年（一九九七年）八月二三日）が発表したのは、原始的不能ドグマ通説化の決定打となった我妻博士の『債権各論上巻』（昭和二九年）上梓の直後、昭和三〇年であった(74)。

磯村博士は、まず、原始的不能に関するローマ法理論には、不能な契約が成立しても訴権が全く生じないという問答契約（厳正債務）理論と、何らかの訴権（特に金銭による賠償訴権）の発生が可能だという売買（誠意債務）理論があったところ、前者をモムゼンが――ラーベルによれば――不当に一般化し、それをヴィントシャイトが支持したために、ドイツ民法典に採用されてしまった、という視点を立てる(75)。そして、結論としては、その「モムゼン＝ウィンドシャイド的履行不能理論(76)」が売買（誠意債務）理論の流れに凌駕され、とりわけ原始的不能ドグマが否定されてゆくことを示唆した。

原始的不能ドグマがわが国では必然ではないという――末弘博士が既に自認していた――主張を――ラーベルの議論を梃子にして――改めて明白にした点が磯村哲説の「すぐれた分析(77)」であり、高く評価された。

三　北川説

この磯村哲説を嚆矢とした原始的不能ドグマ否定論が発展したのは、特に、瑕疵担保責任（改正前民法五七〇条）の法的性質をめぐる議論においてであった。つまり、鳩山博士によれば、売買の目的物たる特定物に瑕疵があるときは、その売買は、原始的一部不能の事項を目的とし、不能な一部については契約が無効であるので、債務者が負担するのは瑕疵ある特定物の給付のみであり、それを給付すれば債務不履行とはならないけれども[78]、売買の信用を保護するためにその有償契約性から売主に責任を負わせる特殊な制度として法定されたのが売主の担保責任であった[79]。

しかし、右の原始的一部不能の論理によって債務不履行を否定する論理を「特定物のドグマ」と呼び、これに反対して債務不履行を肯定する論陣を張ったのは北川善太郎博士であった[80]。北川博士は、特定物ドグマが「原始的不能論（Impossibilium nulla obligatio）と結びつくもので[81]」あるとしてこれを否定し、瑕疵ある特定物売買においても瑕疵のない給付義務の存在を肯定した[82]。さらに、そもそも原始的不能と契約無効の関係についても、北川博士は、損害賠償責任発生の可能性を理由に無効論を批判した[83]。

四　原始的不能ドグマ否定論の展開

こうして原始的不能ドグマ否定論は、昭和四〇年代には、「原始的不能の『契約』については、現在の学界は、無効論から有効論へ転じつつある[84]」と言われるに至る。

もっとも、昭和末期にも少なからぬ契約無効論が堂々と述べられ[85]、契約無効論から有効論への方向転換が一気呵成であったわけではない。それでも、昭和二九年の我妻説から平成二九年民法改正までの六〇余年という期間は、原始的不能ドグマに対する学界の態度を肯定から否定に変化させるには充分な年月だったと言えよう。また、当初無効論を主張した論者が後に有効論へ改説した例もある[86]。

しかし、大きな流れとしては、昭和五〇年代以降、ドグマ否定論が人口に膾炙し[87]、平成期には、原始的不能ドグマ否定論がさらに有力となる[88]。

その結果、たとえば、日本私法学会シンポジウム「民法一〇〇年と債権法改正の課題と方向」（平成一〇年一〇月一一日）[89]においては、原始的不能による契約無効の否定論が支持され[90]、それが確固たるものとなったことを印象づけた[91]。

五　まとめ

後発的不能に関しては、石坂説以降、後発的無責不能が義務消滅の要件であることについて疑いが持たれず、問題意識すら見られなかった。他方で、後発的有責不能についても、債務者が消滅せずに損害賠償債務に変化するという解釈論を採ることで満足し、その場合の本来の給付義務の消長については関心が払われなかった。

原始的不能に関しては、末弘博士・我妻博士によって既に通説化していた原始的不能ドグマが磯村博士によって――原始的不能ドグマは論理上の問題ではないという――ドグマ否定の方向性が与えられ、北川博士によってわが国の解釈論として展開されて伝播し、相当な有力説となるに至った。

第五節　代償請求権の機能

一　総　説

ここで、改正前民法における代償請求権の機能を履行不能による塡補賠償請求権のそれと合わせ、具体的な紛争を念頭に置いて説明しよう。一次的請求（本来の給付請求）と二次的請求（塡補賠償請求または代償請求）とを合わせて、また債務者の主張次第で、債権者には以下の手段が認められている。

二　本来の順序

第一に、債権者は、本来の給付を求めて訴えを提起し、確定判決を得て強制執行を申し立てることができ、執行不能であれば、改めて二次的請求として塡補賠償請求（改正前民法四一五条）または代償請求の訴えを提起する、というのが本来の順序である。その際、塡補賠償請求をするときには履行不能による損害の発生[92]、代償請求をするときには履行不能とそれと同一の原因による代償の取得が要件である。それぞれの履行不能は、先行する執行不能の事実によって証明されることになる。

しかし、わが国では、本来の給付を請求しつつそれが執行不能の場合に備えて予め塡補賠償を請求する趣旨の訴えを認めているので（判例[93]）、債権者が当初からまたは追加的に塡補賠償の予備的請求をすることもできる[94]。予備的請求をするときは、執行手続後に塡補賠償請求の訴えを提起する場合と比べ、二回目の判決手続を省略できる分だけ債権者に有利である。しかし、それに相当する手続が代償請求権には認められていないので、本来の給付請求について確定判決を得たときにおいても、代償請求権については、二回目の判決手続を省略することができない。

三　債務者が履行不能を主張する場合

第二に、債権者が本来の給付を求めて訴えを提起したのに対して債務者が本来の給付義務を免れるために履行不能を主張することがある。そのうえで債務者が履行不能を証明までしてしまえば、債権者の本来の給付請求は、棄却される[95]。そこで、債権者は、改めて二次的請求として塡補賠償請求または代償請求の訴えを提起することができる。その場合においては、前訴における履行不能の判断は判決理由中のものであるので既判力が生じず債権者が履行不能の証明責任を負うけれども、その証明は容易である。

しかし、債務者が履行不能を主張しても、証明までしていなければ、債権者としては、あくまで本来の給付を求めて訴えを追行し、確定判決を得て強制執行を——執行不能を覚悟しつつ——申し立てることができる。そして果たして執行不能となれば、改めて二次的請求として填補賠償請求または代償請求の訴えを提起することができる。その際、予め填補賠償を予備的に請求しておけば二回目の判決手続を省略できることは、二の場合と同様である。また、債務者によって履行不能が主張されたことを契機に、債権者が本来の給付請求を断念して二次的請求（填補賠償請求または代償請求）に訴えを変更することもできる。その場合においては、履行不能の要件は、ことさら債権者が証明しなくても、債務者の履行不能の主張によって満たされる、と解すべきである[96]。

四　当初から二次的請求をする場合

第三に、債権者は、履行不能を見越して本来の給付請求をせずに、当初から填補賠償請求または代償請求をすることもできる。この場合においては、填補賠償請求か代償請求かで右に説明してきた違いがなく、いずれにしても債権者自ら債務者の履行不能を証明しなければならない。しかし、履行不能が債務者の事情であり、かつ消極的事実であるため、債務者の自白なくして債権者が独力で証明することは通常困難である。したがって、債権者は、この第三の行き方を避け、第一または第二の行き方を採るのが通常である。

五　まとめ

改正前法において判例理論として承認されていた代償請求権の要件のうち、履行不能は、債権者が独力で証明することが困難である。そのため、執行不能の事実によって履行不能が証明されるか、債務者が履行不能を主張する場合においてはじめて、代償請求権は実務上の機能を発揮することができる。なお、履行不能による填補賠償請求権においても、履行不能が要件であるけれども、そこでは執行不能に備えた填補賠償請求をすることが認められているので、二回目の判決手続を省略でき、その分だけ代償請求権よりも債権者に有利である。

第六節　まとめ

最高裁昭和四一年判決が代償請求権の指導判決であり、①たしかにドイツ流の石坂説の流れを汲むものではあるけれども、②損害賠償請求との関係でわが国独特の内容を含むものである。同判決は、一方で裁判実務においては先例として機能しているとは言い難い状況にあっただけでなく、他方でその根拠についても説得力を欠いていた。しかし、同判決に星野博士が賛意を示し、しかも旧民法と同旨であると言明したことが強く影響したのであろうか、学界においては同判決が圧倒的に支持されつつその内容がそのまま、平成二九年改正によって民法四二二条の二の規定にまで結実することになる。

他方、義務消滅の要件の後発的不能の内容については、石坂説以降余り議論が進まず、「後発的無責不能」が念頭に置かれ続けた。また、原始的不能については、末弘説・我妻説などによって契約を無効とするドグマが成立した後に、ドグマ否定論が有力となった。

また、代償請求権の実務上の機能を考察すると、履行不能の証明困難が大きな役割を演じていること、また、履行不能による填補賠償請求権の機能との手続上の違いがあること、が明白になる。

（1）　於保不二雄・前掲『法律学全集二〇　債権総論〔新版〕』一〇九頁、甲斐道太郎・前掲「代償請求権と不当利得」一六五頁、林良平ほか『債権総論【第三版】』〔林良平・安永正昭〕（青林書院、平八〔初版は昭五三〕）一〇四頁、鈴木禄弥『債権法講義　四訂版』（創文社、平一三〔初版は昭五五〕）二八四頁（ただし、先例的価値について疑問を呈する）、澤井裕『テキストブック債権総論〔補訂版〕』（有斐閣、増補、平元〔初版は昭五五〕）五四頁、奥田昌道『債権総論〔増補版〕』（悠々社、平四〔初版は筑摩書房、昭五七〕）一五〇頁以下、浜上則雄・前掲「代償請求権について（上）」一六五頁以下、小

野秀誠「危険負担と第三者関係」『反対給付論の展開（危険負担論・各論第1巻）』（信山社、平八〔初出は福島大学商学論集五三巻二号一四〇頁〜一七〇頁（昭五九）〕）三八一頁以下、同『叢書民法総合判例研究　危険負担』（一粒社、平一一）二七頁、平井宜雄・前掲『債権総論〔第二版〕』四三頁、磯村保「二重売買と債権侵害――『自由競争』論の神話（一）（二）（三）」神戸三五巻二号（昭六〇）三八五頁〜四〇八頁、三六巻一号（昭六一）二五頁〜六三頁、二号（昭六一）二八九頁〜三一七頁、二号四〇六頁、森泉章・鎌野邦樹『民法入門・〔第三版〕債権総論』（平一八〔初版は昭六一〕）九三頁、小林和明「危険負担」『裁判実務大系（一二）不動産訴訟法』（青林書院、昭六二）三九〇頁〜四〇〇頁、三九九頁以下、川井健『民法入門』（有斐閣、第三版、平一一〔初版は平元〕）二二三頁、『民法概論3（債権総論）』（有斐閣、第2版補訂版、平二一〔初版は平一四〕）一一六頁、同『民法概論4（債権各論）』（有斐閣、補訂版、平二〇〔初版は平一八〕）五〇頁以下、近江幸治『民法講義Ⅳ債権総論〔第三版補訂〕』（成文堂、平二一〔初版は平三〕）七七頁、田山輝明『債権総論〔第2版〕〈有斐閣双書プリマ・シリーズ〉』（有斐閣、平四）六五頁、前田達明『口述債権総論　第三版』（成文堂、平五）二二〇頁、潮見佳男『債権総論〔第二版〕Ｉ――債権関係・契約規範・履行障害』（信山社、平六〔初版は平六〕）一六八頁、同・『プラクティス民法　債権総論〔第四版〕』（信山社、平二四〔初版は平一六〕）七四頁、平野裕之『債権総論〈債権法講義案Ｉ〉講義案シリーズ一二』（信山社、平六）一八〇頁、同・『民法総合5　契約法』（信山社、第三版、平一九〔初版は平八〕）一一六頁、内田貴『民法Ⅲ　第三版』（東京大学出版会、平一七〔初版は平八〕）一七四頁、同『民法Ⅱ　第三版』（東京大学出版会、平二三〔初版は平九〕）七〇頁、『新版注釈民法（一三）』（有斐閣、補訂版、平一八〔初版は平八〕）〔甲斐道太郎〕六七〇頁、山田創一「第五三一条〜第五四八条」遠藤浩編『民法Ⅴ（契約総論）』（青林書院、平九）二二三頁、多治川卓朗「代償請求権と売買契約における危険負担――売買契約の履行過程における目的物の滅失とその事後処理について」熊法八九号（平九）七一頁〜一四六頁、一〇一頁、我妻榮・有泉亨著・清水誠補訂『〔新版〕コンメンタール債権総則』（日本評論社、平九）一二三頁、半田吉信・前掲『売買契約における危険負担の研究』二〇六頁、遠山純弘「法律行為による利益（lucrum ex negotiatione）と代償請求権――ドイツにおける議論状況とその問題点」北園三六巻一号（平一二）一頁〜三四頁、三八巻一号（平一四）三三頁〜六三頁、二号（平一四）三三五頁〜三七五頁、三六巻一号二頁、加藤雅信『新民法大系Ⅲ　債権総論』（有斐閣、平一七）一七三頁、我妻榮・有泉亨著・清水誠・田山輝明『第3版　我妻・有泉コンメンタール民法――総則・物権・債権』（日本評論社、平二五〔初版は平一七〕）七六二頁、中田裕康『債権総論　第三版』（岩波書店、平二五〔初版は平二〇〕）一九一頁、角紀代恵『ライブラリ　法学基本講義＝5　基本講義　債権総論』（新世社、平二〇）一四八頁、円谷峻『債権総論』（成文堂、第二版、平二二〔初版は平二〇〕）一〇三頁、『新版注釈民法（一〇）Ⅱ』（有斐閣、平二三）〔潮見佳男〕九三頁、金山直樹「第四一五条」能見善久・加藤新太郎編『論点体系　判例民法〈第2版〉4　債権総論』（第一法規、平二五）六五頁、小野秀誠『債権総論』（信山社、平二五）一五四頁。

（2）本節の記述の大部分は、拙稿・前掲「民法五三六条二項但書類推適用論の批判的検討」阪大法学四八巻一号一七七頁〜一八四頁が初出である。また、本判決の研究・評釈の先行業績を挙げよう。①判決当時のものとして、瀬戸正二「判解」最高裁判所判例解説民事篇昭和四十一年度（昭四二）五六四頁〜五六八頁〔曹時一九巻四号（昭四二）一四五頁〜一四八頁初出〕、同「判批」民百選Ⅱ〔初版〕一三事件別ジュリ四七号（昭五〇）三八頁〜三九頁、甲斐道太郎「判批」判評一〇二号（昭四二）九三〜九五頁、沢井裕「判批」民商五七巻一号（昭四二）一一八頁〜一二九頁、星野英一・前掲「判研」があり、②その後の裁判例の動向を踏まえたものとして、拙稿「判批」民百選Ⅱ〔第六版〕九事件別ジュリ一九六号（平二〇）二〇頁〜二一頁（同〔第七版〕一〇事件別ジュリ二二四号（平二七）二二頁〜二三頁も同旨）がある。

（3）民集二〇巻一〇号二二二五頁〜二二二六頁。

（4）民集二〇巻一〇号二二一二頁〜二二一四頁。

（5）星野英一・前掲「判研」九二頁。同旨、沢井裕・前掲「判批」一二一頁も同旨。

（6）鈴木禄弥・前掲二八四頁。

（7）瀬戸正二・前掲「判解」五六八頁〔曹時一四八頁〕。学説の典拠としては、我妻説、於保説、鳩山説、柚木説および甲斐説がその順序で列挙されている。また、岡村博士の反対説にも言及がある。

（8）沢井裕・前掲「判批」一二八頁。

（9）浜上則雄・前掲三九号六六頁。

（10）浜上則雄・前掲三九号六七頁。同七〇頁にも同旨。

（11）民集二〇巻一〇号二二二四頁。

（12）本件については、乾政彦「判研」法協四六巻八号（昭三）一四〇頁〜一四二頁がある。本判決は「昭和二年二月一五日」と引用しているけれども、「二五日」の誤記である。

(13) 民集六巻二四二頁。片仮名は平仮名に直し、濁点、傍点および句読点を付けた。
(14) 瀬戸正二・前掲「判解」五六六頁（曹時一四七頁）、同・前掲「判批」三九頁、甲斐道太郎・前掲「判批」九三頁、沢井裕・前掲「判批」一二四頁、浜上則雄・前掲三九号六七頁、前田達明・前掲『口述債権総論　第三版』二二〇頁。
(15) 前掲『新版注釈民法（一三）』（甲斐道太郎）六六一頁、我妻榮・前掲『債権各論上巻』一〇四頁。
(16) 我妻榮・前掲『債権各論上巻』一一三頁。
(17) 石坂音四郎・前掲『日本民法　債権総論　下巻』二二五〇頁。
(18) 石坂音四郎・前掲『日本民法　債権総論　下巻』二二五一頁、同・前掲『債権法大綱』三三三頁。
(19) 前掲『新版注釈民法（一三）』（甲斐道太郎）六八八頁。
(20) 我妻榮・前掲『債権各論上巻』一一三頁。しかし、債権者である使用者の責めに帰すべき事由による休業のときは、使用者は、休業期間中労働者に対し、その平均賃金（労働基準法一二条一項）の一〇〇分の六〇以上の手当を支払わなければならないので（労働基準法二六条）、使用者が控除することができるのは平均賃金の四割だけである（最判昭和三七・七・二〇民集一六巻八号一六五六頁）。
(21) 石坂音四郎『日本民法　債権總論　下巻』（有斐閣、合本、大一〇（初版は大四））二二一一頁～二二一二頁、二二一五二頁、鳩山秀夫『日本債權法（各論上）』（岩波書店、大七）一四七頁、末弘嚴太郎・前掲『債權各論』一七二頁～一七三頁、一七七頁、浜上則雄・前掲三九号六八頁～六九頁、多治川卓朗・前掲熊法八九号一〇二頁、高橋眞「代償請求権と物上代位」法教一八七号（平八）五二頁～五九頁、五三頁、平野裕之『契約法（第二版）講義案シリーズ二二』（信山社、平一二）九〇頁等。したがって、この両者を同一のものと記述する我妻榮・有泉亨著・清水誠・田山輝明・前掲一〇〇八頁、一〇一一頁は、不適切である。
(22) 甲斐道太郎・前掲「代償請求権と不当利得」一六三頁～一六四頁。
(23) 我妻榮・前掲『債権各論上巻』一〇五頁。
(24) 浜上則雄・前掲三九号六八頁、潮見佳男・前掲『プラクティス民法　債権総論（第四版）』七四頁以下。
(25) 甲斐道太郎・前掲「判批」九三頁。
(26) 甲斐道太郎・前掲「判批」九五頁。

(27)　そもそも火災によってXの建物引渡義務が履行不能になった、という判断についても疑問が残る。なぜならば、本件建物はわずか二ヶ月余の期間で建築されたばかりのものであり、Xとしては建物を直ちに再建築して引き渡すことができたのではないかと思われるからである（沢井裕・前掲「判批」一二一頁、一二二頁）。

(28)　浜上則雄・前掲三九号六六頁。

(29)　他の諸義務と同様に消滅したのであろうか。本判決によれば、Xが受領した保険金について、Yは、代償請求権を取得する。もし、敷地提供義務を含めたYのすべての義務が消滅するにもかかわらずYが代償請求権を取得するならば、Yは、一方で保険金を代償として取得しつつ、他方で敷地を転用することができ、その意味での二重の利益を得ることになってしまうであろう。したがって、Yの敷地提供自体が依然として可能であることを前提に考えると、――Xの受領した保険金の引渡しをYが代償として請求するときは――Yには敷地提供義務が存続し、Yの敷地提供義務とXの代償引渡義務とが同時履行の関係に立ち（改正前民法五三三条またはその類推）、Yが敷地を提供せずに代償請求権を理由とする相殺の抗弁を主張してもそれは認められない、という解釈も十分に成り立つであろう。したがって、「本判決の結論では、Xは建物に代る・自己が付した・保険金をYに奪われた上、Yがこの保険金で建物を建て第三者に賃貸しても文句がいえないという結果になるのであつて、Xにとってははなはだ酷な結論である。」（沢井裕・前掲「判批」一二三頁～一二四頁）という批評は至極正当である。

(30)　損害保険契約の被保険利益要件について、大森忠夫『保険法』（有斐閣、補訂版、昭六〇）六六頁以下、鈴木竹雄『新版商行為法・保険法・海商法』（弘文堂、全訂第二版、平五）七五頁以下、山下友信ほか『保険法（第三版）』（山本哲生）（有斐閣、平二二（初版は平一一））一〇三頁以下。

(31)　瀬戸正二・前掲「判解」五六七頁～五六八頁（曹時一四八頁）は「Xは保険金請求権なくして保険金を受領した結果になる」と言う。甲斐道太郎・前掲「判批」九四頁は「Xに保険金請求権が認められないことは、瀬戸調査官が指摘されたとおりであり、この点が問題とされていないのは理解し難い」と言う。星野英一・前掲「判研」九三頁も同旨か。これに反対を表明する見解は次のとおり述べる。すなわち、「保険者との関係では、通知をなすまではなおXが所有者だと、いうべきであろう。〔……〕現実の支配関係は全然変らないのに、ただ当事者間の観念的な所有権の移転の有無で、保険金の運命がまつたく違うことになるのは妥当ではあるまい。」（沢井裕・前掲「判批」一二七頁）

(32)　沢井裕・前掲「判批」一二一頁。
(33)　星野英一・前掲「判研」九三頁。
(34)　拙稿「判批」民百選Ⅱ〔第六版〕九事件別ジュリ一九六号（平二一）二〇頁～二一頁または同〔第七版〕一〇事件別ジュリ二二四号（平二七）二二頁～二三頁で既に簡略に述べたところである。
(35)　片仮名は平仮名に直し、濁点、傍点、ルビおよび句読点を付けた。
(36)　片仮名は平仮名に直し、濁点、傍点、ルビおよび句読点を付けた。
(37)　山本進一「判批」別ジュリ七号（昭四二）八六頁～八七頁、八六頁。
(38)　なお、「本件は、債務者の利益償還義務を表明したものとも位置づけられる」という指摘もある（小野秀誠・前掲『叢書民法総合判例研究　危険負担』二五頁）。しかし、本件の「代償請求権」は双務契約に限られないことが明示されているため、双務契約に限って認められる利益償還義務を表明したものと解釈することはできないと思われる。前述のとおり、代償請求権と利益償還請求権とは取得する利益が積極的か消極的かで明確に区別することができるからである（→第三章第二節四）。
(39)　「本件判決の論旨自体にも問題がある」（山本進一・前掲「判批」別ジュリ七号八六頁）という指摘も同旨。
(40)　傍点を付けた。
(41)　傍点を付けた。
(42)　傍点を付けた。
(43)　傍点を付けた。本判決の評釈として牧山市治「判批」金法一一九四号（昭六三）一七頁～二一頁および平田春二「判研」名経一号（平六）一三九頁～一五二頁があるけれども、代償請求権自体は検討されていない。
(44)　我妻榮・前掲『債権各論上巻』一九五頁。これに対し、前掲『新版注釈民法（一三）』〔山下末人〕八九一頁以下は、債務者の帰責事由を要件とすることに疑問を呈している。
(45)　要件が満たされれば填補賠償請求権（改正前民法四一五条後段）も発生する。近江幸治『民法講義Ⅴ契約法〔第三版〕』（成文堂、平二〇〔初版は平一〇〕）九九頁に明確である。
(46)　傍点を付けた。

(47) たとえば、『新版注釈民法（二六）』〔山畠正男〕（有斐閣、平四）六六頁、『新版注釈民法（二七）』〔宮井忠夫・佐藤義彦〕（有斐閣、補訂版、平二五）一一九頁以下、前掲『新版注釈民法（二七）』〔潮見佳男〕三〇六頁以下、前掲『新版注釈民法（二七）』〔伊藤昌司〕三六八頁以下。

(48) 前掲『新版注釈民法（二六）』〔山畠正男〕（有斐閣、平四）六六頁。

(49) 傍点を付けた。

(50) 傍点を付けた。

(51) 傍点を付けた。

(52) 傍点を付けた。

(53) 傍点を付けた。

(54) 半田吉信・前掲『売買契約における危険負担の研究』二〇九頁。

(55) 旧民法の原文では、「一部」ではなく「一分」である。

(56) 星野英一・前掲「判研」九二頁。傍点を付けた。

(57) 肯定説の出典を昭和四一年判決前のものも含めて列挙しておこう。石坂音四郎・前掲「給付不能ノ效力」京都法學會雑誌七巻二号四一頁～五二頁（同・前掲『民法研究第二巻』「給付不能論」三〇八頁～三一九頁、同・前掲『改纂民法研究下巻』「給付不能論」二〇〇頁～二〇八頁所収）、同・前掲『日本民法　債權總論　上巻』五八一頁～五九〇頁、同・前掲『債權法大綱』一〇九頁～一一一頁、佐藤友藏「民法ニ於ケル代償主義」法曹記事二五巻九号（大四）一頁～一二頁、末弘嚴太郎・前掲「雙務契約ト履行不能」法協三四巻六号一三二頁以下、同・前掲『債權各論』一七一頁～一七三頁、鳩山秀夫・前掲『日本債權法總論』一四〇頁～一四一頁、三潴信三・前掲一五二頁～一五四頁、沼義雄『債權法要論第一冊』（清水書店、大一三）一〇五頁、嘉山幹一『債權總論上巻』（敬文堂書店、大一四）一八六頁以下、中島玉吉「危險負擔者の代位權」法叢一八巻一号（昭二）一七頁～三四頁、二八頁以下（「代位權」と称するが内容は代償請求権と同一である）、川添清吉・前掲「給付不能による代償請求權」一七頁～四〇頁、森山武市郎『債權法撮要（總論）上巻』（松華堂書店、昭八）二二二頁～二二五頁、小池隆一『日本債權法總論』（清水書店、昭八）一五八頁～一五九頁、近藤英吉・柚木馨『註釋日本民法（債權編總則）〔上巻〕』（巖松堂書店、昭九）一五二頁～一五五頁、勝本正晃『債權總論概説』

〔巌松堂書店、昭七〕二七七頁、同・前掲『債權總論〔中巻之二〕』三五三頁〜三七一頁、同『債權法概論〔總論〕』〔有斐閣、昭二四〕三五一頁〜三五二頁、我妻榮・前掲『債権総論』一二七頁、同・前掲『新訂債権総論』一四八頁、川島武宜『債権法講義〔總則Ⅰ〕』〔近代思想社、昭二三〕一六九頁、柚木馨『判例債權法總論』〔有斐閣、昭二五〕一七一頁、於保不二雄・前掲『法律学全集二〇　債権総論』一〇〇頁、甲斐道太郎・前掲「代償請求権と不当利得」一六〇頁、林良平ほか・前掲『債権総論【第三版】』〔林良平・安永正昭〕一〇四頁以下、鈴木禄弥・前掲二八四頁、澤井裕・前掲『テキストブック債権総論〔補訂版〕』五四頁、奥田昌道・前掲『債権総論〔増補版〕』一五〇頁以下、浜上則雄・前掲「代償請求権について（上）」六五頁、小野秀誠・前掲「危険負担と第三者関係」三八一頁、平井宜雄・前掲『債権総論〔第二版〕』四三頁、磯村保・前掲「二重売買と債権侵害——『自由競争』論の神話（一）」神戸三五巻二号四〇六頁、森泉章・鎌野邦樹・前掲九三頁、小林和明・前掲三九九頁以下、田山輝明・前掲六五頁、前田達明・前掲『口述債権総論〔第三版〕』二二〇頁、潮見佳男・前掲『債権総論〔第二版〕Ⅰ』一六八頁、同・前掲『プラクティス民法　債権総論〔第四版〕』七四頁、平野裕之・前掲『債権総論〔債権法講義案Ⅰ〕講義案シリーズ一二』一八〇頁、同・前掲『民法総合5　契約法』一一六頁、山田創一・前掲二二三頁、二五四頁、多治川卓朗・前掲熊法八九号一〇一頁、我妻榮・有泉亨著・清水誠補訂・前掲一二三頁、半田吉信・前掲『売買契約における危険負担の研究』二〇六頁、加藤雅信・前掲『新民法大系Ⅲ　債権総論』一七三頁、我妻榮・有泉亨著・清水誠・田山輝明・前掲七六二頁、中田裕康・前掲一九一頁、角紀代恵・前掲一四八頁、前掲『新版注釈民法（一〇）Ⅱ』〔潮見佳男〕九三頁、小野秀誠・前掲『債権総論』一五四頁。

(58)　磯村保・前掲「二重売買と債権侵害——『自由競争』論の神話」神戸三五巻二号三八五頁以下、四〇七頁以下。

(59)　磯村保・前掲「二重売買と債権侵害——『自由競争』論の神話」神戸三五巻二号三八六頁以下の設例。

(60)　石坂音四郎・前掲「給付不能ノ効力」四二頁〜四四頁〔同・前掲『民法研究第二巻』三〇九頁〜三一〇頁、同・前掲『改纂民法研究下巻』二〇一頁〜二〇二頁所収〕、同・前掲『日本民法　債權總論　上巻』五八二頁〜五八三頁、同・前掲『債權法大綱』一一〇頁。この他に、石坂博士は担保物権の物上代位の規定（民法三〇四条、三五〇条および三七二条）も根拠として挙げる（石坂音四郎・前掲「給付不能ノ効力」四四頁〔同・前掲『民法研究第二巻』三一〇頁、同・前掲『改纂民法研究下巻』二〇二頁所収〕、同・前掲『日本民法　債權總論　上巻』五八二頁、同・前掲『債權法大綱』一一〇頁）。この石坂

説が後の時代に大きな影響を与えたと思われる。その他、佐藤友藏・前掲三頁、鳩山秀夫・前掲『日本債權法總論』一四一頁注一三、末弘嚴太郎・前掲『債權各論』一七三頁（類推と明示）、三潴信三・前掲一五三頁、森山武市郎・前掲二二三頁、勝本正晃・前掲『債權總論（中巻之二）』三五七頁、同・前掲『債權法概論（總論）』三五二頁、小林和明・前掲三九九頁、田山輝明・前掲六五頁、平野裕之・前掲『民法総合5　契約法』一一六頁。なお、於保不二雄・前掲『法律学全集二〇　債権総論』一〇〇頁および我妻榮・前掲『新訂債権総論』一四八頁においては、慎重にも民法五三六条二項後段が引かれていない。

(61)　前掲最判昭和四一年一二月二三日民集二〇巻一〇号二二一一頁。

(62)　「ほんらい代償請求権は〔……債権者主義をとる特定物売買の〕場合（債権者に代償物に対する権利を取得させること）を念頭に発展した概念であ」り（小野秀誠・前掲「危険負担と第三者関係」三八六頁）、「すなわち、売買における危険負担について債権者主義をとるローマ法およびそれを継受した普通法のもとでは、債権者に代償請求させることにとりわけ意義があり、その起源もローマ法にさかのぼる〔……〕代償請求権と買主負担主義との歴史的な関係は、無視されるべきものではない」（同・三九二頁）。

(63)　「代償請求権の趣旨を、本来の制度趣旨に忠実に解する立場〔……〕すなわち、売買契約において、債務者の責めに帰すべからざる事由により給付が不能となりつつ、債務者に所有権が帰属していると、売主は単純に免責されながら、不法行為者から損害賠償金を受領しうる可能性がある、この結果は明らかに不当であるが、そのままでは売主・買主間は調整されない。そこで、この両者を調整するために、代償請求権が設けられている、と考える」（多治川卓朗・前掲熊法八九号一二二頁）。

(64)　「代償請求権は危険負担とは直接の関係をもたない制度である」（浜上則雄・前掲三九号六五頁）という浜上説が唯一であった。

(65)　拙稿・前掲「民法五三六条二項但書類推適用論の批判的検討」。

(66)　浅井清信『債權法に於ける危險負擔の研究』（新青出版、復刻版、平八〔初版は昭一七〕）二一一頁。

(67)　浅井清信「履行不能」谷口知平・加藤一郎編『民法演習Ⅲ（債権総論）』（有斐閣、昭三三）一五頁〜二七頁、一九頁。

(68) 池田真朗『スタートライン債権法〔第五版〕』(日本評論社、平二二〔初版は平七〕)二九一頁。しかし、学生向けの著作であるためか、残念ながら詳しい説明はない。
(69) 加毛明「債務不履行等」大村敦志・道垣内弘人編『解説民法(債権法)改正のポイント』(有斐閣、平二九)一〇三頁。
(70) たとえば、河上正二『民法総則講義』(日本評論社、平一九)三〇二頁には、「給付不能が債務者の履行義務の解放をもたらすことは、特定物の危険負担制度などにおいても前提とされている(五三四条)」という記述においても、そこで言う「給付不能」が、単なる「不能」なのか「後発的不能」なのか「後発的無責不能」なのかという要件論、言い換えれば法的構成が意識されてはいない。
(71) 柚木馨・高木多喜男『判例債権総論〔補訂版〕』(有斐閣、昭四六)一〇一頁。
(72) 不動産の二重売買における買主の一方における登記の具備が他方への所有権移転を不能にするという最判昭和三五・四・二一民集一四巻六号九三〇頁が代表的である。ドイツとの比較について、高木多喜男「判批」民商四三巻五号(昭三六)七八頁〜八二頁、七〇四頁注(二)、従来の判例について、下森定「判研」法協七九巻二号(昭三七)九五頁〜九九頁、九八頁および高木多喜男「二重譲渡」中川善之助・兼子一監修『不動産大系第一巻　売買〔改訂版〕』(昭五〇)三八五頁〜三九九頁、三八七頁以下参照。
(73) この時期の解釈論について、森田修・前掲『契約責任の法学的構造』一一〇頁以下参照。具体的な学説としては、たとえば、我妻榮・前掲『新訂債権総論』二〇九頁、中田裕康・前掲二九九頁。
(74) 磯村哲「Impossibilium nulla obligatio 原則の形成とその批判理論——その一、獨民法の『原始的不能』の學説史的背景」石田文次郎還暦『私法學の諸問題(一)民法』(有斐閣、昭三〇)三九七頁〜四三五頁。この磯村論文と趣旨を同じくする学説史研究として、廣瀬克巨「原始的不能論前史(一)(二)」新報八四巻四・五・六号(昭五二)三七頁〜一一一頁、七・八・九号(昭五三)四五頁〜八二頁がある。
(75) なお、モムゼン、ラーベルおよびヴィントシャイトの学説については、個別に第二部で詳述する。
(76) 磯村哲・前掲四三五頁。
(77) 北川善太郎「契約責任法におけるドイツ民法の位置——契約責任の構造(一)」法叢六六巻四号(昭三五)三七頁〜

七一頁、三八頁〔同『契約責任の研究』（有斐閣、昭三八）六頁～四一頁、七頁所収〕。同書の書評として、拙稿「北川善太郎『契約責任の研究――構造論』」『民法学説百年史』（三省堂、平一一）四五八頁～四六一頁参照。

(78)「理論上瑕疵なき物の給付を爲すべき債務を生ずるものと解することを得ず。蓋、瑕疵なき物を給付することは初より不能にして、原始的不能の給付に付ては債務は發生することを得ざればなり。故に賣主は原始的一部不能の理由に因り其可能なる範圍内に於てのみ債務を負擔し、從つて瑕疵ある其特定物を給付する債務のみを負擔するものと解すべく、之を給付したるときは、其債務を履行したるものと言はざるべからず。以上の理由により瑕疵擔保を以て債務不履行の効果なりとする説は理論上之を採ることを得ず。」（鳩山秀夫『日本債權法（各論中）』（岩波書店、大八）三四七頁～三四八頁。片仮名は平仮名に直し、読点を付けた）。

(79)「此責任は原始的一部不能に對し法律の認めたる特殊の責任なりと解せざるべからず」（鳩山秀夫・前掲『日本債權法（各論中）』三四九頁。片仮名は平仮名に直した）。

(80) 北川善太郎「瑕疵担保責任について（一）（二・完）――契約責任の構造（三）」法叢六七巻六号（昭三五）六六頁～一〇一頁、六八巻三号一一一頁～一二二頁〔同・前掲『契約責任の研究』九八頁～一九三頁、一七三頁～一七四頁所収〕、同・前掲『日本法学の歴史と理論』一一一頁～一一七頁。同時期に発表された、五十嵐清教授の論稿もこれと軌を一にする主張であった（五十嵐清「瑕疵担保と比較法（一）（二―完）」民商四一巻三号（昭三四）三七七頁～三九三頁、六号（昭三五）二四頁～四四頁〔同『比較民法学の諸問題』（一粒社、昭五一）八〇頁～一二四頁所収〕）。

(81) 北川善太郎・前掲「瑕疵担保責任について」法叢六八巻三号一一七頁〔同・前掲『契約責任の研究』一六九頁所収〕。

(82)「給付が対象的・即物的にのみ思惟されるのでなしに、当事者が目的とした結果から把握されうるとすれば、自ら結論はことなる〔……〕。つまり特定物の給付義務で、『あるがままの状態で義務を負う』ことが唯一の可能な構成でなしに、『あるべき状態で義務を負う』との構成にも立ちうるのである。これは、給付の可能性を Sollen の裏打ちとしない理論〔すなわち原始的不能ドグマ否定論〕に帰着する。したがってかかる立場が可能である限り論理的不能説も絶対的な論理とはいえず事は合目的・法政策的な考慮からの構成の問題となる。」（北川善太郎・前掲「瑕疵担保責任について」法叢六八巻三号一二二頁〔同・前掲『契約責任の研究』一七四頁所収〕）。

(83) 「当初、契約の無効は論理的であるとみられたが、比較的早くより立法政策論と解されてきている。ただ今日でも原始的不能給付の債権成立は論理的に不可能とみるのが圧倒的であるが、この点も（ラーベルの指摘のように）必ずしもそう解する必要はない。」（北川善太郎「契約責任の構造とわが民法理論（一）（二）・完――契約責任の構造（五）・完」法叢六九巻六号（昭三六）九四頁～一三一頁、七〇巻一号（昭三六）一〇〇頁～一三九頁、一号一〇七頁（同・前掲『契約責任の研究』三四六頁～三四七頁所収））（傍点は原典）。なお、右箇所で北川論文が論拠とする文献は、山中康雄『契約総論』（弘文堂、昭二四）一九五頁～一九八頁、二〇一頁～二〇二頁、広中俊雄『債権各論講義（第一分冊）』（有斐閣、昭三六）八〇頁である。

なお、北川博士の前掲『契約責任の研究』二七八頁以下にも原始的不能の論述が詳しいけれども、残念ながら、重視することができない。というのは、そこではラーベルを主たる論拠としているところ（二七九頁以下）、「かくして、不能と給付義務の論理的な結合を切断し、二八三条や不能とされても執行の段階でときに実現しうることなどを理由に、債務者の確定的な完全な解放の立証がない限り、債権者の要求にもとづき不能でも給付判決がなされるべきことをとく」（二七九頁。傍点は原典）という中心部の「不能でも給付判決がなされる」という部分が不適切だからである。北川博士が引用するラーベルの原典（*Rabel, Ernst*: Unmöglichkeit der Leistung, s. u., SS. 13-14）において論じられているのは、不能な給付判決は下されないが、債務者が不能を主張しただけで証明していない事案では給付判決が下されるということだけだからである。そこでの第二八三条については、第五章第四節二4参照。

(84) 於保不二雄・前掲『法律学全集二〇　債権総論〔新版〕』（昭四七）一〇七頁。この記述は、同・前掲『法律学全集二〇　債権総論』（昭三四）九八頁には見られず、新版への改訂の際に追加されたものである。

(85) 石田穣『民法V（契約法）』（青林書院、昭五七）四二頁、同『民法総則』（悠々社、平四）二八〇頁以下、幾代通『民法総則〔第二版〕』（青林書院、昭和五九）一九七頁、石田喜久夫『現代民法講義1　民法総則』（法律文化社、昭六〇）一〇三頁、同『口述民法総則　第二版』（成文堂、平一〇〔初版は昭六一〕）一八一頁以下。

(86) 石田穣『民法体系（一）民法総則』（信山社、平二六）五四〇頁。ただし、債権者が原始的不能について悪意であれば無効であると言う。

(87) その帰結として債務不履行による損害賠償請求を肯定する主張が有力になり、その際に星野博士が講学事例として挙げた軽井沢ケースが実に印象的であり（星野英一『民法概論Ⅳ（第一分冊　契約総論）』（良書普及会、昭五〇）五〇頁～五二頁〔同『民法概論Ⅳ（契約）』（良書普及会、昭六一）五〇頁～五二頁所収〕）、広く用いられた（前田達明・前掲『口述債権総論　第三版』二四頁～二七頁〔同・初版二一頁～二四頁初出〕参照）。

(88) たとえば、「原始的不能という概念も、契約締結上の過失という概念も、もはや不要となり、『不能論』の体系は、『原始的不能』・『後発的不能』という概念を廃棄した一元的な構造となる」と言われた（加藤雅信・前掲「『不能論』の体系」六五頁）。しかし原始的不能概念の全面的な廃棄について総ての論者が一致していたわけではなく、この加藤雅信教授の言明は、客観的な学説状況の説明としては先取りし過ぎであろう。むしろ、「問題の拡がりは大きい（法律行為の要件・契約の要件・危険負担・瑕疵担保責任の性質論等に関わる）ので、〔……〕断定を避け」（平井宜雄・前掲『債権総論〔第二版〕』六一頁）た方が穏当であった。また、契約有効論支持が全面的でなく限定的なこともあった（奥田昌道・前掲『債権総論〔増補版〕』三〇頁。同説を潮見佳男教授は次のとおり敷衍する。「不能な場合のリスクを甘受する意図で契約を締結したという事情が認められる場合には、たとえ給付が原始的に不能であったとしても、当該契約を有効として処理すべきであるとの帰結が正当化される」（潮見佳男「誰も不能の契約に拘束されない」法教一五二号（平五）二八頁～三〇頁、三〇頁））。

(89) 能見善久「履行障害」山本敬三ほか『債権法改正の課題と方向――民法一〇〇周年を契機として』別冊NBL五一号（平一〇）。シンポジウムでの報告は民法改正問題研究会による議論の成果であった。

(90) 能見善久・前掲「履行障害」一〇三頁～一四六頁、一四五頁～一四六頁。「契約の目的物が契約締結前に滅失するなどの理由により給付が不能である場合にも契約の成立を妨げない」という立法に向けての提案がなされた。「契約締結前の目的物滅失等いわゆる原始的不能については、原始的不能＝無効のドグマを否定することで、債務不履行の一般原則によって解決することが可能になる」という趣旨であり、そこでは、「結局、後発的不能の場合と同じ扱いになる」ことが目指された。もっとも能見教授自身の教科書では前述の北川博士らと同様に慎重な態度が取られてドグマ否定論は示されていない（四宮和夫・能見善久『民法総則〔第八版〕』（弘文堂、平二二）二五九頁）。しかし同書は、四宮和夫博士の単著の改訂版であるので、そのドグマ肯定論（四宮和夫『民法総則〔第四版補正版〕』（弘文堂、平八）一九四頁）に配慮したものとも推測される。

(91) その一つ、松下英樹「原始的不能ドグマ克服論の体系」九大法学七三号（平九）二〇一頁～二五八頁は、「大局的見地から見た契約観念の見直しと、それを整合的に法体系に位置付けるための、個別的問題をも含んだ構造的検討〔……〕が克服されたときに初めて、原始的不能ドグマ克服へ向けた理論的前提が整ったといいうる」（二五八頁）と言う。他方、教科書や体系書においては、単行論文ほどにはドグマ否定が先鋭化せず穏健に主張される傾向があった。たとえば、北川善太郎『民法総則（民法講要Ⅰ）〔第２版〕』（有斐閣、平一三）一一九頁がそうである。また、河上正二・前掲『民法総則講義』三〇二頁における「もっとも、契約時に目的物が不能であったこと（原始的不能）が、すべからく契約無効をもたらし、債務者にとっての債務解放原因となるかは一義的には決まらない」という記述もそうである。また、山本敬三『民法講義Ⅳ－１　契約』（有斐閣、平一七）九六頁以下も両論併記である。

(92)　なお、塡補賠償請求においては、これに加えて履行不能についての債務者の有責性が要件となるけれども、免責のための無責性の証明責任を債務者が負う（改正前民法四一五条但書）。

(93)　大判昭和一五・三・一三民集一九巻五三〇頁、最判昭和三〇・一・二一民集九巻一号二二頁。

(94)　追加的に請求をする場合であっても請求の基礎に変更がないため、訴えの変更が認められる（民事訴訟法一四三条一項。新堂幸司『新民事訴訟法』（弘文堂、第五版、平成二三）七五八頁）。

(95)　古財英明「法律行為の成立要件・有効要件と立証責任――代理、確定性、実現可能性を中心として」田原睦夫古稀『現代民事法の実務と理論（上巻）』（きんざい、平二五）八二頁～一〇三頁、九九頁以下。主張自体失当または実現不可能性の抗弁が立つという扱いが手続上は一般的だと指摘する。

(96)　被告の履行不能の主張が先行自白となるからである（新堂幸司・前掲五八三頁、高橋宏志『重点講義　民事訴訟法　上〔第二版補訂版〕』（平二五）四八一頁参照）。もっとも、原告が援用する必要があり（大判昭和八・二・九民集一二巻三九七頁）、しかもそれは被告が撤回する前でなければならない（大判昭和八・九・一二民集一二巻二一三九頁）。

第四章　民法（債権法）改正

第一節　総　説

平成二九年に実現した民法（債権関係）改正作業の審議過程および最終法文における、不能と代償請求権に関する資料を紹介して、日本法の部を閉じることにしよう。本章では、履行不能を先に扱う。なお、改正作業に関する管見は、結章で示す。

まず、研究者による研究会活動を債権法改正の前史として位置づけたい(1)。また、法制審民法（債権関係）部会における審議過程を三つの段階（第一～第三ステージ）に分ける(2)。

第二節　不　能

一　前　史

1　私法学会シンポジウム「民法一〇〇年と債権法改正の課題と方向」

その初期の段階で既に、履行不能に関する規定の提案がなされていた。

平成一〇年一〇月一一日の日本私法学会シンポジウム「民法一〇〇年と債権法改正の課題と方向」では、「履行が物理的に不可能である場合」には「履行を請求することができない」と提案され、「履行請求の訴えを提起すると請求が棄却されるものであり、履行請求権の限界として」位置づけられた(3)。

2　債権法改正の基本方針

これが明確に新設条文の形で提案されるに至ったのは、法制審議会審議の前提となった「債権法改正の基本方針」の段階であった(4)。すなわち、――

【三・一・一・五六】(履行を請求することができない場合)

履行が不可能な場合その他履行をすることが契約の趣旨に照らして債務者に合理的に期待できない場合、債権者は、債務者に対して履行を請求することができない。

この条文は、債権の請求力の限界を定める趣旨のものであり、「債権に基づいて請求することのできる具体的内容として『請求権』・『履行請求権』という概念が用いられる場面を対象としたものである(5)」。すなわち、従来の不能概念が担ってきた履行請求権の限界と損害賠償請求権の発生という二つの要件のうち、前者を規定することが明確である。

そして、その要件の不能概念については、「不能概念に何を盛るかは別として、〔……〕債務者にとって履行することが契約の趣旨に照らして合理的に期待できない場合にまで債権者の履行請求を認める必要はないとする点では、〔……〕本提案は、現在の学説と実務に変更をもたらすものではない(6)」。つまり、不能な給付義務の不存在自体については学説・実務の中で異論が無かったが、その要件たる不能概念を詳論しようという姿勢が欠けていたことを反映している(→第三章第四節一1・2)。

また、「契約の趣旨に照らして」というのは、「明示的に契約内容とされているもののほか、契約の目的、性質、対象、当事者の属性、当事者が契約締結に至った事情その他両当事者をとりまく諸事情を考慮に入れて判断するという意味である」とされた。(7) また、このことは、平成二一年四月二九日のシンポジウム「債権法改正の基本方針」においても強調された。(8)

不能の規定が後に民法四一二条の二として明文化されたことは、この最初の段階で、条文の形で明文化が提案されたことが大きかった。その意味で、不能の問題に関しては、『債権法改正の基本方針』という看板に偽りはなかったのである。

また、原始的不能の契約の有効性については、次のとおり提案された。(9) すなわち、――

【三・一・一・〇八】（契約締結時に存在していた履行不可能・期待不可能）

契約上の債務の履行が契約締結時点で既に履行することが不可能であった場合、その他履行をすることが契約の趣旨に照らして債務者に合理的に期待できなかった場合も、その契約は、反対の合意が存在しない限り、有効である。

この規定は、「契約当事者によるリスク分配を尊重して契約の有効・無効を決するとの立場を基礎に据えている」とされ、(10) 原始的不能ドグマが伝統的理論であることを前提に、それを否定する立場のものであった。(11)

3　国民・法曹・学界有志案

右とは別に、平成一七年一〇月～平成二一年一〇月を中心とした民法改正研究会の活動の成果として、『民法改正国民・法曹・学界有志案』がまとめられた。そこでは、履行不能に関して「履行不能による債務の消滅と代償請求権」という標題の条文が提案され、代償請求権（後述）と一組の規定が提案された。(12) すなわち、――

第三四〇条一項　債権は、債務の履行が不能になったときは消滅する。ただし、（新）第三百四十二条（債務不履行による損害賠償）の適用があるときは、この限りでない。

この提案は、「債権法改正の基本方針」と比べ、給付義務の消滅にとどまらずに債務の消滅を効果と規定する点で異なっているように見えるが、それが意図した用語であるかどうかは判然としない。

また、原始的不能の契約の有効性についても、次のとおり提案された(13)。すなわち、――

第四七九条　契約の効力は、給付の不能によって妨げられない。

契約総則の中に、「契約の効力」の款に続けて「契約の有効性」の款を新設し、そこに規定新設を提案するものであった。

二　法制審民法（債権関係）部会における審議過程――第一ステージ

1　検討事項

まず、平成二一年一一月二四日の審議開始から平成二三年四月一二日までを第一ステージと呼ぶ。この段階では、「民法（債権関係）の改正に関する検討事項」を用いて逐条的審議がなされた。

右「検討事項」において不能による給付義務消滅に関しては、「履行請求権の限界」の項目で次の問題提起がなされた(14)。すなわち、――

「履行請求権の限界

目的物の滅失等により債務の履行が物理的に不可能となった場合を始めとして、債務の履行が『不能』になった場合には、債権者は債務の履行を請求することができない（伝統的な理解では、不能について債務者に帰責事由がない限り、その債務は消滅する。）と解されているが、この点について現行法は、何ら具体的な規定を置いていない。債務の履行の請求に一定の限界があることは、債権債務関係の最も基本的なルールの一つであることから、そのような限界があること及び具体的な限界事由を条文上明確にすることが望ましいという考え方があるが、どのように考えるか。」

この提案は、項目こそ「履行請求権の限界」となっているものの、履行請求権の限界と損害賠償請求権の発生という二つの問題を文言上は明確に区別できてはいない。それは、次の二つの理由から言うことができる。

第一に、無責不能による債務消滅についても合わせて論じていることが右の文言上明らかだからである。

第二に、そこで引用される判例がいずれも、「履行請求権の限界」それ自体に関するものではないからである。すなわち、大判明治三九・一〇・二九民録一二輯一三五八頁、大判大正二・五・一二民録一九輯三二七頁、および前掲最判昭和三五・四・二一は損害賠償に関するもの、最判昭和四九・一二・二〇判時七六八号一〇一頁は賃貸借契約の終了に関するもの、東京地判昭和六二・三・二六判時一二六〇号二一頁は解除に関するものである。

もっとも、平成二二年一月二六日の第一読会の議事録によれば、会議の内容としては、履行請求権の限界の問題として議論されている。(15)

なお、この段階で初めて現行ドイツ民法二七五条の規定が比較法として明示された。

また、原始的不能についても、次の問題提起がなされた。(16) すなわち、――

「原始的に不能な契約の効力

売買契約を締結した時点で既に目的物が滅失していた場合のように、契約の内容がその契約の締結当初から客観的に実現不可能であった場合（原始的不能）の契約の効力について、現行民法は特段の規定を設けていないが、判例及び伝統的な見解は、そのような契約は無効であるとする。これに対し、履行不能の原因が生じたのが契約締結の直前か直後かにより、債務者に債務不履行責任が生ずるかどうかが左右されることの妥当性には疑問があることなどを理由に、履行不能が原始的か否かで区別をしない考え方も有力に主張されている。
そこで、契約の効力に関する基本的な規律の一つとして、原始的不能の契約の効力について、条文上明確にすべきであるという考え方があるが、どのように考えるか。」

この問題に関する平成二二年五月一八日の「第一読会」の議論では、原始的不能であることを理由として契約は無効とならない、ということを明確にすべきという意見に賛同が寄せられた(17)。

2　中間的な論点整理のたたき台

それらの議論を踏まえて作成された「たたき台」は、履行請求権の限界および原始的に不能な契約の効力について、次のようなものになった(18)。すなわち、──

「履行請求権の限界
履行請求権の限界に関する規定を設けることとし、その判断基準については、契約の趣旨という契約内在的基準と社会通念ないし社会の取引観念という契約外在的基準を総合的に考慮できるものとする方向で、更に検討してはどうか。
具体的な履行請求権の限界事由については、信義則上の限界事由等を念頭に置きつつ、更に検討してはどうか。」

「原始的に不能な契約の効力
原始的に不能な契約の効力に関する規定を設け、契約は、それに基づく債務の履行が原始的に不能であることのみを理由として無効とはならない旨を明記するかどうかについて、これが任意規定であることに留意しつつ、更に検討してはどうか。」

「論点整理」において、この「たたき台」を用いて中間的論点整理のための逐条的議論がなされたが、履行請求権の限界については、平成二三年一月一一日、言葉遣いの問題を中心に発言が見られ[19]、原始的に不能な契約の効力についても、同月二五日、若干の発言が見られた[20]。

3　中間的な論点整理

こうして同年四月一二日に「民法（債権関係）の改正に関する中間的な論点整理」が決定された。履行請求権の限界および原始的に不能な契約の効力については、次のように整理された[21]。すなわち、──

「履行請求権の限界
一般に、債務の履行が不能になった場合等、履行請求権の行使には限界があるとされていることから、そのことを確認する明文規定を設けるべきであるという考え方がある。この考え方に関しては、その限界の具体的な判断基準の在り方について、『社会通念』を基準としつつ、『契約の趣旨』がそれと異なる場合には『契約の趣旨』によると考えれば良いという意見や、『社会通念』も『契約の趣旨』に照らして規範的に評価されるものであり、『契約の趣旨』の中に『社会通念』という要素が組み込まれているという意見等、多様な意見があった。履行請求権の限界に関しては、これらの意見を踏まえて、『社会通念』という基準と『契約の趣旨』という基準との関係に留意しつつ、規定の要否や具体的な判断基準の在り方等について、更に検討してはどうか。」

「原始的に不能な契約の効力
原始的に不能な契約の効力については、民法上規定がなく、学説上も見解が分かれていることから、明確ではない。この点について、契約はそれに基づく債務の履行が原始的に不能であることのみを理由として無効とはならないという立場から、その旨を条文上明記するとともに、この規定が任意規定であることを併せて明らかにすべきであるとの考え方が示されている。このような考え方の当否について、原則として無効とはならないという規律は当事者の通常の意思や常識的な理解に反するとの指摘などがあることも踏まえ、更に検討してはどうか。」

履行請求権の限界については、補足説明において、「具体的な限界事由に関しては、明文化の必要性について留保した上で、債務不履行による救済手段をめぐる実務上の交渉においては、信義則上の限界を主張することがあるという意見があったほかは、特段の意見がなかった」とされた(22)。原始的に不能な契約の効力については、補足説明において、「原始的に不能な契約の効力に関する規定を設けるべきであるとの意見に対してはおおむね異論がなかったが、規定の内容については様々な意見があった」とされた(23)。

三　法制審民法（債権関係）部会における審議過程――第二ステージ

1　各種団体からのヒアリング

平成二三年六月七日から平成二五年二月二六日までを第二ステージと呼ぶ。

まず、平成二三年六月七日から同月二八日までに行われた「各種団体からのヒアリング」においては、履行請求権の限界および原始的に不能な契約の効力が問題とされることは無かった。

2　パブリックコメント

つぎに、第二読会においては、まず、平成二三年一一月一五日、「中間的論点整理」についてのパブリックコメントの結果報告がなされ、履行請求権の限界についても、原始的に不能な契約の効力についても、賛成意見も反対意見も見られた(24)。

3　「中間的な論点整理」に対して寄せられた意見の概要

その後の逐条的な検討においては、次の提案がなされた(25)。すなわち、――

「履行請求権の限界
　一定の事由がある場合には履行請求権を行使することができなくなること（履行請求権の限界事由）について、明文化するものとしてはどうか。

　その際に、具体的な規定の在り方については、以下のような考え方があり得るが、どのように考えるか。

【甲案】　履行が物理的に不可能となった場合のほか、［社会通念／社会観念／取引観念］により履行が不可能であると評価される場合を履行請求権の限界事由とする。

【乙案】　履行が物理的に不可能となった場合のほか、履行をすることが契約の趣旨に照らして債務者に合理的に期待できない場合を履行請求権の限界事由とする。」

「原始的に不能な契約の効力
　契約に基づく債務の履行請求権の限界事由（部会資料三二第一、三［五頁］参照）が契約締結時点で既に生じていた場合においても、契約は、当然にはその効力を妨げられない旨の規定を設けるものとしてはどうか。」

　前者については、「民法上の最も基本的なルールの一つである履行請求権の限界事由について、債務不履行に基づく損害賠償などと区別して独立に明文規定を設けることを提案するものである」(26)として、この規定が損害賠償請求権の発生とは区別される履行請求権の限界の問題についてのものであることが明確にされた。また、甲案は、「伝統的な学説・判例における『不能』概念とその判断基準を明文化することを提案するものであ」り、乙案は、「履行請求権の限界について、『不能』かどうかとは異なる判断の枠組みにより、かつ、これを契約の趣旨という基準に照らして判断する旨の規定を設けることを提案するものであ」り、両者は、「具体的な帰結の相違を意図するものではなく〔……〕どちらの立場による条文化が実際の判断に適合的で、安定性があるかという相違である」(27)とされた。

　後者については、これが前者との関係で、「履行請求権の限界事由が契約締結の時点で既に存在しており、したがって、債権者が当初から債務者に対して債務の履行を請求することができなかった場合に、その契約が有効であるか無効であるかを取り上げるものである」とされた[28]。また、「契約締結時に既に履行請求権の限界事由が生じている場合において、契約が有効とされるときの法律関係は、〔……〕履行請求権の限界事由が生じている債務について、その債権者は、履行を求めることができない」とされた[29]。第一ステージまでの段階においては、後発的不能と原始的不能が分けて論じられていたところ、この段階において初めて、両者が履行請求権の限界の問題として共通していると認識されていることが明示された。民法四一二条の二第一項の「不能」の解釈のための重要な資料である(→結章第二節三2)。

履行請求権の限界についての平成二三年一二月一三日の会議では、言葉遣いの問題を中心に分科会で検討されるべきこととなった[30]。また、原始的に不能な契約の効力についての平成二四年六月五日の会議では、なおも賛否両論あった[31]。

4　分科会

右を受けて、平成二四年二月二一日に開催された第三分科会では[32]、【甲案】の「社会通念」および【乙案】の「契約の趣旨」という言葉遣いを中心に議論された[33]。潮見佳男幹事からは、「社会通念」の文言を採用するのは避けるべきであることが主張され[34]、内田貴委員からは、「社会通念」という言葉が英語にしたときに訳しづらい、という指摘もされた[35]。

5　中間試案のたたき台

そこでの議論を踏まえて作成された「中間試案のたたき台」は、次のようなものであった[36]。すなわち、――

「契約による債権の履行請求権の限界
　契約による債権（金銭債権を除く。）につき次に掲げる事由があるときは、債権者は、債務者に対してその履行を請求することができないものとする。
　ア　履行が物理的に不可能であること
　イ　履行に過分の費用を要すること
　ウ　その他、［契約の目的、契約締結に至る経緯その他の事情に基づき、取引通念を考慮して定まる］当該契約の趣旨に照らして、債務者に債務の履行を求めることが相当でないと認められる事由」

分科会が開催されなかった原始的に不能な契約の効力についての「たたき台」は、次のようなものであった(37)。すなわち、――

「原始的に履行請求権の限界事由が生じていた契約の効力
　契約は、それに基づく債務の履行請求権の限界事由が契約の成立の時点で既に生じていたことによっては、その効力を妨げられないものとする。
（注）このような規定を設けるべきでないという考え方がある。」

この段階で、項目名が「原始的に履行請求権の限界事由が生じていた契約の効力」と直され、「履行請求権の限界」との関連が明確になった。

この「たたき台」を元に中間試案とりまとめのための議論が逐条的になされ、履行請求権の限界については、平成二四年一二月四日、改めて言葉遣いの問題を中心に発言が見られた(38)。原始的に履行請求権の限界事由が生じていた契約の効力については、発言は見られなかった。

6 中間試案

こうして平成二五年二月二六日、「民法（債権関係）の改正に関する中間試案」が決定された。履行請求権の限界および原始的に履行請求権の限界事由が生じていた契約の効力については、次のように提案された。[39] すなわち、

――

「契約による債権の履行請求権の限界事由

契約による債権（金銭債権を除く。）につき次に掲げるいずれかの事由（以下「履行請求権の限界事由」という。）があるときは、債権者は、債務者に対してその履行を請求することができないものとする。

ア　履行が物理的に不可能であること。

イ　履行に要する費用が、債権者が履行により得る利益と比べて著しく過大なものであること。

ウ　その他、当該契約の趣旨に照らして、債務者に債務の履行を請求することが相当でないと認められる事由」

「履行請求権の限界事由が契約成立時に生じていた場合の契約の効力

契約は、それに基づく債権の履行請求権の限界事由が契約の成立の時点で既に生じていたことによっては、その効力を妨げられないものとする。

(注)このような規定を設けないという考え方がある。」

前者については、明文化の方向が打ち出され、法文の表現が課題になることが説明された。[40] すなわち、「契約による債権につき、履行請求権がいかなる事由がある場合に行使できなくなるか（履行請求権の限界）について、明文規定を設けるものである。従来はこれを『履行不能』と称することが一般的であったが、これには物理的に不可能な場合のみならず、過分の費用を要する場合など、日常的な『不能』の語義からは読み取りにくいものが広く含まれると解されている（社会通念上の不能）。そうすると、これを『不能』という概念で表現するのが適切か否かが

検討課題となる。そこで、履行不能に代えて、当面、『履行請求権の限界』という表現を用いることとするが、引き続き適切な表現を検討する必要がある」とされた(41)。

後者すなわち原始的不能の契約の有効性についても、明文化の方向が打ち出されたが、こちらは、「実務上は契約は無効であると考えられているという理由や、契約が有効であるか無効であるかは個々の事案ごとの個別具体的な解釈に委ねるのが相当であるという理由を挙げて、本文のような規定を設けないという考え方があり、これを（注）で取り上げている」(42)。また、履行請求権の限界事由の文言と合わせて、「不能」という文言を使わずに表現された(43)。

四　法制審民法（債権関係）部会における審議過程──第三ステージ

1　「中間試案」に対して寄せられた意見の概要

平成二五年五月二八日から平成二七年二月一〇日までを第三ステージと呼ぶ。

まず、「『民法（債権関係）の改正に関する中間試案』に対して寄せられた意見の概要」がまとめられた。履行請求権の限界および同事由が契約成立時に生じていた場合の契約の効力については、賛否両論あったが、「不能」という概念を使わないことに反対する意見が強く主張された(44)。

2　要綱案のたたき台

そして、「補充的検討」および「要綱案たたき台の検討」の段階では、条文案の体裁を採ったA系列資料「民法（債権関係）の改正に関する要綱案のたたき台」と従来の検討課題提示の形を採るB系列資料「民法（債権関係）の改正に関する要綱案の取りまとめに向けた検討」が作成された。履行請求権の限界と原始的に履行請求権の限界事由が生じていた契約の効力については、「たたき台」が次のように提案された(45)。すなわち、──

「履行の不能（履行請求権の限界事由）

（一）　債務の履行が不能（その債務が契約によって生じたものである場合にあっては、当該契約の趣旨に照らして不能であることをいう。以下同じ。）であるときは、債権者は、その債務の履行を請求することができないものとする。

（二）　金銭の給付を目的とする債務については、上記（一）は、適用しないものとする。」

「債務の履行が契約成立時に不能であった場合の契約の効力

契約に基づく債務の履行がその契約の成立の時に不能であった場合の契約の効力について、次のような規律を設けるものとする。

契約に基づく債務の履行がその契約の成立の時に不能であったときであっても、契約は、そのためにその効力を妨げられない。」

前者については、項目名が「履行の不能（履行請求権の限界事由）」となり、要件にも「不能」概念が用いられるようになったことが重要である。

その理由としては、「パブリック・コメントの手続に寄せられた意見の中には、履行請求権の限界は契約によって生じた債権に限らず問題となるから債権一般に関する規律を設けるべきである旨の指摘、『履行請求権の限界事由』という表現は分かりにくい旨の指摘、『当該契約の趣旨に照らして債務者に債務の履行を請求することが相当でないと認められる』という要件では、履行が不能となる範囲が広くなるおそれがある一方で、例えば不動産の二重譲渡をした者が一方の譲受人に対する所有権移転登記手続をした場合には、従来、他方の譲受人に対する債務は原則としてその履行が不能となるとされていたが、上記の『当該契約の趣旨に照らして債務者に債務の履行を請求することが相当でないと認められる』という要件に該当すると言えるのか疑問がある旨の指摘などがあった」ためであった。

また、「『不能であるとき』という表現は、原始的不能と後発的不能とを区別しない考え方（原始的不能であることのみを理由として契約が無効となることはないという考え方。中間試案第二六、二参照）を前提としている」とされた。このことは、既に「『中間的な論点整理』に対して寄せられた意見の概要」において示された内容であるが（→第四章第二節三3）、民法四一二条の二第一項の「不能」の解釈のための重要な資料である（→結章第二節三2）。[46]

さらに、「契約の趣旨に照らして不能である」について説明が加えられ、「ここにいう『契約の趣旨』は、契約の内容（契約書の記載内容等）のみならず、契約の性質（有償か無償かを含む。）、当事者が契約をした目的、契約の締結に至る経緯を始めとする契約をめぐる一切の事情を考慮し、取引通念をも勘案して、評価・認定されるものである」とされた。[47]

後者の原始的不能についても、これと用語を合わせ、「不能であったとき」とされた。

前者について、平成二五年一〇月八日開催の第三読会では、不能を判断する際の基準として「社会通念」を入れるべきではないか、ということが議論された。[48] また、金銭の給付を目的とする債務についての規定に対する反対意見が見られた。[49]

他方、後者については、平成二六年二月二五日の第三読会では、ごく簡単にしか議論されなかった。[50]

3　要綱仮案の原案

これを踏まえて作成された「要綱仮案の原案」では、次のように提案された。[51] すなわち、——

「履行請求権と履行の不能

履行請求権と履行の不能について、次のような規律を設けるものとする。

債権者は、債務者に対し、その債務の履行を請求することができる。ただし、債務の履行が契約その他の当該債務の発生原因及び取引上の社会通念に照らして不能であるときは、この限りでない。」
「履行請求権の限界事由が契約成立時に生じていた場合の契約の効力
　契約に基づく債務の履行がその契約の成立の時に不能であった場合の契約の効力について、次のような規律を設けるものとする。
　契約に基づく債務の履行がその契約の成立の時に不能であったときであっても、契約は、そのためにその効力を妨げられない。」

　前者に関しては、金銭の給付を目的とする債務についての明文化が見送られた。「金銭債務の性質上、履行不能に関する規律が適用されないのは自明のことである一方で、金銭債務の履行不能を一切否定することには異論を述べる見解もあること等を踏まえ」たものである(52)。

　また、この段階で、判断基準を含めた不能の表現方法が「当該契約の趣旨に照らして不能である」から「契約その他の当該債務の発生原因及び取引上の社会通念に照らして不能である」へと変更されたことが重要である。「要綱案のたたき台」に対する岡崎克彦幹事の意見が通ったことになる（→第四章第二節四2）。

　そのことについては、「『契約の趣旨に照らして』との文言からは取引通念が考慮されるべきであることが読み取りにくいとの問題があった。そこで、〔……〕『取引上の社会通念に照らして』との表現を加えることとした。『取引通念』ではなく『取引上の社会通念』との表現を用いたのは、両者の意味が異なることを前提とするものではなく、『取引通念』との表現が比較的難解であることを理由とするものである。〔……そしてこのように〕『契約の趣旨に照らして定まる』から『契約及び取引上の社会通念に照らして定まる』に変更されることになるが、規律の内容を変更する趣旨ではない。〔……〕『契約の趣旨に照らして』とは、『契約の内容（契約書の記載内容等）のみならず、契約の性質（有償か無償かを含む。）、当事者が契約をした目的、契約の締結に至る経緯を始めとする契約をめぐる一切の事情を考慮し、取引通念をも勘案して、評価・認定される契約の趣旨に照らして』という意味であることを前提としていたが、素案の『契約及び取引上の社会通念に照らして』もこれと同様である。契約に『照らして』定まるものである以上、契約の内容のみならず、契約をめぐる一切の事情を考慮して定まることは明らかであるし、また、取引通念が考慮されるべきであることは、素案に明示することとしたため、疑義を生ずる余地はない」[53]、さらに、「契約及び取引通念に照らして履行不能かどうかが判断されるといっても、例えば、製作物供給契約上の特約において、ある原材料の価額が一定額以上に高騰した場合には履行不能と扱う旨が定められ、現にそのような価額の高騰が生じた場合に、契約及び取引通念に照らして判断した結果、履行不能とは認められないといったことは想定されていない〔……〕。『契約及び取引上の社会通念に照らして履行不能であるときは履行の請求をすることができない』旨の規律は、その意味で任意規定である。[54]」と説明された。

しかし、その説明がすべての者を納得させたわけではなかったようであり、これについて平成二六年六月一〇日に開催された要綱仮案の原案策定のための逐条的検討では、「契約その他の当該債権の発生原因及び取引上の社会通念に照らして」という不能の判断基準について、契約の趣旨を判断基準とするべきであるという視点から強い懸念が示された[55]。

後者についての平成二六年六月二四日の逐条的検討では、前者に合わせて見出しを「履行請求権の限界事由」ではなく「履行の不能」とすべきではないかという意見が出された[56]。

4　要綱仮案の第二次条文案

その上で、「要綱仮案の第二次条文案」が出された。不能に関しては、次の提案がなされた[57]。すなわち、——

「履行請求権と履行の不能

履行請求権と履行の不能について、次のような規律を設けるものとする。

債権者は、債務者に対し、その債務の履行を請求することができる。ただし、債務の履行が契約その他の当該債務の発生原因及び取引上の社会通念に照らして不能であるときは、この限りでない。」

「履行請求権の限界事由が契約成立時に生じていた場合の契約の効力

契約に基づく債務の履行がその契約の成立の時に不能であった場合の契約の効力について、次のような規律を設けるものとする。

契約に基づく債務の履行がその契約の成立の時に不能であったときであっても、契約は、そのためにその効力を妨げられない。」

これは、「要綱仮案の原案」と全く同じである。特に、不能の判断基準について、「要綱仮案の原案」に対する強い懸念にもかかわらず（↓第四章第二節**四**3）、「取引上の社会通念に照らして」という文言が残ったことが重要である。

これが議論された平成二六年八月五日の会議では、「履行請求権の限界事由が契約成立時に生じていた場合の契約の効力」の表題を「履行請求権の限界事由」ではなく「履行の不能」とすべきではないかという意見が改めて出された。(58)

5　要綱仮案(案)

こうして、「要綱仮案（案）」が策定された。不能に関しては、次の提案がなされた。(59) すなわち、――

「履行の不能

履行の不能について、次のような規律を設けるものとする。
債務の履行が契約その他の当該債務の発生原因及び取引上の社会通念に照らして不能であるときは、債権者は、その債務の履行を請求することができない。」
「履行の不能が契約成立時に生じていた場合
契約に基づく債務の履行がその契約の成立の時に不能であった場合について、次のような規律を設けるものとする。
契約に基づく債務の履行がその契約の成立の時に不能であったことは、第十一に従ってその債務の履行が不能であることによって生じた損害の賠償を請求することを妨げない。」

前者については、「要綱仮案の第二次条文案」から「債権者は、債務者に対し、その債務の履行を請求することができる。」という部分が削除された点が重要である。これによって、債権の効力としての履行請求権が明文では規定されないことになったからである。

残ったのは、「要綱仮案の第二次条文案」のただし書に相当する規律のみを定めた部分である。そのようにした理由は、「債務の履行が不能であるときは債権者はその債務の履行を請求することができない旨を定めれば、債権者が債務者に対してその債務の履行を請求することができる旨の規律も表現されているとみることができる」からである(60)。

後者については、見出しの「履行請求権の限界事由が」という文言が「履行の不能が」と改められ（「要綱仮案の原案」および「要綱仮案の第二次条文案」に対する松本恒雄委員の意見が通ったことになる）、これ以降、「履行請求権の限界事由」という文言自体がそこから失われるが、内容としては従来どおり履行請求権の限界事由が契約成立時に存在していた場合の規定であることには変わりはない。また、「契約の効力が妨げられないことによって実現される最も代表的な法的効果として損害賠償を取り上げ、契約に基づく債務の履行がその契約の成立の時に不能であったことは、その債務の履行が不能であることによって生じた損害の賠償を請求することを妨げないことを明記することとし」たものである。(61)

しかし、平成二六年八月二六日の会議では、これらの変更の評判は芳しくなかった。まず、前者について、「債権の効力として履行請求権があるというのは、最も重要な事柄であって、これはやはり明示すべきであろう」と反対された。(62) 次に後者についても、損害賠償を挙げるのであれば解除と代償請求権も挙げるべきであるという潮見佳男幹事の意見、(63)「前の文章にもどしていただければ」という中田裕康委員の意見があり、(64) それに対する弁護士会の賛意が中井康之委員から表された。(65)

6　要綱仮案

こうして策定された「要綱仮案」では、不能に関しては、次の提案がなされた。(66) すなわち、——

「履行の不能

履行の不能について、次のような規律を設けるものとする。

債務の履行が契約その他の当該債務の発生原因及び取引上の社会通念に照らして不能であるときは、債権者は、その債務の履行を請求することができない。」

「履行の不能が契約成立時に生じていた場合

契約に基づく債務の履行がその契約の成立の時に不能であった場合について、次のような規律を設けるものとする。

契約に基づく債務の履行がその契約の成立の時に不能であったことは、第十一に従ってその債務の履行が不能であることによって生じた損害の賠償を請求することを妨げない。」

これは、「要綱仮案(案)」と全く同じである。特に、債権の効力としての履行請求権の存在について明示すべきという反対意見や、原始的不能が契約の効力を妨げないことを明示せずに損害賠償請求を妨げないことだけを特記することに対する反対意見（↓第四章第二節四5）が採用されなかったことが重要である。

7　要綱案の原案

次の「要綱案の原案」の段階では、不能に関しては次の提案がなされた[67]。すなわち、――

「履行の不能

履行の不能について、次のような規律を設けるものとする。

債務の履行が契約その他の債務の発生原因及び取引上の社会通念に照らして不能であるときは、債権者は、その債務の履行を請求することができない。」

「履行の不能が契約成立時に生じていた場合

契約に基づく債務の履行がその契約の成立の時に不能であった場合について、次のような規律を設けるものとする。

契約に基づく債務の履行がその契約の成立の時に不能であったことは、第十一の一及び二の規定によりその履行の不能によって生じた損害の賠償を請求することを妨げない。」

前者は、「要綱仮案」から「当該」の文言が削除され、後者は、「第十一」が「第十一の一及び二」に、「債務の履行が不能であること」が「履行の不能」に変更されただけである。

また、この段階で条文化作業が開始され、条番号が付された。不能に関しては、次のとおりである。(68) すなわち、

第四一二条の二第一項（履行不能）債務の履行が契約その他の債務の発生原因及び取引上の社会通念に照らして不能であるときは、債権者は、その債務の履行を請求することができない。

第四一二条の二第二項（履行不能）契約に基づく債務の履行がその契約の成立の時に不能であったことは、第四一五条の規定によりその履行の不能によって生じた損害の賠償を請求することを妨げない。

――

ここで、これまで二つに分かれていた「履行の不能」と「履行の不能が契約成立時に生じていた場合」が「履行不能」という表題の下に一箇条にまとめられた。第二項の「第十一の一及び二」も「第四百十五条」と条番号に直された。

この「要綱案の原案」についての平成二六年一二月一六日の会議では、中田裕康委員から、「要綱仮案（案）」において表明されたのと同様に（→第四章第二節四5）、「（「要綱仮案の第二次条文案」までのような）規定の仕方の方がよかったのではないか、履行請求権や原始的不能について正面から書く方がよかったのではないか」という意見が改めて出された。(69)

また、第二項の位置に原始的不能の契約に特化したルールが置かれることについて潮見佳男幹事から質問がなされたところ、金洪周関係官から、この規定はあくまで損害賠償請求との関係を示すもので「原始的不能というだけでは直ちに契約は無効とはならないというルールは、この四一二条の二第二項を新設したことのみから導かれるのではな」いという回答があった。そのため、潮見佳男幹事から「要綱仮案では損害賠償というのは代表的効果であるというようなところを繰り返しておられ」たという批判的な指摘を受けた。(70)

8 要綱案(案)

最終回の会議となった平成二七年二月一〇日には、「要綱案（案）」が提出され、不能に関しては、次のように提案された[71]。すなわち、――

「履行の不能

履行の不能について、次のような規律を設けるものとする。

債務の履行が契約その他の債務の発生原因及び取引上の社会通念に照らして不能であるときは、債権者は、その債務の履行を請求することができない。」

「履行の不能が契約成立時に生じていた場合

契約に基づく債務の履行がその契約の成立の時に不能であった場合について、次のような規律を設けるものとする。

契約に基づく債務の履行がその契約の成立の時に不能であったことは、第十一の一及び二の規定によりその履行の不能によって生じた損害の賠償を請求することを妨げない。」

これは、「要綱案の原案」におけるものと同一であり、会議でもこれに関する議論はなかった[72]。

こうして、①履行請求権や②原始的不能についての原則が明文で規定されなくなったことが重要である。「要綱仮案（案）」でも（→第四章第二節四5）、「要綱案の原案」でも（→第四章第二節四7）、①債権の効力としての履行請求権が存在するという原則を明示すべきと反対され、②原始的不能が契約の効力を妨げないという原則を明示すべきと反対されていたが、それらの反対意見は最終的に採用されなかった。

9 要綱案

こうして決定された「要綱案」は、不能に関しては、次のようなものであった[73]。すなわち、――

「履行の不能

履行の不能について、次のような規律を設けるものとする。

債務の履行が契約その他の債務の発生原因及び取引上の社会通念に照らして不能であるときは、債権者は、その債務の履行を請求することができない。」

「履行の不能が契約成立時に生じていた場合

契約に基づく債務の履行がその契約の成立の時に不能であった場合について、次のような規律を設けるものとする。

契約に基づく債務の履行がその契約の成立の時に不能であったことは、第十一の一及び二の規定によりその履行の不能によって生じた損害の賠償を請求することを妨げない。」

「要綱案（案）」と全く同じであり、したがって、「要綱案の原案」とも全く同じである。

五　民法の一部を改正する法律案

要綱案を踏まえて最終法文案が条文形式で策定され、平成二七年三月三一日に「民法の一部を改正する法律案」として閣議決定され、国会に提出された。不能に関しては、次の法文案となった(74)。すなわち、――

第四一二条の二第一項（履行不能）債務の履行が契約その他の債務の発生原因及び取引上の社会通念に照らして不能であるときは、債権者は、その債務の履行を請求することができない。

第四一二条の二第二項（履行不能）契約に基づく債務の履行がその契約の成立の時に不能であったことは、第四一五条の規定によりその履行の不能によって生じた損害の賠償を請求することを妨げない。

「要綱案」の段階で作成されていた条文案と同一であり、したがって、「要綱案（案）」・「要綱案の原案」とも全く同じである。

六　民法の一部を改正する法律

「民法の一部を改正する法律案」は、平成二九年五月二六日、国会において可決成立し、平成二九年六月二日に法律第四四号として公布された。施行日については、一部の規定を除き、公布の日から起算して三年を超えない範囲内において政令で定める日とされ、後に平成三二年四月一日と定められた。不能に関しては、次の法文となった。すなわち、――

第四一二条の二第一項（履行不能）債務の履行が契約その他の債務の発生原因及び取引上の社会通念に照らして不能であるときは、債権者は、その債務の履行を請求することができない。

第四一二条の二第二項（履行不能）契約に基づく債務の履行がその契約の成立の時に不能であったことは、第四一五条の規定によりその履行の不能によって生じた損害の賠償を請求することを妨げない。

「民法の一部を改正する法律案」と同一であり、したがって、「要綱案」・「要綱案（案）」・「要綱案の原案」とも全く同じである。

最終的には、第一項と第二項との関係について、第二項における明示的な指示文言は欠けているけれども、第二項は、履行請求権の限界事由については、第一項の規定の適用が前提であり、つまり、履行請求権の限界事由が契約成立時に存在していた原始的不能の場合には、第一項の規定に従って履行請求をすることができず、他方で、第二項の規定に従って損害賠償請求の可能性は残る、と読むことになる。詳細は改めて検討する（→結章第二節三2）。

不能による給付義務消滅の規定についてと同様に、代償請求権についても民法（債権関係）の改正作業について資料を紹介したい。

第三節　代償請求権

一　前　史

1　債権法改正の基本方針

履行不能に関してとは異なり、私法学会シンポジウム「民法一〇〇年と債権法改正の課題と方向」（平成一〇年一〇月一一日）では代償請求権についての言及はなく、「債権法改正の基本方針」の段階から代償請求権に関する議論が始まり、そこで条文の新設が提案された。[75]すなわち、――

【三・一・一・五九】（代償請求権）

債務者の下で【三・一・一・五六】に定める事由が生じた場合において、債務者がこれと同一の原因により履行の目的物に代わる利益または権利（以下、代償という）を得たとき、債権者は、代償の価値が目的物の価値を上回らない限度で、債務者に対し、代償の移転を請求することができる。

この規定は、「民法典に規定がないものの、今日、履行不能の場合における代償請求権として認められているものである」。[76]具体的には、【三・一・一・五六】（履行を請求することができない場合）の規定の適用を要件とする代償請求権発生を規定していることが明示されている。

不能に関する四一二条の二の新設について、『債権法改正の基本方針』が果たした役割が大きかったように（↓

第四章第二節一2)、代償請求権についても、この最初の段階で、条文の形で明文化が提案されたことが大きかった。その意味で、代償請求権の問題に関しても、『債権法改正の基本方針』という看板に偽りはなかったのである。

2 国民・法曹・学界有志案

『民法改正国民・法曹・学界有志案』では、「履行不能による債務の消滅と代償請求権」という標題の下で履行不能と代償請求権を一組にした規定が提案されていた(↓第四章第二節一3)[77]。すなわち、——

第三四〇条二項　前項の規定により債務が消滅した場合において、債務者が債務の内容に関して賠償を受け、又は第三者に対する損害賠償請求権を取得したときは、債権者は、債務者が賠償として取得したものの引渡し又は損害賠償請求権の譲渡を請求することができる。なお、この損害賠償請求権の譲渡については、(新)第三百六十一条(債権譲渡の第三者への対抗要件)及び(新)第三百六十二条(債権譲渡の債務者への対抗要件)の規定が適用される。

この提案は、履行不能による債務の消滅を要件としている点で、単なる給付義務の消滅を要件としてきた学説・判例とは異なる内容である。また、代償を損害賠償として取得したものまたは損害賠償請求権に限定している(ように見える)点でも、従来の判例・学説とは異なる。なお、債権譲渡の対抗要件についての言及は、これまで論じられたことが無く、新しい視点からのものである。

二　法制審民法(債権関係)部会における審議過程——第一ステージ

1 検討事項

代償請求権に関しては、平成二二年二月二三日の第一読会において、次の問題提起がなされた[78]。すなわち、——

「代償請求権

現行法は、代償請求権（履行不能が生じたのと同一の原因によって、債務者が履行の目的物の代償と認められる利益を取得した場合に、債権者が目的物の引渡等に代えて、その利益の償還を求めることのできる権利）に関する規定を置いていないが、判例は、これを認めており（最判昭和四一年一二月二三日民集第二〇巻一〇号二二一一頁）、学説もこれを認めるものが通説とされる。

そこで、代償請求権に関する規定を置くことが望ましいという考え方があるが、どのように考えるか。」

第一に、改正前民法においては立法者が否定していた代償請求権規定の新設（復活）が、法制審議会において正式に提案されたことが重要である。

第二に、代償請求権規定新設を基礎づける最大の論拠は、最判昭和四一・一二・二三民集二〇巻一〇号二二一一頁の存在である。

第三に、前史の段階と異なっているのは、代償請求権が「その他の新規規定」の一つとして履行請求権の限界すなわち不能による給付義務消滅の問題から切り離されたことである。その理由は明らかではないが、おそらく、単純な編集上の都合と思われる。

第四に、内容的には、「債権法改正の基本方針」と比較して簡潔で単純な代償請求権肯定説になった。判例理解についても、「債権法改正の基本方針」が拙稿を引用するなどして賛否あることを示して慎重な態度を取っていたのと対照的である。もっとも、議事録によれば、第一読会での議論は、代償請求権が想定する事案について簡単な意見を交換したが、三上徹委員からは「いきなり代償請求権というあいまいな概念だけを民法の条文に持ってくると混乱するのではないかと思います。むしろ信義公平の不当利得の一般原則に任せるという考え方もあり得るのではないかと考えております」と消極的な意見も出された[79]。

第五に、この段階で初めて現行ドイツ民法二八五条の規定が比較法として明示された。

2　中間的な論点整理のたたき台

そこでの議論を踏まえて作成された「たたき台」は、次のようなものであった(80)。すなわち、――

「代償請求権
　債務不履行により債権者に認められる填補賠償請求権等との関係や、契約類型に応じた代償請求権の規定の必要性等に留意しつつ、代償請求権の明文化の要否及び明文化する場合の適用範囲等について、更に検討してはどうか。」

平成二三年一月一一日の「論点整理」において、この「たたき台」を用いて中間的論点整理とりまとめのための逐条的議論がなされた。代償請求権については、岡正晶委員から、「論点から落としていいのではないか」という意見が出されただけであった。「批判も多いし、議論も熟していないし、これだけ忙しい多くの論点のある中で、残さなくてもいいのではないかという意見が〔弁護士会に〕それなりにございました」という理由であった(81)。

3　中間的な論点整理

同年四月一二日に決定された「民法（債権関係）の改正に関する中間的な論点整理」では、代償請求権については、次のように整理された(82)。すなわち、――

「代償請求権
　判例が認める代償請求権の明文化の要否及び明文化する場合の適用範囲等については、債務不履行により債権者に認められる填補賠償請求権等との関係や、契約類型に応じた代償請求権の規定の必要性等に留意しつつ、更に検討してはどうか。」

さらに補足説明においては、「填補賠償請求権との関係等、代償請求権を債権法全体の中でどのように位置付けるかに留意して検討すべきであるという意見や、特定物売買では危険負担の債権者主義を撤廃ないし制限すれば代償請求権の必要性は小さくなるが、他の契約類型では必要性が認められる場合もあり、契約類型ごとの検討が必要ではないかという意見が出された。これらを踏まえて、引き続き検討を継続するとの方向性が示されたところ、それについて特段の異論がなかった」とされた(83)。「中間的な論点整理のたたき台」において岡正晶委員から出されていた代償請求権規定に対する消極的意見(↓第四章第三節二2)が採用されず、代償請求権の項目が残ったことが重要である。

三　法制審民法(債権関係)部会における審議過程——第二ステージ

1　各種団体からのヒアリング

まず、平成二三年六月七日から同月二八日までに行われた「各種団体からのヒアリング」においては、代償請求権が取り上げられることはなかった。

2　パブリックコメント

つぎに、第二読会においては、まず、平成二三年一一月一五日、「中間的論点整理」についてのパブリックコメントの結果報告がなされた。代償請求権については、賛成意見が多かったが、反対意見も見られた(84)。反対意見の一つとして、「その理由は、新設を提案されている代償請求権規定は、当事者意思を推定する作用を有する任意規定であるところ、それに相当する当事者意思は、——判例を検討する限り——、一般的にわが国に存在するとは判断できず、したがって、むしろ、個々の事案においてそれに相当する当事者意思の存在を主張する者が、その存在を立証すべきと考えられるからである。(大学教員)」というものがある(85)。これは、私が当時提出した管見と同一内容であり、拙稿を指すものと推測される。

3 「中間的な論点整理」に対して寄せられた意見の概要

その後の逐条的な検討においては、平成二四年一月三一日、次の提案がなされた(86)。すなわち、――

「代償請求権

履行不能（履行請求権の限界事由の発生）と同一の原因によって、債務者が履行の目的物の代償と認められる権利又は利益を取得した場合には、一定の要件の下で、債権者が目的物の引渡し等に代えて、その権利又は利益の償還を求めることができる権利（代償請求権）を有する旨を明文化するとの考え方があり得るが、どのように考えるか。

仮に代償請求権を明文化する場合には、代償請求権の行使要件としては、次のような考え方があり得るが、どのように考えるか。

【甲案】　履行不能（履行請求権の限界事由の発生）と同一の原因によって、債務者が履行の目的物の代償と認められる権利又は利益を取得した場合に、［目的物の価値の限度／債権者が受けた損害の限度］で、代償請求権の行使を認めるものとする。

【乙案】　甲案の要件に加え、債務者の帰責事由の欠如（損害賠償責任の免責事由の存在）により填補賠償請求権が発生しない場合（部会資料三二第二、二（二）［一二一頁］参照）に、代償請求権の行使を認めるものとする。

【丙案】　双務契約において、乙案の要件が具備された場合に、代償請求権の行使を認めるものとする。」

この段階では、代償請求権が履行不能（履行請求権の限界事由の発生）すなわち不能による給付義務の消滅を要件とする制度であることが前提となっていることが重要である。

その上で、要件設定の在り方が検討され、甲案は、「債権者が填補賠償の請求ができる場合であるか否かを問題としていないが、これは、填補賠償請求権と代償請求権とのいずれを行使するかを債権者の選択に委ねる趣旨であり、そうすることが債権者の利益の観点から望ましいとの考え方に基づ」き、乙案は、「代償請求権を余りに広く認めると債務者の財産管理に対する過度の干渉になるとの懸念」のもとに代償請求権を「他の救済手段が行使できない場合の補充的な救済手段とする」ため「代償請求権の行使要件につき、債務者に帰責事由がない（損害賠償責任の免責事由が認められる）ことにより填補賠償請求権が行使できないという要件を、甲案の要件に付加する提案であ」り、丙案は、「代償請求権の制度目的を双務契約における対価的均衡を図るものと理解して、代償請求権は双務契約においてのみ認める」ために「乙案の要件に、履行できなくなった債権が双務契約により発生したことという要件を更に付加する考え方である」と説明された(87)。

会議においては、実質的な議論が無く、分科会での検討に委ねられた(88)。これを受けて、平成二四年四月一〇日に開催された第一分科会で詳細が議論された(89)。

まず指摘するべきは、履行請求権の限界との関連した議論が無かったことである。その理由としては、分科会が履行請求権の限界についての第三分科会とは異なる第一分科会であったことを挙げることができるであろう（第一ステージ以降は、代償請求権は、履行請求権の限界の問題とは切り離された）。むしろ議論されたのは、そもそも代償請求権がどのような事案を想定しているか、代償請求権の立法趣旨が何か、についてであった。山本敬三幹事によれば、「一定の給付を受けるという価値を取得する権利」としての債権の効力として認められるものであり(90)、それは内田貴委員によれば、「伝統的な考え方からするとかなり発想の転換があるような感じ」であくまでも「公平上」のもので、「特別に公平のルールとして」規定されるものにすぎない、と反論された(91)。

4　中間試案のたたき台

そこでの議論を踏まえて作成された「中間試案のたたき台」は、次のようなものであった(92)。すなわち、――

「代償請求権

履行請求権の限界事由が生じたことにより、債務者が債務の目的物の代償と認められる権利又は利益を取得した場合において、債権者は、債務不履行による損害賠償の免責事由（部会資料五三第八、一（二）の事由）により履行に代わる損害賠償を求めることができないときは、自己の受けた損害の限度で、その権利の移転又は利益の償還を請求することができるものとする。」

この段階で、「自己の受けた損害の限度で」という、最高裁昭和四一年判決によって導入されたわが国独自の要件が明示的に挿入されたことが重要である。

平成二四年一二月一八日、中間試案とりまとめのための議論が「たたき台」を基に逐条的になされ[93]、【乙案】を採用した「たたき台」に対して潮見佳男幹事から反対の意見が書面で提出され[94]、高須順一幹事および山本敬三幹事からも反対の意見が述べられたため、書き方を検討することとなった[95]。

5　中間試案

平成二五年二月二六日に決定された「民法（債権関係）の改正に関する中間試案」では、代償請求権については、次のように提案された[96]。すなわち、――

「代償請求権

履行請求権の限界事由が生じたのと同一の原因により債務者が債務の目的物の代償と認められる権利又は利益を取得した場合において、債務不履行による損害賠償につき前記一(二)又は(三)の免責事由があるときは、債権者は、自己の受けた損害の限度で、その権利の移転又は利益の償還を請求することができるものとする。

(注)「債務不履行による損害賠償につき前記一(二)又は(三)の免責事由があるとき」という要件を設けないという考え方がある。」

結局、中間試案としては、代償請求権規定明文化の方向が打ち出された。

その際、中間試案とりまとめの「たたき台」と同様、【乙案】を採用し、「履行に代わる損害賠償請求権につき債務者に免責事由があること要するものとして、代償請求権の行使は補充的に認められるものとし」、反対の意見は(注)で取り上げるに留まった(97)。その理由は、「債務者の財産管理に関する干渉となる側面があると考えられる」からであるとされた。

また、代償請求権を行使できる上限として「自己の受けた損害の限度」という要件を設けていることが明示され、「代償請求権の法的な位置付けについては、議論があるが、債務不履行による損害賠償の可能性が尽きたときの補充的な救済手段であると考えられることを踏まえ」、「債務不履行による損害賠償のパートに置いている」とされたことが重要である(98)。規定の位置については学説上の議論が無く、「損害賠償の調整原理として、過失相殺を定める民法四一八条の次に挿入することが考えられる(99)」という主張以外には見かけることが無かったところである。

四　法制審民法(債権関係)部会における審議過程 ―― 第三ステージ

1　「中間試案」に対して寄せられた意見の概要

まず、「『民法(債権関係)の改正に関する中間試案』に対して寄せられた意見の概要」では、賛否両論あった(100)。

2　要綱案のたたき台

そして、これを受けた「要綱案のたたき台」は次のように提案された(101)。すなわち、――

「代償請求権

債務の履行が不能となったのと同一の原因により債務者がその債務の目的物の代償である権利又は利益を取得したときは、債権者は、その受けた損害の額の限度〔この段階で「額の」が挿入された〕で、債務者に対し、当該権利の移転又は利益の償還を請求することができるものとする。」

第一に、「履行請求権の限界事由が生じた」という文言が「不能となった」と変更された。不能規定（後の民法四一二条の二）について、「不能」概念を用いずに「履行請求権の限界事由」と表現されていたところ、批判を受けて「不能」概念を用いるようになったこと（→第四章第二節四2）と平仄を合わせている点が重要である。

第二に、債務者の有責性に関する要件として、「中間試案」の【乙案】を捨てて【甲案】を採ったことが重要である（→第四章第三節三5）。その理由としては、次のように言う。すなわち、「中間試案においては、代償請求権の要件として、履行不能による損害賠償について免責事由があること（その履行不能が債務者の責めに帰することができない事由によるものであること）を必要とし、（注）においてこれを不要とする考え方を取り上げていたが〔……〕、パブリック・コメントの手続に寄せられた意見の中には、債務者の責任財産が十分でない場合に代償請求権を行使することができずに債務者からの履行に依存せざるを得ないとするのは債権者の保護に欠ける旨の指摘や、債権者に代償請求権と塡補賠償請求権の選択を認めることによる特段の不都合はない旨の指摘があった。そこで、中間試案の（注）の考え方を採ることとし、上記の要件を不要とすることとした[102]」。

そのため、平成二五年一〇月八日開催の第三読会では、【乙案】を捨てて損害賠償についての免責事由があることを不要としたことに関して議論がされた[103]。つまり、「中間試案において、代償請求権が認められる場合について、免責事由があるときとなっていたのを、外すことになったというわけでして、その理由[104]」が問題となった。この段階では結局、「その理由」は明確にされなかったけれども、免責事由が不要とされること自体は、明確になり、以後はそれが議論の前提となった。

また、その際に、代償請求権が「形成権」であり、「『権利の移転又は利益の償還』のうち『権利の移転』というのが、その形成権の場合を示したものだ[105]」、という発言が見られたのに対し、「代償として金銭債権を取得していて、それが形成権の行使によって移転しているというのならば、そこにおける訴訟というのは、債権者から第三債務者に対する訴訟になる」はずだ、という問答が見られた(106)。

さらに、【甲案】を採ったことによって損害賠償請求権と代償請求権の併存を認めることに関し、それが優先権を認めるという趣旨なのかという疑問も述べられた(107)。

それに加えて、損害賠償請求権を行使しないで代償請求権を行使することができるのか、一方の請求をすると他方は請求できなくなるのか、損害賠償請求権について過失相殺事由があるときはどうなるのか、一方を譲渡したら他方はどうなるのか、損害賠償請求権が時効消滅したらどうか、債務者が倒産したらどうか、併存を認めることの理論的根拠は何か、など様々な問題が提起された(108)。さらに、「損害賠償を請求できるのに、どうして更に債務者の財産管理にまで介入することを新たに認めるべきかの根拠が十分に説明されていない〔……〕実際問題としても、債務者である企業が、履行不能を生じさせた取引先に対する請求権を持っているんだけれども、取引関係を考慮して、その行使を差し控えているというときに、その企業の債権者が、いきなり代償請求権を行使するということを認める必要はない」という指摘もされた(109)。

判例との関係でも、最高裁昭和四一年判決は、学説の評価も分かれている特殊なケースで、判決の理由づけについても批判をする学説があり、そもそも事案が債務者に帰責事由のない場合であって損害賠償請求権と代償請求権との併存を積極的に認めたものではなく、その判決以後に純粋な代償請求権の判例が出ていないことから、「この判決の一般論を広く立法という形で取り込むのは、かなりリスクがある」という指摘もされた(110)。

また、債権者がいきなり代償請求権を行使する場合に何を主張立証すればよいのか、という問題提起もされた(111)。

しかし、これらの問題は、いずれも指摘されるままに、未解決に留まったことが重要である。

3　要綱仮案の原案

これを踏まえて作成された「要綱仮案の原案」では、次のように提案された[112]。すなわち、――

「代償請求権
代償請求権について、次のような規律を設けるものとする。
債務の履行が不能となったのと同一の原因により債務者がその債務の目的物の代償である権利又は利益を取得したときは、債権者は、その受けた損害の額の限度で、債務者に対し、当該権利の移転又は当該利益の償還を請求することができる。」

これについて、平成二六年六月一〇日に開催された要綱仮案の原案策定のための逐条的検討では、代償請求権規定新設の必要性について、改めて複数の問題が提起された。

第一に、危険負担の債権者主義を定めていた改正前民法五三四条の規定が削除される予定の下での規定新設の意味について疑問が呈せられ、第二に、塡補賠償請求権と代償請求権との選択を債権者に認めることの問題が多いことが改めて指摘され、第三に、その併存の根拠、特に債権者が損害賠償請求権に加えて債務者の持っている権利をよこせということを認めるために必要な債務者の財産や営業に介入するための積極的な根拠が明確ではないことが指摘され、第四に、最高裁昭和四一年判決のうち帰責事由がある場合については傍論であって損害賠償請求権と代償請求権との並立を認めた事案でもなく、その後も最高裁で代償請求権を認めたケースも留置権の要件に関するかなり特殊なものであることが指摘され[113]、第五に、学説も代償請求権の位置づけや根拠について一致していないことが指摘され、第六に、外国でもこのような立法化の状況がそれほど明確な流れにあるわけではないという懸念が示された[114]。

しかし、これらの問題の前提となる債務者の帰責事由の問題、つまり、不能を無責不能に限定するかどうかの問題については、次の発言があっただけで、明確にはされなかった。「大ざっぱに言いますと、中間試案では債務者の帰責事由がない場合、すなわち塡補賠償請求ができない場合に限って代償請求権を認めるという考え方を本文で示し、注でそうではない考え方、すなわち現在の案文の考え方を示していたところですが、前回の部会資料で注の考え方を最終案として提示し、それに対しては部会で様々な意見があり、特に中田委員からは多数の観点から御批判を頂いたところです。ただ、最終案の結論を支持する意見も多数あったところで、それこれ踏まえて現在の案としてはこうなっているのですが、今回の案は、債務者に帰責事由がない場合に限って代償請求権を認めるという解釈を否定したものではなくて、そこは引き続き解釈が可能であることを前提としております。[115]」

結局、右の六つの問題提起も、いずれも明確に説明・反論されることなく、未解決のまま残った。しかし、この段階まで来ると、騎虎の勢いというか、ゆきがかり上、規定新設を中途で止めにくくなっている様子が議事録から看取される。

4　要綱仮案の第二次条文案

その上で、「要綱仮案の第二次条文案」が作成された。代償請求権に関しては、次の提案がなされた。[116] すなわち、

「代償請求権
　代償請求権について、次のような規律を設けるものとする。
　債務の履行が不能となったのと同一の原因により債務者がその債務の目的物の代償である権利又は利益を取得したときは、債権者は、その受けた損害の額の限度で、債務者に対し、当該権利の移転又は当該利益の償還を請求することができる。」

これは、「要綱仮案の原案」と同じである。なお、これについて当てられた平成二六年八月五日の会議では、代償請求権は議論されなかった。[117]

5 要綱仮案(案)

こうして、「要綱仮案(案)」が策定された。代償請求権に関しては、次の提案がなされた。[118] すなわち、――

「代償請求権

代償請求権について、次のような規律を設けるものとする。

債務の履行が不能となったのと同一の原因により債務者がその債務の目的物の代償である権利又は利益を取得したときは、債権者は、その受けた損害の額の限度で、債務者に対し、当該権利の移転又は当該利益の償還を請求することができる。」

これは、「要綱仮案の第二次条文案」と全く同じであり、したがって、「要綱仮案の原案」とも全く同じである。平成二六年八月二六日の会議においても意見は出されなかった。

6 要綱仮案

こうして平成二六年八月二六日に法制審議会民法部会が決定した「要綱仮案」では、代償請求権に関しては、次の提案がなされた。[119] すなわち、――

「代償請求権

代償請求権について、次のような規律を設けるものとする。

債務の履行が不能となったのと同一の原因により債務者がその債務の目的物の代償である権利又は利益を取得した

ときは、債権者は、その受けた損害の額の限度で、債務者に対し、当該権利の移転又は当該利益の償還を請求することができる。」

これは、「要綱仮案（案）」と全く同じであり、したがって、「要綱仮案の第二次条文案」とも「要綱仮案の原案」とも全く同じである。また、「現民法下の通説が認めている代償請求権を明文化したもの」と適切に解説が加えられている。[120]

7　要綱案の原案

次の「要綱案の原案」の段階では、代償請求権に関しては次の提案がなされた。[121]すなわち、──

「代償請求権

代償請求権について、次のような規律を設けるものとする。

債務者が、その債務の履行が不能となったのと同一の原因により債務の目的物の代償である権利又は利益を取得したときは、債権者は、その受けた損害の額の限度において、債務者に対し、その権利の移転又はその利益の償還を請求することができる。」

「要綱仮案」と比べ、「債務者が」という主語の位置が冒頭に変更され、「限度で」が「限度において」に、「当該権利」・「当該利益」が「その権利」・「その利益」に変更された。

この段階の条文化作業によって、条番号が付されたが、代償請求権に関しては、次のとおりである。[122]すなわち、──

第四二二条の二（代償請求権）債務者が、その債務の履行が不能となったのと同一の原因により債務の目的物の代償である権利又は利益を取得したときは、債権者は、その受けた損害の額の限度において、債務者に対し、その権利の移転又はその利益の償還を請求することができる。

ここでは、条文の位置が損害賠償請求権に関するものとして第四二二条の二と定められたことが重要である。「中間試案のたたき台」の段階では「債務不履行による損害賠償の免責事由」を要件とする【乙案】が採用されていたことから、中間試案においても【乙案】が採用されたうえで「債務不履行による損害賠償のパートに置」かれ、それが踏襲されたことになる（→第四章第三節三5）。

もっとも、平成二六年一二月一六日の会議では、代償請求権についての議論は全くなかった[123]。

8　要綱案（案）

最終回の会議となった平成二七年二月一〇日には、「要綱案（案）」が提出され、代償請求権に関しては、次のように提案された[124]。すなわち、――

「代償請求権
　代償請求権について、次のような規律を設けるものとする。
　債務者が、その債務の履行が不能となったのと同一の原因により債務の目的物の代償である権利又は利益を取得したときは、債権者は、その受けた損害の額の限度において、債務者に対し、その権利の移転又はその利益の償還を請求することができる。」

「要綱案の原案」におけるものと同一であり、会議でもこれに関する議論はなかった[125]。

9　要綱案

こうして平成二七年二月一〇日に法制審議会民法部会が決定した「要綱案」は、代償請求権に関しては、次のようなものであった[126]。すなわち、――

「代償請求権

代償請求権について、次のような規律を設けるものとする。

債務者が、その債務の履行が不能となったのと同一の原因により債務の目的物の代償である権利又は利益を取得したときは、債権者は、その受けた損害の額の限度において、債務者に対し、その権利の移転又はその利益の償還を請求することができる。」

「要綱案（案）」と全く同じであり、したがって、「要綱案の原案」とも全く同じである。

五　民法の一部を改正する法律案

要綱案を踏まえた最終法文案は、平成二七年三月三一日に「民法の一部を改正する法律案」として閣議決定され、国会に提出された[127]。代償請求権に関しては、次の法文案となった。すなわち、――

第四二二条の二（代償請求権）債務者が、その債務の履行が不能となったのと同一の原因により債務の目的物の代償である権利又は利益を取得したときは、債権者は、その受けた損害の額の限度において、債務者に対し、その権利の移転又はその利益の償還を請求することができる。

「要綱案」の段階で作成されていた条文案と同一であり、したがって・「要綱案（案）」・「要綱案の原案」とも全く同じである。また、「改正前民法下の通説が認めている代償請求権を明文化したもの」と適切に解説が加えられ

ている。(128)

六　民法の一部を改正する法律

「民法の一部を改正する法律案」は、平成二九年五月二六日、国会において可決成立し、平成二九年六月二日に法律第四四号として公布された。代償請求権に関しては、次の法文となった。すなわち、——

第四二二条の二（代償請求権）債務者が、その債務の履行が不能となったのと同一の原因により債務の目的物の代償である権利又は利益を取得したときは、債権者は、その受けた損害の額の限度において、債務者に対し、その権利の移転又はその利益の償還を請求することができる。

「民法の一部を改正する法律案」と同一であり、したがって、「要綱案」・「要綱案（案）」・「要綱案の原案」とも全く同じである。また、「改正前民法下の通説が認めている代償請求権を明文化したもの」と適切に解説が加えられている。(129)

第四節　まとめ

わが国においては、履行不能による義務消滅の考え方が明治民法制定過程において知られていた。しかし、現在まで踏襲される学説は、起草者意思とは無関係にドイツから継受されたものである。もっとも、平成二九年改正において民法四二二条の二第一項が新設されるに至った過程を精査してみても、不能に関するドイツ法の議論が綿密に調査された形跡は見られない。

代償請求権についてはなおさらの事であり、わが国では当初、イタリア旧民法を範とする代償請求権規定が旧民法に存在し、平成二九年改正前民法の立法者はそれを否定する趣旨で規定を削除していた。しかし、民法四二二条の二の規定する代償請求権は、そのような改正前民法の立法過程からは断絶したものであり、ドイツ民法学説の継受に由来する。それにもかかわらず、審議過程の検討を通して明らかになったことは、ドイツ法を調査した上で解釈論上の帰結を踏まえた改正ではなく、むしろ、いったん検討事項として挙げてしまったけれども、それを取り下げるだけの研究も用意されていない、という状況において勢いで作ってしまった条文だ、ということである。

（1）森田修「『債権法改正』の文脈——新旧両規定の架橋のために　第一講　はじめに」法教四二七号（平二八）七二頁〜七八頁、七六頁。
（2）「法制審議会民法（債権関係）部会審議事項・部会資料・議事録一覧」(http://www.moj.go.jp/content/000108370.pdf)参照。
（3）能見善久・前掲「履行障害」一一一頁〜一一二頁。
（4）民法（債権法）改正検討委員会編『債権法改正の基本方針』（別冊NBL一二六号、平二一）一三一頁以下、同『詳解・債権法改正の基本方針　Ⅱ——契約および債権一般（一）』（商事法務、平二一）一九四頁以下。
（5）民法（債権法）改正検討委員会編・前掲『詳解・債権法改正の基本方針　Ⅱ』一九五頁以下。
（6）民法（債権法）改正検討委員会編・前掲『債権法改正の基本方針』一三二頁、同・前掲『詳解・債権法改正の基本方針　Ⅱ』一九五頁。
（7）民法（債権法）改正検討委員会編・前掲『債権法改正の基本方針』一三二頁、同・前掲『詳解・債権法改正の基本方針　Ⅱ』一九八頁。
（8）民法（債権法）改正検討委員会編『シンポジウム「債権法改正の基本方針」』（別冊NBL一二七号、平二一）（潮見佳男報告）一六頁。
（9）民法（債権法）改正検討委員会編・前掲『債権法改正の基本方針』九四頁以下、同・前掲『詳解・債権法改正の基本方針　Ⅱ』三四頁以下。

（10）民法（債権法）改正検討委員会編・前掲『債権法改正の基本方針』九五頁、同・前掲『詳解・債権法改正の基本方針Ⅱ』三五頁。
（11）民法（債権法）改正検討委員会編・前掲『詳解・債権法改正の基本方針 Ⅱ』三五頁以下。
（12）民法改正研究会編『民法改正国民・法曹・学界有志案』法時増刊（日本評論社、平二一）一六一頁。代償請求権に関する第二項については後述。
（13）民法改正研究会編・前掲『民法改正国民・法曹・学界有志案』一九四頁。
（14）法制審議会民法（債権関係）部会・前掲「民法（債権関係）の改正に関する検討事項（一）詳細版」九頁、民事法研究会編集部編・前掲『民法（債権関係）の改正に関する検討事項』七頁。
（15）法制審議会民法（債権関係）部会「第三回会議議事録」（平二二）三頁以下。
（16）法制審議会民法（債権関係）部会「民法（債権関係）の改正に関する検討事項（六）詳細版」（部会資料一一―二）（平二二）七頁以下、民事法研究会編集部編・前掲『民法（債権関係）の改正に関する検討事項』二七〇頁。
（17）法制審議会民法（債権関係）部会「第九回会議議事録」（平二二）一〇頁以下、二〇頁。もっとも、消極的な意見もあった。
（18）法制審議会民法（債権関係）部会「民法（債権関係）の改正に関する中間的な論点整理のたたき台（一）」（部会資料二一）（平二三）二頁、同・「民法（債権関係）の改正に関する中間的な論点整理のたたき台（二）」（部会資料二二）（平二三）二四頁。
（19）法制審議会民法（債権関係）部会「第二一回会議議事録」（平二三）一二頁以下。
（20）法制審議会民法（債権関係）部会「第二二回会議議事録」（平二三）二六頁、三四頁、三五頁および三七頁。
（21）法制審議会民法（債権関係）部会「民法（債権関係）の改正に関する中間的な論点整理」（平二三）五頁、七五頁。
（22）法制審議会民法（債権関係）部会「民法（債権関係）の改正に関する中間的な論点整理の補足説明」（平二三）一九頁以下。
（23）法制審議会民法（債権関係）部会・前掲「民法（債権関係）の改正に関する中間的な論点整理の補足説明」一七九頁以下。

(24) 法制審議会民法（債権関係）部会「『民法（債権関係）の改正に関する中間的な論点整理』に対して寄せられた意見の概要（各論一）」（部会資料三三－一）（平二三）六六頁以下、同・「『民法（債権関係）の改正に関する中間的な論点整理』に対して寄せられた意見の概要（各論三）」（部会資料三三－四）（平二三）一四頁以下。

(25) 法制審議会民法（債権関係）部会「民法（債権関係）の改正に関する論点の検討（五）」（部会資料三二）（平二三）五頁以下、同「民法（債権関係）の改正に関する論点の検討（一三）」（部会資料四一）（平二三）七頁。

(26) 法制審議会民法（債権関係）部会・前掲「民法（債権関係）の改正に関する論点の検討（五）」（部会資料三二）六頁。

(27) 法制審議会民法（債権関係）部会・前掲「民法（債権関係）の改正に関する論点の検討（五）」（部会資料三二）七頁。

(28) 法制審議会民法（債権関係）部会・前掲「民法（債権関係）の改正に関する論点の検討（一三）」（部会資料四一）八頁。

(29) 法制審議会民法（債権関係）部会・前掲「民法（債権関係）の改正に関する論点の検討（一三）」（部会資料四一）一〇頁。

(30) 法制審議会民法（債権関係）部会「第三七回会議議事録」（平二三）五頁以下。

(31) 法制審議会民法（債権関係）部会「第四八回会議議事録」（平二四）四二頁以下。

(32) 分科会は、「部会の審議時間内に全員で検討することが不可欠とは言えない論点などを対象として、補充的に審議を行う場」として設置された（法制審議会民法（債権関係）部会「第二ステージの審議の進め方」（部会資料二八）（平二三））。分科会審議の議事録およびそこで取り扱われた論点と部会資料については「法制審議会民法（債権関係）部会審議事項一覧（分科会）」（http://www.moj.go.jp/content/000104736.pdf）参照。

(33) 法制審議会民法（債権関係）部会「第三分科会　第二回会議議事録」（平二四）二頁以下。

(34) 「『社会通念』という概念自体が法的概念としての成熟性を欠いていることに重ね、評価の余地がきわめて大きな概念であること、契約解釈法理を語る従前の学説でも当該文脈においてこの概念が用いられていないこと、社会通念を強調すると、契約規範は何により正当化されるのかという契約理論の核心をも覆してしまいかねないこと」が理由である（潮見佳男「第三分科会提出メモ」（平二四））。

(35) 法制審議会民法（債権関係）部会・前掲「第三分科会　第二回会議議事録」七頁、一二頁。

(36) 法制審議会民法（債権関係）部会「民法（債権関係）の改正に関する中間試案のたたき台（一）」（部会資料五三）（平二四）三四頁。
(37) 法制審議会民法（債権関係）部会「民法（債権関係）の改正に関する中間試案のたたき台（四）」（部会資料五六）（平二四）一二頁。
(38) 法制審議会民法（債権関係）部会「第六四回会議議事録」（平二四）四四頁以下、潮見佳男「中間試案のたたき台（一）についての意見」（平二四）三頁。
(39) 法制審議会民法（債権関係）部会「民法（債権関係）の改正に関する中間試案」（平二五）一四頁以下、四七頁。
(40) 法制審議会民法（債権関係）部会「民法（債権関係）の改正に関する中間試案の補足説明」（平二五）一〇七頁。
(41) 法制審議会民法（債権関係）部会「民法（債権関係）の改正に関する中間試案（概要付き）」（平二五）三七頁。
(42) 法制審議会民法（債権関係）部会・前掲「民法（債権関係）の改正に関する中間試案（概要付き）」一一八頁。
(43) 法制審議会民法（債権関係）部会・前掲「民法（債権関係）の改正に関する中間試案の補足説明」三三五頁。
(44) 前者について、法制審議会民法（債権関係）部会「『民法（債権関係）の改正に関する中間試案』に対して寄せられた意見の概要（各論）【速報版（五）】」（部会資料六四―六）（平二五）九頁以下、同・「『民法（債権関係）の改正に関する中間試案』に対して寄せられた意見の概要（各論二）」（部会資料七一―三）（平二五）一六頁以下。後者について、法制審議会民法（債権関係）部会「『民法（債権関係）の改正に関する中間試案』に対して寄せられた意見の概要（各論）【速報版（五）】」（部会資料六四―六）（平二五）九頁以下、同・「『民法（債権関係）の改正に関する中間試案』に対して寄せられた意見の概要（各論四）」（部会資料七一―五）（平二五）三頁以下。
(45) 法制審議会民法（債権関係）部会「民法（債権関係）の改正に関する要綱案のたたき台（三）」（部会資料六八Ａ）（平二五）一頁、同・「民法（債権関係）の改正に関する要綱案のたたき台（九）」（部会資料七五Ａ）（平二五）二頁。
(46) 法制審議会民法（債権関係）部会・前掲「民法（債権関係）の改正に関する要綱案のたたき台（三）」（部会資料六八Ａ）二頁以下。
(47) 法制審議会民法（債権関係）部会・前掲「民法（債権関係）の改正に関する要綱案のたたき台（三）」（部会資料六八Ａ）二頁。

(48) 法制審議会民法（債権関係）部会「第七八回会議議事録」（平二五）一頁以下。特に岡崎克彦幹事の意見（六頁）。
(49) 潮見佳男「民法（債権関係）の改正に関する要綱案のたたき台（三）資料六八Aについての意見」（平二五）一頁、法制審議会民法（債権関係）部会・前掲「第七八回会議議事録」二頁の潮見佳男幹事の意見。
(50) 法制審議会民法（債権関係）部会「第八四回会議議事録」（平二六）五一頁以下。
(51) 前者について、法制審議会民法（債権関係）部会「民法（債権関係）の改正に関する要綱仮案の原案（その一）」（部会資料七九―一）（平二六）七頁。後者について、同・「民法（債権関係）の改正に関する要綱仮案の原案（その二）」（部会資料八〇―一）（平二六）二二頁。
(52) 法制審議会民法（債権関係）部会「民法（債権関係）の改正に関する要綱仮案の原案（その一）補充説明」（部会資料七九―三）（平二六）八頁。
(53) 法制審議会民法（債権関係）部会・前掲「民法（債権関係）の改正に関する要綱仮案の原案（その一）補充説明」（部会資料七九―三）八頁の引用する七頁。
(54) 法制審議会民法（債権関係）部会・前掲「民法（債権関係）の改正に関する要綱仮案の原案（その一）補充説明」（部会資料七九―三）八頁。
(55) 潮見佳男・山本敬三・松岡久和「民法（債権関係）の改正に関する要綱仮案の原案（その一）についての意見及び説明の要望」（平二六）二頁以下、法制審議会民法（債権関係）部会「第九〇回会議議事録」（平二六）三八頁以下。特に山本敬三幹事の意見。
(56) 法制審議会民法（債権関係）部会「第九二回会議議事録」（平二六）二〇頁。松本恒雄委員の意見。
(57) 前者について、法制審議会民法（債権関係）部会「民法（債権関係）の改正に関する要綱仮案の第二次案」（部会資料八二―一）（平二六）一一頁。後者について、同四三頁。
(58) 法制審議会民法（債権関係）部会「第九五回会議議事録」（平二六）三四頁以下。やはり松本恒雄委員の意見。
(59) 前者について、法制審議会民法（債権関係）部会「民法（債権関係）の改正に関する要綱仮案（案）」（部会資料八三―一）（平二六）一一頁。後者について、同四四頁。
(60) 法制審議会民法（債権関係）部会「民法（債権関係）の改正に関する要綱仮案（案）補充説明」（部会資料八三―二）

（平二六）八頁。

(61) 法制審議会民法（債権関係）部会・前掲「民法（債権関係）の改正に関する要綱仮案（案）補充説明」（部会資料八三—二）（平二六）三五頁。

(62) 法制審議会民法（債権関係）部会「第九六回会議議事録」（平二六）一四頁以下。中田裕康委員の意見（原則を示すことの必要性について、同・「部会資料八三—一に関するコメント」（平二六）六頁参照）。

(63) 法制審議会民法（債権関係）部会・前掲「第九六回会議議事録」三二頁。松本恒雄委員および山本敬三幹事も賛成。

(64) 法制審議会民法（債権関係）部会・前掲「第九六回会議議事録」三二頁。

(65) 法制審議会民法（債権関係）部会・前掲「第九六回会議議事録」三三頁。

(66) 前者について、法制審議会民法（債権関係）部会・前掲「民法（債権関係）の改正に関する要綱仮案」一一頁。後者について、同四四頁。

(67) 前者について、法制審議会民法（債権関係）部会「民法（債権関係）の改正に関する要綱案の原案（その一）」（部会資料八四—一）（平二六）一一頁。後者について、同四五頁。

(68) 法制審議会民法（債権関係）部会「民法（債権関係）の改正に関する要綱案の原案（その一）参考資料」（部会資料八四—二）（平二六）三一頁。

(69) 法制審議会民法（債権関係）部会「第九七回会議議事録」（平二六）一六頁以下。

(70) 法制審議会民法（債権関係）部会・前掲「第九七回会議議事録」一三頁以下。具体的には、法制審議会民法（債権関係）部会・前掲「民法（債権関係）の改正に関する要綱仮案（案）補充説明」（部会資料八三—二）（平二六）三五頁の「契約の効力が妨げられないことによって実現される最も代表的な法的効果として損害賠償を取り上げ」たという部分を指すのであろう（潮見佳男・前掲『民法（債権関係）の改正に関する要綱仮案の概要』一六八頁、同『民法（債権関係）の改正法案の概要』（きんざい、平二七）五四頁以下、同『民法（債権関係）改正法の概要』（きんざい、平二九）六二頁参照）。

(71) 前者について、法制審議会民法（債権関係）部会「民法（債権関係）の改正に関する要綱案（案）」（部会資料八八—二）（平二七）一一頁。後者について、同四五頁。

(72) 法制審議会民法（債権関係）部会「第九九回会議議事録」（平二七）。
(73) 前者について、法制審議会民法（債権関係）部会・前掲「民法（債権関係）の改正に関する要綱案」一一頁。後者について、同四五頁。
(74) 法務省・前掲「民法の一部を改正する法律案新旧対照条文」三二頁。
(75) 民法（債権法）改正検討委員会編・前掲『債権法改正の基本方針』一三四頁以下、同・前掲『詳解・債権法改正の基本方針　Ⅱ』二二〇頁以下。
(76) 民法（債権法）改正検討委員会編・前掲『詳解・債権法改正の基本方針　Ⅱ』二二一頁および二二二頁。判例の評価が分かれていることについては、論拠として拙稿・前掲「民法五三六条二項但書類推適用論の批判的検討」が引用されている。
(77) 民法改正研究会編・前掲『民法改正国民・法曹・学界有志案』一六一頁。
(78) 法制審議会民法（債権関係）部会「民法（債権関係）の改正に関する検討事項（一）詳細版」（部会資料五―二）（平二二）一一五頁、民事法研究会編集部編・前掲『民法（債権関係）の改正に関する検討事項』七〇頁。
(79) 法制審議会民法（債権関係）部会「第四回会議議事録」（平二二）五三頁以下。
(80) 法制審議会民法（債権関係）部会・前掲「民法（債権関係）の改正に関する中間的な論点整理のたたき台（一）」（部会資料二一）一一頁。
(81) 法制審議会民法（債権関係）部会・前掲「第二一回会議議事録」三七頁。
(82) 法制審議会民法（債権関係）部会・前掲「民法（債権関係）の改正に関する中間的な論点整理」二〇頁。
(83) 法制審議会民法（債権関係）部会・前掲「民法（債権関係）の改正に関する中間的な論点整理の補足説明」五六頁。
(84) 法制審議会民法（債権関係）部会・前掲「『民法（債権関係）の改正に関する中間的な論点整理』に対して寄せられた意見の概要（各論一）」（部会資料三三―二）四〇一頁以下。
(85) 法制審議会民法（債権関係）部会・前掲「『民法（債権関係）の改正に関する中間的な論点整理』に対して寄せられた意見の概要（各論一）」（部会資料三三―二）四〇四頁。
(86) 法制審議会民法（債権関係）部会「民法（債権関係）の改正に関する論点の検討（六）」（部会資料三四）（平二三）六

二頁以下。
(87) 法制審議会民法(債権関係)部会・前掲「民法(債権関係)の改正に関する論点の検討(六)」(部会資料三四)六三頁。
(88) 法制審議会民法(債権関係)部会「第四〇回会議議事録」(平二四)三五頁以下。
(89) 法制審議会民法(債権関係)部会「第一分科会　第三回会議議事録」(平二四)四一頁以下。
(90) 法制審議会民法(債権関係)部会・前掲「第一分科会　第三回会議議事録」四三頁。
(91) 法制審議会民法(債権関係)部会・前掲「第一分科会　第三回会議議事録」四四頁および四六頁。
(92) 法制審議会民法(債権関係)部会「民法(債権関係)の改正に関する中間試案のたたき台(二)」(部会資料五四)(平二四)九頁。
(93) 法制審議会民法(債権関係)部会「第六五回会議議事録」(平二四)一七頁以下。
(94) 潮見佳男「中間試案のたたき台(二)についての意見」(平二四)五頁。
(95) 法制審議会民法(債権関係)部会「第六五回会議議事録」(平二四)一七頁以下。
(96) 法制審議会民法(債権関係)部会・前掲「民法(債権関係)の改正に関する中間試案」一六頁以下。
(97) 法制審議会民法(債権関係)部会・前掲「民法(債権関係)の改正に関する中間試案(概要付き)」四二頁。
(98) 法制審議会民法(債権関係)部会・前掲「民法(債権関係)の改正に関する中間試案の補足説明」一一九頁。
(99) 渡辺達徳「損害賠償規定(過失相殺・賠償額の予定・代償請求権)をどう考えるか」椿寿夫ほか編『法律時報増刊民法改正を考える』(日本評論社、平二〇)二〇七頁~二〇八頁、二〇八頁。
(100) 法制審議会民法(債権関係)部会・前掲「『民法(債権関係)の改正に関する中間試案』に対して寄せられた意見の概要(各論)【速報版(五)】」(部会資料六四―六)二一頁以下、同・「『民法(債権関係)の改正に関する中間試案』に対して寄せられた意見の概要(各論二)」(部会資料七一―三)(平二五)三〇頁以下。
(101) 法制審議会民法(債権関係)部会・前掲「民法(債権関係)の改正に関する要綱案のたたき台(三)」(部会資料六八A)一二頁。
(102) 法制審議会民法(債権関係)部会・前掲「民法(債権関係)の改正に関する要綱案のたたき台(三)」(部会資料六八

A）一三頁。
(103) 法制審議会民法（債権関係）部会・前掲「第七八回会議議事録」一二頁以下。
(104) 法制審議会民法（債権関係）部会・前掲「第七八回会議議事録」一二頁（道垣内弘人幹事の発言）。
(105) 法制審議会民法（債権関係）部会・前掲「第七八回会議議事録」一三頁（道垣内弘人幹事の質問に対する金洪周関係官の発言）。
(106) 法制審議会民法（債権関係）部会・前掲「第七八回会議議事録」一五頁（道垣内弘人幹事の発言）。
(107) 法制審議会民法（債権関係）部会・前掲「第七八回会議議事録」一二頁以下（道垣内弘人幹事および中田裕康委員による）。
(108) 法制審議会民法（債権関係）部会・前掲「第七八回会議議事録」一三頁以下（これらはいずれも中田裕康委員による）。
(109) 法制審議会民法（債権関係）部会・前掲「第七八回会議議事録」一四頁（これも中田裕康委員による）。
(110) 法制審議会民法（債権関係）部会・前掲「第七八回会議議事録」一四頁（これも中田裕康委員による）。そこに言う、判決の理由づけについても批判をする学説とは、拙稿・前掲「民法五三六条二項但書類推適用論の批判的検討」のことであろう。また、その判決以後に純粋な代償請求権の判例が出ていないという指摘も、拙稿・前掲「判批」民百選Ⅱ〔第六版〕九事件二一頁のことであろう。
(111) 法制審議会民法（債権関係）部会・前掲「第七八回会議議事録」一五頁（潮見佳男幹事による）。
(112) 法制審議会民法（債権関係）部会・前掲「民法（債権関係）の改正に関する要綱仮案の原案（その一）」（部会資料七九―一）八頁。
(113) 本書の【裁判例四】最判昭和六二・七・一〇金法一一八〇号三六頁である（→第三章第三節二3）。
(114) 法制審議会民法（債権関係）部会・前掲「第九〇回会議議事録」五八頁以下（これらはいずれも中田裕康委員による）。
(115) 法制審議会民法（債権関係）部会・前掲「第九〇回会議議事録」五九頁（金洪周関係官による）。
(116) 法制審議会民法（債権関係）部会・前掲「民法（債権関係）の改正に関する要綱仮案の第二次案」（部会資料八二―

一）一二頁以下。
(117) 法制審議会民法（債権関係）部会・前掲「第九五回会議議事録」。
(118) 法制審議会民法（債権関係）部会・前掲「民法（債権関係）の改正に関する要綱仮案（案）」（部会資料八三－一）（平二六）一二頁。
(119) 法制審議会民法（債権関係）部会・前掲「民法（債権関係）の改正に関する要綱仮案」一二頁。
(120) 潮見佳男・前掲『民法（債権関係）の改正に関する要綱仮案の概要』四八頁。
(121) 法制審議会民法（債権関係）部会・前掲「民法（債権関係）の改正に関する要綱案の原案」（部会資料八四－一）一二頁。
(122) 法制審議会民法（債権関係）部会・前掲「民法（債権関係）の改正に関する要綱案の原案（その一）参考資料」（部会資料八四－二）三五頁以下。
(123) 法制審議会民法（債権関係）部会・前掲「第九七回会議議事録」。
(124) 法制審議会民法（債権関係）部会・前掲「民法（債権関係）の改正に関する要綱案（案）」（部会資料八八－一）一二頁。
(125) 法制審議会民法（債権関係）部会・前掲「第九九回会議議事録」。
(126) 法制審議会民法（債権関係）部会・前掲「民法（債権関係）の改正に関する要綱案」一二頁。
(127) 法務省・前掲「民法の一部を改正する法律案新旧対照条文」三六頁。
(128) 潮見佳男・前掲『民法（債権関係）の改正法案の概要』六六頁。
(129) 潮見佳男・前掲『民法（債権関係）の改正法の概要』七五頁。

第二部　ドイツ法

第五章　ドイツ民法典成立史

第一節　総　説

本章以下では、代償請求権・不能に関する学説史の源流を辿り、わが国の議論を相対化・客観化してゆきたい。わが国が平成二九年改正で導入するまで、不能を要件とする明文の代償請求権規定を有していたのはドイツ民法典だけであった（ドイツ民法旧二八一条、現行二八五条）[1]。そこで、その規定の立法に至るまでの学説史を余すところなく通覧することにしよう[2]。

なお、結論を予め述べておくと、代償請求権は、パンデクテン法学において現行法の原型が成立し、その当時から現在に至るまで、何らかの形で不能を要件とする制度であったところ、現行ドイツ民法においては従来とは異なる不能要件の規定となっている。

第二節　古代ギリシア・古代ローマ

一　古代ギリシア

1　ラーベルの叙述

代償請求権に関するギリシア時代（紀元前五世紀頃）の文献は発見されていない。もっとも、広く不能全体に目を向けると、エルンスト・ラーベル（*Ernst Rabel*）（一八七四年一月二八日〜一九五五年九月七日）によって簡単ではあるがその時代の不能論に考察が加えられていて[3]、それが法学上の問題として最も古くまで遡った不能論である[4]。ラーベルによれば、古代ギリシア哲学がローマ法に対して影響を及ぼしている[5]。古代ギリシアの ἀδύνατοσ という言葉について、「その真実なることが耐えられないことは不能（ἀδύνατον）である、たとえば、土地が空を飛ぶ」という用例を挙げ[6]、次のとおり述べる。すなわち、――

「私たちの主観的な確信の程度にしたがえば私たちが否認し得ないことを、私たちが可能（möglich）と呼ぶのに対し、古人は、物の客観的な状態を念頭に置いていて、古人にとっての論理的可能は、常に同時に物理的（physikalisch）可能なのである。〔……〕その定義は、事物の本性（rerum natura）に依拠し、つまり、自然界との関係において給付目的（Leistungsgegenstand）の本性自体に依拠していたのであり、私たちの判断に依拠していたのではない。それに従って、不能概念（Begriff der Unmöglichkeit）もまた限界づけられていたのである[7]。」

ラーベルは、こうして、「最古の不能原因は、おそらくかような物理的不能であったであろう[8]」と措定し、そのような古代ギリシアの不能概念がローマ法の問答契約学説の形成に影響を及ぼした、と言う[9]。

2　その他

ラーベルの叙述は、不能という概念が――その内包は異なるとしても――普遍的であることを前提とし、その概念を法律要件としてそれに対応した特定の法律効果を定める法規範（「不能法」と言おう）の内容――給付義務の消滅なのか、それとも損害賠償義務を含むあらゆる義務（債務）からの解放なのか[10]――を探求するものであり、その思考方法自体は現代の私たちに通じるものである。

しかし、ギリシア哲学の影響がローマ法源に点在するというラーベルの主張に同意するとしても、不能法は、ローマ法学者のギリシア哲学との接触より前に成立していたと見るべき、という異論もある[11]。また、そもそも、この問題についてのギリシア哲学のローマ法への影響について懐疑的な見解も有力である[12]。

しかしいずれにしても、先に述べたとおり代償請求権についてはギリシアまで遡ることができる資料は現存しないので、この時代の説明をこれまでとし、直ちにローマ法の検討に移りたい。

二　古代ローマ

1　代償請求権

紀元前八世紀に建国されて紀元後六世紀まで続いた古代ローマにおいて通用したローマ法に代償請求権が存在したかどうか。この問いには一概に答えることができない。なぜならば、ローマ法は、東ローマ皇帝ユスティニアヌス一世の勅令によってローマ法大全（Corpus Iuris Civilis）として編纂され、ローマ帝国が衰亡してからも中世以降のヨーロッパ大陸諸国に大きな影響を与えたため、古代ローマが共和国および帝国として歴史上の存在した時期と、ローマ法源が通用した時期とが一致しないからである。代償請求権の体系化には、たしかに、ローマ法源が用いられた。しかし、それがなされた時期は、古代ローマが滅んだ後のパンデクテン法学隆盛期の一九世紀であった。そのため、現在残る代償請求権の系譜はパンデクテン法学以降である。

2　不能論の成立

もっとも、不能については、古代ギリシアと比べて古代ローマには見るべきものがある。不能について、現代法学で言う法規範、つまり要件・効果が明確な形で成立したのがこの時代だったからである。もっとも、それは、原始的不能の要件であり、ローマ人は未だ不能一般を要件とする法規範を有していなかったようである。以下、原始的不能と後発的不能に分けて説明しよう[13]。

3　原始的不能

まず、契約成立前の不能、すなわち、私たちが現在の用語で「原始的不能」というところの不能については、「不能な債務は存在しない（Impossibilium nulla obligatio est）」という命題が妥当するものと解されていた[14]。この命題は、この引用部分だけで成る断片であり、前後の文脈が不明である。したがって、その解釈の幅が非常に大きい。Impossibilium は、形容詞 impossibilis の属格の複数名詞化したものであり、「不能なことごとの」という意味である。したがって、その語を「原始的不能なことごとの」と限定して読むことには文法上の根拠は無い。けれども不思議なことに、そこで言う「不能」は、「原始的不能」の意味に限定して解され、その解釈には異論が見られない[15]。

したがって、ローマ時代に成立していた法規範は、「原始的不能な債務は存在しない」という限定されたものであり、これを現代法の用語を補って要件・効果の形で言い換えると、「債務の目的が原始的不能であるときは、その債務は発生しない」というものであった。

4　後発的不能

後発的不能については原始的不能ほど確固としたことが言えない。もちろん、後発的不能に相当する事案の存在が認識されていたことは確かである。[16] しかし、原始的不能の場合の「債務は存在しない」に相当する一般的な判断は、後発的不能については見出されない。むしろ事案ごとに、つまり、物の加工、運送または保管における滅失または損傷のそれぞれの場合、そして公用徴収、請負注文者の死亡、受任者の死亡、賃貸目的物の使用不能または債権者の側の単なる利益喪失等の場合に応じて――一般化された「不能」または「後発的不能」に相当する概念を用いることなく――個別の解決が図られていただけであり、[17] 何らかの不能要件を含む法規範を抽出することが無かったのである。[18]

また、そのような個別の解決の中には、本来の給付に代わる金銭等価物請求権を債権者が取得する、というものもあったけれども、その権利取得の判断は、裁判官の裁量であり、不能または後発的不能を要件とする効果として導かれるものではなかった。[19]

三　まとめ

古代ギリシアと古代ローマにおける代償請求権が確認されていないのに対し、不能については、ローマ時代に素朴ながらも不能論が成立していたことを確かめることができる。しかし、それは原始的不能に限定されたものであり、現代の不能論に対する直接の影響を見出すことができない。

第三節　パンデクテン法学

一　総　説

パンデクテン法学において代償請求権論が成立する過程を通覧しよう。パンデクテン法学前史（二）から始め、サヴィニー（三）、イェーリング（四）、モムゼンの不能論（五）、モムゼンの代償請求権論（六）、モムゼンの代償請求権論に対する評価（七）、ヴィントシャイト（八）、まとめ（九）、という順序である。モムゼンについてだけは三つの項目を割いていることからも分かるように、モムゼンの貢献が最も大きく、彼こそがミスター代償請求権と呼ばれるのに相応しい。

二　パンデクテン法学前史

古代ローマ法は、ローマ法大全を通して実定法源として西ヨーロッパ全体に適用されるようになった。「ローマ法継受」と呼ばれるものである。とりわけ一五世紀以降のドイツにおいては、固有法が明確ではなかったためにローマ法継受が進行し、全ドイツ共通に適用される普通法（ゲマイネス・レヒト）として通用するようになった。(20)

普通法は、まず、原始的不能について古代ローマ法を踏襲し、「不能な債務は存在しない」の原則を繰り返した。(21)他方、後発的不能については相変わらず、原始的不能の法規範に相当するものの存在は認められていない。(22)また、後発的不能における金銭等価物の給付も相変わらず、給付請求権から損害賠償請求権への変化というような実体法の問題とは捉えられていなかった。(23)

三　サヴィニー

1　総　説

一九世紀のドイツ私法学は、普通法を対象とする普通法学の一部であるけれども、ローマ法大全の一部である『学説彙纂（羅 digesta、独 Pandekten）』を法源として重視したために、特にパンデクテン法学（Pandektenwissenschaft）と呼ばれている。ローマ法源から抽出した概念を用いた精緻な体系化がその特色である。そのパンデクテン法学において、不能が活発に論じられ、それとの関連における代償請求権が法律論として成立する。そしてその議論を前提に、不能および代償請求権がドイツ民法典に規定され、それを巡る学説がわが国に継受されるわけである。そこで以下では、パンデクテン法学における代償請求権と不能を詳しく見てゆこう。最初に取り上げるのは、パンデクテン法学を代表する法学者であり、不能論についても重要な足跡を残したサヴィニーである。

2　サヴィニーの役割

実のところパンデクテン法学初期に不能概念はほとんど注目されなかった[24]。そのような中、「不能（Unmöglichkeit）」（女性名詞）＝「眠りの森の美女[25]」を眠りから覚ました人物がフリードリヒ・カール・フォン・サヴィニー（*Friedrich Carl von Savigny*）（一七七九年二月二一日〜一八六一年一〇月二五日）であった[26]。サヴィニーが、「眠りの森の美女」に使った覚醒剤は、「主観的不能」「客観的不能」という新しい概念であった。石坂博士がその区別を否定したという件の概念である。

3　主観的不能と客観的不能

要件において、不能を①「〔債務者がなすべき〕行為そのものの性質を理由とする」客観的不能と②「債務者の特別な人的な事情を理由とする」主観的不能（典型は他人の権利の移転不能）に区別し、②主観的不能が債務者を「不利な結果から」解放する「不能」とは認めず、①客観的不能だけが「不能として認められ[27]」ると説いた[28]。そして、効果において、客観的不能の給付が有効な（wirksam）債務関係（Obligaion）の目的とならない、とか債務関係自体が無効（ungültig）となる、と説いた[29]。

なお、サヴィニーは、契約ではなく債務関係（Obligation）について有効性を論じ、行為ではなく直接に権利義務の次元の問題として考えていたようである。しかし、サヴィニーの用語は、現在のドイツ法の用語とは異なる。現在では、権利義務と行為とは明確に区別され、債務関係は、権利義務であって行為ではないので、契約または法律行為という行為が無効になり、それによって債務関係が発生しない（存在しない）、と表現されるべきところである。

そのような用語の違いがあるとしても、主観的・客観的不能の区別がサヴィニーの功績である。しかし、第二章に見たように、わが国のドイツ法継受がこの区別を否定したことから（→第二章第三節二3）、日本民法学上この区別は、ドイツにおけるほどの重要性は無い。

4　原始的不能と後発的不能

むしろ、わが国にとっても重要なのは、原始的・後発的不能の区別である。サヴィニーも、古代ローマ以来そうであったようにその区別をしたが、それらの上位概念としての「不能」を法律要件として掲げることがなかった[30]。サヴィニーが主たる関心を向け、客観的不能の効果として債務関係の無効を言ったのは、あくまでも原始的不能についてであり、後発的不能はそれとは異なる理論に属するものだと言う。すなわち、——

「しかし、ここで問題にするべき不能は、債務関係が原始的に発生する時点において、つまり、契約成立時においてだけ存在すると観念することができる。というのは、仮に不能が後のある時点で生じるとするならば（たとえば、売却目的物である馬の〔契約成立後〕引渡し前の死亡）、その不能はもはや（債務関係の原始的発生についての）この検討領域に属するのではなく、完全に固有の（ganz eigentümlich）規則によって判断されるところの債務関係の変化（Umwandlung）に関する理論に属するのである[31]。」

サヴィニーによれば、後発的不能は、原始的不能とは異なり、債務関係の無効を導く要件ではなく、債務関係の変化を導く要件である。サヴィニーは、①本来給付（Sachleistung）の請求、②その後発的不能、③それに代わる請求、の関係を、②による①から③への変化（Modifikation）と定式化したことになる。

また、サヴィニーは、「既に発生した債務関係が他の不法な行為によって変化することがある（modificiert werden können）。」とも言う[32]。本来給付が債務者の責めに帰すべき事由によって不能となるときは、その不能は、不法な行為によるのであり、債務は、他の給付を目的とするものに変わる。あまつさえサヴィニーは、――それまで裁判官の裁量に委ねられてきたところの――本来給付に代わる請求が債権者の選択（Wahl）だとさえ言った[33]。すなわち、
――

「一般的に、とある債務関係（obligatio）が侵害されたとしよう。その債務関係の目的をなすところの行為が現在なお可能であれば、債権者は、裁判官の前で債務者にそれを強制することができる。しかし、その侵害を除去することが不能であるときは、債権者は、債務関係が不履行のままになることにそこで甘んじるか、それとも不能となったものの代わりのもの（Surrogat）を受けるか、選択（Wahl）することができる。この代わりのものは、損害賠償（Schadensersatz）か利益（Interesse）である[34]。」

引用部分最後の箇所で言う「利益」において、漸く代償請求権の萌芽を垣間見ることができる。「利益」は、代償を含むものと解されるからである。実際にサヴィニーが「利益」の例として挙げる「物の従たるもの（Accessionen der Sache）」が代償を念頭に置いていることを想起させる（従たる利益・代償の詳細については次のイェーリングの項参照[35]）。しかし、未だそれが明確に主張されなかったことは、これ以上の分析・検討を拒むものであり、私たちはサヴィニーを終えて、先に進むことにしよう。

5　まとめ

サヴィニーの不能論は、たしかに主観的・客観的不能という新しい概念によって「不能の眠りを覚まし」はしたが、後のモムゼンの不能論と比較すると体系指向に乏しく不明確な部分が多く残っていた。ただし、原始的不能に

ついてその客観的不能を要件として債務関係の無効を論じたことは積極的に評価されるべきである。他方、代償請求権については、その萌芽が微かに見られる程度であり、論じるに足りるものは無かった。

四　イェーリング

1　代償請求権の父

後述のモムゼンこそがミスター代償請求権である。しかし、その代償請求権論の礎となる、パンデクテン法学初の、すなわち歴史上初めて代償請求権に関する学術論文を執筆した人物がいる。その「代償請求権の父」とでも言うべきは、ルドルフ・フォン・イェーリング（*Rudolf von Jhering*）（一八一八年八月二二日～一八九二年九月一七日）である。(36) 彼にこそ鼻祖たる名誉が帰せられるべきことは、イェーリング自ら矜持溢れる言葉で語っている。その初期の論文集『ローマ法論文集』(37) の巻頭論文「ある物の給付をしなければならない者は、その物に関して得られた利益をどの程度まで返還しなければならないのか？」(38) の冒頭にローマ法源を用いて自己の論文の価値を強調する。すなわち、――

「利益は、危険が帰する者に帰さなければならない、あるいは、パウルスがD. 50. 17. 10〔後出の法源⑫〕において述べるように、各々の物の諸利益は〔その物の〕諸々の不利益が帰する者に帰する、ということが自然にかなう、というのがローマ法の有名な原則である。この原則は、一見して分かりやすいため、その適用にも困難を認めないし、理論的な説明も不要と考えられるかも知れない。そのような状況が原因となって、ローマ法の詳しい叙述においてすらこの原則についてそれ以上の検討がなされていないことを認めざるをえないが、〔本来は〕周知のように学説彙纂においても勅法彙纂においても『売却された物の危険と利益について（de periculo et commodo rei venditae）』という独立した題目があるために、少なからぬ民事上の問題に関する文献上の運命を決してきた要素――すなわち、私たちの法源に独自の題目があること――がこの原則に有利に働く〔ことでこの原則の検討が促される〕にもかかわらず、検討されてこなかったのである。この題目については、解釈学者は、天然果実や法定果実、さらには増地（Alluvion）や埋蔵物をこの規則をあてはめたり、売買目的物の損傷や盗難によって売主が取得する訴権の譲渡を不完全に検討したりするだけである。比較的最近においても個別の問題については時折扱われることが見られても、私の知る限り、この問題をまとめ上げることが試みられたことはない（そこで私自身がそれを行う〔原注〕）。」

こう切り出したイェーリングは、ローマ法源の断片から代償請求権という一つの法規範を抽出する。

2　代償概念

その際に、イェーリングが用いたキーワードが「代償」であった。イェーリングの功績は、端的に言えば、代償請求権における「代償」要件を顕在化させたことに尽きる。現在のドイツ法では、代償請求権を„Surrogationsanspruch“と言う。そして、その請求権（„Anspruch“）の目的の「代償」を単に„Surrogat“とも言うが、„commodum“（コンモードゥム＝利益）というラテン語を用いて„stellvertretendes commodum“（代償）とも言う。その「代償」概念を初めて現在の意味で用いたのがイェーリングであった。

3　代償の種類

イェーリングによれば、「代償」には、償還されるべきものとそうでないものとが混在する。これを彼はローマ法源によって次々と整理していった。

まず、二重売買された目的物が偶然（casus）によって滅失するときは、売主は、第二売買の代金を第一買主に償還する義務を負わない（D. 18. 4. 21（法源⑪））[39]。

つぎに、遺贈の目的物が他人によって第三者に売却された後で滅失したときは、受遺者は、他人が取得した売却代金を償還請求することができる（D. 12. 1. 23)[40]。

また、相続財産全部の売主が相続財産中の物を二重売却した後でその物が滅失したときも同様に、相続財産全部の買主は、売主が取得した売却代金を償還請求することができる（D. 18. 4. 21（法源⑪））。

同様に、売却された奴隷が盗まれたときは、売主は窃盗訴権を買主に譲渡しなければならない（I. 3. 23. 3a（法源⑬））[41]。

そして、一見したところこれらの法源には一貫した理論が存在しないようだ、と言う[42]。

4　行為の違い

しかし、イェーリングによれば、このような法源の混在は、代償の償還に関する理論の不存在が理由ではない。むしろ、それぞれの法源中に扱われる受益者の行為の違いに由来する。イェーリングは、その違いをパウルスの利益概念を用いて整理した。

すなわち、パウルスによれば、物から（ex re）生じる利益と取引から得られる（propter negotiationem percipitur）利益に区別される。これは、イェーリングによれば、利益が法律行為によって生じるか否かの区別である。すなわち、まず、他人に対して物を求めることと積極的な行為（positive Tätigkeit）を求めることが区別され、前者を求めることができるだけの人は、その物から生じた利益を求めることができても、後者＝法律行為から生じた利益を求めることができないのである[43]。つまり、代償として償還請求することができるのは、前者（物から生じる利益）であって後者（取引から生じる利益）ではない。後者がそもそも利益ではない、と言うのではない。むしろ、誰か（この場合には取引をした主体）がその物自体に関して責任を負う場合においては、その責任を追及すればよいのであり、代償という形での償還請求をする必要がないのである[44]。

5　代償請求権と不能

イェーリング論文の主眼は、代償請求権の目的たる「代償」概念を確立し、それによって償還請求できる利益とできない利益とを区別することにあった。

代償請求権の要件について現代の私たちが「①債務の履行が不能となったのと②同一の原因により③債務の目的物の代償である権利又は利益を取得したとき」と言うとき、イェーリングの議論は、もっぱら③の要件を巡るものであり、本書の主題である①の要件については、残念ながら全く語るところがない。

また、イェーリングは他の箇所でも、①の中心概念である不能を体系的には全く論じていない。(45) むしろ、それを実行し、サヴィニーが始めた不能論の体系化を一応完成させ、それを代償請求権の要件論としても活用したのはモムゼンであった。

6　まとめ

イェーリングこそが代償請求権の父である。なぜならば、彼が代償請求権の目的たる「代償」概念を確立したからである。しかし、もう一つの要件としての不能に関して彼は何も語るところがなく、その意味で、彼の段階では、現在の意味での代償請求権の要件論が未完成であったと評価しなければならない。

五　モムゼンの不能論

1　総　説

フリードリヒ・モムゼン（*Friedrich Mommsen*）（一八一八年一月三日～一八九二年二月一日）は、偶然にもイェーリングと同じ年に（七ヶ月余り早く）生まれて同じ年に（やはり七ヶ月余り早く）没した同時代の法学者である。研究公表は、イェーリングが先であり、モムゼン説はイェーリング説を前提としているために、――生誕順とは逆に

――この順序で説明しよう。[46]

モムゼンは、サヴィニーの不能論とイェーリングの代償請求権論の双方を頻繁に引用しつつ、二冊の大作『給付不能の債務関係への影響』（主著である）と『「利益は、危険が帰する者に帰さなければならない」の原則についての検討』[47]を上梓した。

モムゼンについては詳細な紹介が必要なため、以下、不能論(五)、代償請求権論(六)およびモムゼンに対する評価(七)の三つに分析する。

2　サヴィニーの不能論との対比

既に述べたとおり、サヴィニーは、原始的不能と後発的不能の上位概念としての「不能」を法律要件としては掲げず、その観点からの体系化を全くしなかった。しかし、モムゼンは、その点においてサヴィニーを乗り越えてゆく。以下詳しく説明しよう。

モムゼンは、一方で、基本的にはサヴィニーの言葉遣いに従い、[48]他方で、その不能概念をサヴィニーとは比べものにならないほど精緻に細分化する。内容的には、サヴィニーを踏襲するものが、①「自然法則上の（natürlich）」・「法律上の（rechtlich/ juristisch）」、②「主観的（subjektiv）」・「客観的（objektiv）」、③「全部（gänzlich）」・「一部（teilweise）」という三つの不能の区別である。それに対し、④「原始的（ursprünglich/ anfänglich）」・「後発的（nachträglich）」、⑤「相対的（relativ）」・「絶対的（absolut）」、⑥「永続的（dauernd）」・「一時的（vorübergehend/ zeitweilig）」という三つの不能の区別は、――後に述べる理由から――モムゼンに由来する、と言うべきである。[49]

モムゼンに由来する三つの不能の区別のうち、「原始的」・「後発的」の区別が重要である。既に述べたとおり、ローマ法以来のその区別をサヴィニーも知っていた（↓第五章第三節三4）。[50]しかし、サヴィニーは、両者を区別するものの、両者を包摂する「不能」という上位概念を法律要件として観念する素振りは全く見せなかった。それに対し、モムゼンは、両者を「はっきり対比し（markant gegenüberstellen）、一つの法律問題が二つの現象形態に関わるという印象を後世の人に呼び起こした」と言う点で、「後世の思考にすさまじい影響（verheerende Folge für die spätere Dogmatik）」をもたらしたのであった。(51)

3　原始的・後発的不能の区別

モムゼンは、「不能」概念を契約成立前後で原始的・後発的の二つに対比して言う。すなわち、――

「給付が当初から不能（原始的不能）である場合において、不能が給付全部に及んでいるときは、その給付を目的とする債務関係（Obligation）は、無効（nichtig）である。不能な債務は存在しない（Impossibilium nulla obligatio）のである。

給付不能が後発的に生じるときは（後発的不能）、債務者の責めに帰すべきか否かが区別されなければならない。債務者の責めに帰すべきときは、不能は、債務（Verpflichtung）に何の影響も及ぼさない。債務者の責めに帰することができないときは、給付不能が債務者の責めに帰することができない限りで、債務者は、債務を免れる。つまり、債権者の側からは、不能となった給付の等価物（Äquivalent）も請求することができない。事変の責めは誰によっても負われない（Casus a nullo praestantur）のである。(52)」

原始的不能が債務関係を無効にすると言う。サヴィニーと同様、債務関係が無効という用語法は、現代の用語からすると違和感があり、債務関係が不発生（不存在）である、と言うべきであるが、それはさておくことにしよう（→第五章第三節三3）。

後発的有責不能が債務に何の影響をも及ぼさないとは、債務が消滅しないで存続する、という趣旨である。もちろん、不能である以上、債務者は本来の目的物では履行することができず、等価物によってしか履行することができなくなる。それでも、モムゼンは、同旨を繰り返す。すなわち、――

「給付の原始的不能は、それが給付全部に及んでいるときは、その目的とされた債務関係の成立を妨げる。この効力は、義務づけられた給付の不能が生じたのか、または、この給付に関する契約を締結した人の行為によって不能が生じたのかを問わない。

後発的不能には、同様の効力を認めることができない。後発的不能に関して、不能な債務は存在しない（Impossibilium nulla obligatio）の原則を妥当させようとするならば、債務者が債務関係に拘束される、つまり、債務者の自由が債務関係によって特定された方向で他人に有利に制限される、ということにこそ債務関係の本質が存在するにもかかわらず、〔債務者自身の行為による不能で債務関係が変動することになってしまい、〕債務の存続が広範にわたって債務者の恣意に依存することになってしまうであろう〔……〕」。(53)

本来の給付が不能となっても請求権の目的が金銭等価物の給付に変化して債務は同一性を保って存続する、という考え方である。この考え方は、有責不能の前後で債務が同一性を失って変化する、という（サヴィニーの）考え方を否定するものである。(54)

他方、モムゼンは、原始的不能であっても主観的不能であれば――主観的不能の概念についてはサヴィニーを踏襲することを前提に――、契約の無効をもたらさないことを強調する。(55)

結局、モムゼンにおいては、（サヴィニー以来の）主観的・客観的不能の区別に加え、原始的・後発的不能の区別の視点が明確にされたことが画期的である。そして、その区別を前提に原始的客観的不能だけが契約の無効をもたらすものとして重視され、原始的主観的不能および後発的不能は、債務関係または契約の有効性に影響を及ぼさないものとされたのであった。

4　後発的不能に関する法規範の定立

このように、モムゼンにおいては、後発的不能それ自体は、つまり、給付が後発的不能となるだけでは、本来の債務関係に変動をもたらさなかった。しかし、後発的無責不能は（モムゼンは、これを「偶発的（casuell）不能」と呼んだ）、債務者のあらゆる債務関係からの免責（債務関係消滅）という固有の効果をもたらす、と明確に定式化した。[56]

この点が重要である。なぜならば、モムゼンにおいて初めて、①原始的客観的不能による契約無効（による債務関係不発生）、②後発的無責不能による債務関係消滅、という二つの法規範が並び立ったからである。サヴィニーと比較すると、②が新しい。

モムゼンは、その理論をさらに進めることもできたはずであった。つまり、モムゼンは、「不能」概念による統一的な法律要件を立て、右の①②をその効果として把握することもできたはずであった。実際にモムゼンは、次のようにも言っていた。すなわち、――

「もしその種の不能〔偶発的不能＝後発的無責不能〕が債務関係の成立前に生じれば、それは、生じるべき債務関係の成立を妨げる。そして、この場合において、債務者は、債務関係の不成立を理由として損害賠償義務を負わない。」[57]

しかし、右の言及は、後発的不能と原始的不能の単純な対比に留まり、それらを上位概念として包摂する「不能」概念そのものを要件として観念する、というところまで辿り着いていない。

結局、モムゼンによれば、債務者は、後発的無責不能が生じない限り、当初の債務を負担し続けるのであり、[58]それは、後発的有責不能が生じても同様であった。すなわち、――

「債務者の責めに帰すべき事由によって生じた給付不能は、債務者をその債務（Verpflichtung）から解放することがない〔……〕それどころか債務関係の目的はその種の不能によって直接には変更がない。たしかに、債務関係が履行されるためには不能な給付が可能な給付、つまり金銭等価物（Geldäquivalent）（利益（das Interesse））に変化することが必要である。しかし、債務者は、引き続き債務関係の当初の目的に義務づけられていると評価されるのであり、それは、その債務関係が利益の給付またはその他の方法で消滅されるまで続くのである。(59)」

つまり、債務関係は、その目的に変更が無く、金銭等価物の給付によって当初の目的が達成されることによって初めて消滅する、と解するのであった。

5　後発的有責不能が債務に影響を与えないこと

このようなモムゼンの解釈は、端的に言えば、債権者の証明責任を軽減するためのものであった。(60)つまり、後発的有責不能を理由に債務者が本来の給付に代えてその金銭等価物を給付する義務を負うときは、もし前後の債務が異なるものであるとすれば、新債務の履行として金銭等価物を請求するためには、債権者は、その新債務の存在を主張するために、①旧債務の不能、(61)②その不能が債務者の責に帰すべきこと、の双方を証明しなければならなくなる。そこでモムゼンは言う。すなわち、――

「給付の真の不能の事案においてはどのようにして帰責事由が問題となるのかを最後に確かめなければならない。これらの事案においては、損害賠償が給付されるべきか否かは債務者の帰責事由の有無に掛かるのであるから債務者の帰責事由を債権者が常に証明しなければならない、と安易に結論づけることができないであろう。単純に給付不能によって債務関係が消滅し、かつ、有責の権利侵害について損害賠償を目的とする新しい独立の請求権が発生するのであれば、それはそうかもしれない。しかし、ローマの法学者達は、この問題をそのようには判断していない。彼らは、無責の給付不能だけを債務関係の消滅原因と認めている。彼らの見方からすると、有責不能は、債務関係の存続に影響を及ぼさず、債務関係の本来の目的が等価物（利益）に変化することによって債務関係が履行されるべきときに初めてその効力を顕すのである。

したがって、D. 21. 1. 31. 11 によれば、給付すべき奴隷が死亡したときは、債務者の責めに帰すべき事由があるか否かが調べられなければならない、『というのは、奴隷が彼〔＝管財人（procurator）＝債務者〕の過失から死亡したのであれば、奴隷が生きているとみなされるべきであり、そして、もし奴隷が生きていれば給付されるだろうすべてのものが給付されなければならないからである』。同様に、パウルスは、その Paul. Sent. 5. 7. 4 において言う。『債務者の行為によって問答契約の目的物が滅失するときは、問答契約に基づいて同様にそしてあたかも目的物が存続しているかのように行為がなされることがある。』」(62)

ここからモムゼンは、不能自体が債務関係を消滅させるのではないと言う。すなわち、――

そこから証明責任に関して明らかになるのは、次の結論である。すなわち、債権者が証明しなければならないのは、〔当初の〕債務関係が現実に発生していることだけである。それによって同時に、故意（dolus）と過失（culpa）の効力発生の客観的要件〔の存在〕は、証明されている。というのは、債務関係の履行は、周知のように常に被告によってなされるべき証明の対象なので、債権者は不履行それ自体を証明しなくてよいからである。――債権者は、債務者がその故意または債務者が実行すべき過失の責任を負う、ということも証明しなくてよい。給付不能それ自体は債務関係の消滅原因ではないから、債務者が給付不能の発生を証明するだけでは訴えをしりぞけるには不十分である。債務者は、不能がその責めに帰することができない事由によって生じたことも証明しなければならないのである。」(63)

モムゼンは、さらに別の箇所で言う。すなわち、――

「この解釈の実務上の意義は、特に次のことにおいて明らかになる。すなわち、給付不能が生じた場合において、債権者は、利益（Interesse）を求めて訴えを提起しなくてもよい。債権者には、相変わらず、債務関係の本来の目的を求めて訴えを提起する権利がある。債務者は、履行の不能を主張することによってでは、この訴えをしりぞけることができない。履行の不能は、それ自体では債務に何の影響も及ぼさないからである。むしろ債務者は、〔債権者の〕訴えをしりぞけるために、給付がその責めに帰することができない事由によって不能となったことを証明しなければならないのである。(64)」

こうして、モムゼンによれば、後発的有責不能が債務に影響を与えないことは、債権者の証明責任の軽減になる。

なお、「債務の永久化（perpetuatio obligationis）」によってこれを説明しようとする見解に対しては、それだけでは、債務関係の存続は説明できても、本来の給付に代えて金銭等価物を給付する義務を負うことを説明することができない、というのがシェルマイアー教授の考え方である(65)。

ところで、モムゼンの右の言明は、——現在のわが国やドイツの民事訴訟法のように——、本来の給付請求と損害賠償請求とを異なる訴えとして観念する法体系の下では理解することが難しい。むしろ、モムゼンの時代には、——ローマ法以来の伝統として——本来の給付請求に対して裁判官の裁量で等価物の給付を命じることができたのであり、そのような手続(66)を前提に初めてモムゼンの趣旨を理解することができる(67)。

こうして、モムゼンにおいては、後発的有責不能の扱いは、実体法の問題としては、「非常に簡単（sehr einfach）」だということになった。なぜならば、後発的有責不能は、等価物の確定という手続の問題だけを生じさせ、実体法上の債務関係には何の影響も与えないからであった(68)。

6　要件としての後発的無責不能

モムゼンにおいては、「後発的不能」ではなく、「後発的無責不能（つまり「偶発的不能」）」だけが何らかの（ここでは債務関係消滅という「目立たない（unsichtbar）」[69] 実体法上の法律効果を生じさせる要件であった[70]。言い換えると、債務者の帰責事由を度外視した後発的不能それ自体は、何らの法律効果も生じない、つまり法律要件として観念されていなかったのである。

7　まとめ

結局、モムゼンの到達した不能法を要件効果の形で表すならば、次の二つになる。すなわち、——

給付が原始的不能であるときは、債務関係は、無効である（現代の用語では、「発生（存在）しない」）。

給付が後発的無責不能になるときは、債務関係は、消滅する。

サヴィニーとの比較では、後者の法規範が成立した点で進歩している。とりわけ、実体法上の法律効果を生じさせるのが後発的無責不能であり、単なる後発的不能は、法律要件としては観念されない、という点が重要である。

六　モムゼンの代償請求権論

1　総　説

モムゼンの代償請求権とイェーリングのそれとの最大の違いは、根拠としての危険負担の主張にあった。またそれ以外にも、モムゼンが自らの不能論を代償請求権の要件論として活用した点、そして債務者の法律行為による代償の償還請求を肯定する点でイェーリングとの明確な違いがあった。

2　後発的不能概念を前提とする代償

モムゼンによれば、代償請求権の法源としては「利益は、危険が帰する者に帰さなければならない（commodum

eius esse debet, cuius periculum est)」が最重要であった。この法源は、二つの規範を含んでいた[71]。すなわち、従たる利益（accessorisches commodum）と代償（stellvertretendes commodum）である。すなわち、――

「従たる利益の問題とは、本来の目的物に何かが加わるとき、それを本来の目的物の他に（neben）債権者が求めることができるか否かの問題である。これに対し、代償の問題においては、本来の目的物に何かが加わるのではない。本来の給付が不能となるときに、それによって本来の目的物の代わりに債務者が何らかの利益を得ることがある。そのときに、その利益を本来の目的物の代わりに（statt）債権者が求めることができるか否かの問題が代償の問題である。」

ここで、モムゼンは、概念を洗練して代償を従たる利益から区別するが、本書において重要なのは、もちろん代償の方である。

注目すべきは、その代償の定義において「本来の給付が不能となるときにそれによって本来の目的物の代わりに債務者が得る利益」として不能概念を用いたことである。ここにフランス法との明確な違いがあり、現在の私たちがドイツ法こそを比較法として重視すべき理由がある。

なお、そこに言う不能は、後発的不能である[72]。また、後発的不能は、真正なものでなければならない[73]。そして、代償は、給付不能を生じさせたのと同一の事実によって生じなければならないものとされた[74]。

つまり、モムゼンにおいて初めて、代償請求権の要件〔の一部〕として不能が挙げられるに至り、不能と代償請求権との連結が成立した。これがイェーリングの代償請求権論との大きな違いである。

3　イェーリングの問題意識の継承

代償概念について現在の意味でそれを最初に用いた功績がイェーリングに帰せられるべきことは、既に述べた

（→第五章第三節四2）。代償概念を定立した上で償還されるべき代償とそうでないものを区別したのはイェーリングであったが（→第五章第三節四3・4）、モムゼンはさらに、その区別を綿密に検討していった。モムゼンによれば、給付を不能にし、かつ、代償請求権を発生させる行為としては、①第三者の不法行為および②債務者の法律行為の二つがあった。(75)

4　第三者の不法行為による代償——一般論

モムゼンによれば、①による代償こそが代償請求権のもっとも典型的な目的である。(76) つまり、物に対する不法行為が成立するときは、物の所有者が不法行為訴権を取得する。したがって、第三者の不法行為によって売主の給付が不能となるときは、目的物の所有者として売主が第三者に対する不法行為訴権を取得する。しかし、買主が代金支払義務を負いつつ損害賠償を求めることができないとき、つまり、買主が対価危険を負担するときは、(77) 買主は、売主の訴権の譲渡（Cession）を請求できる。(78) 具体的には、次の四つの場合である。

5　第三者の不法行為による代償——具体例

第一に、第三者が売買目的物を売主から窃取したときである。買主は、売主に対し、所有物返還請求訴権（vindicatio）(79)、盗品不当利得返還請求訴権（condictio furtiva）および窃盗訴権（actio furti）(80) という売主が加害者たる第三者に対して取得する三つの訴権の譲渡を求めることができた。(81)

第二に、第三者が売買目的物を売主から強取（gewaltsam wegnehmen）(82) したときは、買主は、売主に対し、売主が加害者たる第三者に対して取得する訴権の譲渡を求めることができた。(83)

第三に、第三者が売買目的物を滅失または損傷させたときは、買主は、売主に対し、アクィーリウス法の訴権（actio legis Aquiliae）(84) という売主が加害者たる第三者に対して取得する訴権の譲渡を求めることができた。(85)

第四に、第三者の暴力または隠匿によって、または第三者が雨水の自然な流れを変更したことによって、売買目的物の給付が不能となったときは、買主は、売主に対し、加害者たる第三者に対して売主が取得する「quod vi aut clam（暴力または隠匿による）という文言で始まる特示命令」または雨水阻止訴権（actio aquae pluviae arcendae[86]）の譲渡を求めることができた[87]。

そして、もし売主がこれらの訴権を既に行使していたとしても、買主は、売主がそれによって取得したものの引渡しを請求することができた[88]。

6　第三者の不法行為による代償——法源

モムゼンは、自説の論拠として合計九つの法源に言及し、第三者の不法行為による代償を目的とする訴権の存在を根拠づけようとした。とりわけ重視したのが、「利益は、危険が帰する者に帰さなければならない」という文言を含むI. 3. 23. 3である。すなわち、——

I. 3. 23. 3（法源①）

「ところで（私たちが述べてきたとおり、書面なしに為されるときは、代金について合意するや否や生じることだが）売買が成立したときは、売却された物の危険は直ちに買主に属し、たとえその物が買主にまだ引き渡されていないとしてもそうである。したがって、奴隷が死亡したもしくは身体の一部が傷ついた、家屋が全部もしくは一部火災で焼失した、土地が河川の力で全部もしくは一部流失した、または洪水によってもしくは暴風で倒された立木で土地がずっと小さくもしくは悪くなり出したときは、それは買主に帰せられ、買主は、その物を手に入れなかったとしても、代金を支払わなければならない。というのは、〔売主の〕故意または過失なくして生じるあらゆることにおいて売主は〔諸訴権に対して〕安全だからである。しかし、買入れ後に堆積によって土地に何かが付着するときは、〔その〕利益は買主に帰せられる。なぜならば、利益は、危険が帰する者に帰さなければならないからである。」（傍点を

付けた）

たしかに右の法源には、利益帰属の理由として買主の危険負担が明示されている。しかし、それ以外の八つの法源においては、そのことは、明示されていない。にもかかわらずモムゼンは、次のように論理を組み立てて買主の危険負担によって利益帰属を理由づけようとした。(89)

第一に、売主が買主に対して損害賠償義務を負うときは、買主は、危険を負担せず、代償も取得しない。強盗によって生じる訴権の譲渡に関する法文が根拠となる。そこでは「保管は、暴力に対して役立つには不十分だからである（quia custodia adeversus vim parum proficit）」ことから、第三者に対する売主の訴権の譲渡を求める権利が買主に与えられた。すなわち、――

D. 19. 1. 31 pr.（法源⑤）

「もし売買によって私が供与しなければならなかった物が暴力によって私から奪い取られてしまったならば、たとえ私がその物を保管しなければならなかったとしても、それでも、その物の行使されるべき諸々の訴権以上の何ものも私から買主に供与されなくてもよい、となるべきである。暴力に対して保管は不十分にしか役立たないからである。〔……〕」（傍点を付けた）

そうであるならば、保管が十分に役立つ場合、すなわち強盗以外の場合には、売買物の保管（custodia）に瑕疵があり、買主は売主に対し、その瑕疵に基づく損害賠償を売主に求めることができるので、――それ以外に――諸訴権の譲渡を求めることができない、とモムゼンは反対解釈する。

実際、強盗ではない単純な窃盗の事例においては売主に例外的に過失（culpa）がないときに限り、買主は売主に対し、訴権の譲渡を求めることができる。(90) すなわち、――

D. 18. 1. 35. 4（法源④）
「売却された物が窃盗によって失われたときは、彼ら〔当事者〕の間で物の保管に関して何が合意されていたかが先ず調べられるべきであろう。もし、何ひとつ明らかには合意されていなかったならば、善き家長が自らの諸々の物においてなすような保管が売主に求められるべきである。〔売主が保管を〕供与したにもかかわらずその物を失ったときは、彼は、〔買主から〕安全でなければならないけれども、所有物返還請求訴権および不当利得返還請求訴権をもちろん買主に差し出すのである。〔……〕」

第二に、買主は、不法行為によって滅失または損傷された目的物の所有者として加害者に対する訴権を取得するときも、危険を負担しないため、売主に対して代償請求をすることができない。(91)

I. 4. 1. 19（法源⑩）
「あるいは二重のあるいは四重の〔賠償を目的とするものであったとしても〕窃盗訴権は、ただ罰の実現にのみに関わるのである。というのは、所有者は、他に、所有物返還請求訴権または不当利得返還請求訴権によって入手することができる物自体を追跡できるからである。もっとも、所有物返還請求訴権は、無論占有者に対してであり、それは、盗人が占有しているとしても、他の誰かが占有しているとしても、である。これに対し、不当利得返還請求訴権は、盗人本人またはその相続人に対して、その者が占有していないとしても、行使することができる。」

この二つからモムゼンは、次のとおり結論づける。買主が売主に対して訴権の譲渡を求めることができるのは、売主が損害賠償責任を負わず、かつ、買主が所有者としての訴権を取得しないとき、つまり、買主が危険を負担する場合である、と。モムゼンによれば、そのような場合こそが代償請求権の典型事案である。(92)

7　債務者の法律行為による代償 ── 法源

つぎに、もう一つの代償、すなわち、債務者の法律行為によるものを見てみよう。モムゼンは、まずパウルスの法源を紹介する。重要な法源なので、長いけれども全訳しよう。[93] すなわち、──

D. 18. 4. 21. Paulus libro 16 questionum.（法源⑪）

「ある相続財産〔全部〕の売主がその相続財産について問答契約を結び、相続財産中の売主の手元にある〔特定の〕物を〔二重に〕第三者に売った。その問答契約の結果、売主がいかなる給付について義務を負うのかが問題である。というのは、物とその〔物に代わる〕代金とを支払わなければならないという二重の債務は、問答契約によって課されることがないのは確かだからである。さて、もし物の売却の後に初めて問答契約が成立するとすれば、私たちの見解によれば、〔物に代わる〕売買代金が問答契約の目的となる。もし問答契約が先に成立していて、売主が後にその物の占有を取得するときは、その物はその債務の目的となる。したがって、もし売主がある奴隷を売却し、その奴隷が死亡したときは、売主はその売買代金を〔買主に〕支払わなければないか。というのは、もし誰かが奴隷のスティクスを約束して〔二重に〕スティクスを売却した場合には、スティクスが死亡して遅滞が生じていなかったときは、その種の債務を負わないからである。しかしもし私がある相続財産を、そしてそのあとでさらにその一つの目的物を〔二重に〕売却したときは、相続財産についてよりもむしろ買主のためにある行為を私はするとみなされることができる。しかしこのことは〔スティクスのような〕個々の物においてはみなされることができない。というのは、私が汝に奴隷を売却したけれども、その引渡し前に私が第三者にもその奴隷を〔二重に〕売却し、そして売買代金を受領し、その奴隷が死亡するときは、その引渡しに関して私はいかなる遅滞の責めも負わないのであるから、私がその売買によって汝に対していかなる債務も負わない、ということは明らかである。すなわち、売却された奴隷の価格はその物からではなく、〔直接に〕取引行為から取得されるのであり、したがって、あたかも私が第三者に全く売却しなかったかのごときになる。というのは、汝に対する私の債務の目的は物であって訴権ではないからである。それに反して相続財産が売却されるときは、あたかも私が買主の支配人であるかのごとくに相続人として引き受けたすべての諸行為に関して買主に責任を負う、という黙示の合意がなされているように見える。あたかも、もし売主の側に過失が生じないならば、売主が農場を他人のものとしてなおざりにしても、何も売主には課されないはずであるにもかかわらず、農場の売主は善意者としてでも受益しなければならないように。しかしもし私が売った物を占有している第三者に対して〔返還を求めて〕訴えを提起して〔物ではなく〕賠償金を受けたときは、私が買主に対して義務を負うのは、物と賠償金どちらについてであろうか。明らかに物の責めを負う。というのは、私の債務の目的は〔行為による〕訴権の譲渡ではなく物自体の譲渡だからである。もし私がその占有を強制的に取り上げられた、または窃盗訴権(actio furti)で倍額を与える判決が与えられたとしても、このことは買主には影響を及ぼさない。というのは、売主が過失なくしてその占有を失ったときは、売主は単にその訴権を譲渡しなければならないのであり、その物またはその価値を調達しなくてもよい。建物が焼失したときは、売主は単にその土地を引き渡せばよいのである。」(傍点を付けた)

モムゼンは、これを次のように解釈する。すなわち、二重売主は、その第二売買によって第一売買の給付を不能としたため、第一買主に対して損害賠償義務を負う。言い換えると、売主は、第一買主への引渡しの不能の対価危険を負う。買主は、対価危険を負担しないのだから、売主が第三者(すなわち第二買主)から代金を受けたとしても、その代金について代償請求をすることができない(94)。利益は、危険が帰する者に帰さなければならないのであり(95)、要するに、二重売買における第二売買代金は、代償に含まれないのであった(96)。

8　債務者の法律行為による代償 ── 一般論

モムゼンは、いったん右のようにパウルスの法源が法律行為による利益の代償請求を否定していると説明するが、次の論理によって自説としては肯定してしまう。すなわち、第二売買代金が物から(ex re)生じたのではないことを理由に代償請求を否定したのは誤りだ、と言う。モムゼンのパウルスとの違いは、取引行為による代償の請求を原則として肯定する一方で、その取引（negotiatio）が債務者（売主）の危険で（periculo debitoris）なされたときは代償請求を例外として否定する。「つまり、悪意の債務者（売主）が第一買主から受けた売買代金の他に、物を後から譲渡した相手方〔第二買主〕からの売買代金をも〔悪意の債務者が〕保持することができるという、つまり、〔悪意の債務者が〕その悪意の報酬として倍額（duplum）を取得するというパウルスの結論が正義の要請と決定的に矛盾する、と私はやはり考える。[97]」という利益衡量がその理由づけであった。

9　ま と め

モムゼンにおいて初めて不能論と代償請求権論との連結が成立し、代償請求権の要件〔の一部〕として不能が挙げられるに至ったことがイェーリングからの大きな進歩であった。また、結論的にも、債務者の法律行為による代償の請求も原則として認める点でイェーリングとの明確な違いがあった。

もっとも、現代の視点から不足に思うのは、その際の不能が「後発的不能」である、という点で、彼の不能論と一貫せず、かつ、そのことに無自覚な点である。つまり、モムゼンは、不能論においては、「後発的不能」ではなく、「後発的無責不能」という債務者の有責性判断を伴った概念を法律要件としたのに対し、代償請求権論においては、単なる「後発的不能」という債務者の有責性判断を伴わない概念を法律要件としているが、その足並みの乱れについて全く言い訳も説明も無いからである。

七　モムゼンの代償請求権論に対する評価

1　総　説

モムゼンの代償請求権は、概ね肯定され[98]、その後ドイツ民法典に組み入れられる。これからその過程を詳しく見るけれども、その前に、モムゼンの代償請求権論をよく理解するため、時期を前後させて民法典制定後にモムゼンがどう評価されていったかを見ておくことにしよう。以下では、代償請求権の要件として債権者の対価危険負担を挙げるモムゼン説を踏襲する立場としてジーバーを、批判する立場としてハーダーを代表させる。

2　ジーバー

二〇世紀になってハインリッヒ・ジーバー（*Heinrich Siber*）（一八七〇年四月一〇日〜一九五一年六月二三日）[99]も同様に、代償請求権が危険負担を要件とする制度だと解した。

それは、まず、「利益は、危険が帰する者に帰さなければならない」（I. 3. 23. 3）（法源①）というモムゼンが最重要視した法源についてモムゼン説に追随したからである。すなわち、「危険移転〔の時〕から、すなわち通常は売買契約〔の時〕から買主には、――果実等の――『従たる利益』の他に――窃盗の賠償金（Diebstahlsbuße）等の――『代償』も帰する」という命題の趣旨で解されるべきである、と言う[100]。

そしてまた、D. 50. 17. 10（法源⑫）についても言及し、そこにおいても法源①の趣旨が一般化されている、と説いた[101]。すなわち、――

D. 50. 17. 10.
「各々の物の諸利益は〔その物の〕諸々の不利益（incommodum）が帰する者に帰する、ということは自然にかなう。」

もっとも、ジーバーの右の解釈は、法源①の「危険（periculum）」と法源⑫の「不利益（incommodum）」とを同視することを前提としている。

しかし、危険と不利益を同視できることは自明ではなく、同視する理由について必要であったはずの説明が怠られているために、説得力を欠いてしまっている。

3　ハーダー

そして、そのような解釈に対して明快に反対説を唱えたのがマンフレート・ハーダー（*Manfred Harder*）（一九三七年一一月一五日～二〇〇〇年五月一七日）であった[102]。

ハーダーは、次のように言って、ローマ法源を根拠に危険負担が代償請求権の要件だと解するモムゼンを批判した[103]。すなわち、――

「『利益は、危険が帰する者に帰さなければならない』という命題は、たしかに従たる利益については妥当する。しかし、代償についても妥当するかどうか疑わしい。というのは、I. 3. 23. 3〔（法源①）〕に挙げられている諸事例はすべて従たる利益についてのものだからである。すなわち、前半部分の具体的事例においては、代償よりもむしろ従たる利益が問題となっているからである。売却された奴隷が死亡するまたは身体に傷害を受けるときも、売却された家屋の全部または一部が焼失するときも、売却された土地が河川の氾濫で全部または一部が流出するまたは浸食されるときも、売却された土地の立木が暴風で倒されてしまうときも、それらの不利益については、売主はもちろんいかなる第三者も責任を負わず、したがって代償は問題になりえない。むしろ、それらの不利益の対をなす事例として考えられるのは、たとえば堆積による土地の増大というような従たる利益である。結局、I. 3. 23. 3〔（法源①）〕の前半部分の具体的諸事例からは、最後の部分の『利益は、危険が帰する者に帰さなければならない』という結論部分を導き出すことができない[104]。」

つまり、ハーダーによれば、「利益は、危険が帰する者に帰さなければならない」（I. 3. 23. 3）（法源①）という法源は、従たる利益に関するものであって代償に関するものではないので、代償請求権の根拠とはならない。さらに、――

「しかも、『利益は、危険が帰する者に帰さなければならない』という法源自体の正当性の是非はさておき、その法源が表現していることは、危険を負担する者に利益もまた帰すということに尽き、危険を負担することが利益を享受するための要件であるということを含んではいない。したがって、I. 3. 23. 3〔(法源①)〕の法文は代償を求めるための要件とは無関係である。[105]」

モムゼンは、既に詳述したとおり、D. 19. 1. 31 pr.（法源⑤）を挙げて売買目的物の保管の際の代償請求権を根拠づけ、他方でD. 18. 1. 35. 4（法源④）を挙げて保管の際に買主が損害賠償請求権を取得するときには代償請求権を取得しないと解し、そこから、代償請求権は買主の危険負担が根拠だと論じた（→第五章第三節六6）。たしかに、I. 3. 23. 3（法源①）の直後のI. 3. 23. 3a（法源⑬）[106]もまた、売主が保管すべき義務を果たしていたときや、窃盗の場合においても保管責任を問わないことが当事者間で予め合意されていたときは、買主の売主に対する保管責任に基づく損害賠償請求権が否定されて代償請求だけが肯定されることを明言し、それは、D. 18. 1. 35. 4（法源④）と同旨である。しかし、売主の保管責任に基づく損害賠償請求が買主に肯定されるときにも、それに加えて買主に代償請求権が肯定されるか否かは別問題であり、D. 18. 1. 35. 4（法源④）からは論理的に帰結されない、つまり、保管責任に基づく損害賠償請求と代償請求とは二者択一にしか認められない、というモムゼンの主張の根拠となる法源は見当たらない、とハーダーは言う。[107]

結局、ハーダーの説得力のあるモムゼン批判は、次の二点である。すなわち、第一に、ローマ法源解釈に対する批判である。「〔代償を含む意味での〕利益は、危険が帰する者に帰さなければならない」という命題を――モムゼンがそうするようには――ローマ法源から直接に導き出すことはできない。第二に、第一の点はさておくとしても、「代償は、危険が帰する者に帰さなければならない」という命題からは、危険を負担することが代償を求めるための要件であるとは帰結することができない。なぜならば、危険を負担しない場合にも――つまり有責不能のときも――代償を求めることができる、と解する余地が残るからである。

4　危険負担という根拠の否定

たしかに、ローマ法源の解釈としては、債権者の危険負担すなわち無責不能こそが代償請求権発生の要件であるというモムゼンやジーバーの解釈も可能であったであろう。その後はしかし、それを批判するハーダー説の方が第二の点において有力に支持されることになる(108)。もっとも、その点についてハーダーに反対する者も存在した(109)。ところが実際には、右のローマ法源の解釈論が帰結するところ(110)とは無関係な理由から、モムゼンの解釈を否定する形でドイツ民法典が編纂されていった。その過程をモムゼン直後の時代から見てゆくことにしよう。

八　ヴィントシャイト

1　総　説

モムゼンの代償請求権論は、その危険負担による根拠づけの部分を除いて、基礎たる不能論とともにパンデクテン法学の後期には広く受け入れられ、後に民法典中に明文の規定として結実することになった。その際に大きな役割を果たしたのが、ベルンハルト・ヴィントシャイト（*Bernhard Windscheid*）（一八一七年七月二六日〜一八九二年一〇月二六日）であり(111)、彼が「その圧倒的な権威のもとにモムゼンの学説を広汎にわたって支持した」ことであった(112)。

ヴィントシャイトは、イェーリングとモムゼンの両名より一歳だけ年上であり、その三名の没年は、いずれも一八九二年である。すなわち、ドイツ民法典への代償請求権の挿入に最も寄与したイェーリング、モムゼンおよびヴィントシャイトの三名は、文字通り同年代であった(113)。

2　モムゼンを支持

ヴィントシャイトは、モムゼンの代償請求権論に何か新しい内容を付け加えたわけではない。むしろ、モムゼンの理論を受容したうえで、疑義の残る部分を取り除いた、という点で学説史に足跡を残した(114)。

まず、ヴィントシャイトは、モムゼンと同様に原始的・後発的不能を区別しつつ、代償請求権を次のようなものとして理解した(115)。すなわち、——

「給付を請求された者が給付不能を主張するときは、不能が当初から既に存在していた、すなわち、債権者がその債権を取得する〔原因となる〕事実の時点で既に存在していた（原始的不能）か、それともこの〔法律行為の〕事実の後に初めて不能が生じた（後発的不能）か、が区別されなければならない。

一．原始的不能においては、さらに、客観的不能、すなわちそれ自体の不能と、主観的不能、すなわち債務者についてだけの不能が区別されなければならない(116)。客観的不能は、当該〔法律行為の〕事実が本来は発生させることができたであろう債権（Forderungsrecht）を全く発生（entstehen）させない。給付それ自体もそれに代わる等価物も請求することができない。それに対し、単なる原始的主観的不能は、債権の発生を妨げない。〔ここで発生する〕債権は、不能な給付に代わる等価物の給付を目的とする。〔……〕

二．後発的不能においては、不能が客観的か主観的かではなく、不能が債務者の責めに帰すべきか否かが問題となる。債務者の責めに帰することができないときは、債務者は、〔本来の給付義務からは〕解放され、不能を惹起した事由（Ergebnis）が本来の給付目的のうち債務者に残したもの（was ihm von dem Leistungsgegenstand noch gelassen hat）または本来の給付目的に代えて債務者に与えたもの（statt des Leistungsgegenstandes gegeben hat）を給付すれば足りる。それに対し、不能が債務者の責めに帰すべき事由によるときは、債務者は、金銭等価物（Geldäquivalenz）、すなわち、債権者の〔履行〕利益（Interesse）の給付義務を負う。しかし、債務者は、それと引換えに、〔損害賠償による代位として〕本来の給付目的に関して債権者に帰属する請求権の移転を求めることができる。」

後発的無責不能によって、債務者は、本来の給付義務から解放される一方で、それによって本来の給付の代わりに取得したものを給付すべき義務を負う[117]。これがヴィントシャイトの代償請求権であり、それはごく簡単で、右に訳出した部分の他に目に付く主張としては、代償が保険金（Versicherungssumme）を含む、ということくらいであった。

他方、原始的客観的不能については、それが債権を発生させないと言う用語法が注目される。サヴィニー（↓第五章第三節三3）やモムゼン（↓第五章第三節五3）においては、債務関係が無効である、という現代からすると違和感のある用語法であったのと対照的である。

3　ヴィントシャイトの寄与

しかし、右のヴィントシャイトの代償請求権論は、モムゼンのそれを踏襲するだけではなく、学説史に重要な足跡を残した。

第一に、代償請求権の根拠として危険負担を全く強調しなかった点においてである。たしかに、ヴィントシャイトもその解釈の根拠として、モムゼンが挙げたのと同様の複数のローマ法源、とりわけ、「利益は、危険が帰する者に帰さなければならない（commodum eius esse debet, cuius periculum est）」（I. 3. 23. 3）を挙げた（法源①（↓第五章第三節六6））[118]。しかし、それは、債権者に対して債務者が損害賠償義務を負うときは債権者に代償が帰属しないという文脈に限られていた。債権者が所有者として第三者に対する訴権を取得するときは代償が買主には帰属しないという文脈では用いられなくなり、モムゼンの強引なローマ法源解釈が修正されている。また、モムゼンが危険負担によって代償請求権を根拠づける際に重視したI. 4. 1. 19（法源⑩（↓第五章第三節六6））をヴィントシャイトは引用していない。ローマ法源解釈についてヴィントシャイトはイェーリングに戻った、とも言うことができるが、ヴィントシャイトが代償請求権の根拠を明確にしなかったことは、今日に至るまでドイツ民法学を代償請求権の体系的位置づけに悩ませることになる。これは、第二の点とも密接に関連する。

第二に、不能と代償請求権の関係が非常に明確になった。後発的無責不能こそが義務消滅の原因となるというモムゼンの理論を踏襲したうえで[119]、そこで消滅する義務が本来の給付義務であり、給付義務以外の義務の消長は別個の問題であること、そのような給付義務以外の義務（請求権）の一つが代償請求権であること、を明確にした。

第三に、不能論自体も明確になった。まず、原始的客観的不能の効果としての債権不発生が明確になった。加えて、様々な性質を捨象した不能そのもの――サヴィニーにおいて全く見られずにモムゼンにおいて見出されたものであるが――がより明確に意識された[120]。とりわけ原始的・後発的を区別しない単純な「不能」を意識し、それが後世の不能要件への兆しとなった。もっとも、「不能な債務は存在しない（Impossibilium nulla obligatio est）」の法源は、原始的不能の根拠としてしか言及されず、現行ドイツ民法ほどの統一意識は見出されない[121]。

九　まとめ

不能論・代償請求権論は、パンデクテン法学において一気に開花した。個別に見れば、サヴィニーの不能論やイェーリングの代償請求権論も看過することができない。けれども、モムゼンの議論こそが現行法に繋がる理論として断然重要である。とりわけ、その不能論において、原始的・後発的および有責・無責という二つの不能の区別を定立したことが、後のドイツ民法典の規定に直接の影響を与えた点で歴史的意義を有する。しかし、モムゼンが危険負担によって代償請求権を根拠づけたことは正鵠を射ていたとは言い難く、その欠点は、ヴィントシャイトによってひっそり取り除かれることになった。

さて、このようにして開花した不能論・代償請求権論がどのような形で民法典編纂に結実していったのか。次節ではそれを追跡しよう。

第四節　民法典編纂史

ヴィントシャイトは、その後、ドイツ民法典第一草案の起草委員の中心的存在となった。ヴィントシャイトの理解に従った代償請求権も明文の制度として草案に書き込まれ、民法上の制度（ドイツ民法旧二八一条）となった[122]。以下、この規定の立法について不能法との関係を軸に経緯を詳しく見てゆこう。結論を先に述べると、「一九〇〇年の民法二八一条となった規定ほど、立法の期間に実質的な観点から争われなかった規定はほとんどない」と言われるほどパンデクテン法学の成果そのままであった[123]。

一　ドレスデン草案と部分草案

まず、ドイツ民法典第一草案ほどの重要性はないが、その前段階として、一八六六年のいわゆるドレスデン草案(sogn. Dresdener Entwurf)[124]と一八八二年の部分草案（Teilentwurf zum Obligationenrecht）（キューベル草案）[125][126]を見よう。

1　原始的不能

ドレスデン草案は、原始的客観的不能についての規定を次のとおり起草した（ドレスデン草案）[127][128]。すなわち、――

ドレスデン草案三条　給付は、作為又は不作為（行為）でなければならない。給付は、可能でなければならず、法律又は善良な風俗に反してはならない。

ドレスデン草案六条　第二条から第五条までの規定に違反する債務関係は、無効とする。

部分草案は、この規定を「債務関係法編　第一章　債務関係総則　第二節　契約、単独行為及び不法行為による債務関係の発生　第一款　契約　第一目　契約の成立要件　b契約の目的」の中に次のとおり継承した（部分草案番号一一第一条）[129][130]。すなわち、――

部分草案番号一一第一条一項　不能な若しくは法律が禁じた又は善良な風俗に反する給付を目的とする契約は、無効とする。

部分草案番号一一第一条二項　取引されない物または〔取引されない物についての〕権利の給付を目的とする契約は、特に無効とする。

――

2　後発的無責不能

後発的不能についても部分草案は、ドレスデン草案を継承した（部分草案番号二二第一一条一項）[131][132]。すなわち、――

部分草案番号二二第一〇条一項　第九条に規定する債権者の過失による場合を除き、債務者は、債務者の責めに帰することができない事由によって給付が不能になる限り、債務から解放され（von seiner Verbindlichkeit befreit）、債権者に対してその損害を賠償する責任を負わない。〔……〕

債務者は、無責不能によって、給付義務から解放され、損害賠償義務を負わないことが定められた。

3　代償請求権

代償請求権については、部分草案が編纂史の出発点とされ[133]、その内容はモムゼン＝ヴィントシャイト的であったとされる（部分草案番号二二第一一条二項）[134][135]。すなわち、――

部分草案番号二三第一一条二項　債務の本来の給付を不能にした事由によってその代償又はその請求権を債務者が取得したときは、債務者は債権者の請求に従って債権者に対して代償としてその金額を償還し又はその請求権を譲渡しなければならない。〔……〕

この規定は、文言上は「不能」だけを要件としているが、無責不能と解されている。[136] その理由としては三つ挙げられていて、第一に、無責の目的物の滅失を要件とするフランス民法旧一三〇三条が参考にされていること、第二に、後発的無責不能を要件に給付義務の消滅を定める第一〇条の次に位置していること、第三に、キューベル自身が理由書において無責不能にしか言及していないこと、[137] である。

二　第一草案

これら草案の存在を前提に、本格的なドイツ民法典第一草案（一八八七年）が起草され、これこそが現行ドイツ民法典の前身となった。不能から見てゆこう。

1　原始的不能

第一草案は、部分草案を踏襲する。[138] つまり、原始的客観的不能を要件とし、契約無効による債権の不発生を効果とする法規範の存在については異論が無く、[139]「第二編　債務関係法　第二章　遺言以外の法律行為を原因とする債務関係　第一節　総則　第二款　契約の目的」の中に次のとおり起草された（第一草案三四四条）。[140] すなわち、──

第一草案三四四条　不能な若しくは法律が禁じた又は善良な風俗に反する給付を目的とする契約は、無効とする。

ここで言う「不能（unmöglich）」は、サヴィニー以来の伝統に従って、「客観的不能（objectiv unmöglich）」と縮小解釈され、それは、草案編纂者の補助者が編纂者の協力を得て執筆した第一草案理由書でも明記されていた[141]。また、本条の特徴として、原始的不能に加え、適法性と社会的妥当性に反する場合も併せて規定していたことを指摘することができる。

2　後発的不能

後発的不能についても、部分草案を下敷きに[142]、モムゼン＝ヴィントシャイト的不能論を踏襲して無責不能についてだけ、給付義務消滅という効果が明文で定められた（第一草案二三七条[143]）。そしてその規定の位置は、「第二編債務関係法　第一章　総則　第一節　債務関係の内容　第三款　給付不能と給付しないことを要件とする法律効果」の中、代償請求権の規定（第一草案二三八条）の直前であった。すなわち、――

第一草案二三七条一項　債務者は、債務関係発生後に生じた債務者の責めに帰することができない事由によって給付が不能になる限り、給付義務を負わない（zur Leistung nicht verpflichtet）。給付が永続不能（dauernd unmöglich）であるときは、債務者は、債務から解放される（von seiner Verbindlichkeit befreit）。

第一草案二三七条二項　債務者が特定物を給付しなければならない場合において、債務者の責めに帰することができない事由によってこれを自ら給付することができなくなったときも、同様とする。

第一項は、後発的無責不能を要件、給付義務消滅を効果と規定する。第二項は、後発的無責不能である限り、特定物債務における主観的不能も――第一項の――客観的不能と同様に扱うという趣旨の規定であった[144]。

3　後発的有責不能

後発的有責不能については、その効果に関して展開が見られた。まず、第一草案理由書が言う[145]。すなわち、――

「〔後発的有責不能による損害賠償請求について規定するドイツ民法旧二八〇条に相当する第一草案〕第二四〇条の事案に関しては、ザクセン民法典七二一条およびドレスデン草案二七三条が債務者の債務（Verbindlichkeit）が存続する、と定める。それは、債務が損害賠償を目的とするものに変化する（umwandeln）というのとは異なる立法である。それらに対し、本〔第二〕草案は、スイス〔旧〕債務法一一〇条（およびザクセン草案二三六条およびバイエルン草案一〇九条）の規定に従って、法律効果として損害賠償義務を規定するだけである。たとえ債務関係の存続を認めることがどれ程重要であったとしても、損害賠償債務の目的は、〔本来の給付とは〕異なるのであるから、債務の存続を語ることは、理論的（doktrinär）に過ぎ、また、全く疑い無しとはできない。」

これに対し、プランクは、「〔債務の〕目的の給付が債務者の責めに帰すべき事由によって全部又は一部不能となるときは、この時点において債務者の債務は、不履行によって債権者に生じた損害の賠償を目的とする債務に変化する（verwandeln）」と修正することを――「提案二」において――提案したけれども、これもまた採用されなかった。[146] その理由はこうである。[147] すなわち、――

「債務関係の存続がどれ程正しいとしても、損害賠償債務の目的は、〔本来の給付とは〕異なるのであり、したがって、言葉として理解する上で、〔債務関係の存続は〕一種の矛盾であるかまたは一種の間違いであるから、従前の債務関係の存続を言明するのは疑わしい。賠償債務の履行に関して同様に責任を負い、それに従って特に保証人および物的担保の責任が定まることは、特に強調する必要がない。また、〔プランクの〕提案一の表現方法もまた同様に疑わしい。当初の債務関係の変化（Verwandlung）を言明すれば、逆に、古い債務関係が完全に消滅し、新しい債務関係に置き換えられるという印象を与えることになってしまうからである。〔……〕」

つまり、本来の給付から金銭等価物へ債務の目的が変わりつつ担保が存続することをいかに表現するかが問題であり、立法者は、「変化」という表現が担保の消滅という誤った印象を与えることを危惧した。

他方、新しい訴訟法としての一八七七年のドイツ旧民事訴訟法七七八条は、「この節〔物の引渡し及び作為又は不作為の強制執行〕の定め（Bestimmungen）は、利益給付を求める債権者の権利に影響を及ぼさない」と規定した。(148) このことは、――ローマ法以来の伝統を離れて――本来の給付から金銭等価物の給付への移行がもはや訴訟法上の事柄ではなく実体法上の権利変動である、ということを意味していた。(149)

そのため、後発的有責不能についての条文（第一草案二四〇条）(150) は、損害賠償義務を――本来の債務関係についての裁判官の裁量によるのではなく(151)――本来の債務関係とは独立の責任原因から生じる独立の責任として規定した。(152) すなわち、――

第一草案二四〇条一項　債務者の責めに帰すべき事由によって債務者に給付が一部又は全部不能となったことによって債務者がその債務を履行することができないときは、債務者は、債権者が債務の不履行によって債権者に生じた損害を賠償する責任を負う。

ここでは、損害賠償義務は、有責不能を要件とする効果として規定されているため、有責不能の証明責任を債権者が負担することになりそうである。しかし、そうでないことは次に説明するとおりである。

4　証明責任の軽減

既に紹介したとおり、モムゼンは、損害賠償請求において有責不能について債権者が証明責任を負うことを避けるため、有責不能が生じた後も損害賠償請求権を基礎づける債務が同一性を失わないことを主張していた(153)（↓第五章第三節五5）。それに対し第一草案では、債権者の証明責任軽減は、責任軽減規定の設置（第一草案二四三条）によって果され、それが民法典まで踏襲された。そこで、その条文とそれを前身とするドイツ民法旧二八三条の要点を概説しよう。(154) 第一草案の条文は、次のとおりであった。すなわち、――

第一草案二四三条　第二四〇条から第二四二条までの〔損害賠償の〕規定は、確定判決によって確定した給付義務について債権者が定めた相当の期間が徒過した場合について準用する。その期間設定は、期間経過後は〔本来の〕給付を債権者が欲しない旨〔の意思表示〕でなければならない。

右の期間設定は、債権者の債務者に対する単独行為である。(155)
この規定の証明責任軽減という立法趣旨は、次のように敷衍される。すなわち、――

「いかなる要件の下において履行債権（Forderung der Erfüllung）が不履行による損害賠償債権（Forderung des Schadensersatzes）に移行する（übergehen）ことができるか、についてのこの規定は、〔損害賠償債権への移行が訴訟法上の事柄ではないとする〕民事訴訟法七七八条を考慮すると、必要不可欠である。そこでは〔民事訴訟法の規定では〕、物の引渡しまたは作為の給付を命じられた債務者に対する債権者の利益請求権に関して、民法が〔定めると〕指示されている。〔したがって〕もし〔この第一草案二四三条の〕特別の規定が無ければ、債権者は、損害または利益を、民事訴訟法において定められている強制執行手続を尽くして〔空振りに終わって〕または給付不能（同草案二三七条・二四〇条・二四二条）が明らかになって初めて請求できることになってしまうであろう。(156)」

つまり、債務者が給付を実現しないときは通常、債務者が給付を実現することができないのか（nicht können）、それとも実現するつもりがないのか（nicht wollen）、債権者には明らかではない。もし、この規定が無ければ、給付不能について証明責任を負担する債権者は、執行不能等によって給付不能を証明しなければならない。そこで、相当の期間の徒過によって給付不能を擬制するのがこの規定の趣旨であった。(157)この規定を利用することによって、債権者は、不能の証明も執行申立てもしないで損害賠償を請求することができるのである。

この規定は、若干の文言上の修正を受けたものの、内容としてはそのまま民法典に入れられた。(158)すなわち、――

ドイツ民法旧二八三条一項　確定判決によって確定した給付義務について、債権者は、相当の期間を定めてその給付の実現を催告することができる。その期間が経過したときは、債権者は、給付が実現しない限り、不履行による損害賠償を請求することができ、履行請求権は、消滅する。債務者の責めに帰することができない事由によって給付が不能になるときは、損害賠償義務は、発生しない。

他方で、債務者の帰責事由については、無責性の証明責任を債務者が負担した（ドイツ民法旧二八二条）。すなわち、——

ドイツ民法旧二八二条　給付の不能が債務者の責めに帰すべき事由によるものかどうかを争うときは、債務者が証明責任を負う。

そのため、債権者は、給付訴訟の確定判決を得さえすれば、相当の期間を設定して本来の給付を催告しつつ、その徒過を要件に——不能を証明することなく——本来の給付に代わる損害賠償を請求することができた。このことをもってシェルマイアーは、考え方としては（gedanklich）モムゼンの影響を逃れ、債務が同一性を失って変化するという考え方（＝変化理論（Modifikationslehre））に帰ったと言う[159]。それは、有責不能の前後では債務が同一性を失うことを彼が「変化」と言うからである（→第五章第三節五3）。シェルマイアーによれば、変化を否定したモムゼン説の影響下の立法過程で変化理論（Modifikationslehre）が採用されたのは、「法学史の皮肉（Ironie der Rechtsgeschichte）」だということになる[160]。

もっとも、この規定は、一次的給付についての確定判決を要件としていたため、さほど債権者に有利ではなかった。そのため、実務上の有用性が小さく[161]、適用例も少なかった[162]。

5　代償請求権規定

第一草案では、代償請求権に関する明文の規定が置かれた（第一草案二三八条）[163]。それは、これまでに概観したモムゼン＝ヴィントシャイト的代償請求権論の成果であった。そしてその規定の位置は、後発的無責不能を要件とする給付義務消滅の規定（同草案二三七条）の直後であり、ヴィントシャイトの理解のとおり、同条を受けた規定であることが規定中にも明示されていた。すなわち、――

第一草案二三八条一項　第二三七条の規定に従って債務者が給付義務（Verpflichtung zur Leistung）を免れた事由によって給付の目的について（für den Gegenstand der [Leistung][164]）代償（Ersatz）又はその請求権（Ersatzanspruch）を債務者が取得するときは、債務者は債権者の請求に従って債権者に対して代償を償還し又はその請求権を譲渡しなければならない。

第一草案二三八条二項　前項の規定は、債務関係が停止条件付又は請求権の発生を停止する始期付であり、かつ、その条件の成就又はその始期の到来前に給付が不能となった場合にも適用する。

まず、規定中の用語について、「代償（Ersatz）又はその請求権（Ersatzanspruch）」とは、代償を既に債務者が取得しているか、その取得に必要な債務者の行為が未履行なために請求権として残っているかの違いである。そして、前者（代償の償還）を目的とする請求権と後者（代償の請求権の譲渡）を目的とする請求権の双方の上位概念がいわゆる「代償請求権（Anspruch auf das stellvertretende Commodum）」である。

この規定によれば、後発的無責不能によって一次的給付義務が消滅することを要件として第二三八条一項の規定の適用がされて二次的給付請求権（代償請求権）が発生する[165]。つまり、代償請求権規定には、不能の規定を補充する機能（ergänzende Funktion im Rahmen der Unmöglichkeitsvorschriften）が与えられていた[166]。

さらに、理由書によると、第二三八条の規定が有用な場合とは、やはりイェーリング以来の理解と同様、第三者の不法行為によって代償が生じるときである。すなわち、――

「第三者の不法行為によって入手不可能となった（entzogen）給付の目的について、損害賠償を受けたまたは損害賠償請求することができるときに、第二三八条の規定は特に有用である。[167]」

6　代償原則

加えて理由書は、第一草案二三八条の趣旨が「代償原則（Surrogationsprinzip）[168]」だという言い方もする。すなわち、――

「第二三八条に述べられている代償原則（Surrogationsprinzip）によって、第二三七条〔……〕に基づいて債務者の給付義務が消滅した事由によって給付の目的について代償またはその請求権を取得するときは、債務者は、債権者の請求に従って、債権者に対して〔既に取得した〕代償を引渡しまたは〔代償取得に必要な債務者の行為が未履行であれば〕その請求権を譲渡しなければならない〔……〕。〔しかし〕債務者は、反対給付を受けるために、不能となった給付の代わりに代償またはその請求権を債権者に無理に押しつけることはできない。債権者が取得する権利（ein dem Gläubiger eventuell zustehendes Recht）が規定されているのであり、その権利の根拠（Begründung）は、後発的不能となった給付に向けられた債務関係に（in dem Schuldverhältnisse auf die nachträglich unmöglich gewordene Leistung）既に存在しているのである。義務づける意思（Verpflichtungswille）は、それ〔代償〕にも向けられている、という正当な（berechticht）仮定にこの原則は依拠していて、それが疑いなく正当性（Billigkeit）に適うものである。債権者は、この権利を行使するときは、自らも債務者に対して反対給付を行わなければなら〔ない。……〕また、第二三八条の規定の適用に際しては、債務者の義務は、給付の目的について取得した代償またはその請求権を債権者に対して引き渡すことに及ぶことになるから、具体的な債務関係によれば『給付の目的』〔……〕が何であるのか、そして、この目的について債務者は『代償またはその請求権』を取得したのかどうか、が最初に吟味さ

れなければならない。〔……〕

本来の債務関係（第二二三七条）のこの場合の内容に応じて（nach dem diesfallsigen Inhalte）、第二二三八条に基づく義務の履行について債務者は責任を負うのである。[169]」

すなわち、理由書によれば、第二二三八条の代償請求権規定の考え方は、「代償原則」と言われ、それは、①第二二三七条の規定に従った後発的無責不能による債務者の給付義務消滅を要件とすることで同条を補充する機能を有し、②当事者意思（すなわち仮定的意思）を根拠とする。

右の①は、モムゼン＝ヴィントシャイト的理解そのままである。それに対し、当事者意思による代償請求権の根拠づけ（②）は、この段階になって初めて見出され、その後も繰り返し引用される重要なものである。項を改めて敷衍しよう。

7 根拠

理由書においては、代償請求権規定の根拠としては、当事者の仮定的意思が挙げられている。なお、そこで「正当性（Billigkeit）」も言及されている。

まず、当事者の仮定的意思が根拠であることは、理由書の文字通りに受け止めてよいであろう。

つぎに、「正当性」については、その読み方に若干の議論がある。「義務づける意思は、それ〔代償〕にも向けられている、という正当な（berechticht）仮定にこの原則は依拠していて、それは疑いなく正当性（Billigkeit）に適うものである」という文章からは、代償に仮定的意思が向けられていると当事者意思を解することが正当である、と文法上は読むことができるし、そのように読んで「意思」のみを根拠として挙げるのが通常の解釈である。[170]

これに対し、代償請求権規定の根拠として「正当性」が意思と並列されている、と読む立場もある。[171] しかし、それは適切ではないと思われる。なぜならば、「正当性」は、広くすべての法律上の規定が旨としているものだからである。(172)

8　他の制度との関係

さらに、他の制度との関係で、代償請求権の根拠に関する異説が後に出現しているので、ここで説明しておこう。すなわち、右の「正当性（Billigkeit）」を不当利得の制度趣旨としての「当事者の公平」と同一のものと狭く解し、代償請求権制度を不当利得法の一環と位置づけようとする学説である。(173)

たしかに、ドイツ語の „Billigkeit“ は、正当性、適法性、公平、衡平、妥当性、公正等と邦語訳される広義の語であり、「当事者の公平」も一つの „Billigkeit“ である。また、代償請求権という小さな制度を不当利得という大きな制度に引き付けて体系化したいという意図も理解することができる。

しかし、第一に、ここまで見てきたとおり、代償請求権は不当利得と直接の関係なく発展してきた制度である。したがって、第一草案理由書の段階で突如として不当利得におけるのと同様の「当事者の公平」が根拠とされたと解するのは、学説史の解釈として無理がある。

さらに、第二に、代償請求権を他の大きな制度に引き付けて体系化するとしても、なぜ損害賠償ではなく不当利得なのだろうか。実際に、損害賠償ではなく不当利得に引き付ける根拠を整理し切れていない、と批判されていて、(174)その批判が的確であると思われる。

三　修正第一草案

1　不　能

不能論から見てゆこう。第一草案の特徴の一つは、原始的不能を、適法性と社会的妥当性と併せて規定していたことにあった。が、その部分は、帝国司法庁の準備委員会（Vorkommission des Reichsjustizamts）（一八九一年）の手による修正において不要と判断されて削除された[175]。すなわち、――

修正第一草案三四四条　不能な給付を目的とする契約は、無効とする。

原始的不能の規定は、この修正第一草案三四四条の段階で完成し、その後は、ドイツ民法成立まで条番号を除いて一切修正を受けなかった[176]。

それに対し、後発的不能についての規定は、内容は正しいと判断されたものの、編集上第一項で一時不能と永続不能を分けるべきではないと判断され、第二項で主観的不能を客観的不能と同様に扱うことを明らかにすべきと判断された[177]。その結果、次のとおり修正された。傍点の部分がこの段階での修正箇所である。すなわち、――

修正第一草案二三七条一項　債務者は、債務関係発生後に生じた債務者の責めに帰することができない事由によって（durch）給付が不能になった限りにおいて、給付義務を免れる（von der Verpflichtung zur Leistung befreit）。

修正第一草案二三七条二項　債務者が種類だけで定められたのではない目的物を給付しなければならない場合において、給付が不能にならず、かつ、債務者の責めに帰することができない事由によってこれを自ら給付することができなくなったときも、同様とする。

第一項の副文の時制が現在完了に修正され、内容の修正の趣旨ではないようであるが、その趣旨は、必ずしも明らかではない[178]。なお、ドイツ民法典においては、わが国の民法典におけるのと同様、文法上の時制が厳密ではない。

第二項は、後発的無責不能である限り、種類債務以外の主観的不能も――第一項の――客観的不能と同様に扱うという趣旨の規定である。これによって、第一草案の特定物債務という限定が種類債務以外の債務に若干広げられた。

2　代償請求権

不能に関しては第一草案から大きな修正が無かったが、代償請求権については重要な問題が提起された。つまり、有責不能の場合にも代償請求権を発生させるか否かである。もしこれを否定すれば、たとえば、債務者自らの不注意によって目的物を焼失させた場合において債務者が火災保険金を引き渡さなくてもよいことになって不当である、というラーバントの意見があったためである。(179)

その主張が容れられ、第一草案二三八条は、修正され、有責不能の場合にも代償請求権が認められることになった。(180) すなわち、──

修正第一草案二三八条一項　債務者の給付が不能になった場合において給付の不能を惹起した事由によって給付の目的について代償又はその請求権を債務者が取得したときは、債務者は、債権者の請求により、債権者に対し、代償を償還し又はその請求権を譲渡しなければならない。

修正第一草案二三八条二項　前項の規定は、停止条件付又は請求権の発生を停止する始期付の債務関係の場合においてその条件の成就又はその始期の到来前に給付が不能となった場合について準用する。

右の傍点の部分がこの段階での三つの修正箇所である。重要な修正は一箇所である。すなわち、後発的有責不能の場合にもこの規定の適用範囲を拡大するため、「第二三七条の規定に従って債務者が給付義務を免れた事由によって」から「債務者の給付が不能になった場合において給付の不能を惹起した事由によって」への修正である。その際、後発的無責不能の規定である「第二三七条の規定に従って」という文言が外された。それによって、第二三八条は、もはや第二三七条の規定が適用されて給付義務が消滅することを要件とする規定ではなくなり、第二三七条の規定を補充するだけの存在ではなくなった。そして、そのことは、代償請求権の根拠を危険負担によって説明することができなくなることを意味していた。モムゼンが代償請求権の根拠を危険負担としていた部分をヴィントシャイトがひっそりと取り除いていたところ（→第五章第三節八3）、それが条文上も決定的になったのである。

残る二つの修正箇所、「代償又はその請求権を債務者が取得するときは」から「代償又はその請求権を債務者が取得したときは」へ、および「債務関係が〔……〕であり、かつ、」から「の債務関係の場合において」へは、分かり易さのために字句を修正しただけである。

四　暫定第一草案

1　原始的不能

第二委員会は、修正第一草案をさらに直し、第二草案を起草した。その途中で暫定第一草案および暫定編纂第一草案という二つの仮案が作られたので、それも丁寧に見ておこう[181]。

前述のとおり（→第五章第四節三1）、原始的不能については、修正第一草案以降は民法典成立まで修正が無い[182]。暫定第一草案では、条番号も修正第一草案と同じである。すなわち、——

暫定第一草案三四四条　不能な給付を目的とする契約は、無効とする。

もっとも、少数説の立場からは、二つの理由から原始的不能の明文の規定を削除する提案が出されていた。第一に、「当たり前のこと（Selbstverständliches）」であるが、「しかし、これは、法命題ではなく、一般命題（Lehrsaz）であり、法典中に書かれる必要がない」、という主張である。第二に、他方で、「給付が原始的に不能であっても債務関係が発生する事案があり〔……〕それは、存在しない債権の譲渡のために譲受人に対して損害賠償を給付しなければならない譲渡人の担保責任がそうであり、〔そして、〕譲渡目的物の性状について明示して保証したけれども現実には存在せず調達することができないために譲受人に損害を賠償しなければならない譲渡人の担保責任がそうである。〔さらに、〕不能な給付の実現を目的とする委任契約は、たしかに不能であるけれども、しかし、委任者は、善意の受任者に対して無駄になった費用を賠償する義務を負う」ので、「誤り（Unrichtiges）」である、という批判であった。(183)

しかし、会議は、この少数説の提案を退けた。つまり、原始的不能による契約無効の規定の任意規定性から、原始的不能の契約が原則として無効であることと、にもかかわらず例外的に有効であることとは矛盾しない、と反論したのであった。(184)

2　後発的不能

後発的不能に関する修正第一草案二三七条は、次のとおり修正された。(185) 傍点の部分がこの段階での修正箇所である。すなわち、――

暫定第一草案二三七条一項　債務者は、債務関係発生後に生じた債務者の責めに帰することができない事由によって（in Folge）給付が不能になった限りにおいて、給付義務を免れる。

暫定第一草案二三七条二項　債務者が種類だけで定められたのではない目的物を給付しなければならない場合において、なお可能な給付をすることができなくなったときも、〔客観的〕不能と同様とする。

文言が簡素になっただけで、全体として内容の変更はなかった。第二三七条二項は、「かつ、債務者の責めに帰することができない事由によってこれを自ら給付することができなくなったときも」という文言が削られたけれども、後発的無責不能である限り、種類債務以外の主観的不能も――第一項の――客観的不能と同様に扱うという趣旨の規定であることに変わりはない。

3　代償請求権

これに対し、代償請求権に関する修正第一草案二三八条については、第一項はこれを採用し、停止条件付または始期付の債務関係に関する第二項はこれを削除することが決定された(186)。第一項についてはその実質的な内容に異論が無かったからであり、第二項については自明の内容であるという意見が多数だったためである。

ただ、第一項については、修正第一草案において、同項の規定の適用範囲が後発的有責不能にも拡大されていたため、その点についての第二委員会の説明が注目された。けれども、「有責不能の諸事例にも代償原則が拡大されるべきか否かの問題は差し当たり保留する(187)」と言及されたに過ぎず、詳しい説明は、残念ながら施されなかった。

第二項については、その存続か削除かについて若干の議論が戦わされた。同項の存続を主張する少数説によれば、仮に同項を削除してしまうと、停止条件の成就または始期の到来前に給付が不能となったときは代償請求できない、という誤解のおそれがあった。しかし、多数説によれば、そのような誤解に備えて明文の規定を設けることは立法者の任務ではない、と判断され、同項の削除が決定された(188)。

なお、修正第一草案において、「代償又はその請求権を債務者が取得するときは」から「代償又はその請求権を債務者が取得したときは」へ時制が修正された箇所は、再び「する」へと戻された。しかし、やはり単なる時制の違いに過ぎず、重要ではない。

結局、修正第一草案を第二委員会が修正した暫定第一草案は、次のとおりである(189)。第二項が削除され、第一項について傍点の部分が修正された。すなわち、――

暫定第一草案二三八条　債務者の給付が不能となった場合において給付の不能を惹起した事由によって給付の目的について代償又はその請求権を債務者が取得するときは、債務者は、債権者の請求により、債権者に対し、代償を償還し又はその請求権を譲渡しなければならない。

五　暫定編纂第一草案

1　後発的不能

第二委員会は、後発的不能に関する暫定第一草案二三七条を次のとおり修正した。(190) 傍点の部分がこの段階での修正箇所である。すなわち、――

暫定編纂第一草案二二四a条一項　債務者は、債務関係発生後に生じた債務者の責めに帰することができない事由によって給付が不能になった限りにおいて、給付義務を免れる。

暫定編纂第一草案二二四a条二項　種類だけで定められたのではない目的物を給付しなければならないときは、なお可能な給付の実現についての債務者の主観的不能（Unvermögen）は、〔客観的〕不能と同様とする。

暫定編纂第一草案二二四d条　債権の目的物を種類のみで指定した場合において、債務者は、種類のみで指定した給付が可能であるときは、給付の主観的不能が債務者の責めに帰することができない事由によるときであっても、給付の主観的不能の責任を負う。

第二項に「主観的不能」という表現が登場するけれども、後発的無責不能である限り、種類債務以外の主観的不能も――第一項の――客観的不能と同様に扱うという趣旨の規定であることに変わりはない。

やや重要な変更は、第二二四a条二項から第二二四d条が独立したことであるが、内容上の変更ではない。暫定第一草案二三七条二項が既に、種類債務者には主観的不能による免責が無いことを前提としていたところ、(191) それをこの新設の第二二四d条が明文化しただけのものである。

2　代償原則の適用範囲

暫定第一草案の段階で「差し当たり保留する」と判断された「代償原則」の適用範囲の拡大について、結局、第二委員会は、――一度は態度を保留することに決めたものの――「有責不能の諸事例にも代償原則が拡大されるべきか否か」の問題を一致して肯定するに至った。

その理由は、修正第一草案において第一草案に対してなされた批判と本質的には同じである。しかし、理論的には明瞭になった。すなわち、同じ後発的不能であるにもかかわらず債務者無責の場合と債務者有責の場合を比較して後者の方が債権者に不利であるのは不当だ、という考え方である。つまり、無責不能の場合に代償請求権が認められるのであれば、有責の場合にはなおさら認められるべきである、という理屈である。つまり、有責不能によって債権者が損害賠償請求権を取得するとしても、損害賠償請求権に加えて代償請求権も取得することが債権者に有利だからである。すなわち、有責不能であれば損害賠償請求をすることができると言っても、損害賠償請求においては債務者の過失（Verschulden）の立証が障害となることが少なくない。それに対し、代償請求では過失要件が無いことが債権者に有利に働くことがある、と考えられたためであった[192]。

こうして、右の暫定第一草案二三八条をさらに修正した暫定編纂第一草案二二四ｆ条が次のとおり定められることになった[193]。すなわち、――

暫定編纂第一草案二二四ｆ条　債務者の給付が不能となった場合において給付の不能を惹起した事由によって給付の目的について代償又はその請求権を債務者が取得するときは、債権者は、代償の償還又はその請求権の移転を請求することができる。債権者が不履行による損害賠償請求権を有するときは、この条に規定する権利の行使によって債権者が取得する額（Betrag）だけ損害賠償請求権を縮減する。

右の傍点の部分がこの段階での修正箇所である。

まず、細かい字句の修正がある。すなわち、「債務者は、債権者の請求により、債権者に対し、代償を償還し又はその請求権を譲渡しなければならない」から「債権者は、代償の償還又はその請求権の移転を請求することができる」への修正である。これは、債務者を主語にするか債権者を主語にするかの違いだけであり、重要ではない。むしろ、本条後段こそが、有責債務者に対する代償請求権を肯定したことによって必要となった重要な修正である。項目を改めて説明しよう。

3　「弁済のために（支払のために）」か「弁済に代えて（支払に代えて）」か

意見が分かれたのは、有責債務者が第三者に対する返還請求権を債権者に代償債務の履行として譲渡するときは、それは損害賠償債務の弁済のために（支払のために（zahlungshalber））なのか（多数説）、弁済に代えて（支払に代えて（an Zahlung statt））なのか（少数説）、という点であった。譲渡した返還請求権が空振りに終ったときにでも損害賠償請求権が返還請求権の券面額だけ縮減する（少数説）か否か（多数説）の違い、つまり、第三債務者の無資力の危険を債権者に負担させる（少数説）か否か（多数説）の問題である。少数説は、この場合には有責債務者と債権者との間で弁済（支払）に代えてとする旨の和解が成立すると解したのに対し、多数説は、有責債務者に対する代償請求を肯定するのは債権者の債権満足の可能性を高めるためのものであることを理由としていた。また、一般に有責債務者の第三者に対する債権を差し押さえて取立訴訟を提起するときは、その強制執行は弁済（支払）のためになされるのであるから、代償請求をするときも同様であるべきだというのも多数説の論拠であった。

すなわち、暫定編纂第一草案二二四f条は、有責債務者に対する代償請求権が損害賠償請求権と競合する場合において代償請求権の弁済が損害賠償請求権の弁済のためになされることを明らかにする規定である。[194] 現行ドイツ民法二八五条二項の前身であり、現在でも同様に解されている。[195]

4　第二項の独立

そして、さらなる審議において、暫定編纂第一草案二二四f条「後段」は、条文の「第二項」として独立するべく改められ、次の構成になった。[196]傍点の部分がこの段階の修正箇所である。すなわち、――

暫定編纂第一草案二二四f条一項　債務者の給付が不能となった場合において給付の不能を惹起した事由によって給付の目的について代償又はその請求権を債務者が取得するときは、債権者は、代償の償還又はその請求権の移転を請求することができる。

暫定編纂第一草案二二四f条二項　債権者が不履行による損害賠償請求権を場合において、前項に掲げる（bezeichneten）権利を行使するときは、〔債権者の〕取得する代償又はその請求権の価額（Werth）だけ損害賠償請求権を縮減する。

第二項の独立の他にも細かい字句の修正が若干あるが、重要ではない。

六　第二草案

1　後発的不能

一八九四年、第二委員会は、第二草案を暫定編纂第一草案に基づいて最終的に決定して公表した。[197]その後発的不能に関する規定は、次のとおりであった。すなわち、――

第二草案二三二条　債務者は、債務関係発生後に生じた債務者の責めに帰することができない事由によって給付（die Leistung）が不能になった限りにおいて、給付義務を免れる。

第二草案二三五条　なお可能な給付の実現についての債務者の主観的不能は、〔客観的〕不能と同様とする。債権の目的物を種類のみで指定した場合において、債務者は、種類のみで指定した給付が可能であるときは、給付の主観的不能が債務者の責めに帰することができない事由によるときであっても、主観的不能の責任を負う。

まず、第一項で「給付が（diese）」が代名詞になっていたのを「給付が（die Leistung）」という紛れの無い用語に修正されているが、これは重要ではない。

むしろ、暫定編纂第一草案二二四a条二項と同案二二四d条が一つの条文にまとめられ、第二草案二三五条となったことが形式上は重要である。もっとも、内容に修正は全く無く、元の両条項の文言が若干簡素化されただけである。

2　代償請求権

代償請求権に関する暫定編纂第一草案二二四f条は、条番号だけが変更され、第二三七条となった。[198] すなわち、

第二草案二三七条一項　債務者の給付が不能となった場合において給付の不能を惹起した事由によって給付の目的について代償又はその請求権を債務者が取得するときは、債権者は、代償の償還又はその請求権の移転を請求することができる。

第二草案二三七条二項　債権者が不履行による損害賠償請求権を有する場合において、前項に定める（bestimmten）権利を行使するときは、〔債権者の〕取得する代償又はその請求権の価額だけ損害賠償請求権を縮減する。

「掲げる（bezeichneten）」から「定める（bestimmten）」へ傍点部分の字句の修正が一点あるだけで、やはり重要な変更ではない。

七　連邦参議院提出草案

1　後発的不能

後発的不能については、主観的不能に関する第二草案二三五条の規定について、第一草案二三七条二項の文言に戻すべきではないかが議論された。つまり、修正第一草案二三七条二項から暫定第一草案二三七条二項へ修正させる段階で文言が簡素になって「無責」が明示されなくなったわけであるが、それが適当であったのか、という問題である。しかし、シュトルックマンによれば、第二草案二三五条の「主観的不能」の文言は、同草案二三二条の規定を受けて主観的無責不能と解釈されるため、敢えて「無責」と書く必要がないのであった。結局、その点については、第二草案は、そのまま連邦参議院に提出された(199)。この段階の修正箇所は、次の傍点の部分であった。すなわち、——

連邦参議院提出草案二六九条一項　債務者は、債務関係発生後に生じた債務者の責めに帰することができない事由によって給付が不能になる（wird）限りにおいて、給付義務を免れる（wird frei）。

連邦参議院提出草案二六九条二項　債務者の後発的主観的不能は、〔客観的〕不能と同様とする。

連邦参議院提出草案二七三条　債権の目的物を種類のみで指定した場合において、債務者は、種類のみで指定した給付が可能であるときは、給付の主観的不能が債務者の責めに帰することができない事由によるときであっても、主観的不能の責任を負う。

まず、第二六九条一項では、第二草案二三二条の現在完了形の「不能になった（unmöglich geworden ist）」から現在形の「不能になる（unmöglich wird）」に、動詞が「免れる（ist frei）」から「免れる（wird frei）」に修正された。語感として、存在していた義務が存在しなくなる、という——原始的不能とは異なる——後発的不能であることが強調された。また、第二六九条二項では、第二草案二三五条前段の「なお可能な給付の実現についての」という文言が外されたけれども、これも形式上のもので内容に変わりがない。

2　代償請求権

代償請求権に関する第二草案二三七条は、再度条番号が変更され、第二七五条となった。(200) すなわち、——

連邦参議院提出草案二七五条一項　給付を不能とする事由によって給付の目的について代償又はその請求権を債務者が取得するときは、債権者は、代償の償還又はその請求権の移転を請求することができる。

連邦参議院提出草案二七五条二項　債権者が不履行による損害賠償請求権を有する場合において、前項に定める権利を行使するときは、〔債権者の〕取得する代償又はその請求権の価額だけ債権者に給付されるべき損害賠償（die ihm zu leistende Entschädigung）を縮減する。

字句の修正が傍点部分の二点ある。「債務者の給付が不能となった場合において給付の不能を惹起した」から「給付を不能とする」へと、「損害賠償請求権」から「債権者に給付されるべき損害賠償」への修正である。いずれも字句を簡潔に変更しただけである。

八　帝国議会提出草案（第三草案）

1　後発的不能

後発的不能に関し、帝国議会提出草案は、(201) 第二六九条一項は、連邦参議院提出草案二六九条一項と一字一句同じである。それに対し、第二項は、単に「不能」とされていた文言が後発的不能の趣旨であることが明らかになるよう改められた。しかし、種類債務の主観的不能についての第二七三条は修正を受けていない。結局、次の傍点の部分がこの段階の修正箇所である。すなわち、――

帝国議会提出草案二六九条一項　債務者は、債務関係発生後に生じた債務者の責めに帰することができない事由によって給付が不能になる限りにおいて、給付義務を免れる。

帝国議会提出草案二六九条二項　債務者の後発的主観的不能は、債務関係発生後に生じる〔客観的〕不能と同様とする。

帝国議会提出草案二七三条　債権の目的物を種類のみで指定した場合において、債務者は、種類のみで指定した給付が可能であるときは、給付の主観的不能が債務者の責めに帰することができない事由によるときであっても、主観的不能の責任を負う。

全体として字句の修正に止まった。

2　代償請求権

代償請求権についての第二七五条も同様に、連邦参議院提出草案二七五条そのままであった。(202) すなわち、――

帝国議会提出草案二七五条一項　給付を不能とする事由によって給付の目的について代償又はその請求権を債務者が取得するときは、債権者は、代償の償還又はその請求権の移転を請求することができる。

帝国議会提出草案二七五条二項　債権者が不履行による損害賠償請求権を有する場合において、前項に定める権利を行使するときは、〔債権者の〕取得する代償又はその請求権の価額だけ債権者に給付されるべき損害賠償を縮減する。

九　ドイツ民法典(一八九六年)

1　総　説

帝国議会提出草案は、帝国議会において採択された際に若干の修正が加えられた。そのため、法案は、再び連邦参議院の同意の手続を必要とし、それを経て民法典（Bürgerliches Gesetzbuch, BGB）として成立した。このドイツ民法典は、一八九六年八月一八日に皇帝の認証を受け、同月二四日に公布され、翌一九〇〇年一月一日施行された。

2　不　能

原始的不能の規定は、既に述べたとおり、修正第一草案の段階で完成しており、そのままドイツ民法旧三〇六条となった。

後発的不能についての帝国議会提出草案二六九条は、第一項の「により（in Folge）」が「により（infolge）」とドイツ語の綴りを修正され、条番号が変更されてドイツ民法旧二七五条となった。また、種類債務の主観的不能についての同草案二七三条も、条番号が変更されるだけでドイツ民法旧二七九条となった。

3　代償請求権

代償請求権についての帝国議会提出草案二七五条も、条番号だけが変更され、ドイツ民法旧二八一条となった。

4　条　文

結局、これまで検討した不能および代償請求権について成立したドイツ民法典の規定を並べれば、次のとおりである。規定の位置は、「第二編　債務関係法　第一章　債務関係の内容　第一節　給付義務」の中に、本来の給付義務や損害賠償義務に関する規定と並んで、後発的不能についての第二七五条・第二七九条や代償請求権についての第二八一条の規定が置かれた。それに対し、原始的不能に関する規定は、「第二編　債務関係法　第二章　契約を発生原因とする債務関係　第一節　発生原因と契約の内容」の中に単独で置かれた。すなわち、——

ドイツ民法旧二七五条一項　債務者は、債務関係発生後に生じた債務者の責めに帰することができない事由によって（infolge）給付が不能になる限りにおいて、給付義務を免れる。

ドイツ民法旧二七五条二項　債務者の後発的主観的不能は、債務関係発生後に生じる〔客観的〕不能と同様とする。

ドイツ民法旧二七九条　債権の目的物を種類のみで指定した場合において、債務者は、種類のみで指定した給付が可能であるときは、給付の主観的不能が債務者の責めに帰することができない事由によるときであっても、主観的不能の責任を負う。

ドイツ民法旧二八一条一項　給付を不能とする事由によって給付の目的について代償又はその請求権を債務者が取得するときは、債権者は、代償又はその請求権の移転を請求することができる。

ドイツ民法旧二八一条二項　債権者が不履行による損害賠償請求権を有する場合において、前項に定める権利を行使するときは、〔債権者の〕取得する代償又はその請求権の価額だけ債権者に給付されるべき損害賠償を縮減する。

ドイツ民法旧三〇六条　不能な給付を目的とする契約は、無効とする。

こうして、不能に関する規定は、後発的・原始的不能という区別に従って設けられた。

まず、後発的無責不能を要件とする給付義務消滅が規定された（ドイツ民法旧二七五条）。その規定からは少し離れて置かれた代償請求権の規定（ドイツ民法旧二八一条）は、有責性を問わない単純な後発的不能を要件とした。そのため、一方で、——第一草案の段階では存在していた——第二七五条を補充する機能が第二八一条から失われ、他方で、有責不能の場合には、代償請求権と損害賠償請求権の併存が可能となり、その場合のために第二八一条二項が規定された。

つぎに、原始的不能による契約無効が規定された。文言上は、契約の有効性を規定するが、それだけではない。モムゼン曰く、「不能な債務は存在しない（Impossibilium nulla obligatio）」というローマ法源を踏襲するものであり（→第五章第三節五3）、ヴィントシャイト曰く、不能な債務の不発生を念頭に置くものであった（→第五章第三節八2）。

5　ドイツ民事法における代償請求権の機能

つぎに、代償請求権がドイツ民事法の――後に債務法改正を受けるまでの――旧体系においていかに機能していたかを、履行不能による損害賠償請求権と合わせ、具体的な紛争を念頭に置いて説明しよう。

第一に、債権者が、本来の（一次的）給付を求めて給付の訴えを提起する、というところから始めよう。訴訟において債務者が給付の後発的不能を主張するときは――証明まではしていない段階で――、債権者は、損害賠償請求（ドイツ民法旧二八〇条）または代償請求（ドイツ民法旧二八一条）をすることもできる。前者を請求するときには給付の後発的有責不能による損害の発生が、それに対して後者を請求するときには給付の後発的不能およびそれと同一の原因による代償の取得が要件であるが[204]、債務者が後発的不能を主張する以上、損害賠償請求における後発的有責不能と代償請求における後発的不能の要件が原則として満たされる[205]。そして、この損害賠償請求または代償請求は、訴訟物の変更にかかわらず、訴えの変更ではないとみなされるので（ドイツ旧民事訴訟法二四〇条＝現行ドイツ民事訴訟法二六四条）、被告の同意や裁判所の承認が不要である。もっとも、債権者としては、債務者が不能を主張しただけで証明までしていなければ、本来の給付を諦めなくてもよい。あくまで本来の給付を求めて給付の訴えを追行して確定した給付判決に基づいて強制執行を――執行不能を覚悟しつつ――試みることができる。そして、はたして執行不能が明らかになれば、改めて二次的給付請求（損害賠償請求または代償請求）をすることができる。

第二に、債権者の本来の給付を求める給付訴訟において債務者が後発的不能をそもそも主張しないときは、債権者は、もちろんそのまま訴訟を追行して確定判決を得て強制執行を申し立てることができる。そしてそれが執行不能に終わったときは、やはり改めて損害賠償請求または代償請求をすることができる（執行不能によって給付不能が明らかになる）。もっとも、給付訴訟の確定判決を得た段階で債権者が損害賠償請求で足りると判断するときは、わざわざ不能を明らかにするためだけに強制執行を試みる必要はない。相当の期間を設定して本来の給付を催告しつつ、その徒過を要件に――不能を証明することなく――本来の給付に代わる損害賠償を請求することができる（ドイツ民法旧二八三条[206]）。その場合においては、催告の時点では何ら権利義務の変動は生じないけれども、催告期間の徒過によって、本来の給付を求める請求権が損害賠償請求権に法律上当然に変化する[207]。このドイツ民法旧二八三条の規定は、証明責任の軽減を制度趣旨とするものであり[208]、損害賠償請求にだけ適用される。したがって、それに相当する規定を欠く代償請求では、確定判決を得ているときであっても、執行不能の事実を明らかにするなどして債権者が給付不能を証明しなければならない。

第三に、債権者は、本来の給付請求を全然せずに、当初から二次的給付請求（損害賠償請求または代償請求）をすることもできる。この場合においては、二次的給付請求が損害賠償請求か代償請求かで右のような違いがなく、いずれにしても債権者自ら後発的不能（損害賠償請求では後発的有責不能[209]）を証明しなければならない。しかし、後発的不能が債務者の事情であり、かつ消極的事実であるため、債務者の自白なくして債権者が独力で証明することは通常困難である。したがって、債権者は、この第三の行き方を避け、第一または第二の行き方を採るのが通常である。

一〇　スイス債務法

1　旧法と現行法

ドイツ民法典編纂史を終える前に、スイス旧債務法の不能を補論として紹介しよう。なぜならば、スイス旧債務法は、ドイツ民法典（一八九六年）の直前に成立し（一八八一年）、それから間もなく全面的な改正を受けて現行債務法に引き継がれているので（一九一一年）、同時代のドイツ民法典を相対化するのに好都合だからである。編纂方式は、――ドイツ法と同様の――パンデクテン方式である。

不能に関する規定は、旧法も現行法もほとんど同じである。すなわち、――

スイス旧債務法一四五条一項　債務者の責めに帰することができない事由によって給付が不能になる限りにおいて、債権（Forderung）は消滅する（erlöschen）。

スイス債務法一一九条一項　債務者の責めに帰することができない事由によって給付が不能になる限りにおいて、債権は消滅する。

スイス旧債務法一七条　契約は、可能、適法及び善良の風俗に反しない給付だけを目的とすることができる。

スイス債務法二〇条一項　不能、不法又は善良の風俗に反する事項を目的とする契約は、無効とする。

2　後発的不能に関する規定

後発的不能に関しては、ドイツ民法旧二七五条一項と同様に、後発的無責不能を要件としている。(210) 効果は、債権の消滅である。

スイス旧債務法一四五条一項とスイス債務法一一九条一項の文言の違いは、関係代名詞の „welche“ が „die“ に変更されていただけであるので、邦語では訳出していない。

また、規定の位置も同じである。厳密には、旧債務法では、「債務法　第三章　債務関係消滅原因　第四節　履行の不能」の中に規定があったのに対し、現行債務法では「債務法　第一章　総則　第一節　債務関係消滅原因　第一款　E　履行の不能」の中にある点が些細な違いである。

そして、いずれの規定も、「履行の不能」に置かれている唯一の規定である。

3　原始的不能に関する規定

スイス旧債務法一七条とスイス債務法二〇条一項は、文言が大いに異なるけれども、内容は同一である。

また、規定の位置も同じである。厳密には、旧債務法では、「債務法　第一章　債務関係発生原因　第一節　契約　第三款　契約の目的」の中に規定があったのに対し、現行債務法では、「債務法　第一章　総則　第一節　債務関係発生原因　第一款　契約　E　契約の目的」の中に規定がある点が些細な違いである。

4　ドイツ民法典との違い

右のスイス債務法の規定をドイツ民法典のそれと比較したときに重要な違いを二点指摘することができる。

第一に、条文の位置である。ドイツ民法典においては、「第二編　債務関係法　第一章　債務関係の内容　第一節　給付義務」（わが国の「第三編　債権　第一章　総則　第一節　債権の目的・第二節　債権の効力」に相当する箇所）であるのに対し、スイス債務法においては、債務関係の消滅原因の一つとして弁済や相殺と並んで列挙されている（わが国の「第三編　債権　第一章　総則　第五節　債権の消滅」に相当する箇所）。スイス債務法は、その点で、フランス民法、イタリア民法、さらにはわが国の旧民法と同じ流儀である。

第二に、代償請求権の規定の有無である。スイス債務法には明文の規定が無いが、通説判例上ドイツ法と同様のものが認められている。[211]その点で、平成二九年改正前のわが国の民法と同じである。

なお、「債務関係発生後に生じた」という文言に相当するものがスイス旧債務法一四五条一項およびスイス債務法一一九条一項には欠けていることも明らかであるけれども、スイスでもドイツでも後発的不能と原始的不能を区別しているのは同じであるので、この文言上の違いは問題視すべきではないであろう。また、スイス債務法では、ドイツ民法典とは異なり、債務者の側からではなく、債権を主語として「債権は消滅する」と規定しているけれども、言うまでもなくこれも表面的な違いにすぎない。

二　オーストリア民法

1　総　説

スイス債務法を見た後は、さらにオーストリア民法も順番に見るべきであろう。なぜなら、オーストリア民法は、スイスと同様に、過去も現在もドイツ法の影響を非常に強く受け、とりわけ本書に関する部分についてはドイツ法学説をそのままの形で輸入しているからである。

もっとも、時代としてはオーストリア一般民法典（Allgemeines bürgerliches Gesetzbuch：ABGB）は、ドイツ民法典やスイス債務法よりもずっと古く、一八一一年公布、一八一二年施行である。編纂方式も、――ドイツ法と同様の――パンデクテン方式ではなく、――フランス法と同様の――インスティトゥーティオーネース（Institutiones）方式である。

2　不　能

不能に関する中心規定は、オーストリア民法一四四七条であり、一八一一年の当初の規定のまま「第三編　人権（Personenrechte）及び物権（Sachenrechte）に関する共通規定　第三章　権利と義務の消滅」の中に置かれている。(212)

オーストリア民法一四四七条　目的物が全部偶然（zufällig）に滅失するときは、価額賠償義務も含めてすべての義務（Verbindlichkeit）が消滅する。義務の履行又は債務（Schuld）の支払が偶然不能になるときも、同様とする。ただし、債務者は、いずれの場合においても、善意の占有者であったとしても、履行されるべき義務について取得したものを、他人の損害において利益を取得することがないように、返還又は償還しなければならない。

まず、前段で、目的物の全部滅失による義務消滅が規定され、つぎに中段で、それ以外の不能についても前段の規定が準用される。それによって、債務者の責めに帰することができない事由による不能においては、債務者は損害賠償を含めてすべての債務を免れることになる。債務者の無責性については、債務者が証明責任を負い（オーストリア民法一二九八条）[213]、そして、その不能は、いわゆる客観的・主観的不能の双方を含むと解されている[214]。そして、後段は、双務契約における既履行の反対債務について、原状回復のための返還義務が発生することを明文で定める規定である。さらにその規定を根拠に、双務契約における牽連関係を理由に、未履行の反対給付義務も消滅する、と解されている[215]。

結局、オーストリア民法一四四七条は、債務者無責の（偶然の）不能については、給付危険を債権者が負担し、対価危険を債務者が負担することを規定している[216]。

右規定は、あくまでも債務者無責の不能についてであり、債務者有責の場合には適用がない[217]。もっとも、判例・学説上は、不能が債務者有責であるために債務者の損害賠償責任が残る場合であっても（同法一二九五条一項）、本来の給付請求を認容することができない、と解されている[218]。

3　代償請求権

代償請求権については、明文の規定が全くない。一見すると、右の第一四四七条後段の規定は、その「他人の損害において利益を取得することがないように」という文言からしても、代償請求権に関係するようにも見える。けれども、そこに言う「履行されるべき義務について取得したもの」が反対給付を意味し、その「返還又は償還しなければならない」が既履行給付の不当利得返還義務であると解されている[219]。

オーストリアにおいては、むしろ、代償請求権については、法の欠缺《けんけつ》があるとされ、法解釈が「自然の法原則に従って（nach natürlichen Rechtsgrundsätzen）」なされるべきことを規定する一般条項の規定によって埋められている（オーストリア民法七条）[220]。その解釈においては、ドイツ法の影響が明らかで[221]、その内容は、ドイツ法の代償請求権規定と類似し、損害賠償金、保険金や公用徴収による補償金だけでなく、取引行為による（ex negotiatione）利益についても請求を認める点でドイツ法と同様である[222]。また、債務者の有責・無責を問わない点でもドイツ法と同様である[223]。さらに、債権者に不当利得を許さないという観点から、取得する代償またはその請求権の価額だけ損害賠償請求権を縮減するという点も、ドイツ民法（第二八五条二項）と同様である[224]。

二　まとめ

ドイツ民法典編纂は、パンデクテン法学の成果であった。その際、第一草案から始まって計七つの案を要した。本書の関心から重視すべきは次の二点である。

一方で、モムゼン＝ヴィントシャイトの不能論そのままに、不能による債務の消滅が後発的無責不能に限定され、後発的有責不能が除かれたことである。

他方で、代償請求権は、モムゼン＝ヴィントシャイト流ではない。すなわち、第一草案と成立したドイツ民法典とを比較すると、前者では、モムゼン＝ヴィントシャイト流に、後発的無責不能が代償請求権発生の要件であったのに対し、後者では、単純な後発的不能が要件となった。その理由は、債務者無責不能の場合に代償請求権が認められるのであれば、なおさらのこと債務者有責不能の場合には認められるべきであるという均衡論であった。そのため、一方で、代償請求権と損害賠償請求権の併存が可能となり、他方で、後発的無責不能における代償請求権の補充的機能が条文の体裁としては消滅することになった。

第五節　まとめ

ドイツの不能と代償請求権の有意な学説史は、パンデクテン法学に始まる。サヴィニーが「不能の眠りを覚まし」、イェーリングが「代償」概念を確立し、モムゼンがその不能論において後発的無責不能が債務関係消滅という効果を生じさせると定式化した。モムゼンは他方で危険負担を根拠とする代償請求権発生の要件として「不能」を掲げ、ここに初めて不能論と代償請求権論との連結が成立した。さらに、ヴィントシャイトは危険負担という根拠づけを取り去った代償請求権の要件の不能が後発的無責不能であることをはっきりさせ、その連結を明確なものとした。そのことによって、代償請求権は、後発的無責不能による給付義務消滅を要件とし、それを補充する制度として位置づけられることとなった。

民法典編纂過程においては、右のように成立したモムゼン＝ヴィントシャイト流の不能論・代償請求権論が前提とされ、当初は、当事者意思を根拠として後発的無責不能による給付義務消滅を補充する制度として代償請求権の立法が計画されていた（第一草案まで）。けれども、修正第一草案以降には給付義務消滅の要件が後発的無責不能、代償請求権発生の要件が後発的不能、と足並みが乱れて規定されるに至った。そのため、成立したドイツ民法典においては、後発的無責不能における代償請求権の補充的機能というものが文言上は消滅している。

（1）フランス民法一三五一条の一第二項は、履行不能を物の滅失による場合に限定している。

（2）本章の記述の一部は、拙稿・前掲「民法五三六条二項但書類推適用論の批判的検討」阪大法学四八巻一号一九七頁

〜二一〇頁が初出である。

（3） ラーベルは、比較法学の始祖と目される人物であり、ベルリン大学で教授職を務めていたが、そのユダヤ家系を咎められて職を追われ、六三歳でアメリカに移住した。本書に関連する論文は、三〇代の彼が初めて正教授として赴任したバーゼル（スイス）で執筆したものであり、法学史家として身に付けた古典語の能力が遺憾なく発揮されている。

（4） プラトンの「意外な運命によって（ἀπὸ τύχης ἀπροσδοκήτου）〔……〕履行を妨げられた」（*Plato*：Nomoi 920d）という記述は、現在の履行不能に相当するものであるが（松坂佐一『プラトンと法律——ギリシア法思想への案内』（名古屋大学出版会、昭六二）一四九頁）、学問上の叙述として体系化されていない。なお、本節の叙述を可能にしていただいた、ギリシア語およびラテン語の恩師 安部素子 先生のご指導に対し、ここでお礼を申し上げたい。

（5） *Rabel, Ernst*：Origine de la règle：»Impossibilium nulla obligatio«, in：Mélanges Gérardin, Paris 1907, SS. 473–512, S. 494.

（6） *Rabel, Ernst*：Unmöglichkeit der Leistung：Eine kritische Studie zum Bürgerlichen Gesetzbuch, in：FS *Bekker*, Weimar 1907, SS. 3–67, S. 27, in：*Rabel, Ernst*：Gesammelte Aufsätze Bd. I, Arbeiten zum Privatrecht 1907–1930, hrsg. von *Leser, Hans Georg*, Tübingen 1965, SS. 1–55, S. 22.

（7） *Rabel, Ernst*：Unmöglichkeit der Leistung, aaO, SS. 27–28, in：Gesammelte Aufsätze Bd. I, aaO, S. 22.

（8） 磯村哲・前掲四〇三頁で紹介されているとおりである。

（9） *Rabel, Ernst*：Unmöglichkeit der Leistung, aaO, SS. 26–30, in：Gesammelte Aufsätze Bd. I, aaO, SS. 21–24.

（10） *Rabel, Ernst*：Unmöglichkeit der Leistung, aaO, SS. 6–9, in：Gesammelte Aufsätze Bd. I, aaO, SS. 4–7. 言い換えれば、消滅するのは個別の給付義務か広義の債務関係（das Schuldverhältnis im weiteren Sinn）全体か、という問題である。債権の側から見れば、個別の請求権か広義の債権か、である（奥田昌道『請求権概念の生成と展開』（創文社、昭五四）二二五頁以下参照）。本書では、現在のドイツ民法学の用語法に従って、特に断らない限りは前者を念頭に置く。*Gernhuber, Joachim*：Die Erfüllung und ihre Surrogate sowie das Erlöschen der Schuldverhältnisse aus anderen Gründen, 2. Aufl., Tübingen 1994, S. 2 参照。

（11） HKK-BGB/ *Schermaier*：§ 275, S. 954. 以下で頻繁に引用するマルティン・ヨーゼフ・シェルマイアー教授（*Mar-*

tin Josef Schermaier）（一九六三年四月二日〜）は、（ドイツの大学では珍しい）オーストリア出身の法制史・民法学者である。教授は、著作が法制史分野に偏っているため、そして未だ若いこともあり、わが国の民法学界ではほとんど知られていない。しかし、その不能法についての叙述は、法制史家としての面目躍如たる高尚さに満ち、学説史理解に非常に有用で、本書執筆に不可欠であった。

(12) *Medicus, Dieter*: Zur Funktion der Leistungsunmöglichkeit im römischen Recht, ZRG 86, 1969, SS. 67–104, S. 82.

(13) これに対し、有責・無責不能の区別についてはさほど確かな一般論を提示することができない。ローマ法源では不能判断に有責性判断が含まれていたことを示すものとして、ゲオルク・クリンゲンベルク（瀧澤栄治訳）『ローマ債権法講義』（大学教育出版、平一三）一二〇頁参照。

(14) D. 50. 17. 185. Celsus libro octavo digestorum.

(15) HKK-BGB/*Schermaier*: vor § 275, Rn 33, § 275, Rn 12; *Arp, Torsten*: Anfängliche Unmöglichkeit, Bonn, Univ. Diss., Bonn 1988, S. 63ff. もっとも、そのように限定して解される理由が明快に説明されるわけではない。なお、後者の文献は、原始的不能がなぜ契約無効を導くのかの解明を試みる博士論文であるけれども、その結論は、その書評によれば、多数説とは言い難い（*Medicus, Dieter*: *Torsten Arp*: anfängliche Unmöglichkeit, JZ 1988, S. 757）。しかし、その学説史の叙述は、貴重な資料としてしばしば引用されるものであり、重要な存在である。

(16) HKK-BGB/*Schermaier*: § 275, Rn 20.

(17) HKK-BGB/*Schermaier*: § 275, Rn 20f.

(18) HKK-BGB/*Schermaier*: § 275, Rn 21. 成立時の契約の基礎に変更が生じたときは、契約による当事者の拘束も変更を被ることがある、という考え方がそれらの解決に共通していた、と言うことができるのがせいぜいである。

(19) HKK-BGB/*Schermaier*: § 275, Rn 31.

(20) ドイツのローマ法継受の概略については、フランツ・ヴィーアッカー（鈴木禄弥訳）『近世私法史』（創文社、昭三六）一二一頁以下、ハインリッヒ・ミッタイス（世良晃志郎・広中俊雄訳）『ドイツ私法概説』（創文社、昭三六）一七頁以下、ミッタイス＝リーベリッヒ（世良晃志郎訳）『ドイツ法制史概説　改訂版』（創文社、昭四六）四四三頁以下を参照。

（21）HKK-BGB/ *Schermaier*: § 275, Rn 16. もっとも、普通法時代には、問答契約についてだけであったことが特徴である。

（22）HKK-BGB/ *Schermaier*: § 275, Rn 22.

（23）*Wollschläger, Christian*: Die Entstehung der Unmöglichkeitslehre, Göttingen, Univ., Diss., Köln 1970, S. 41. せいぜい、債務者が金銭等価物の給付で債務を免れることができるか＝債権者が金銭等価物の給付で満足しなければならないか、という形で問題とされただけであった。

（24）時期的にはサヴィニーより前に、不能によって契約が解消（aufheben）されたとみなす、という規定がプロイセン一般ラント法（一七九四年）に設けられたことがある（「**プロイセン一般ラント法　第一編　第五章　契約　第三六四条**　偶然または不可抗力によって成立した契約の履行が不能となるときは、契約は、解消されたものとみなす。」）（小野秀誠『危険負担の研究──双務契約と危険負担』（日本評論社、平七）二六頁参照）。これ自体は興味深いことであるけれども、代償請求権の系譜には繫がらないので立ち入らない。

（25）HKK-BGB/ *Schermaier*: § 275, Rn 25.「眠りの森の美女」の眠り（Dornröschenschlaf）という比喩を用いる。

（26）サヴィニーは、押しも押されもしないドイツ法学の第一人者である。歴史法学の創始者かつドイツ私法学の確立者として一九世紀前半のドイツ法学界に君臨した。大学人としてはベルリン大学の教授・総長であり、学界の外でもプロイセン立法府の顕職を歴任した。その学問的業績に不滅の輝きを与えているのは、『中世ローマ法史』および『現代ローマ法体系』の二大金字塔である。その他にパンデクテン法学の体系書として『債務法（Obligationenrecht）』があり、本書は、それに負う所が大きい。サヴィニーの体系は、カント哲学を土台とし、人格、自由、および意思の理論を平明な文章によって透徹に叙述したものであり、時空を超えて読者を魅了している。その人物については、石部雅亮「サヴィニー」法セミ昭四九年六月号付録一〇頁～一三頁（伊藤正己編『法学者　人と作品』（日本評論社、昭六〇）九頁～一五頁所収）が非の打ち所が無い名文である。小野秀誠『法学上の発見と民法』（信山社、平二八）二四二頁～二四八頁も参照。

（27）*Savigny, Friedrich Carl von*: Obligationenrecht I, Berlin 1851, S. 384.

（28）HKK-BGB/ *Schermaier*: § 275, Rn 17.

(29) *Savigny*: aaO, I, S. 384, II, 1853, S. 284f.

(30) 前田達明「原始的不能についての一考察」林良平還暦『現代私法学の課題と展望　下』(有斐閣、昭五七) 五九頁～七八頁、六八頁は、「Savigny の議論によれば、原始的不能と後発的不能を区別する根拠が明確でない。」(傍点は原典) と言うが、むしろ、当初から両者が区別されていて、その上位概念の不能が後に登場するわけであるから、サヴィニーがその区別を殊更に論じなかったのは無理もない。むしろ、サヴィニーが未だ統一的な「不能」を観念していなかった、と言うべきである。もっとも、*Wollschläger*: aaO, S. 138 によれば、「不能なことは生じないということは当たり前で、それについては法律が規定することはできない」という趣旨のサヴィニーの講義を筆記した手書きノートが残っているようであるが、確認することができなかった。

(31) *Savigny*: aaO, II, S. 286. 傍点を付けた。

(32) *Savigny, Friedrich Carl von*: Pandekntenvorlesung 1824/ 25, in: *Horst Hammen* (hrsg.), Ius Commune－Sonderhefte Studien zur Europäischen Rechtsgeschichte, 62, Savignyana 1, 1933, S. 255. „modifizieren (modificieren)" についても、サヴィニーにおいては „umwandeln" と同義であるので、「変化」と当てる。

(33) HKK-BGB/ *Schermaier*: § 275, Rn 32.

(34) *Savigny*: Pandekntenvorlesung 1824/ 25, aaO, S. 212. 傍点を付けた。

(35) *Savigny*: Pandekntenvorlesung 1824/ 25, aaO, S. 212.

(36) イェーリングは、ローマ法学者であり、一般には自由法学の先駆者として知られる。ドイツ各地の大学で教授職を務めたがゲッティンゲンでの在職期間が最も長い (ただし、モムゼンの後であり、同時には在職していない)。その人物については、村上淳一「イェーリング」法セミ昭四九年六月号付録一八頁～二一頁 (伊藤正己編『法学者　人と作品』(日本評論社、昭六〇) 二三頁～二九頁所収)、小野秀誠・前掲『法学上の発見と民法』三四頁～四一頁参照。

(37) *Jhering, Rudolf von*: Abhandlungen aus dem Römischen Recht, Leipzig 1844.

(38) *Jhering, Rudolf von*: In wie weit muß der, welcher eine Sache zu leisten hat, den mit ihr gemachten Gewinn herausgeben?, aaO, SS. 1-86. この論文は、若きイェーリングが二〇代で執筆したもので、酷い悪文である。しかし彼が悪文家で終わったかというとそうではない。五〇代の彼による『権利のための闘争』(一八七二年) は、同一人物の文章とは思えないほど分かりやすく、彼が歳月を費やして筆力を磨いたことが想像できる。なお、この書物は、「法は、単なる思想ではなく、生きている力である」という有名な台詞を冒頭に述べ、学説ではなく立法によって法の若返りを図るべきことを求めている（*Jhering, Rudolf von*: Der Kampf um's Recht, 18. Aufl., Wien 1913, S. 61. 一八七二年の講演を元に同年に初版が公刊されたが、第一八版を参照した。村上淳一『「権利のための闘争」を読む』（岩波書店、昭五八）三三頁も参照）。イェーリングの主張は、自身の代償請求権論についても、彼の死後に明文の規定がドイツ民法典に挿入されて実現したことになる。

（39）この法源は、後に本文で訳出する。

（40）「もしお前に遺贈された奴隷をあたかも私に遺贈されたかのように私が占有して売却したならば、その死亡によってお前は私に、あたかも私がお前の物から利得をしたかのように、その〔奴隷売却〕代金を償還請求することができる、とユーリアーヌスは言った。」（D. 12. 1. 23. Africanus libro secundo quaestionum.）。

（41）この法源の邦訳は後出（注(106)）。

（42）*Jhering*: aaO, S. 4.

（43）*Jhering*: aaO, S. 5.

（44）*Jhering*: aaO, S. 59.

（45）ところで、イェーリングと言えば、わが国では、「契約締結上の過失」責任の発見で知られている（*Jhering, Rudolf von*: Cupla in contrahendo oder Schadensersatz bei nichtigen oder nicht zur Perfection gelangten Verträgen, in: Jahrbücher für die Dogmatik des heutigen römischen und deutschen Privatrechts, 4. Bd., 1861, SS. 1-112）。典型的な契約締結上の過失責任の発生例が原始的不能による契約無効の場合であるため、そこで不能概念が一定の役割を演じるけれども、その際にイェーリングが体系的に不能論を展開したわけではなかった。

（46）モムゼンは、北ドイツのフレンスブルク出身で、政治に身を投じてシュレースヴィヒ＝ホルシュタイン戦争に主導的立場で関与するなどした後、進路変更して学究の道へ入りゲッティンゲン大学教授となった。学者として変わり種であり、その文章も個性が強く、とりわけサヴィニーの平明な文体と比較して難解である。小野秀誠・前掲『法学上の発見と民法』三〇頁〜三二頁参照。

(47) *Mommsen, Friedrich*: Beiträge zum Obligationenrecht. Erste Abtheilung: Die Unmöglichkeit der Leistung in ihrem Einfluß auf obligatorische Verhältnisse, Braunschweig 1853; *ders.*: Erörterungen aus dem Obligationenrecht, Erstes Heft: Erörterungen über die Regel: Commodum ejus esse debet, cujus periculum est, Braunschweig 1859. その間に、『利益論』（*ders.*: Beiträge zum Obligationenrecht. Zweite Abtheilung: Zur Lehre von dem Interesse, Braunschweig 1855）と『遅滞論』（*ders.*: Beiträge zum Obligationenrecht. Dritte und letzte Abtheilung: Die Lehre von der Mora nebst Beiträgen zur Lehre von der Culpa, Braunschweig 1855）が著されているが、本書との関係は薄い。

(48) *Mommsen*: Die Unmöglichkeit der Leistung in ihrem Einfluß auf obligatorische Verhältnisse, aaO, S. 3.

(49) HKK-BGB/ *Schermaier*: § 275, Rn 17, Fn 124f.

(50) *Savigny*: Pandekntenvorlesung 1824/ 25, aaO, S. 255f; *ders.*: Obligationenrecht, aaO, S. 286.

(51) HKK-BGB/ *Schermaier*: § 275, Rn 17.

(52) *Mommsen*: Die Unmöglichkeit der Leistung in ihrem Einfluß auf obligatorische Verhältnisse, aaO, S. 1f. 傍点を付けた。

(53) *Mommsen*: Die Unmöglichkeit der Leistung in ihrem Einfluß auf obligatorische Verhältnisse, aaO, S. 228. 傍点を付けた。

(54) HKK-BGB/ *Schermaier*: § 275, Rn 17, 25, 33. ところで、右の事柄に関する別の用語法を主張する日本の学説が存在する。それは、有責不能によって「債務の永久化（perpetuatio obligationis）」という一種の擬制がなされていると理解し、請求権（給付義務）の目的が本来の給付から損害賠償に変わることを「転形」と言い、モムゼンが「債務転形」を肯定した、という言葉遣いをするものである（森田修・前掲『契約責任の法学的構造』三〇頁以下参照）。しかし、その用語法は、ドイツにおける用語法とは相容れないものであり、本書では、混乱を避けるために、「債務転形」という語を用いない。

(55) *Mommsen*: Die Unmöglichkeit der Leistung in ihrem Einfluß auf obligatorische Verhältnisse, aaO, S. 5ff.

(56) *Mommsen*: Die Unmöglichkeit der Leistung in ihrem Einfluß auf obligatorische Verhältnisse, S. 231f.

(57) *Mommsen*: Die Unmöglichkeit der Leistung in ihrem Einfluß auf obligatorische Verhältnisse, S. 232.

（58）*Mommsen*：Die Unmöglichkeit der Leistung in ihrem Einfluß auf obligatorische Verhältnisse, S. 231f.

（59）*Mommsen*：Die Unmöglichkeit der Leistung in ihrem Einfluß auf obligatorische Verhältnisse, S. 229f. 傍点は原典。

（60）HKK-BGB/*Schermaier*：§ 275, Rn 33.

（61）HKK-BGB/*Schermaier*：§ 275, Rn 33では、「債務者が債務を履行しないこと」と表現されているが、これは、「真の不能による不履行」という意味であるので（*Mommsen*：Die Lehre von der Mora nebst Beiträgen zur Lehre von der Culpa, aaO, S. 19）、意訳した。

（62）*Mommsen*：Die Lehre von der Mora nebst Beiträgen zur Lehre von der Culpa, aaO, S. 19f. 傍点は原典。

（63）*Mommsen*：Die Lehre von der Mora nebst Beiträgen zur Lehre von der Culpa, aaO, S. 20. 傍点を付けた。

（64）*Mommsen*：Die Unmöglichkeit der Leistung in ihrem Einfluß auf obligatorische Verhältnisse, S. 230. 傍点を付けた。

（65）HKK-BGB/*Schermaier*：§ 275, Rn 33.

（66）いわゆる「評価手続（Liquidationsverfahren）」。森田修・前掲『契約責任の法学的構造』四六頁以下参照。*Wollschläger*：aaO, S. 147.

（67）HKK-BGB/*Schermaier*：§ 275, Rn 34.

（68）*Mommsen*：Die Unmöglichkeit der Leistung in ihrem Einfluß auf obligatorische Verhältnisse, S. 231.

（69）HKK-BGB/*Schermaier*：§ 275, Rn 26.

（70）*Mommsen*：Die Unmöglichkeit der Leistung in ihrem Einfluß auf obligatorische Verhältnisse, S. 231f.

（71）*Mommsen*：Erörterungen über die Regel：Commodum ejus esse debet, cujus periculum est, aaO, SS. 2-3. 傍点を付けた。

（72）*Mommsen*：Erörterungen über die Regel：Commodum ejus esse debet, cujus periculum est, aaO, S. 79. もし、不能が原始的なときは、代償は生じない。なぜならば、原始的不能によって債務関係が全く発生せず（モムゼンの言う無効であり）、したがって、当初から債権の目的物すら観念することができず、目的物の代償も観念することができないからである。①第三者の不法行為による原始的不能としては、たとえば、AがBに対し、契約成立時既にCによって殺されていた特定の馬〔の引渡し〕を義務づけられるときであり、そのとき債務関係は、無効であり、したがって、Bは、AがCに対して取得するアクィーリウス法の訴権（損害賠償訴権）の移転を請求することができない。また、②債務者の法律行為による原始的不能としては、たとえば、他人物売買契約成立後に買主が追奪されるときである。なお、この場合において、追奪の事実が契約成立後に生じているけれども、契約成立時に目的物の所有権が売主に属していなかったために、代償請求との関係では、原始的不能と扱われる点に注意が必要である。もっとも、この見解は、既にイェーリングが主張していたものであった。*Jhering, Rudolf von*: In wie weit muß der, welcher eine Sache zu leisten hat, den mit ihr gemachten Gewinn herausgeben?, aaO, SS. 1–86, S. 62f.

(73) *Mommsen*: Erörterungen über die Regel: Commodum ejus esse debet, cujus periculum est, aaO, S. 82. たとえば、AがBから百ターレルの金銭を借りたがCに盗まれたときは、Aの返還債務は、真正に不能とはならない。また、AがBに対して馬一頭を引き渡す種類債務を負っていた場合においてAが給付するつもりだった馬をCが殺したときも、Aの引渡債務は、真正に不能とはならない。

(74) *Mommsen*: Erörterungen über die Regel: Commodum ejus esse debet, cujus periculum est, aaO, S. 83.

(75) *Mommsen*: Erörterungen über die Regel: Commodum ejus esse debet, cujus periculum est, aaO, S. 79 u S. 81.

(76) *Mommsen*: Erörterungen über die Regel: Commodum ejus esse debet, cujus periculum est, aaO, S. 88.

(77) *Mommsen*: Erörterungen über die Regel: Commodum ejus esse debet, cujus periculum est, aaO, S. 86. しかし、モムゼンが買主の対価危険負担を要件とするこの部分の主張を根拠薄弱だと私は考えている。たしかに、債権者が所有者として加害者に対する訴権を取得するときは代償請求する必要がないけれども、代償請求することができないとまでは言えないからである。

(78) *Mommsen*: Erörterungen über die Regel: Commodum ejus esse debet, cujus periculum est, aaO, SS. 85–86.

(79) I. 3, 23, 3（法源①）は、後に本文で訳出する。

(80) 「物が買主に引き渡されなかったときは、――ケルススが書くには――買主が窃盗訴権を取得するのではなく、売主に窃盗訴権が与えられる。ただしかし、売主は、買主に対し、その窃盗訴権を不当利得返還請求訴権および所有物返還請求訴権と同様に譲渡しなければならず、そして〔既に〕それによって〔行使をすることで〕売主が何かを受けていたときは、それを買主に与えなければならない。この見解は正しく、そしてユーリアーヌスもそう言っている。そして売主のみが引渡し前に保管の責任を負っているときは、実際、〔売主が買主に対して右の諸訴権を譲渡しなければならない一方で賠償責任を負わないという意味で〕買主に危険がある。」（D. 47. 2. 14 pr.）（法源②）。

「ある人が〔ある人に対して〕ある物をそれが保管されるべきよう委ねる。もし、〔その物を〕受け取った人が危険を負担するならば、その人は、窃盗を理由に訴えを提起することができる」（D. 47. 2. 80 pr.）（法源③）。

「売却された物が窃盗によって失われたときは、先に、彼ら〔当事者〕の間で物の保管に関して何が合意されていたかが調べられるべきであろう。もし、合意されていたと明らかになることが何もなければ、善き家長が自らの諸々の物においてなすような保管が売主に求められるべきである。〔売主が保管を〕供与したけれどもそれでもその物を失ったときは、彼は〔買主から〕安全でなければならないのであるけれども、所有物返還請求訴権および不当利得返還請求訴権をもちろん彼は買主に差し出すのである。他人の物を売った者に関しての決定もここから生じる。その者には所有物返還請求訴権も不当利得返還請求訴権も帰属することができないので、まさにこのゆえにその有責の判決がなされなければならない。なぜならば、もし〔売主の〕彼が〔買主の〕彼に所有権のある物を売っていたとしたら、それらの訴えを買主に譲渡することができたであろうから」（D. 18. 1. 35. 4）（法源④）。

(81)　*Mommsen*: Erörterungen über die Regel: Commodum ejus esse debet, cujus periculum est, aaO, S. 86.

(82)　D. 19. 1. 31 pr.（法源⑤）は、後に本文で訳出する。

(83)　*Mommsen*: Erörterungen über die Regel: Commodum ejus esse debet, cujus periculum est, aaO, S. 86.

(84)　「しかし、なお、売却した物が後に損傷したときは、買主には訴権が譲渡されなければならない〔ところ、その訴権とは、〕発生していない損害の訴権（損害予防訴権）、または阻止されるべき雨水の訴権（雨水阻止訴権）、またはアクィーリウス法の訴権、または vi aut clam（暴力または隠匿）という文言で始まる特示命令による訴権である」（D. 19. 1. 13. 12）（法源⑥）。

「もしアエディリスが不法に行為したのであれば、アエディリスに対して買主はアクィーリウス法の訴権を有するであろう。または買主は、売主に対する買主訴権をたしかに有し、アエディリスに対して売主が有する訴権を買主に譲渡することを強制することができる」（D. 18. 6. 13）（法源⑦）。
(85) *Mommsen*: Erörterungen über die Regel: Commodum ejus esse debet, cujus periculum est, aaO, S. 86.
(86) D. 19. 1. 13. 12（法源⑥、注(84)参照）。
「土地の売却の後に果実が生じたときは明らかであるが、まだ引渡しが行われていないことを理由にそれを売主が求めるとしても、それでもやはり売買から生じる訴権によって買主に帰せられるであろう。というのは、すべての利益および不利益は買主に帰属しなければならないからである」（D. 43. 24. 11. 9）（法源⑧）。

「売主は、売却および引渡しの後であっても、それに関して前もって雨水阻止を求める訴えが提起されていた所有地に発生した損害をこの訴えでもって賠償されるよう求めることができる。売主がその賠償を買主に返還しなければならないのは、売主に損害が発生したからではなく、その物に損害が生じたからである。〔……〕」（D. 39. 3. 16）（法源⑨）。
(87) *Mommsen*: Erörterungen über die Regel: Commodum ejus esse debet, cujus periculum est, aaO, S. 86.
(88) *Mommsen*: Erörterungen über die Regel: Commodum ejus esse debet, cujus periculum est, aaO, S. 86. D. 47. 2. 14 pr.（法源②（注(80)参照））が根拠になると言う。
(89) *Mommsen*: Erörterungen über die Regel: Commodum ejus esse debet, cujus periculum est, aaO, SS. 86–87.
(90) *Mommsen*: Erörterungen über die Regel: Commodum ejus esse debet, cujus periculum est, aaO, S. 87. もっとも、これを根拠に対価危険負担を代償請求権の要件と解釈するモムゼンの論理は強引だと私には見える。
(91) *Mommsen*: Erörterungen über die Regel: Commodum ejus esse debet, cujus periculum est, aaO, S. 88. イェーリングが引用しなかった法源である。
(92) *Mommsen*: Erörterungen über die Regel: Commodum ejus esse debet, cujus periculum est, aaO, S. 88.
(93) この法源については、飛世昭裕「パウルス文（D. 18. 4. 21）の解釈史――註釈学派から人文主義法学まで」北法四四巻六号（平六）一四頁～一六九頁、一七頁以下にも邦語訳がある。また、小菅芳太郎「パウルス文（D. 18. 4. 21）の解釈史序に代えて」北法四四巻六号（平六）一頁～一三頁にも、本書と同様にイェーリング「ある物の給付をしなければならない者は、その物に関して得られた利益をどの程度まで返還しなければならないのか？」との関連で説明がある。また、赤松秀岳『十九世紀ドイツ私法学の実像』（成文堂、平七）三三二頁以下には、この法源を具体例としてローマ法源の現行法解釈への影響が描かれている。また、その際に挙げられる *Jakobs, Horst Heinrich*: Lucrum ex negotiatione: kondiktionsrechtliche Gewinnhaftung in geschichtlicher Sicht, Tübingen 1993 は、この法源を手がかりに、代償請求権規定を不当利得法の一環として位置づけようとする試みである。

(94) *Mommsen*: Erörterungen über die Regel: Commodum ejus esse debet, cujus periculum est, aaO, S. 109.

(95) *Mommsen*: Erörterungen über die Regel: Commodum ejus esse debet, cujus periculum est, aaO, S. 109f.

(96) *Mommsen*: Erörterungen über die Regel: Commodum ejus esse debet, cujus periculum est, aaO, S. 110, Z. 4f. 「なるほど債権者〔第一買主〕は、後発的な出来事の危険を負担したけれども、しかし、この出来事が債務者〔売主〕の財産に利益をもたらしたのではない。」

(97) *Mommsen*: Erörterungen über die Regel: Commodum ejus esse debet, cujus periculum est, aaO, S. 110. パウルスの「取引行為から（propter negotiationem）」という文言は、「その危険を債務者が負担する取引行為から（propter negotiationem cujus periculum ad debitorem pertinet）」と補って読めば全くの誤りではない、と主張したのであった（aaO, S. 110, Rn 5）。

(98) たとえば、*Hartmann, Gustav*: Die Obligation, Erlangen 1875, S. 245f.

(99) ジーバーは、大戦間の時期に活躍したライプチヒ大学教授である。ナチスに迎合しなかったため、迫害された。小野秀誠・前掲『法学上の発見と民法』七五頁～七七頁参照。

(100) *Siber, Heinrich*: Römisches Recht in Grundzügen für die Vorlesung, 2. Auflage（Reprografischer Nachdruck der 1. Auflage. Berlin 1925（Bd. I）und Berlin 1928（Bd. II）), Darmstadt 1968, S. 198. 傍点を付けた。

(101) *Siber, Heinrich*: aaO, S. 198.

(102) ハーダーは、ローマ法、民法および近代私法史を講じたマインツ大学教授であったが、六二歳で早世した。

(103) *Harder, Manfred*: Commodum eius esse debet, cuius periculum est. Über die actio furti als stellvertretendes commodum beim Kauf, in: Festschrift für *Max Kaser* zum 70. Geburtstag, 1976, SS. 351–372.

(104) *Harder*: aaO, S. 365.

(105) *Harder*: aaO, S. 365. 傍点を付けた。

(106)　I. 3. 23. 3a（法源⑬）
「さてもし売却された奴隷が逃げまたは盗まれ、しかも売主の故意または過失が無いとすれば、引渡しに至るまでその保管を売主が引き受けていたか否かが調べられなければならない。売主が保管を引き受けていたときは、もちろんこの偶然（casus）は売主の危険に帰する。〔売主が保管を〕を引き受けていなかったときは、売主は〔諸訴権に対して〕安全である。その他の諸動物およびその他の諸々の物においてもまた私たちは同様に解する。しかしどんな場合でもその物の所有物返還請求訴権および不当利得返還請求訴権を〔売主は〕買主に差し出さなくてはならないであろう。というのはもちろん、物を買主に未だ引き渡していない者は、依然として自身が所有者である（dominus）からである。窃盗訴権および違法の損害の訴権についても同様である。」

(107)　*Harder*：aaO. S. 366.

(108)　*Kaser, Max*：Die actio furti des Verkäufers, ZRG-RA 96, 1979, SS. 89–128, S. 115ff. u S. 122.

(109)　*Ullrich, Hans Günther*：Doppelverkauf und stellvertretendes *commodum* vom D. 18. 21 zu § 281 BGB, Bonn. Univ., Diss., Trier 1990, S. 89.

(110)　Vgl. *Bollenberger, Raimund*：aaO. S. 37.

(111)　ヴィントシャイトは、ライプチヒ大学教授を長く務めたが、その名を不朽のものとしたのは、ドイツ民法第一草案起草者としての業績である。その活動の基礎となったパンデクテン教科書が非常に広く読まれた。単行研究としては、請求権論が最重要である。彼が物した文章は、透徹さにおいてその師サヴィニーの特徴を受け継ぎ、非常に理解しやすい絶品である。詳しくは、奥田昌道「ヴィントシャイト」法セミ昭四九年六月号付録一四頁〜一七頁（伊藤正己編『法学者　人と作品』（日本評論社、昭六〇）一六頁〜二一頁所収）、小野秀誠・前掲『法学上の発見と民法』四六頁〜五二頁参照。

(112)　*Emmerich, Volker*：Das Recht der Leistungsstörungen, 4. Aufl., München 1997, S. 5.

(113)　小野秀誠・前掲『法学上の発見と民法』三七頁、四七頁参照。

(114)　なお、ヴィントシャイト自身にも揺れが見られる。すなわち、ヴィントシャイトは、モムゼンの主著『債務関係への影響における給付不能』（*Mommsen, Friedrich*：Die Unmöglichkeit der Leistung in ihrem Einfluß auf obligatorische

Verhältnisse, aaO）に対する書評において、法律行為によって生じた利益の代償請求をモムゼンが肯定するのに反対していた（*Windscheid, Bernhard*: Mommsen, Beiträge zum Obligationenrecht. Erste Abtheilung. Die Unmöglichkeit der Leistung in ihrem Einfluß auf obligatorische Verhältnisse, Kritische Zeitschrift für die gesamte Rechtswissenschaft, Bd. 2, Heidelberg 1855, SS. 106–145, S. 134f.）。そこにおいてヴィントシャイトは、「この問題は、次のように言い換えることができる。すなわち、約束した自己物を債権者に給付することを故意に不能とした者〔すなわち二重売買の売主〕には、他人の〔所有〕物をその所有者に与えない者〔すなわち不法行為の加害者〕に対するのと同様の道徳上の非難が妥当するか。私は、そうは思わない」と言って、否定説を明言していたのである。

（115）*Windscheid, Bernhard*: Lehrbuch des Pandektenrechts Band 2, 1. Abt., 1. Aufl., Düsseldorf 1865, § 264, S. 45ff. 傍点を付けた。

（116）ヴィントシャイトが挙げる客観的・主観的不能の例は、それぞれ、目的物の滅失・目的物の所有権が債務者に帰属しないこと、であった。

（117）*Windscheid, Bernhard*: aaO, § 264, SS. 47–48.; *ders./ Kipp, Theodor*: Lehrbuch des Pandektenrechts Band 2, 9. Aufl., Frankfurt am Main 1906, Aalen 1963, § 264, SS. 93–94. 後者は、ドイツ民法典成立後にテオドール・キップによって前者を改訂したものであるが、代償請求権に関しては、内容は同一である。なお、それは、小野秀誠・前掲三九二頁において引用されるものであり、そこでは、代償請求権が危険負担の債権者主義との関係を説く論拠とされているけれども、論拠として適切か疑問である。

（118）*Windscheid, Bernhard*: aaO, S. 47, Anm. 6.; *Windscheid, Bernhard/ Kipp, Theodor*: aaO, S. 94, Anm. 6.

（119）森田修・前掲『契約責任の法学的構造』三七頁が既に指摘している。

（120）HKK-BGB/ *Schermaier*: § 275, Rn 26.

（121）HKK-BGB/ *Schermaier*: § 275, Rn 26 u Fn 215.

（122）ドイツ民法典第一草案が「小ヴィントシャイト」と呼ばれるほど彼の学説に影響されたものであったことについて、村上淳一「ドイツ法学」『法学史』（東京大学出版会、昭五一）一一七頁〜一七三頁、一四九頁参照。

（123）HKK-BGB/ *Schermaier*: §§ 280–285, Rn 78. なお、このドイツ民法旧二八一条は、現行二八五条と比較しても、条番号が四つ（二八一条から二八五条へ）ずれただけで「ほぼ無傷で生き残った（weitgehend unversehrt überlebt）」ものであるので、現行の代償請求権規定もパンデクテン法学そのままであることになる。

(124) ドイツ各領邦の代表による統一的民法草案としてのドレスデン草案について、森田修・前掲『契約責任の法学的構造』四七頁注四八参照。

(125) フランツ・フィリップ・フォン・キューベル（*Franz Philipp von Kübel*）（一八一九年八月一九日〜一八八四年一月四日）は、裁判官であったが、ドレスデン草案、部分草案および第一草案にわたって長期間に民法編纂作業に従事し、特に部分草案は、キューベル草案（der Entwurf *von Kübel*）とも呼ばれる。

(126) 部分草案とキューベルの関係や部分草案がさほど重視されないことについて、森田修・前掲『契約責任の法学的構造』五一頁注五五参照。

(127) Der Dresdner Entwurf von 1866, S. 1f.

(128) HKK-BGB/ *Schermaier*：vor § 275, Rn 57.

(129) Vorentwürfe Schuldverhältnisse, S. 229.

(130) *Jakobs, Horst Heinrich/ Schubert, Werner*：Die Beratung des Bürgerlichen Gesetzbuchs in systematischer Zusammenstellung der unveröffentlichten Quellen, Recht der Schuldverhältnisse I Art. 241–432, Berlin 1978, S. 370；HKK-BGB/ *Schermaier*：vor § 275, Rn 57.

(131) Vorentwürfe Schuldverhältnisse, S. 850.

(132) HKK-BGB/ *Schermaier*：vor § 275, Rn 58. 具体的な条文としては、内容から判断しておそらく第二七七条（Der Dresdner Entwurf von 1866, S. 53）と思われるが、右文献でも第二七三条以下の参照が指示されているだけであるため、条文の特定に確信が持てない。

(133) *Bollenberger, Raimund*：aaO, S. 45. ドレスデン草案には代償請求権の規定が見当たらず、その理由を明らかにすることができなかった。

(134) Vorentwürfe Schuldverhältnisse, S. 851.

(135) Vorentwürfe Schuldverhältnisse, S. 877 に文献の引用がある。*Bollenberger, Raimund*：aaO, S. 46, Fn 83 u 84.

(136) *Bollenberger, Raimund*: aaO, S. 46.

(137) Vorentwürfe Schuldverhältnisse, S. 877.

(138) HKK-BGB/ *Schermaier*: vor § 275, Rn 57.

(139) HKK-BGB/ *Schermaier*: § 275, Rn 19.

(140) Entwurf eines bürgerlichen Gesetzbuches für das Deutsche Reich. Erste Lesung. Ausgearbeitet durch die von dem Bundesrathe berufene Kommission. Amtliche Ausgabe., Berlin und Leipzig 1888, S. 76. ドイツ民法旧三〇六条の前身であり、ほぼ同じ文言である。また、部分草案と比較すると、第二項が無くなり、言葉遣いの上で僅かな違いがあるだけである。

(141) Motive zu dem Entwurfe eines Bürgerlichen Gesetzbuches für das Deutsche Reich. Band II. Recht der Schuldverhältnisse. Amtliche Ausgabe., Berlin und Leipzig 1888, S. 176.

(142) *Jakobs/ Schubert*: aaO, S. 211f.

(143) Entwurf eines bürgerlichen Gesetzbuches für das Deutsche Reich. Erste Lesung, aaO, S. 53. ドイツ民法旧二七五条の前身である。

(144) Motive, aaO, S. 46.

(145) Motive, aaO, S. 50. 傍点を付けた。

(146) *Jakobs/ Schubert*: aaO, S. 259f.

(147) *Jakobs/ Schubert*: aaO, S. 261. 傍点を付けた。

(148) RGBl., Band 1877, Nr. 6, S. 227. 同条を前身とする現行ドイツ民事訴訟法八九三条一項は、「定め（Bestimmungen）」を「規定（Vorschriften）」と直した以外すべて同条と同じである。

(149) HKK-BGB/ *Schermaier*: § 275, Rn 35; *Jakobs/ Schubert*: aaO, S. 261f.; Motive, aaO, S. 53. いわゆる「評価手続」が廃止されたことについて、森田修・前掲『契約責任の法学的構造』五一頁以下参照。

(150) Entwurf eines bürgerlichen Gesetzbuches für das Deutsche Reich. Erste Lesung, aaO, S. 53. ドイツ民法旧二八〇条の前身である。

(151) 部分草案では未だこちらの規定であった（HKK-BGB/ *Schermaier*: vor § 275, Rn 58）。
(152) *Würthwein, Susanne*: Zur Schadensersatzpflicht wegen Vertragsverletzungen im Gemeinen Recht des 19. Jahrhunderts: Grundsätze des Leistungsstörungsrechts im Gemeinen Recht in ihrer Bedeutung für das BGB, Marburg, Univ., Diss., Berlin 1990, S. 246.
(153) Entwurf eines bürgerlichen Gesetzbuches für das Deutsche Reich. Erste Lesung, aaO, S. 55. ドイツ民法旧二八三条一項の前身である。
(154) *Tanaka, Koji*: Die Rechtsfolgen der Unmöglichkeit und die Erleichterung ihrer prozessualen Durchsetzung, Osaka University Law Review, Vol. 50, 2003, SS. 33–70, S. 54f. 参照。
(155) Motive, aaO, S. 54.
(156) Motive, aaO, S. 53. 傍点を付けた。
(157) *Harke, Jan Dirk*: Unmöglichkeit und Pflichtverletzung: Römisches Recht, BGB und Schuldrechtsmodernisierung, in: *Helms, Tobias* u. a. (hrsg.): Jahrbuch Junger Zivilrechtswissenschaftler 2001 Das neue Schuldrecht, Stuttgart 2001, SS. 29–59, S. 49; Palandt/ *Heinrichs*: 61. Aufl., 2002, § 283, Rn 2.
(158) Motive, aaO, S. 53; *Jakobs, Horst Heinrich*: Unmöglichkeit und Nichterfüllung, Bonn 1969, S. 287f; Soergel/ *Wiedemann*: 1990, § 283 Rn 1. この規定の趣旨についての異論は、*Tanaka*: aaO, S. 56 参照。
(159) HKK-BGB/ *Schermaier*: § 275, Rn 35.
(160) HKK-BGB/ *Schermaier*: § 275, Rn 34.
(161) Soergel/ *Wiedemann*: 1990, § 283, Rn 2.
(162) *Huber, Ulrich*: Leistungsstörungen, Bd. 2., Die Folgen des Schuldnerverzugs – Die Erfüllungsverweigerung und die vom Schuldner zu vertretende Unmöglichkeit, Tübingen 1999, S. 537.
(163) Entwurf eines bürgerlichen Gesetzbuches für das Deutsche Reich. Erste Lesung, aaO, 1888, SS. 53–54. ドイツ民法旧二八一条一項の前身である。
(164) „Gegenstand" は „Gegenstand der Leistung" を意味する。Vgl. Motive, aaO, SS. 46–47; *Jochem, Reiner*: Eigen-

tumsherausgabeanspruch（§ 985 BGB）und Ersatzherausgabe（§ 281 BGB）: Abschied von einem Wiedergänger, MDR 1975, SS. 177–185, 180, Anm. 35.

(165) この点を強調する最近の注釈書として、Staudinger/ *Löwisch/ Caspers*: 2014, § 285, Rn 1は、代償請求権の規定（現行二八五条〔第一草案二三七条〕）が「二七五条〔第一草案二三八条〕の一つの帰結（Konsequenz）」だと言う。適切である。

(166) *Wieczorek, Andreas*: Die Erlösherausgabe bei § 281 BGB, Marburg, Univ., Diss., Frankfurt am Main 1995, S. 152の表現を借りた。

(167) Motive, aaO, SS. 46–47, S. 47. さらに、滅失した目的物についての損害保険金は、代償に含まれ、債権者は、保険金の引渡しまたは保険金請求権の移転を請求することができる、と言う。ヴィントシャイトの解釈と同じである。

(168) 私は従来「代位の原則」という訳語を当てていたけれども（拙稿・前掲「民法五三六条二項但書類推適用論の批判的検討」阪大法学四八巻一号二〇四頁等）、「代償原則」と改めた。

(169) Motive, aaO, SS. 46–47. 傍点を付けた。

(170) Palandt/ *Grüneberg*, 77. Aufl., 2018, § 285 Rn 2; NK-BGB/ *Dauner-Lieb*, 2012, § 285, Rn 1.

(171) MüKo-BGB/ *Emmerich*, 6. Aufl., 2012, § 285, Rn 1.

(172) *Höhn, Holger*: Die Beeinträchtigung von Rechten durch Verfügungen Eine Untersuchung der Ansprüche aus §§ 281 Abs. I, 816 Abs. I, 818 Abs. BGB, München, Univ., Diss., München 1986, S. 28. もっとも、そこでは当事者意思も重視すべきではないとされる（aaO, S. 27）。

(173) *Bollenberger*: aaO, S. 98. 当事者の公平を重視する立場は、約定債務関係以外の法定債務関係においても、代償請求権の規定が適用されることを論拠とする。簡単には同書の書評として *Hagen, Horst*: Bollenberger, R. Das stellvertretende Commodum, JBl 2003, S. 891f.

(174) *Helms, Tobias*: Gewinnherausgabe als haftungsrechtliches Problem, Freiburg, Univ., Habil., Tübingen 2007, S. 345f. マールブルク大学のトビアス・ヘルムズ教授（*Tobias Helms*）（一九六八年一二月一六日〜）の右教授資格論文は、代償請求権に関する現在のドイツの学界の水準を示す最重要文献の一つである。本書は、右論文だけでなくヘルムズ教授からの親しいご教示に負うところが非常に大きい。

　また、ドイツの実務家のヨハネス・キメスカンプ裁判官（*Johannes Kimmeskamp*）（一九六五年四月一八日～）の助力に対しても、ここでお礼を申し上げたい。

(175) *Jakobs/Schubert*: aaO, S. 372. 第一草案は、後述の第二委員会による正式の修正の前に、帝国司法庁の準備委員会による修正を受けた。その成果が修正第一草案である。現在では、民法典編纂過程における第一委員会と第二委員会の間の段階として無視することができないと考えられている（石部雅亮「ドイツ民法典編纂史概説」『ドイツ民法典の編纂と法学』（九州大学出版会、平一一）三頁～六一頁、四二頁以下）。

(176) *Jakobs/Schubert*: aaO, S. 373. 下村正明「原始的不能法に関する一考察」阪法一三六号（昭六〇）一〇七頁～一四四頁、一三六頁。右論文はドイツの学説および民法典制定過程から契約有効論を丹念に導いている。

(177) *Jakobs/Schubert*: aaO, S. 228.

(178) シュトルックマンの提案による修正である（*Jakobs/Schubert*: aaO, S. 227）。

(179) *Laband, Paul*: Zum zweiten Buch des Entwurfes eines bürgerlichen Gesetzbuches für das Deutsche Reich. I. Abschnitt. Titel 1 bis 3., in: AcP 73, 1888, SS. 161–208, S. 196.

(180) *Scheele, Heinrich*: Das stellvertretende commodum nach § 281 BGB, Erlangen, Univ., Diss., Emsdetten 1931, S. 6; *Jakobs/Schubert*: aaO, S. 228.

(181) 「暫定第一草案（BGB-Entwurf in der Paragraphenzählung des Entwurf I nach der „Vorläufigen Zusammenstellung der Beschlüsse der Kommission für die zweite Lesung des Entwurfs eines Bürgerlichen Gesetzbuchs“ von Planck（1891–1895））」と「暫定編纂第一草案（BGB-Entwurf in der Paragraphenzählung des Entwurf I nach der „Zusammenstellung der Beschlüsse der Redaktions-Kommission“ der 2. Kommission（1891–1895））」は、いずれも第二委員会による第二草案編集段階で作成された第二委員会の内部資料である（それぞれ「第二委員会決議暫定修正」、「編集会議決議暫定集成」という訳語も提案されているけれども（児玉寛・大中有信「ドイツ民法典編纂資料一覧」『ドイツ民法典の編纂と法学』（九州大学出版会、平一一）巻末五頁～二三頁、七頁）、私はそれ以前より本文中の訳語を当てているため、混乱を避けるために本書でも従来の拙訳を継続して使用している）。前者は、第二委員会の座長であったプランク（*Gottlieb Planck*）個人の名義であり、後者は、第二委員会内部の編集委員会名義であるけれども、いずれも法典編纂の一段階として扱われている。Vgl. *Jakobs/ Schubert*: aaO, S. 228.

(182) *Jakobs/ Schubert*: aaO, S. 373. なお、条番号については変遷があり、第二草案では第二五九条一項（Der Entwurf eines Bürgerlichen Gesetzbuchs für das Deutsche Reich. Zweite Lesung. Nach den Beschlüssen der Redaktionskommission, I. bis III. Buch, Berlin 1894, S. 84）、連邦参議院提出草案（Entwurf eines Bürgerlichen Gesetzbuchs und eines zugehörigen Einführungsgesetzes sowie eines Gesetzes, betreffend Aenderungen des Gerichtsverfassungsgesetzes, der Civilprozeßordnung, der Konkursordnung und der Einführungsgesetze zur Civilprozeßordnung und zur Konkursordnung. In der Fassung der Bundesrathsvorlagen. Auf amtliche Veranlassung, Berlin 1898, S. 52）および帝国議会提出草案（Entwurf eines Bürgerlichen Gesetzbuchs in der Fassung der dem Reichstag gemachten Vorlage, Berlin 1896, S. 65）では第三〇〇条となる。

(183) *Mugdan, Benno* (hrsg.): Die gesamten Materialien zum Bürgerlichen Gesetzbuch für das Deutsche Reich, II. Band. Recht der Schuldverhältnisse, Berlin 1899, S. 614.

(184) 「この規範の任意規定性は、場合によっては、給付の不能が消極的契約利益の責任を否定しない第三四五条〔ドイツ民法旧三〇七条の前身〕の規定、および、担保責任の諸規定から明らかである。〔この〕第三四四条は、不能な給付を目的とする契約においても場合によっては〔有効に〕保証が約されるということを否定しない。それどころかむしろ、保証が約される事案においては履行利益の責任が生じるであろう。もし債務関係の発生時に生じている〔原始的〕不能の効果について草案が明言しなければ、第二三七条以下の規定が債務関係発生後に生じる〔後発的〕不能の効果を詳しく規定することから一層目立ち、ますます疑念を抱かせるであろう。不能な給付を目的とする契約が全然無効なのではない、ということを説明しようとする〔少数説が挙げた〕諸事案は、その規定の誤り（Unrichtigkeit）を証明せず、単にその規定の制限〔される事案〕を含んでいるにすぎないのである。」（*Mugdan*: aaO, S. 614）

(185) *Jakobs/ Schubert*: aaO, S. 231.

(186) Reichsjustizamt: Protokolle der Kommission für die zweite Lesung des Entwurfs des Bürgerlichen Gesetzbuchs. Im Auftrage des Reichsjustizamts, Bd. I, Allgemeiner Theil und Recht der Schuldverhältnisse Abschn. I, Abschn. II Tit. I, Berlin 1897, SS. 316–317.

(187) Protokolle, aaO, S. 316.
(188) Protokolle, aaO, S. 316f.
(189) *Jakobs/ Schubert*: aaO, S. 231.
(190) *Jakobs/ Schubert*: aaO, S. 232.
(191) *Jakobs/ Schubert*: aaO, S. 231.
(192) Protokolle, aaO, S. 318.
(193) *Jakobs/ Schubert*: aaO, S. 232.
(194) Protokolle, aaO, S. 318.
(195) Palandt/ *Grüneberg*: 77. Aufl., 2018, § 285, Rn 11.
(196) *Jakobs/ Schubert*: aaO, SS. 232–233.
(197) Der Entwurf eines Bürgerlichen Gesetzbuchs für das Deutsche Reich. Zweite Lesung. Nach den Beschlüssen der Redaktionskommission, aaO.
(198) Niederrheinischer Bezirksverein deutscher Ingenieure unter Mitwirkung von *Cornelius Cretschmar* (hrsg.): Der Entwurf eines Bürgerlichen Gesetzbuchs für das Deutsche Reich. Zweite Lesung, Düsseldorf 1894, S. 54.
(199) *Jakobs/ Schubert*: aaO, S. 234f; Entwurf eines Bürgerlichen Gesetzbuchs und eines zugehörigen Einführungsgesetzes sowie eines Gesetzes, aaO, 1898, S. 48.
(200) Entwurf eines Bürgerlichen Gesetzbuchs und eines zugehörigen Einführungsgesetzes sowie eines Gesetzes, In der Fassung der Bundesrathsvorlagen, aaO, S. 48.
(201) Entwurf eines Bürgerlichen Gesetzbuchs in der Fassung der dem Reichstag gemachten Vorlage, aaO, S. 59f. 帝国議会提出草案は、第一草案・第二草案に対置して「第三草案」とも言うが、本書では、従来の拙訳を踏襲し、「帝国議会提出草案」と言う。
(202) Entwurf eines Bürgerlichen Gesetzbuchs in der Fassung der dem Reichstag gemachten Vorlage, aaO, S. 60.
(203) Palandt/ *Heinrichs*: 61. Aufl., 2002, § 280, Rn 3–4.

(204) Palandt/ *Heinrichs*: 61. Aufl., 2002, § 281, Rn 4-6.

(205) 厳密には、後発的不能の主張が先行自白（vorweggenommenes Geständnis）となるからである（Stein-Jonas/ *Leipold*: 22. Aufl., 2005, vor § 128 Rn 157 : 2008, § 288 Rn 14)。損害賠償請求においては後発的有責不能が要件であるけれども、無責性の証明責任が債務者にあるため、後発的不能の存在が明らかになれば足りる（ドイツ民法旧二八二条。日本民法四一五条の解釈と同様である)。なお、この規定の内容は、その前身の第一草案二三九条の規定から変遷があり、その詳細については *Tanaka, Koji*: aaO, S. 49f. 参照。

(206) *Medicus, Dieter*: Schuldrecht: ein Studienbuch, 1. Allgemeiner Teil, 12. Aufl., München 2000, § 33, Rn 363. ドイツ民法旧二八三条の規定に従って、後発的不能が擬制され、同二八二条の規定に従って債務者の有責性が推定される。

(207) Soergel/ *Wiedemann*: 1990, § 283 Rn 21, 23. もっとも、ドイツ民法旧二八三条一項後段の規定に従って、債務者は、給付を命じる判決手続の口頭弁論終結後に後発的無責不能が生じたことを証明して、免責を受けることができる（*Strieder, Joachim*: Handbuch der Beweislast im Privatrecht Bd. 1, Allgemeiner Teil und Schuldrecht BGB mit VOB, HOAI, KSchG und ProdhaftG, *Baumgärtel, Gottfried*, 2. Aufl., Köln, Berlin, Bonn, München 1991, § 283 Rn 2)。もっとも、通常はその免責の証明に成功することがない。なぜならば、債務が判決によって確定している債務者は、遅滞に陥っているのが通常であるため、遅滞中に偶然によって生じた不能についても責任を負うからである（ドイツ民法旧二八七条後段）。

(208) この趣旨を「債務者に一種の説明義務（Erklärungszwang）を負わせる」と解説する者もある（*Esser, Josef/ Schmidt, Eike*: Schuldrecht, Bd. I, Allgemeiner Teil, Teilband 2, 7. Aufl., Heidelberg 1993, S. 13)。

(209) けれども、無責性の証明責任が債務者にあるため、後発的不能の存在が明らかになれば足りることは（ドイツ民法旧二八二条）、注(205)の場合と同様。

(210) *Bollenberger*: aaO, S. 7f.

(211) *Bollenberger*: aaO, S. 15f.; *Pfammatter, Paul*: Der Anspruch auf das stellvertretende Commodum, Bern, Univ., Diss., Bern 1983, S. 13ff. スイスで特に強調されるのは、代償請求権の行使が債権者の権利であって義務ではないことである。もっとも、いったん行使すれば反対給付義務を負うことはドイツ民法旧三二三条二項および現行ドイツ民法三二六条三項の規定と同様であり（→第七章第三節二5）、全体としてドイツ民法が参考にされている。有責不能でもよいこと、法律行為による代償でもよいこと（↓第七章第四節第三款三【裁判例一四の一】）および代償が債権者の損害を上限としないこと（↓第七章第四節第三款七【裁判例一八】）も、ドイツ民法と同様である。

(212) *Bollenberger*：aaO, S. 3f.

(213) *Bollenberger*：aaO, S. 5. もっとも、オーストリア民法一二九八条は、直接には、債務不履行による損害賠償請求における債務者の帰責事由要件について債務者の証明責任を規定するものである。

(214) *Bollenberger*：aaO, S. 4.

(215) *Bollenberger*：aaO, S. 4.

(216) *Bollenberger*：aaO, S. 4.

(217) *Bollenberger*：aaO, S. 5.

(218) *Bollenberger*：aaO, S. 5f.

(219) *Bollenberger*：aaO, S. 12. 反対の少数説もあるようである。

(220) *Bollenberger*：aaO, SS. 13 u 139.

(221) *Bollenberger*：aaO, S. 14.

(222) *Bollenberger*：aaO, S. 13.

(223) *Bollenberger*：aaO, S. 14.

(224) *Bollenberger*：aaO, S. 14. この点については、代償請求する場合においては損害賠償請求権を行使することができない、と請求権の競合を否定する学説もあるようである。

第六章　民法典成立後の学説史

このようにして一八九六年に成立したドイツ民法典は、二〇〇〇年に不能および代償請求権の規定を含む「第二編　債務関係法」の大部分が改正され、いわゆる新債務法となった。その約百年間の学説史を債務法改正計画開始前までの約八〇年（第六章）とその後の約二〇年（第七章）に分けて紹介しよう。

第六章の結論を先取りすれば、不能においては有責性判断との訣別という画期的な解釈論が成立するのに対し、代償請求権においては見るべき発展が無い。したがって、以下の叙述も第一節の不能論が詳細に、第二節の代償請求権論が簡潔になる。

第一節　不能論の発展

一　序　説

ドイツ民法典成立後の不能論における最大の出来事は、新債務法成立に際して新しい不能要件が完成したことである。その不能要件を従来の不能要件と対置して簡単に説明しておこう。

ドイツ民法典の規定によれば、既に見たとおり給付義務消滅の要件は後発的無責不能であった。つまり、給付義務消滅の要件として機能するときは、不能には常に「後発的・原始的」「無責・有責」の判断が伴っていた。それが新債務法では、そのいずれの判断も伴わない単純な不能が給付義務消滅の要件となる。言い換えると、「後発的・原始的」「無責・有責」という二つの区別の「画一化（Gleichschaltung）」がなされ、その結果として「双方が『不能な債務は存在しない（Impossibilium nulla obligatio est）』という道徳哲学的に理解される命題を通して定義される」ということになる。(1)

このように、①原始的・後発的、②有責・無責の区別を捨象した不能それ自体を観念したときのその不能概念が成立する過程を見ることにしよう。(2) そのうち後者、つまり有責・無責の区別が先に捨象され（本章）、前者、つまり原始的・後発的という区別が後から捨象される（次章）。

二　新しい不能要件の萌芽

1　クリュックマンの学説

まず挙げるべきがパウル・クリュックマン（*Paul Krückmann*）（一八六六年一〇月二五日〜一九四三年一〇月一〇日）の学説である。(3) クリュックマンは、有責・無責不能を区別しない。しかも、原始的・後発的不能すら区別しない。クリュックマンによれば、不能それ自体は、それらの区別を問わない、同一の概念である。そして、その不能概念の外延は、社会通念によってのみ定めることができる。(4) つまり、「何らかの事柄が可能か否かを判断するのは、純粋な理性（reine Vernunft）でなく、実務上の理性（praktische Vernunft）であり、実務上不能な給付を目的とする義務の存在可能性を判断するのは、実務上の理性ではなく、純粋な理性である。もちろん、不能な給付を目的とする義務に代えて他の義務が発生することがあるけれどもそれは別問題である」。(5)

また、クリュックマンによれば、不能であれば、それが客観的であれ主観的であれ効果に違いは無く、主観的不能概念は、削除されるべきで、「民法典の改正が我々を過去から救い出すまでの間、まどろんで（schlummern）いてほしい」ということになる。(6)

2　クリュックマンの評価とシュトル説

このようなクリュックマンの学説は、後に学界が一致して本格的に新しい不能要件を発見するのに必要な主張であったし、少なくともその発見の時期を早めたものであった。しかし、クリュックマン説自体は、新しい不能要件の提唱とみなされていない。なぜならば、その学説が「不能」概念の説明に止まり、それを用いた要件を定立、すなわち法解釈の提示にまで結実していないためである。

その意味で、大戦間の一九三二年にハインリッヒ・シュトル（*Heinrich Stoll*）（一八九一年八月四日～一九三七年六月一九日）が「民法典における不能は、対象として（gegenständlich）規定されている」[7]と言ったのも、今日の視点で振り返れば、クリュックマンと同様に有責・無責の区別を捨象した不能概念の萌芽と見ることができる。けれどもそれは、やはりクリュックマンと同様に、「不能」という概念の説明の域に止まっていて、新しい不能要件を含む法解釈として提示するには至っていなかった。

法解釈論における新しい不能要件を明確に見出すことができるのは、なお暫くの時間が経過した第二次世界大戦後である。

三　有責性判断との訣別

1　総　説

ドイツ民法典に明文化された第二七五条の規定の要件は、文言上は、「債務関係発生後に生じた債務者の責めに帰することができない事由によって給付が不能になる限りにおいて」と後発的無責不能に限定され、その効果が給付義務の消滅であった（→第五章第四節九4）。そこでは、給付の後発的不能自体は、単独の法律要件ではなく、不能判断が有意義であるためには、債務者の有責性の判断を含んでいなければならなかった。[8]そのような不能概念が有責性判断と訣別して新しく生まれ変わったのは、債務法改正作業開始より前の出来事であった。[9]

2　後発的有責不能による損害賠償請求権との関係

きっかけは、第二七五条の条文解釈である。第二次世界大戦後になってやっと、民法典の文言をローマ法源から離れて解釈する世代が登場すると、同条の「後発的不能」が債務者の有責性判断を含むかが意識して議論されるようになる。「果実が熟れる」のには数十年の時の経過を要したのであった(10)。

具体的な問題は、後発的有責不能による損害賠償請求権を規定するドイツ民法旧二八〇条一項(11)の解釈論に由来する。同項は、次のように規定していた。すなわち、――

ドイツ民法旧二八〇条一項　債務者の責めに帰すべき事由によって給付が不能になる限りにおいて、債務者は、債権者に対し、不履行（Nichterfüllung）によって生じた損害を賠償しなければならない。

この規定の存在を前提に、一九六五年にヴォルフガング・フィーケンチャー教授（*Wolfgang Fikentscher*）（一九二八年五月一七日〜二〇一五年三月一二日）は、その『債務法』の教科書において明確に主張した(12)。すなわち、――

「債務者の責めに帰すべき事由によって給付が不能となる限りにおいて、債務者は、債権者に対し、賠償をしなければならない、というのが第二八〇条の規定である。履行請求権が不能になるのであるから、〔賠償とは〕履行利益の損害賠償である。〔本来の〕給付を求める請求権は、存続しない。そのことを第二八〇条の規定は特に言ってはいないけれども、第二七五条と第二八〇条との比較から明らかである。厳密に言えば、第二七五条一項の『債務者の責めに帰することができない』という文言は、削除されなければならないであろう。損害賠償責任が〔債務者〕有責の場合にだけ生じることは、第二八〇条に規定されているからである(13)。」

つまり、文言上は、第二七五条一項が「後発的無責不能→一次的給付義務消滅」という要件→効果であり、第二八〇条一項が「後発的有責不能→損害賠償義務発生」という要件→効果である。しかし、「後発的有責不能→一次的給付義務消滅」という要件→効果も当たり前のこととして明文化されなかっただけであり、第二七五条一項の規定は、「〔有責性を問わない単純な〕後発的不能→一次的給付義務消滅」と解されなければならない、という主張であった。

四　通説形成

1　総説

こうして、遅くとも一九六五年（フィーケンチャー教授の『債務法』初版の出版年）には、一次的給付義務の消滅という効果を導く要件は、後発的無責不能ではなく、債務者の有責性を捨象した後発的不能だという考え方が明確になり、有責・無責の区別が履行不能論では不要だ、と主張されたと現在では考えられている。(14)

2　判例

また、判例としては、学説より遅く、一九七一年の連邦通常裁判所判決が指導判決と目されている。(15)

その判決とは、なめして加工するために引き渡した革靴の材料の皮革を返還すべきことが請求された事件の口頭弁論終結時において「目的物が既に不存在であるために被告にとって皮革返還が不能であることについては、争われず、すなわち、それが確定していた」事案についてのものである。そのときは「控訴審裁判所が被告に対して命じた給付が不能である、ということが確定しているのである。この事案においては、控訴審裁判所は、皮革の返還を命じることができなかった。なぜならば、その判決は、執行することができず、無意味（sinnlos）だからである。したがって、控訴審判決は、破棄されなければならず、返還を求める訴えは、棄却されなければならない。」と、有責性について判断を下すことなく返還義務の消滅が導かれた。(16)すなわち、そこでは、有責・無責を区別しない不能要件が解釈されている。

他方、右判決において不能判断の基準として、判決が「無意味」であることが示された[17]。つまり、不能を理由として給付義務を否定する趣旨は、仮に給付を命じる判決を下した場合にはそれが無意味であるからである。いかなる意味で無意味かと言うと、「執行することができず、無意味」、つまり執行不能という意味で無意味である。すなわち、執行不能が確定している場合においては判決手続において給付義務を不存在とすることによって執行手続を省略することにこそ、不能による給付義務否定の制度趣旨を見出すのである。

ここで使われた「判決は、執行することができず、無意味」という判示は、不能による給付義務消滅の基準として重要であり、その後に人口に膾炙することとなった。

3　シュタウディンガーコンメンタール

以下では注釈書と教科書の中から五つの著名例を挙げて紹介しよう[18]。

まず、シュタウディンガーコンメンタールである。その第一〇＝一一版（一九六七年）では、有責・無責を区別しない不能要件の叙述は見られなかった[19]。しかし、その次の第一二版（一九七九年）になると、執筆者が交代し、マンフレート・レーヴィッシュ教授（*Manfred Löwisch*）（一九三七年三月八日〜）の手によって、有責・無責を区別しない不能要件が明確に書き加えられた[20]。すなわち、――

「給付が債務者にとって後発的に〔客観的〕不能となるまたは債務者の後発的主観的不能が生じるときは、債務者の本来の給付の実現をする義務は消滅する。ここでは、この問題に関してやや誤解を招く第二七五条の定式化にもかかわらず、その後発的客観的不能または後発的主観的不能が債務者の責めに帰すべき事由によって生じたか否かは、問われない。何人も不能な給付の義務を負わない。たとえその不能が債務者の責めに帰すべきであったとしてもである。不能が〔債務者の〕責めに帰すべきか否かの問いは、不能の別の効果に関してだけ意味がある。つまり、〔債務者の〕責めに帰することができないときは、効果は、第二八一条の規定に従った返還義務〔（＝代償請求権）〕

および不能を債権者に遅滞なく通知する義務〔の発生〕に限られる〔……〕。それに対し、後発的不能が〔債務者の〕責めに帰すべきときは、第二八〇条の規定に従って、債務者は、債権者に対し、〔……〕不履行によって生じた損害を賠償しなければならない。」[21]

レーヴィッシュにおいては、後発的不能を要件とする効果が給付義務の消滅であるのに対し、損害賠償義務の発生が後発的有責不能を要件とする効果であること、そして両者が別の法規範であることが鮮明である。

4　ミュンヒナーコンメンタール

ミュンヒナーコンメンタールも同様で、かつてペーター・ハーナウ教授（*Peter Hanau*）（一九三五年七月一三日〜）[22]が執筆していた第一版（一九七九年）と第二版（一九八五年）では、有責・無責を区別しない不能要件の叙述は見られなかった。[23]しかし、その次の第三版（一九九四年）になると、執筆者がフォルカー・エマリッヒ教授（*Volker Emmerich*）（一九三八年二月二八日〜）[24]に交代し、新しい不能要件の叙述が加えられた。[25]

5　パーラントコンメンタール

パーラントコンメンタールでも同じ軌跡が描かれた。担当のヘルムート・ハインリヒス博士（*Helmut Heinrichs*）（一九二八年一月一三日〜二〇一七年七月二四日）[26]が有責・無責を区別しない不能要件の叙述を第四三版（一九八四年）以降に追加したのである。[27]その際、前述のシュタウディンガーコンメンタールにおけるレーヴィッシュ教授の記述（一九七九年）が引用された。

6　ラーレンツ

カール・ラーレンツ教授（*Karl Larenz*）（一九〇三年四月二三日〜一九九三年一月二四日）の債務法教科書では、[28]当初の版には有責・無責を区別しない不能要件の叙述が欠けていたが、[29] 第一〇版以降（一九七〇年）では、それと平仄が合うように加筆された。すなわち、――

「第二七五条と第二八〇条は、対応している。つまり、第一次の給付が不能になったときは、債権者には第二次の給付しか役に立たない。法律が債務者を第二次の給付に義務づけないならば、債務者は給付義務を完全に免れる。[30]」

第二七五条の不能による第一次の給付義務の消滅と第二八〇条の第二次の給付義務の発生とが明確に区別された。もっとも、有責・無責を区別しない不能要件と矛盾しないように書き換えられてはいるけれども、有責・無責を区別しない不能要件自体が説かれたわけではない。

7　ムズィラク

ハンス・ヨアヒム・ムズィラク教授（*Hans-Joachim Musielak*）（一九三三年一二月二八日～）[31] の解釈は、結論的には有責・無責を区別しない不能要件を肯定し、その点では通説と同じである。けれども、条文解釈としてはその変種であり、わが国の解釈にも参考になるので、詳しく説明しよう。すなわち、――

「『〔……〕債務関係の発生後に生じた事由によって』つまり後発的に給付が不能となったことについて債務者が責めに帰すべきでなければ、第二七五条一項の規定に従って債務者は給付義務を免れる。しかし、このことは当たり前のことだろうし、法律に明文で規定されなくてもよいものであろう。それは不能な給付実現が義務づけられないからであり、しかも、それは不能の事由を問わないのである。したがって、第二七五条一項の規定は、本来の給付義務についてではなく、二次的な給付義務、つまり債権者が給付を受けなかったことを理由とする債権者に対する損害賠償義務についてのものでなければならない。[32] 第二七五条一項に規定されている要件が満たされるときは、債務者は二次的な給付義務を免れるのである。〔……〕」

ムズィラクのこの解釈は、通説に属する他の論者のように第二七五条一項の規定を有責不能まで含めて拡大解釈するのではない。むしろ、有責・無責を区別しない不能要件を前提とする後発的不能による債務者の免責を当たり前の規範として明文の規定とは無関係に導き出すものである。[33] しかし、第二七五条の解釈という視点からは違いがあっても、単純な後発的不能による給付義務の消滅を肯定するという肝心な点では他の論者と同じである。したがって、ムズィラク説と通説とは大同小異であり、前者を後者の変わり種と位置づけるのがよいであろう。

むしろ注意すべきなのは、同書の一九八六年の初版から一九九四年の第四版までには「しかし、このことは当たり前のことだろうし」以下の記述が存在せず、有責・無責を区別しない不能要件が前提とされていなかったことである。[34] それが債務法改正実現の直前の第五版（一九九七年）および第六版（一九九九年）では書き換えられている。[35] したがって、ここにも有責・無責を区別しない不能要件が通説化した一つの形を見ることができる。

8　まとめ

こうして、「このような教科書で法学教育を受けた者たちは、一九〇〇年の〔民法典の〕第二七五条が、『債務者免責の問題を有責性と関連づけている』ために『失敗（missglückt）』であると確信するに違いなかった。[36]」重要なのは、有責・無責を区別しない不能要件の通説化の時期が債務法改正の検討作業開始前であったこと、[37] すなわち、一九八〇年代には既に通説化していた、ということである。[38]

通説化の理由の少なくとも一つは、その解釈の分かりやすさにあると思われる。すなわち、「後発的無責不能→給付義務消滅」よりも「後発的不能→給付義務消滅」という要件→効果の法規範の方が、単純である。また、その不能を執行不能かどうかで判断するという基準も分かりやすい。[39] 単純で分かりやすい法解釈は、複雑で分かりにくいそれよりも普及しやすいことからすると、[40] そのことも通説形成に寄与したと考えられる。

結局、ドイツ民法旧二七五条は文言上、後発的無責不能という要件と給付義務の消滅という効果を規定していたにもかかわらず、有責・無責を区別しない不能要件が成立し、単純な後発的不能が要件であるという拡大解釈が一九八〇年代には通説を形成していた。

五　まとめ

一八九六年に成立したドイツ民法典の文言上、第二七五条の「不能」は、――モムゼン＝ヴィントシャイト流の解釈を踏襲して――後発的無責不能であり、①債務者の帰責性の要素と②原始的・後発的という区別についての判断を含んでいた。しかし、ドイツ民法典制定後も相当な年月が経過した頃にその要件の解釈が本格的に議論され、遅くとも債務法改正の検討作業開始前には、同条については、有責・無責を区別しない不能要件が成立し、後発的無責不能との文言にかかわらず、後発的不能と解すべきことについて、通説が確立していた。

第二節　代償請求権論の発展

一　総説

ドイツ民法典成立から債務法改正計画開始までの約八〇年間に代償請求権論は大した発展を遂げず、本書が特に取り上げる要件論についてもほとんど異口同音であった（nahezu einhellig）[41]。それでも、紹介するべき議論が二つある。

第一に、その根拠についての議論である（二）。しかしその内容は、第一草案理由書をなぞるものにすぎなかった。

第二に、他の制度との関係に関する議論である（三）。こちらの方は、債務法改正後の現在まで続く議論の元となる判例が示された。

二　根拠

この時期における代償請求権の根拠についての議論で重要な役割を果たしたのは、判例である。もっとも、わが国と同様にドイツでも代償請求権の裁判例は少ない。一八九六年に成立したドイツ民法旧二八一条の規定に関する指導判決が下されたのは、実に、民法典成立から六一年後の一九五七年六月一九日であった。判決は、第一草案理由書における根拠（第五章第四節二6・7）を次のとおり引用して述べた(42)。すなわち、――

「第一草案理由書の第二巻四六頁（Motive II, S. 46）に書かれているところによると、前身の第一草案二三八条は、義務づける意思（Verpflichtungswille）がそれ〔代償〕に向けられている、という正当な仮定に依拠している。その規定は疑いなく正当性に適う、とされている。しかし、この仮定が無限定に妥当するのは、給付目的と、代償が給付された目的が同一であるときに限られる。そのときに限り、この代償を債権者に帰属させることが常に正当で、義務づけの内容が当事者意思に沿っていると無条件に言うことができる。この規定は事実に即して（sachlich）債務関係を補充するのである。すなわち、約定債務関係においては、この規定は、法律上規定された補充的契約解釈をするのである。」

ここで代償請求権の根拠が語られたことが重要である。つまり、判例によれば、ドイツ民法旧二八一条の規定の趣旨は、――理由書と同じく――仮定的意思の補充的解釈である。すなわち、根拠についての議論は、立法当時のものが踏襲されたのであった。

三　他の制度との関係

他方、他の制度との関係において代償請求権を説明する古い判決も存在する。すなわち、一九二八年三月一〇日のライヒ裁判所判決である。[43] すなわち、――

「〔問屋の返還義務を規定する〕商法三八四条二項および〔不当利得返還義務を規定する〕民法八一二条の規定そして広義においては民法二八一条の規定についてもその基礎となっている法的思考とは、基準となる経済関係に従うと他の人と比べて適当ではない人が経済の過程において取得した財産価値は、適当な人に帰属するべきでだ、というものである。したがって、右の諸規定の目的は、財産価値の不適当な分配を均すこと（Ausgleich einer unrichtig gewordenen Verteilung von Vermögenswerten）に限られ、本件においては、被告に最終的に実際に帰属した財産価値に被告の支払義務が制限されれば、達成されるのである。」

つまり、「財産価値の不適当な分配の清算」こそが代償請求権制度の目的だということである。この文言は、その後広く決まり文句として流布し、[44] 同条の趣旨説明が確立した。[45] もっとも、そこで言う「財産価値の不適当な分配の清算」自体は、民法上の制度全体に通底する当たり前のことであり、それ以上の特殊な内容を含むものではないはずである。「第二八一条の規定は、財産法全体に妥当する基本思想を含んでいる」というのも同旨であろう。[46]

ところが、右の判決が不当利得に言及したことから、後に債務法改正計画の段階で、代償請求権を不当利得の一環と解釈する有力説が登場することになる。それは、その段階で改めて紹介しよう（→第七章第三節二2）。

四　まとめ

ドイツ民法典制定後、判例・学説上の代償請求権論は、余り発展していない。その中でも特記に値するのは、代償請求権規定の根拠が仮定的意思の補充的解釈だとする立法者意思が判例上も踏襲されたことである。

第三節　まとめ

ドイツ民法典（一八九六年公布・一九〇〇年施行）成立から一九八〇年代の債務法改正計画開始までの時期においては、不能論においては、第二七五条の解釈について、有責・無責を区別しない不能要件が成立するという画期的な出来事があった。それに対し、代償請求権論においては根拠に関し、仮定的意思の補充的解釈だという立法趣旨を肯定する判例が形成されたに留まった。

（1）　HKK-BGB/ *Schermaier*：§ 275, Rn 36.

（2）　ドイツで „ein einheitlicher Begriff der Unmöglichkeit" と呼ばれるものである。直訳すれば、「統一的不能概念」となる。HKK-BGB/ *Schermaier*：§ 275, Rn 20, 59 などに見られる。

（3）　*Krückmann, Paul*：Unmöglichkeit und Unmöglichkeitsprozeß：zugleich eine Kritik der Entwurf Rußlands, Ungarns und der Schweiz, AcP 101, 1907, SS. 1–306. クリュックマンは、ミュンスター大学教授を長く務め、連合国によるミュンスター大空襲で落命した戦前の民法学者である。その不能論は石坂博士も直接に参照している。

（4）　*Krückmann, Paul*：aaO, S. 60. 直訳すれば「実務上の経験からのみ（einfach von der praktischen Erfahrung）」であるが、意訳した。

（5）　*Krückmann, Paul*：aaO, S. 61.

(6) *Krückmann, Paul*: aaO, S. 66.

(7) *Stoll, Heinrich*: Abschied von der Lehre von der positiven Vertragsverletzung, AcP 136, 1932, SS. 257–320, S. 273. テュービンゲン大学教授であったシュトルは、四六歳で夭折したが、死の前年に刊行した『給付障害論』(Die Lehre von den Leistungsstörungen, Tübingen 1936) で発表した「給付障害」概念によって法学史に偉大な足跡を遺した。その生涯および業績については、Vgl. *Sessler, Anke*: Die Lehre von den Leistungsstörungen – Heinrich Stolls Bedeutung für die Entwicklung des allgemeinen Schuldrechts, Freiburg, Univ., Diss., Berlin 1994, S. 16ff. なお、その遺児ハンス (*Hans Stoll*)(一九二六年八月四日～二〇一二年一月八日) は、誕生日を同じくする父と同様に民法学の教授となり、永年奉職したフライブルク大学において親日家としてわが国の研究者を厚遇した。小野秀誠・前掲『法学上の発見と民法』五一八頁～五二二頁参照。

(8) この不能概念の変遷について、*Stoll, Heinrich*: Abschied, aaO, S. 273 に倣って「規範的 (normativ) 不能概念」・「対象的 (gegenständlich) 不能概念」と呼ぶ言葉遣いもある (HKK-BGB/*Schermaier*: § 275, Rn 37)。しかし、日本語に訳した場合に難解であるので、ここではその言葉遣いを採用しない。

(9) HKK-BGB/*Schermaier*: § 275, Rn 39.

(10) HKK-BGB/*Schermaier*: § 275, Rn 60.

(11) 本条については、林良平「ドイツ民法第二八〇条の履行不能概念」『近代法における物権と債権の交錯』(有信堂高文社、平元〔初出は昭三〇〕) 一九一頁～二〇九頁参照。もっとも、本書の問題意識には触れられていない。

(12) フィーケンチャー教授は、ミュンヘン大学で長く教鞭を執り、引用の『債務法』の教科書で名高く、とりわけ知的財産権法および独占禁止法を専門とした。

(13) *Fikentscher, Wolfgang*: Das Schuldrecht, Berlin 1965, S. 189. 傍点は原典。

(14) HKK-BGB/*Schermaier*: § 275, Rn 60. そこでは、通説形成時期はそれ以上には厳密にされていない。

(15) *Wittig, Solms Ubbo*: Verurteilung zur Herausgabe einer Sache trotz behaupteter Unmöglichkeit, NJW 1993, SS. 635–639, S. 636. この論文は、返還請求権の不能による消滅を論じたものであるが、請求権一般について参考になる。

(16) BGH, Urteil vom 4. 11. 1971 – VII ZR 175/69, NJW 1972, S. 152. 判例としては、この他に、RG, Urteil vom 5. 4.

1939 − II 155/38, RGZ 160, SS. 257–270, S. 263 ; BGH, Urteil vom 5. 5. 1977 − VII ZR 36/76, BGHZ 68, SS. 373–379, S. 377 ; BGH, Urteil vom 21. 2. 1986 − V ZR 226/84, BGHZ 97, SS. 178–183, S. 181 ; BGH, Versäumnisurteil vom 26. 3. 1999 − V ZR 368/97, NJW 1999, SS. 2034–2035, S. 2034 がいずれも（前三者は傍論で）後発的不能による給付義務消滅を述べ、この四つの判決は、後の債務法現代化法の法案理由書で第二七五条改正の根拠として引用される。特に、最初のライヒ裁判所判決と最後の連邦通常裁判所判決は、既にこれが確定判例であると明言している。

(17) もっとも、不能判断の基準については戦前から、「給付判決の主たる目的は、〔……〕強制執行の基礎となることである。したがって、客観的に不能であることが確定した給付を命じる判決は、無意味（widersinnig）である」と——さほど明確にではなかったが——同旨が説かれていた。RG, Urteil vom 16. 5. 1923 − I 441/22, RGZ 107, 15, S. 17.

(18) 不能要件についての新しい理解の普及は、一般に、注釈書・体系書・教科書で早く、単行論文（特に博士論文）では遅い。たとえば、一九七〇年代以降も、*Rohde, Gerd* : Die Unmöglichkeit der Leistung bei Gattungsschulden, Würzburg, Univ., Diss., Würzburg 1972, S. 30ff. ; *Rauh, Theo* : Leistungserschwerungen im Schuldvertrag, Trier, Univ., Diss., Frankfurt am Main 1992 ; *Cekovic-Vuletic, Simonida* : Haftung wegen Unmöglichkeit nach dem Schuldrechtsmodernisierungsgesetz, München, Univ., Diss., München 2003 では、新しい不能解釈が意識されていない。また、このことは、新しい不能解釈が学説史研究からではなく同時代の条文解釈から生まれた、という「発見のプロセス」（平井宜雄『法律学基礎論の研究』（有斐閣、平二二）七二頁参照）を示していると思われる。

(19) Staudinger/ *Werner* : § 275, 10./ 11. Aufl., 1967.

(20) レーヴィッシュ教授は、一方で、ドイツの大学人としては珍しく一度も勤務先の異動を経験せずにフライブルク大学一筋に勤め上げ、他方で、非常にエネルギッシュな人物で実務家（裁判官・弁護士）としても活躍した。お世話になった日本人研究者も多い。

(21) Staudinger/ *Löwisch* : 12. Aufl., 1979, § 275, Rn 44. 傍点は原典。

(22) ハーナウ教授は、長くケルン大学の教授を務め、多くの日本人研究者を熱心に指導したことでも知られる。

(23) Müko-BGB/ *Hanau* : 1. Aufl., 1979 u. 2. Auf., 1985, § 275.

(24) エマリッヒ教授は、新設のビーレフェルト大学で一二年間務めた後、バイロイト大学に移って定年まで二五年間教鞭を執った。その学問は、明晰な文章で説得力があるが、ビーレフェルトもバイロイトも日本人民法学者とは縁遠い法学部だからであろうか、わが国ではさほど引用されない。

(25) MüKo-BGB/*Emmerich*: 3. Aufl., 1994, § 275, Rn 109. そうしないと手続が無駄になることを説く。

(26) ハインリヒス博士の本職は裁判官であり、ブレーメン高等裁判所長官を一二年間に渉って務めた人物である。学界においても、パーラントコンメンタールの――本書関連部分を含む――主要部分の改訂を四〇年以上担当したことで有名である。その正確な内容と外連味のない文体にはコンメンタールの理想が体現されていて、本書関連部分が博士の担当であったのは、まったくの僥倖であった。

(27) 第四二版（一九八三年）には存在しなかった叙述である。Palandt/ *Heinrichs*: 42. Aufl., 1983, § 275; Palandt/ *Heinrichs*: 43. Aufl., 1984, § 275, S. 303. その後は債務法現代化における法案理由書で引用される版に至るまで同一の叙述が繰り返された（Palandt/ *Heinrichs*: 59. Aufl., 2000, § 275, Rn 24）。

(28) ラーレンツ教授は、キール大学で長く職を奉じた後、晩年にミュンヘン大学に転じた。その法学方法論、民法総則および債務法の体系書によって時代を代表する法学者であった。同じミュンヘン大学のフィーケンチャー教授より一つ前の世代であるが、不能要件に関する新しい解釈は、フィーケンチャー教授より遅い。この問題に関して両者に連絡があったかは不明である。ラーレンツの人と業績に関する正確な紹介は、森田修『契約規範の法学的構造』（商事法務、平二八）二二八頁～二三二頁、小野秀誠・前掲『法学上の発見と民法』四七六頁～四八六参照。

(29) 第一版、第二版、第四～九版で確認した。*Larenz, Karl*: Lehrbuch des Schuldrechts, 1. Band, Allgemeiner Teil, 1. Aufl., München 1953, S. 172, 2. Aufl., 1957, S. 190, 4. Aufl., 1960, S. 200, 5. Aufl., 1962, S. 225, 6. Aufl., 1963, S. 233, 7. Aufl., 1964, S. 241, 8. Aufl., 1967, S. 241, 9. Aufl., 1968, S. 241.

(30) *Larenz, Karl*: Lehrbuch des Schuldrecht, 1. Band, Allgemeiner Teil, 10. Aufl., München 1970, S. 227, 11. Aufl., 1976, S. 251f., 12. Aufl., 1979, S. 254, 13. Aufl., 1982, S. 285, 14. Aufl., 1987, S. 308. 当該箇所の原脚注も参照。

(31) ムズィラク教授は、官僚になった後にパッサウ大学教授に転身した経歴の持ち主である。何と言っても、抜群の学生人気を誇る民法と民事訴訟法の教科書（『基礎講座民法』（民法総則と債務法）・『基礎講座民事訴訟法』）で知られる。実際、簡にして要を得た記述で読みやすい。

（32）*Musielak, Hans-Joachim*: Grundkurs BGB, 6. Aufl., München 1999, S. 178. 傍点を付けた。

（33）もっともこの解釈は、第七章第一節二2で紹介する債務法改正委員会最終報告書（一九九二年）で明確に否定された。

（34）*Musielak, Hans-Joachim*: Grundkurs BGB, 1. Aufl., München 1986, S. 164f.; 2. Aufl., 1989, S. 168f.; 3. Aufl., 1992, S. 172f.; 4. Aufl., 1994, S. 174f.

（35）*Musielak, Hans-Joachim*: Grundkurs BGB, 5. Aufl., München 1997, S. 178f.; 6. Aufl., 1999, S. 178. 第五版で書き換えられた記述が第六版では更に洗練されている。

（36）HKK-BGB/ *Schermaier*: § 275, Rn 60.

（37）*Looschelders, Dirk*: Unmöglichkeit als Leistungsstörungskategorie, in: *Artz, Markus/ Gsell, Beate/ Lorenz, Stephan* (hrsg.): Zehn Jahre Schuldrechtsmodernisierung, Tübingen 2014, SS. 213-235, S. 215f. 本書と同様、フィーケンチャー教授をまず引用する。

（38）わが国ではこの点が看過されてきたようである。たとえば、吉政知広『事情変更法理と契約規範』（有斐閣、平二六）は、債務法改正の検討作業開始前の学説を紹介することなく、改正作業を紹介しているために、あたかも、改正前においても第二七五条が文言どおりに解釈され続けてきて、それが新二七五条によって初めて改められたかのような誤解を生じさせる書きぶりになってしまっている（特に同書二八六頁〜二八七頁「ドイツ民法典二七五条の内容は債務法現代化法によって大きく変更された。〔……〕すなわち、改正前の二七五条は、債務者の責めに帰することができない事由によって履行が不能となった場合に、債務者を損害賠償義務と履行義務の両方から解放する規定であった。これに対して、改正後の二七五条は債務者の義務そのものに関する規定ではなく、債権者からの履行請求に関して債務者が主張することのできる事由を定めた規定として位置づけられる」）。しかし、後述するように、新二七五条の規定は、旧二七五条についての通説が明文化されただけのものである。同様な印象を与える邦語文献として、中村肇「事情変更法理における債務解放機能と債務内容改訂機能――ドイツ債務法現代化法および国際取引法規範における事情変更問題への対応を中心に」成城七二号（平一六）三九頁〜一二〇頁、五三頁参照。

（39）「不能な給付義務は存在しない（Impossibilium nulla obligatio est）」という命題には先天的な説得力がある、と言われた（*Canaris, Claus-Wilhelm*: Zur Bedeutung der Kategorie der „Unmöglichkeit“ für das Recht der Leistungsstörungen, in: *Schulze, Reiner/ Schulte-Nölke, Hans* (hrsg.), Die Schuldrechtsreform vor dem Hintergrund des Gemeinschaftsrechts, Tübingen 2001, SS. 43–66, S. 49)。

（40）*Jakobs, Horst Heinrich*: Gesetzgebung im Leistungsstörungsrecht. Zur Ordnung des Rechts der Leistungsstörungen im Bürgerlichen Gesetzbuch und nach Einheitlichem Kaufrecht, Paderborn, München, Wien, Zürich 1985, S. 41.

（41）*Helms*: aaO, S. 344.

（42）BGH, Urteil vom 19. 6. 1957 – IV ZR 214/56, BGHZ 25, S. 1–11, S. 9f. = NJW 1957, SS. 1514–1515, S. 1515. 傍点を付けた。

（43）RG, Urteil vom 10. 3. 1928 – I 228/27, RGZ 120, SS. 297–300, S. 299. 傍点を付けた。

（44）戦後の連邦通常裁判所としては、BGH, Urteil vom 10. 2. 1988 – IV a ZR 249/86, NJW-RR 1988, SS. 902–904, S. 903がライヒ裁判所判決を踏襲し、「代償原則に従った〔ドイツ旧〕民法二八一条の補償給付（Ausgleichsleistung）の返還を目的とする請求権」という言い方をしている。

（45）Palandt/ *Grüneberg*: 77. Aufl., 2018, § 285, Rn 1; MüKo-BGB/ *Emmerich*: 6. Aufl., 2012, § 285, Rn 2; jurisPK-BGB/ *Alpmann*: 7. Aufl., 2014, § 285, Rn 1; usw.

（46）*Esser, Josef/ Schmidt, Eike*: Schuldrecht, Bd. I, Allgemeiner Teil, Teilband 2, 8. Aufl., Heidelberg 2000, S. 16.

第七章　ドイツ新債務法

民法典成立後の最大の出来事は、言うまでもなく債務法改正である。この債務法改正は、ドイツ民法典の改正であり、新債務法として二〇〇一年に実現した。新法成立までに経た「債務法改正計画」および「債務法現代化」という二つの段階を詳しく見てゆこう。

第一節　債務法改正計画

一　債務法改正鑑定意見（一九八一年）

1　総　説

一九七八年、ヴィリー・ブラント首相（*Willy Brandt*）（一九一三年一二月一八日～一九九二年一〇月八日）率いる政府の法務大臣ハンス・ヨヘン・フォーゲル（*Hans-Jochen Vogel*）（一九二六年二月三日～）[1]がドイツ民法典の債務法改正計画を公にしたのが事の発端である。それに従って一九八一年と八三年にオレンジ色の分厚い三巻本の鑑定意見[2]が公刊され、学界の注視の的となった[3]。

本書に関する部分については、「給付障害（Leistungsstörungen）」の項を担当したウルリッヒ・フーバー教授（*Ulrich Huber*）（一九三六年三月二三日～）が鑑定意見を執筆した[4]。後述するように、フーバーの提案は、本書の内容に関する限り立法に全く反映せず、学説としても現在では顧みられない存在である。しかし、当時は、公の鑑定意見として持て囃され、過大評価されていた。なぜそのように浮き沈みが激しかったのかを含め、念入りに見ておこう。

2 不　能

フーバーの改正提案は、ハーグ統一売買法およびウィーン国連動産売買条約とりわけ前者に依拠し、不能についての考え方の大きな変更を含むものであった。(5) 条文案は、次のとおりである。(6) なお、この鑑定意見以降、条文ごとに「見出し」が付き、現行法にも踏襲されている。(7) すなわち、――

債務法改正鑑定意見二七五条三項　債務者の責任　〔債務の〕不履行（Nichterfüllung）が債務者の責めに帰することができない事由によるものであるときは、債権者は、履行（Erfüllung）及び損害賠償を請求することができない。その証明責任は、債務者が負う。この場合において、債権者が解除権（Rücktritt）、告知権（Kündigung）及び代金減額請求権を行使することを妨げない。

第一に、フーバーの提案には、そのキーワードとなる債務不履行（Nichterfüllung）という概念が唐突に登場し、従来の給付障害（Leistungsstörungen）との概念上の差異が説明されていない。

第二に、ドイツ民法典成立後の不能論の発展（↓第六章）も全く反映されていない。

第三に、この第三項を含む第二七五条の提案において、フーバーは、もっぱら損害賠償請求に焦点を定めて作業し、損害賠償請求権の不発生と本来の給付請求権消滅とを区別していない。(8) しかし、――既に述べてきたとおり――ドイツ民法旧二七五条一項および二八〇条一項との解釈を通じて、本来の（一次的な）給付請求権の消長と（二次的な）損害賠償請求権のそれを――たとえ関連するとしても――区別していたドイツ民法学にとって、(9) フーバーは、横紙破りだったのである。(10)

これら学説史を等閑視する態度が良くも悪くもフーバー案の特徴である。そして、それが法務省の鑑定意見という権威にもかかわらず学界から峻厳な態度を取られたゆえんと思われる。

ただし、フーバーの果たした役割として看過することができないのは、原始的不能に関するドイツ民法旧三〇六条の規定（「不能な給付を目的とする契約は、無効とする。」）の代替規定の無い削除を提案したことであり、それ自体は後に実現した。(11) なお、ディーター・メディクス（*Dieter Medicus*）（一九二九年五月九日〜二〇一五年六月六日）(12)も、契約締結上の過失の視点から同条の削除を提案していた。(13)

3　代償請求権

代償請求権論についての条文案は、次のとおりであった。(14) すなわち、——

債務法改正鑑定意見二八一条　代償（Stellvertretendes commodum）　不履行の事由によって給付の目的について代償又はその請求権を債務者が取得するときは、債権者は、代償の償還又はその請求権の移転を請求することができる。

債務法改正鑑定意見二九二条a　損益相殺　債権者が〔債務者の〕不履行によって第二八一条の規定に従って代償の償還若しくはその請求権の移転を請求することができる、(15)又は利益（Nutzungen）若しくはその相当額の返還を請求することができる場合において、債権者がその権利を行使するときは、〔債権者の〕取得した代償又はその請求権の価額及び償還された利益若しくはその相当額だけ債権者に給付されるべき損害賠償を縮減する。

フーバーの主張によれば、債務法改正鑑定意見二八一条・二九二条aは、ドイツ民法旧二八一条から実質的に変更されていない。

しかし、フーバーがどのように言い募ろうが、ドイツ民法旧二八一条の規定は、フーバー案においては実質的に変更されてしまっていると評価するべきである。それは、ドイツ民法旧二八一条一項と同条二項に相当する規定が債務法改正鑑定意見二八一条と同二九二条aに離れて規定され、後者が損益相殺についての一般規定として代償請求権の場合に限らずに規定されることによって、代償請求権が損害賠償請求権の一種であるかのような規定となっているからである。

また、ドイツ民法旧二八一条一項自体にも傍点部分、すなわち、「給付を不能とする事由」から「不履行の事由」への修正がある。これは、従来の用語法の「不能」の場合に限らずに、代償請求権の発生を認めるものであり、給付障害全体にわたる用語変更の一部にすぎない、とフーバーは説明した[16]。しかし、やはりこの変更も、不能を要件から外すという実質的な変更であったと評価するべきである。

4　まとめ

債務法改正鑑定意見では、フーバーが本書に関する部分を担当した。フーバーは、一方で、従来の不能論に代わる斬新なアイデアを述べ、他方で、原始的不能に関するドイツ民法旧三〇六条の規定の削除を提案した。代償請求権については、ドイツ民法旧二八一条二項の規定を損益相殺についての一般規定とする新提案をした。しかし、フーバーの鑑定意見は、学説史を等閑視したためであろう、学界からは手厳しく扱われた。

二　債務法改正委員会最終報告書(一九九二年)

1　総　説

一九九二年には債務法改正委員会（Schuldrechtskommission）による『最終報告書』[17]が公刊され、債務法改正委員会草案が公表された。全体としては、ウィーン国連動産売買条約にその範を求め、消滅時効・給付障害・売買・請負に関する改正が提案された[18]。代償請求権の規定は、同条約に存在しない。けれども、債務法改正委員会は、代償請求権規定の削除を提案しなかった[19]。

最終報告書は、執筆者の個性が強く滲み出た鑑定意見の書き振りを反省し、全体として無署名のものとなった。そして、オーソドックスで手堅い内容となった。本書に関する部分についても、フーバーの鑑定意見が学説史を眼中に置かないものであったのに対し、最終報告書は、むしろその具体的な執筆者を推測するのが困難なほど学説および判例の流れに忠実な内容となった。そのためであろう、フーバーの鑑定意見がその後の債務法現代化の議論においてはほとんど顧みられなかったのと対照的に、最終報告書は、その主要部分が債務法現代化において逐一引用され、現行法に結実するに至った[20]。

2　不　能

まず、不能の中心規定としての第二七五条に関する最終報告書の記述は、一方で、そのかなりの部分が一字一句後の法案理由書になるため非常に重要であり、他方で、――とりわけ日本人には――理解しづらいところがあるので、省略せずに長目に引用しよう[21]。すなわち、――

「I. 問題提起

第二四一条の規定に従って、債務者は、債務関係によって給付を実現する義務を負う。その義務の履行が債務者には困難であるかも知れず、その困難のために債務者が義務を免れるか否かが問題となる。まず次の二つである。――

第一に、いかなる困難まで債務者は甘受し、本来の給付義務を負い続けるのか。つまり、債務者がその〔本来の給付〕義務を免れる（von dieser Pflicht befreit wird）のはいつか。

第二に、〔免れるとすれば、〕債務者は、そのまま（法律上当然に）本来の給付義務を免れるのか（frei wird）、それともそのためには債務者の何らかの行為（とりわけ抗弁の主張）が必要か。

債務者が本来の給付義務から免れる場合においてそれに代えて債権者に対して不履行による損害賠償義務が生じる

のか否か、という問題もある。また、債務者の本来の給付義務からの免責のための要件が充足されない場合においても債権者の方で賠償義務へ移行させることができるのかどうか、も問題になるだろう。

Ⅱ．現行法

現行法においては、右の二つの問題には第二七五条が答えてくれる。まず、第一に、債務者が本来の給付義務を免れるのは、後発的（客観的または主観的）不能が生じるときである。そのためこれ〔不能概念〕が給付障害の中心的概念となる。第二に、本来の給付義務の消滅は、法律上当然に生じる。つまり、債務者の不能の主張は不要である。そして、第二七五条に続く給付障害（債務法の中心部）の諸規定は、その相当な部分が本来の給付義務が損害賠償義務に移行するための要件についてのものである。

Ⅲ．現行法の欠点

1．現行法の一番の欠点は、給付障害法の二本柱の一つとして不能（もう一つは遅滞）を強調してしまっていることである。〔……〕そのために規定の欠缺が生じると通説は考え、債務法総則において〔明文で〕規定されていない積極的債権侵害でその欠缺を補充しているのである。

2．現行第二七五条に関して言えば、債務者の免責の問題が帰責事由と関連づけられている点で不幸である。本来の給付義務の存続に帰責事由は無関係である、というのが正しい。つまり、債務者が給付することができないことについては、その理由を問わず、債務者は義務を負わないのである。

また、第二七五条の債務者の免責を二次的な給付義務の免責も含むと理解すること（そしてそれを正しいと考えること）はできない。そのような理解はやはり正しくないからである。[22] つまり、たとえば、、債務者は、一次的な給付の代わりに取得したものを債権者に給付しなければならない（現行第二八一条〔代償請求権〕）。

3．改正すべきは、従来の第二七五条の（客観的・主観的）不能への〔要件の〕制限である。というのは、その〔要件の〕制限は、実務上の適用における免責のルールを不完全にしか表現できていないからである。すなわち、真の（物質的（physisch））不能の存在は、技術の発達によって本当に適合的〔な要件〕ではなくなったからである。

たとえば、今日では沈没した船舶を引き揚げたり、山を移動させたりすることも〔自然法則上は〕可能である。しかし、これらの処理が技術的に可能だということは、それが給付の前提を成す場合においてその義務が生じることを意味しない。むしろ、契約の解釈を通じて法的観点から決定されなければならない。つまり、ある機械を引き渡すことを約した者は、その機械を乗せた船舶が沈んでも、通常、それを引き揚げて引渡義務を履行する義務を負わないのである。それに対し、船舶の引揚げを約した者は、その引揚げが困難だからといって免責されはしない。

実際に、実務および学説は、第二七五条（およびその関連規定）が〔明文上は要件を〕本来の不能に制限することを克服している。つまり、その規定は、〔本来の不能以外の〕いわゆる事実的（faktisch）不能、さらにはいわゆる経済的不能または受忍限度超過の場合にも、異論なく適用されているのである〔……〕。その他に、良心上の期待可能性の不存在または行為基礎の喪失といった類似の免責事由については、第二四二条が規定している。

4．さらに問題になるのは、第二七五条の規定を後発的不能に限定することである。というのは、原始的に克服できない障害のある給付もまた、債務者は、実現しなくてよいからである。もちろん、現行法は、原始的客観的不能の給付を目的とする契約を無効と定めている（第三〇六条）。そのことは同時に給付義務からの債務者の免責をも意味している。しかし、——計画どおりに——この〔第三〇六条の〕規定が削除されるならば、原始的不能の一次的給付義務からの債務者の免責が第二七五条に規定されなければならない。

しかし、その〔第二七五条の〕規定の〔要件の〕拡大は、——現在の第三〇六条のような——原始的〔客観的〕不能に限定されるものであってはならない。給付が第三者にとってなお可能かどうかによって、債務者が給付を実現しなければならないかを決定するのは合目的ではないからである。つまり、債務者の免責は、むしろ、債務者自身が給付を実現することができるかどうかだけで判断されるべきである。〔……〕

Ⅵ．草案の解決提案

1．不能は、給付障害法におけるその中心的地位を失うべきである。総ての給付障害を包摂する上位概念としては、「義務違反（Pflichtverletzung）」概念が導入されるべきである。〔……〕

2. しかし、今後も債務者の一次的給付義務（Primärleistungspflicht）の限界〔を定めること〕が必要であろう。この限界は、――条文の従来の配列に従って――第二七五条に規定されるべきである。」

つまり、最終報告書においては、まず、①既に通説化していた有責・無責を区別しない不能要件が前提とされた。すなわち、一次的な給付義務の消滅を効果とする後発的不能は、有責性とは無関係であること、そして一次的給付義務の消滅と二次的な損害賠償および代償請求権の発生とは、異なる法規範に属する、ということである[23]。さらには、②一次的給付義務不存在を効果とする要件が原始的・後発的という区別を含まないことまでもが前提とされた[24]。

また、最終報告書は、自ら立てた二つの問題に対して次のように答えた。

第一に、「債務者がその〔本来の給付〕義務を免れるのはいつか」、つまり一次的給付義務不存在という効果を導く「一次的給付義務の限界」という要件が第二七五条に規定されるべきであるとして、それが何か、という問題の答えとしては、「不能」ではないと言う。すなわち、右の引用箇所に続けて――

「〔……〕しかし、そこでは不能を基準とするのではない。むしろ、債務関係（Schuldverhältnis）が基準でなければならない。債務関係こそが、給付実現のために債務者がなすべき努力を定めるからである。基準としては、〔……〕『債務関係の内容と性質』が登場する。[25]〔……〕」

さらに、第二の問題、つまり、「債務者は、そのまま（法律上当然に）本来の給付義務を免れるのか」、つまり、給付義務不存在という効果の発生には債務者の抗弁の主張を要件とする否か、という問題に対しては、これを肯定した。すなわち、――

「〔……〕現行二七五条が不能となった一次的給付義務からの債務者の免責を法律上当然のものと規定していること

は、法政策的に疑わしい。というのは、通常は不能の原因が債務者側にあり、債権者はそれを知らなくてもよいからである。そこで、給付困難を債務者が主張するように何らかの形で促すのがよい。[26]」

右の議論では二つの重要な新規性が見い出される。

第一に、給付義務不存在という効果を導く要件が、「不能」より広い、ということである。具体的には、当事者の債務関係を基準とする「債務者が債務関係の内容と性質に従って義務づけられている努力（Anstrengungen）をもってしても給付を実現することができないとき」という要件が採用された[27]。この点では、従来よりも要件が拡大されたことになる。

第二に、右の要件を満たす場合の効果は、法律上当然の（ipso jure）給付義務不存在ではなく、債務者の抗弁権の発生である。つまり、債務者の抗弁もまた給付義務不存在の要件とされた。この点では、従来よりも要件が縮小されたことになる。

他方、原始的不能については、鑑定意見におけるフーバーの（そしてメディクスの）提案を踏襲し、ドイツ民法旧三〇六条の代替規定の無い削除が提案された[28]。結局、後発的不能と合わせて第二七五条に関して最終報告書の段階では次の提案がなされた。なお、見出しが「債務者の責任（Haftung des Schuldners）」から「給付義務の限界（Grenzen der Leistungspflicht）」と明確になった。すなわち、――

債務法改正委員会草案二七五条　給付義務の限界　債務が金銭債務ではない場合において、債務者が債務関係の内容と性質に従って義務づけられている努力をもってしても給付を実現することができないときは、その限りにおいて給付を拒むことができる。債権者の権利に関しては、第二八〇条、第二八一条、第二八三条及び第三二三条の規定を適用する。

こうして、①一方で、本来の給付義務の不存在（排除[29]）を導く要件は、債務者の有責性を問わず、損害賠償請求権の要件とも区別される独立のものだ、という通説的理解が前提であり[30]、②他方で、その要件の存在が契約成立時との関係で原始的か後発的かという区別を捨象する。この段階で、①有責・無責と②原始的・後発的という二つの観点から統一された給付義務不存在の要件が学説史上初めて明確な姿を現したことになる。しかし、その要件が「不能」要件として成立するのには――後で説明するように――もう少し待つ必要があった。

なお、この①は、――本来の給付義務の消長は損害賠償請求権の発生と関係するという――フーバーの鑑定意見を否定するものであり[31]、フーバーは後に自らの論文で不満を表明する[32]。しかし、それに賛同する者も現れず、結局、不能に関するフーバーの債務法改正鑑定意見は、すっかり埋没することになった[33]。

3　代償請求権

他方、代償請求権についても、ドイツ民法旧二八一条二項を損益相殺についての一般規定に変更するというフーバーの鑑定意見は顧みられず、元の体裁に戻った[34]。すなわち、――

債務法改正委員会草案二八一条一項　代償の返還　第二七五条の規定に従って履行を拒むことができる事由によって給付の目的について代償又はその請求権を債務者が取得するときは、債権者は、代償の償還又はその請求権の移転を請求することができる。

債務法改正委員会草案二八一条二項　代償の返還　債権者が給付に代わる損害賠償請求権を有する場合において、前項に定める権利を行使するときは、〔債権者の〕取得する代償又はその請求権の価額だけ債権者に給付されるべき損害賠償を縮減する。

右傍点部分がドイツ民法旧二八一条からの修正点である。

一見したところでは、第一項の修正は、第二七五条の規定に合わせているだけで、第二項の修正も、損害賠償請求権の言葉遣いの修正に合わせているだけのようである。しかし実はそれだけに留まらない。

第一項において、「第二七五条の規定に従って」という文言が入った点が非常に重要である。なぜならば、ドイツ民法旧二七五条一項の規定は、後発的無責不能を要件とする規定であった。それに対し、代償請求権に関するドイツ民法旧二八一条一項の規定は、――文言上は債務者の有責性を問わない――後発的不能を要件とする規定であったために、後者の規定は、前者の規定の適用による給付義務消滅を要件としていなかったためである（第一草案当時は、後者の規定は、前者の規定による給付義務消滅を要件としていたが、修正第一草案以降はそうでなくなっていたのである。第五章第四節二5・三2参照）。

しかし、債務法改正委員会草案においては、代償請求権に関する第二八一条一項の規定は、給付義務不存在（排除）に関する第二七五条の規定の適用を前提にしていることがそれを指示する文言（「第二七五条の規定に従って」）によって明らかである。つまり、第二七五条の規定が適用されて一次的給付義務が存在しなくなる場合に限って第二八一条の規定が適用されて二次的給付請求権（代償請求権）が発生する。すなわち、第二七五条と第二八一条の関係が、第一草案二三七条一項と同二三八条一項のそれ、つまり前者の規定の適用を後者の要件とする関係に戻ったのである。

もっとも、債務法改正委員会草案の両条の関係には、第一草案のそれと比較して違いが二つある。

第一に、第一草案においては後発的無責不能が要件であったのに対し、債務法改正委員会草案では要件に不能概念が用いられなかった点である。

第二に、第一草案においては第二三七条一項と第二三八条一項とが隣接する条文であったために両者の関係が一目瞭然であったのに対し、債務法改正委員会草案では第二七五条と第二八一条一項とにドイツ民法典成立の段階で離された位置関係を温存している点である（位置を戻さなかった理由については特に説明されていないけれども、従来の慣れ親しんだ条番号を尊重するためと推測される）。それだけに、第二八一条一項の規定の「第二七五条の規定に従って」という文言が重要な意味を持つ。

4　債務法改正委員会草案公表後

学界では、草案に批判を浴びせる者も少なくなかったこともあり[35]、一九九〇年代後半は、改正は全体として実現せずに頓挫した、という雰囲気が醸し出されていた。

5　まとめ

債務法改正委員会最終報告書においては、不能についても代償請求権についても、画期的な変化があった。

前者については、①債務者の有責性の有無を問わず、かつ、②原始的と後発的の区別を廃したものが給付義務不存在（排除）の要件として規定されたが、そこで用いられたのは「不能」概念ではなかった。すなわち、この段階では、①②双方に関する新しい不能要件は、未だ成立していない。

代償請求権規定に関しては、給付義務不存在（排除）の効果発生を要件とすることが提案され、第一草案二三七条一項と二三八条一項と同様の関係が一〇五年振りに復活した。

第二節　債務法現代化

一　背景

1　内圧と外圧

右の段階までの債務法改正計画が民法典制定後のドイツ国内の判例・学説・特別法の発展を整理する目的であ

り、いわば内圧が原因であったのと異なり(36)、それを引き継いだ債務法現代化（Schuldrechtsmodernisierung）は、外圧(37)が契機となった。その外圧とは、ヨーロッパ法による「黒船」とでも喩えることができるものであった。本節では、ヨーロッパ私法の現代史を部分的に振り返りつつ、外圧の機能を含めて債務法現代化を説明しよう(38)。

2　欧州共同体指令

現代化計画の直接のきっかけは、欧州共同体指令であった。欧州においては、欧州経済共同体条約成立（一九五七年）および同共同体の設立（一九五八年）以降の課題であった経済統合に関しては、欧州単一議定書（一九八六年）以降、「域内市場（Binnenmarkt）」の実現が具体的な目標となっていた。

域内市場とは、右議定書によって正式に欧州経済共同体条約の中に採用された比較的新しい概念であり(39)、右議定書の定義によれば、「物、人、サービス及び資本の移動の自由が保障されている領域(40)」のことである。域内市場は、一九九三年一月一日迄に成立させることが規定され、それが一応実現する。ここで問題となる指令は、その――一応成立した――域内市場の健全な機能のために発せられたものである。具体的には、消費財売買指令（Verbrauchsgüterkaufsrichtlinie）（一九九九年）(41)およびその他の指令(42)であるが、本書に関係するのは前者である。

共同体指令とは、要するに、欧州共同体域内における法規範の統一のためのモデルであり、その具体的な国内法化の手続は、各加盟国の立法府に委ねられていた(43)。

3　大きな解決と小さな解決

消費財売買指令は、加盟各国に二〇〇二年一月一日までの国内法化を義務づけたため（同指令一一条、一四条）、ドイツは、「現代化（Modernisierung）」の名称の下に民法典を改正した。その際、ドイツには、①消費財売買に領域を限定した民法典改正または特別立法（いわゆる「小さな解決」）か、②義務づけられている範囲を超える債務法改正（いわゆる「大きな解決」）かの選択肢があった[44]。結局、後者が選ばれ、新債務法が二〇〇一年一一月二九日に公布、二〇〇二年一月一日に施行された。

大きな解決が選択された理由としては、第一に歴史的経緯として、消費財売買指令という外圧が生じるより前に、一九七八年以来の債務法改正計画（「大きな解決」）が存在していたことが大きく影響している。そのため、内容も債務法改正計画がそのまま債務法現代化に引き継がれた。その意味で結果的に、債務法現代化は一九七八年に始まった債務法改正計画を二〇余年後に実現させることになった。第二に実質的理由として、透明性（Transparenz）と法的安定性（Rechtssicherheit）にあった。もっとも、現実にその目的が達成されたかどうかは意見の分かれるところである[45]。

二　消費財売買指令（一九九九年）

第一節末尾で述べたとおり、当初の債務法改正計画は、国内では最終報告書後の継続の活動が無く、計画倒れに終わる様子であった。ところが、前述の消費財売買指令の国内法化が課せられた前後から様相が一変した[46]。

実は、消費財売買指令発令前にも既に、一九九七年・九八年の消費者保護目的の指令を国内法化するため、「通信販売法及び消費者法並びにユーロ通貨への規定の対応に関する法律」（二〇〇〇年六月三〇日施行）によって通信販売法制定および民法典一部改正が実現されていた。この民法典一部改正は具体的には、消費者契約における撤回権（ドイツ民法旧三六一条a）[47]・消費者概念（現行ドイツ民法一三条）・事業者概念（同一四条一項）・注文していない物の給付（同二四一条a）・消費者に対する利益約束（同六六一条a）という新規定の立法であり[48]、それらが既に民法典一部改正という形式（「大きな解決」）を採用していたことは、債務法現代化が「大きな解決」を採る動機の一つとなった。

三　討議草案(二〇〇〇年)

右の民法典一部改正が先行していてもなお、それに続く連邦法務省の「債務法現代化法の討議草案」[49]が公表(二〇〇〇年八月四日)された衝撃は、記憶に新しい。ここからは、債務法現代化が実現するまでの各段階で示された不能および代償請求権に関する条文案を追いかけてゆこう。

1 不　能

後発的無責不能による給付義務消滅の規定であった第二七五条の要件が債務法改正計画の最終報告書において「不能」でなくなったことは、既に述べた。同条に関しては、討議草案でも周到な理由書が付けられた。しかし、その大部分は、右の最終報告書を写し取ったものであり、ここではそれを重ねて引用することは避ける(その理由書の内容は後の法案理由書に再び写し取られることになる)[50]。

重要なのは、討議草案においても最終報告書から引き続き、①第二七五条の規定から有責性判断が除かれ、②原始的・後発的という判断も除かれた点である。しかし、①②は、その重要性にもかかわらず、債務法改正委員会草案からの文言上の変更が無かったためであろう、当時は印象を残さなかった。この部分がその重要性を発揮したのは、それが二〇〇一年に法案理由書の文章として一字一句再現され、かつ補足を加えられてからである。それについては、その段階で述べる。

また、討議草案は、第二七五条の規定の要件とその効果について二つの問題の形で自問自答しているが、それも、最終報告書と同様である。

つまり、第一に、「債務者がその〔本来の給付〕義務を免れるのはいつか」という問題を立て、その答えとしては、「不能」ではなく、「〔……〕しかし、そこでは不能を基準とするのではない。むしろ、債務関係(Schuldverhältnis）が基準でなければならない。債務関係こそが、給付実現のために債務者がなすべき努力を定めるからである。[51]」と言った。

第二に、「債務者は、そのまま（法律上当然に）本来の給付義務を免れるのか」、つまり、債務者の免責という法律効果の発生には債務者の抗弁の主張を要件とするか否か、という問題を立て、その答えとしては、主張を要する、と言った。つまり、「〔……〕現行二七五条が不能となった一次的給付義務からの債務者の免責を法律上当然のものと規定していることは、法政策的に疑わしい。というのは、通常は不能の原因が債務者側にあり、債権者はそれを知らなくてもよいからである。[52]」

結局、条文案としては次のようなものになった。[53]すなわち、——

討議草案二七五条　給付義務の限界　債務が金銭債務ではない場合において、債務者が債務関係の内容と性質に従って義務づけられている努力をもってしても給付を実現することができないときは、その限りにおいて給付を拒むことができる。債権者の権利は、第二八〇条、第二八二条及び第三二三条の規定に従う。

債務法改正委員会草案二七五条の規定と比較すると、前段は、一字一句同じであり、後段は、「債権者の権利に関しては」が「債権者の権利は」と修正されたことと指示条文番号に違いがあるだけである。[54]

2　代償請求権

債務法現代化を通じて不能規定が大きな変化を被ってゆくのに対し、代償請求権規定は、本質的な修正を受けなかった。[55]後に成立した現行二八五条は、「内容の変更なしに〔連邦議会法務委員会採決案の〕ドイツ民法二七五条の変更された項目および段目に文言上適応させられ」たものにすぎない。[56]

それでも、改正が成立するまでには若干の変遷があった。まず討議草案では、ドイツ民法旧二八一条一項の「規定は、その明らかに正当な内容（offenkundiger Gerechtigkeitsgehalt）を尊重して維持されるべきである」という方針が表明された。[57]ただし、不能規定の修正を受けて、次の二点で修正が必要であるとされた。第一に、第一項について不能による給付義務不存在から第二七五条による債務者の履行拒絶へと要件を拡大すること、第二に、債務の当然の不存在から債務者による抗弁（抗弁権を取得するだけでは足らず、それを行使することまで要する）を要件とすることへの修正、である。[58]このうち、第二の修正は、代償が本来の給付より例外的に価値の高いもの（ausnahmsweise wertvoller als die Leistung）である場合に、債務者が抗弁権を行使しないことによって債権者に代償請求権を取得させないことを認めるものであり、実質的な法改正（sachliche Änderung der Rechtslage）と考えられていた。[59]

結局、ドイツ民法旧二八一条は、次のようにその修正案が起草された。[60]すなわち、——

討議草案二八一条一項　代償の返還（Herausgabe des Ersatzes）　第二七五条の規定に従って債務者が給付を拒み、当該規定に従って債務者の抗弁権を取得させる事由によって給付の目的について代償又はその請求権を債務者が取得するときは、債権者は、代償の償還又はその請求権の移転を請求することができる。

討議草案二八一条二項　代償の返還　債権者が給付に代わる損害賠償請求権を有する場合において、前項に定める権利を行使するときは、〔債権者の〕取得する代償又はその請求権の価額だけこれを縮減する。

文言上は、右の傍点の部分が債務法改正委員会草案からの修正を受けた。まず、第一項の「債務者が給付を拒み」は、現在形ではなく現在完了形の時制が用いられ、債務者の抗弁権の行使が要件であることを明確に示している。つぎに、第二項についても、「債権者に給付されるべき損害賠償」が「これ」という代名詞に置き換えられた。[61]

四　整理案（二〇〇一年）

討議草案に対する諸批判を受けて整理されたものが「整理案」(62)（二〇〇一年三月六日）であった。この整理案は、その名の通りあくまでも討議草案の改訂版にすぎない。しかし、「整理案」(63)は、「討議草案」と比較すると全体としてかなりの内容の進歩が見られるため、独立して検討を加える必要がある。

1　不　能

整理案においては、第二七五条は、次のように修正された。この段階で見出しが「給付義務の限界（Grenzen der Leistungspflicht）」から「給付義務の不存在（Ausschluss der Leistungspflicht）」と修正された。古い見出し（「限界」）は要件の視点からのもので、新しい見出し（「不存在」）は効果の視点から書かれている(64)。すなわち、――

整理案二七五条一項　給付義務の不存在　給付を目的とする請求権は、給付が債務者に不能であるときは、その限りにおいて、存在しない（ist ausgeschlossen）。

整理案二七五条二項　給付義務の不存在　債務者は、債務関係の内容と信義則に従って債権者の給付利益と著しく不相当な費用が必要な給付を、その限りにおいて拒むことができる。その場合において、債務者の責めに帰すべき事由によって給付が妨げられるのか、及び債務者の債権者に対する相当な補償の提供の有無を考慮しなければならない。

右傍点部分が討議草案からの修正点であり、全面的に改められた。最終報告書および討議草案で問題とされた二つの問題、すなわち、第一に、給付義務不存在の要件は「不能」か否か、第二に、給付義務不存在の要件として債務者の抗弁を要するか、がここでも扱われ、従来とは異なる結論が導かれた。

第一に、給付義務不存在の要件については、討議草案が否定され、「不能」要件が復活してドイツ民法旧二七五条の規定と同様に掲げられた。すなわち、「不能」とそれ以外の免責事由の区別に基づいて第一項と第二項に分けて規定された。なお、ここで言う「不能」が、討議草案と同様（そこでの文言は「不能」ではなかったが）、有責性判断を含まないことも明言された[65]。

第二に、「不能」を要件とするときは、法律上当然の給付義務不存在が効果（第一項）、それ以外の給付困難を要件とするときは、債務者の抗弁による給付義務不存在が効果と定められた（第二項）。討議草案と比較すると、「不能」を要件とする効果が法律上当然の給付義務不存在に修正されたことになる。が、詳しい理由は明らかではない[66]。他方で不能以外の給付困難を要件とする二項の規定は、一応不能論の中に位置づけられるものの、「比例原則（Verhältnismäßigkeitsprinzip）を用いた権利濫用の禁止（Rechtsmißbrauchsverbot）の具体化」と説明された[67]。

こうして、最終報告書の段階で①債務者の有責・無責と②原始的・後発的という二つの観点から給付義務不存在の要件が統一されていたところ、整理案の段階で初めて、その要件を「不能」概念が担うこととなった（最終報告書では不能概念が用いられなかった）。こうして、整理案は、歴史上初めて明確な形で給付義務不存在の効果を導く要件に、①有責・無責も②原始的・後発的も問わない不能概念を用いたのであり、その意味で記念すべき存在である。

他方で、原始的不能に関して、次の条文が追加された。すなわち、——

整理案三一一条a一項　契約成立時の不能　契約成立時に既に給付が債務者またはすべての人に不能であることは、契約の有効性を妨げない。

整理案三一一条a二項　契約成立時の不能　債権者は、その選択に従い、給付に代わる損害賠償又は費用賠償を第二八四条の規定の範囲で請求することができる。ただし、債務者が不能について責めに帰することができない事由によって善意であったときは、この限りでない。

討議草案の趣旨を明確化し、一項で、ドイツ民法旧三〇六条の規定が適用されずに契約が有効であること、二項で、給付義務が存在しないけれども（整理案二七五条）賠償義務は生じうること、を規定した(68)。ここで追加された第三一一条aは、後の新債務法で実現し、それだけを見ればドイツ民法旧三〇六条を否定する重要な条文のようにも目に映るかもしれない。けれども、ここまでの経緯から判断すれば、第二七五条こそが原始的・後発的不能を統一する重要な条文であり、第三一一条aは、あくまでも第二七五条の明確化のために追加的に置かれたものにすぎない。

2　代償請求権

代償請求権については、簡潔に、ドイツ民法旧二八一条から内容的な変更がないこと、第一項の要件については第二七五条に合うように編集上の修正をしただけであること、そして条番号の変更があることが指摘された(69)。次の傍点の部分が整理案での修正箇所である。すなわち、――

整理案二八五条一項　代償の返還　第二七五条の規定に従って債務者が給付義務を負わない（die Leistung nicht zu erbringen braucht）事由によって給付の目的について代償又はその請求権を債務者が取得するときは、債権者は、代償の償還又はその請求権の移転を請求することができる。

整理案二八五条二項　代償の返還　債権者が給付に代わる損害賠償請求権を有する場合において、前項に定める権利を行使するときは、〔債権者の〕取得する代償又はその請求権の価額だけこれを縮減する。

まず、第一項の要件の部分が「債務者が給付を拒み、当該規定に従って債務者の抗弁権を取得させる」から「債務者が給付義務を負わない」と修正された。これについては、詳しい説明は加えられていないが、第一に、「不能」要件を復活させたための修正であることと、第二に、「給付義務を免れる（wird frei）」という当時の第二七五条一項の――後発的不能だけに対応する――文言からの修正であることから、原始的不能の場合も含むようにするための修正であることが明らかである（第一項についての討議草案理由書の記述は、ほぼそのままの形で次の法案理由書にまで流用されている）。

第二項の規定については、修正が全く無かった。

五　法案（二〇〇一年）

二〇〇一年五月九日、連邦政府は、整理案を更に修正したものを政府草案として閣議決定し[70]、同月一四日、連邦議会与党の議員団は、それを「法案（現代化法草案）[71]」として議会に提出した。その法案およびその理由書が現在に至るまで新債務法の解釈指針であるため、本書にとっても最重要の立法資料となる。もっとも、その理由書の主要部分は一字一句が討議草案理由書（二〇〇〇年）を写し取ったものであり、しかもその討議草案理由書の主要部分も最終報告書（一九九二年）を写し取ったものである。しかし、法案理由書はそれらとは異なる部分もあり、その差異を含めて詳しく検討してゆこう。

1　不　能

法案では、第二七五条は、次のとおり提案された。すなわち、――

法案二七五条一項　給付義務の不存在　給付を目的とする請求権は、給付が債務者またはすべての人に不能であるときは、その限りにおいて、存在しない。

法案二七五条二項　給付義務の不存在　債務者は、債務関係の内容と信義則に従って債権者の給付利益と著しく不相当な費用が必要な給付を、その限りにおいて拒むことができる。債務者がその人において給付を実現しなければならず、かつ債権者の給付利益と債務者の側の給付障害（Leistungshindernis）を考慮して給付を求めること（zumuten）ができないときも、同様とする。債務者に求めることができる努力を定めるに当たっては、債務者の責めに帰すべき事由によって給付が妨げられるのかをも考慮しなければならない。

法案二七五条三項　給付義務の不存在　債権者の権利については、第二八〇条、第二八三条から第二八五条まで、第三一一条a及び第三二六条の規定に従う。

まず、理由書では、最終報告書・討議草案・整理案を更に踏襲し[72]、不能の要件・効果という二つの問題を改めて提起することから始め、現行法の確認、現行法の欠点、と叙述が進む。そして、その過程で、次の四点（2〜5）に関しては、最終報告書・討議草案・整理案・法案の四つの段階を通して内容に変更が無いことが確認される。言い換えれば、この四点が債務法改正計画・債務法現代化を通して揺るがなかった核心部分である。

2　損害賠償法における「義務違反」概念の導入

第一に、給付障害法において不能を強調しすぎていること[73]。そこで、損害賠償法の要件としては、「不能」ではなく、「義務違反」を用いる[74]。

3　無責・有責不能の統一

第二に、第二七五条が規定する免責のための要件には債務者の有責性に関する判断が含まれないこと。したがって、第二七五条には有責性に関する文言が登場しない。法案理由書では、この点についての説明が更に詳しくなった。次のように言う。すなわち、――

「従来の第二七五条および第二八〇条の規定の文言とは異なって、それらの規定について通説のとおりに〔……〕、法案二七五条一項は、無責不能と有責不能を区別しない。このことは、債務法改正委員会の提案にも沿ったものであり、正当と評価されている。というのは、たとえ不能が債務者の責めに帰すべきときであったとしても――たとえば、売却目的物の所有権移転前に債務者が過失でそれを滅失させたとしても、債務者が履行することができず、したがって強制執行の方法で貫徹させることが理論上全く不可能な請求権を債権者に認めることは、無意味（sinnlos）だからである。[75]」

こうして、ドイツ民法旧二七五条の通説判例が明文化され、有責・無責を区別しない不能要件が第二七五条に規定されることになった。

4 「不能」要件の拡大

第三に、第二七五条の規定の要件自体を拡大すべきこと。この点については、右の二つとは異なり、その拡大の仕方に変遷が見られる。つまり、最終報告書・討議草案では、「不能」要件を別の概念で置き換えることが提案されていたのに対し、整理案・法案では、「不能」要件が復活し、「不能」とそれ以外の免責要件が併記される形になった。[76]その「不能」要件の復活の理由は、整理案の段階では不明であったが、この段階で分かり易さのためであることが明示された。すなわち、――

「〔総ての給付障害を包摂する上位概念として「義務違反」概念を導入すべきことを述べるのと〕同時に、債務法改正委員会は、〔その最終報告書において、〕今後も債務者の一次的給付義務の限界〔を定めること〕が必要だ、という見解であった。そして、その限界を――条文の従来の配列に従って――第二七五条に規定することを予定していた。しかし、その際、債務法改正委員会は、不能を基準とはしなかった。むしろ、債務関係が基準でなければならず、債務関係こそが給付実現のために債務者がなすべき努力を定めるからであるとし、基準としては、〔……〕『債務関係の内容と性質』が役立つとされた。基準として考えられるところの期待可能性〔期待不可能性の意〕（Unzumutbarkeit）

は、債務法改正委員会の提案に従って、行為基礎障害の程度（債務法改正委員会草案三〇七条＝法案三一三条）および重大な事由による継続的債務関係の告知（債務法改正委員会草案三〇八条＝法案三一四条）の基準として用いられるべきである。

〔……〕債務法改正委員会草案二七五条前段の規定によれば、不能は、現行二七五条のような法律上当然の給付義務の免責を生じさせず、抗弁事由となるだけである。その上、不能は、新しい統一的な義務違反要件を言語上強調するためにも、〔第二七五条の規定において〕特に言及されるべきではないとされる。民法典において非常に強調されてきた不能が歳月の経過の中で当初の実務上の重要性を失ったという債務法改正委員会の評価に本草案は従うものである。つまり、今日において典型的な給付障害は〔不能ではなく〕遅滞と不完全履行であるが、それらは、その実務上の重要性に相応しい注意を民法典上払ってもらっていないのである。今日不能は法の現実において全く重要ではない役割しか果たしていないのであり、そのことは、草案が提案する給付障害法の新秩序も十分に考慮するところである。

しかし、債務法改正委員会とは反対に、この草案は、実際にはそれが相応しいのに敢えて不能の文言を用いないことがかえって目的に適わない、と判断している。不能の文言を用いることが法律の意味内容を分かり易くするためには、むしろ必要であろう。そのような理由で、法案二七五条の規定には、不能の文言を用いた。そこでは、不能を理由とする一次的給付義務からの免責が規定されている。〔……〕[77]

5　原始的・後発的不能の統一

第四に、第二七五条の規定の要件は、原始的・後発的の双方を含むこと。これによって、債務者の有責性を問わないとすること（↓第七章第二節五3）と合わせ、――整理案において初めて明確に成立した――新しい不能要件が法案においても踏襲されることが明確になった。[78]

これについての説明は、最終報告書のものがまず討議草案[79]に写し取られ、さらに法案にも写し取られた。[80]しかし、有責性を問わないことについてと同様に、法案理由書では、この点の説明がさらに明確になった。すなわち、――

「現行二七五条の規定とは異なって法案二七五条の規定は、後発的だけでなく原始的（客観的または主観的）不能にも適用される。したがって、法案二七五条一項の規定は、「給付が不能であるとき（unmöglich ist）」という表現を用いている。それに対し、現行二七五条では、〔後発的不能を意味する〕「不能になるとき（unmöglich wird）」である。この〔原始的不能と後発的不能の〕等置は、債務法改正委員会の重要な改正提案の一つであった。[81]」

他方、整理案を踏襲し、第二七五条が一次的な給付義務不存在を規定するものであって二次的な賠償義務とは無関係な規定であることを明確化するため、第三一一条aが置かれた。すなわち――

法案三一一条a一項　契約成立時の給付義務の不存在　第二七五条第一項若しくは第二項の規定に従って債務者の給付義務を不存在とする給付障害が契約成立時に既に存在していることは、契約の有効性を妨げない。

法案三一一条a二項　契約成立時の給付義務の不存在　債権者は、その選択に従い、給付に代わる損害賠償又は費用賠償を第二八四条の規定の範囲で請求することができる。ただし、債務者が給付障害について責めに帰することができない事由によって善意であったときは、この限りでない。この場合においては、第二八一条第一項第三段及び第四項の規定を準用する。

整理案の規定が詳細に修正されている。とりわけ、第一項において第二七五条の規定が明文で指示されたことによって、原始的不能に関し、第二七五条が一次的な給付請求権不発生を規定し、そして本条（とりわけ第二項）が二次的な請求権（賠償請求権および代償請求権）発生の可能性を規定する、という役割分担が明確になった。[82]

本条を詳しく見ると、第一項は、原始的不能であっても契約が無効にはならないことの明確化のための規定にすぎない。[83] 他方、第二項は、やはり原始的不能の際の二次的な請求権発生の可能性を明確にする規定でもあるが、一次的な給付請求権の不発生にもかかわらずその給付に代わる損害賠償を観念することを明らかにしている点で、単なる確認規定に留まらない理論的な意味を持つ。したがって、原始的不能における損害賠償請求においては、本条も根拠条文の一つとなる。[84]

6　法律上当然の給付義務不存在

以上の四点が債務法改正計画・債務法現代化を通して揺るがなかった核心部分である。それ以外の諸点については、法案の段階で以下のようになった。

まず、最終報告書の段階から自問自答され続け、その解決が揺れに揺れたのが、給付義務不存在（排除）という効果の発生に債務者の抗弁の主張を要件とするか否か、という問題であった。

当初の最終報告書とそれを踏襲した討議草案ではこれが肯定されたのに対し、整理案ではこれが否定されていたところ、法案でも否定された（法案二七五条一項）。

他方で、既に学説判例が「不能」に当たらない場合にも給付義務の不存在（排除）を認めていたことを受け、――整理案を踏襲して――「不能」に至らない給付困難でも、「債務関係の内容と信義則に従って債権者の給付利益と著しく不相当な費用が必要」な給付については、債務者の抗弁を要件として給付義務の不存在（排除）を認めた（法案二七五条二項）。

第一項と第二項の違いは、法律効果としての給付義務不存在（排除）が法律上当然のものか（第一項）、抗弁を要件とするか（第二項）、という点にのみ存する。[85]

7　主観的・客観的不能の統一

また、不能は、債務者にとってのものか、それともすべての人にとっての不能か、という主観的・客観的不能を問わない。

すなわち、第一項における「債務者またはすべての人に不能」という修正が主観的不能を含むことを明示するためのものである。たとえば、ある物の所有権の移転という給付が問題になる場合において、所有権が第三者に帰属するときは主観的不能であり、物が盗まれて行方が知れないときは客観的不能であるところ、いずれの場合においても、不能は、給付義務を不存在とする(86)。

8　一部不能や一時不能も含まれる

さらに、不能は、全部不能か一部不能か、そして永続不能（永続的不能、継続的不能とも）か一時不能（一時的不能とも）か、を問わない。第一項の「その限りにおいて（und solange）」という文言(87)は、不能が給付全部についてではなく一部についてであっても、また、不能が永続的ではなく一時的であっても、その限りにおいて給付義務が存在しないことを示している。たとえば、交通の遮断による物品の輸送の不能によって、いったん給付義務が消滅しても、交通の復旧によって給付義務が再び発生する。あるいは、売買目的物の盗難によって給付義務が消滅しても、その物が戻ることによって給付義務が再び発生する、というものである。これに対し、労働者の労働は、一定の時期に実現すべきものであり、つまり時間に支配された給付であるので、その不能は常に永続的であって一時的ではなく、いったん不存在とされた給付義務が後から発生することはない(88)。

9　第二七五条第二項の規定

右に述べたとおり、不能による給付義務の法律上当然の不存在を定める第一項に対し、第二項は、不能に至らない事実による債務者の抗弁〔権〕を定めるだけである。このことを法案理由書に即して説明しておこう。

　まず、第二項前段の規定が定める要件は、いわゆる「事実的不能（faktische oder praktische Unmöglichkeit）」である。それは、可能であるけれども理性的な債権者が期待することができないことを指す(89)。立法趣旨としては、「第二七五条二項の新規定によってこれまで既に権利濫用の禁止ならびに第二五一条二項および旧六三三条二項後段の規定の法思想から連邦通常裁判所が導いていたものがただ単に具体化され精密化されたにすぎない」と説かれる(90)。

　たとえば、湖底に沈んだ指輪の引渡しである。要件充足の判断は、債権者利益にだけ焦点が置かれ、債務者利益を考慮しない。その点で、債務者利益を考慮するいわゆる「経済的不能（wirtschaftliche Unmöglichkeit）」や「道徳的不能（sittliche Unmöglichkeit）」という概念とは無関係である。そして、そのような債権者の給付利益と著しく不相当な費用が必要な給付を、債務者は、その限りにおいて拒むことができるのである。そこで言う「著しく」とは、「特に極端な、信義則上許容することができない程度に」という意味であり(91)、要するに債権者が給付請求権を単純に（他の権利を取得することなく）失っても仕方がないほどに、という意味である(92)。

　つづけて、第二項中段の規定は、債務者自らが実現すべき給付義務についてだけ適用される。具体的には、特に、雇用契約や委任契約から生じる給付義務が念頭に置かれている。そのような給付義務では、債務者自らが給付を実現すべきであるため、前段とは異なり、債務者の側の給付障害に特殊性があるからである。しかし、その特殊性を度外視すれば、本質的には前段と同様であり、債権者の給付利益と比較されるのが債務者の費用から債務者の給付障害に代わるだけである。たとえば、出演義務を負う歌手であっても、その歌手の子供が危篤であれば出演を拒むことができる。あるいは、労働義務を負うトルコ人労働者であっても、トルコ政府からの徴兵に応じなければ死刑を覚悟しなければならないとすれば、徴兵に応じるために労働を拒むことができる。さらに、医師の診療を受けなければならない、重病の家族の世話をしなければならない、または、行政庁や裁判所に出頭しなければならない、というときは、労働義務を負う労働者であっても、労働を拒むことができる(93)。

そして、第二項後段では、前段・中段の債務者に求めることができる努力を定めるに当たっては、債務者の責めに帰すべき事由によって給付が妨げられるのかをも考慮しなければならず、債務者有責の場合においては、大きな努力を求めることができる、と定める。たとえば、目的物を債務者の錯誤または法の不知によって第三者に譲渡してしまったときは、それを買い戻すのに市場価格よりはるかに高い対価を債務者が支払うことになっても仕方なく、それを債務者に求めることができる。もっとも、だからといって、債務者無責であれば債務者に努力は全く求められないという反対解釈は、成り立たない。したがって、先の例で第三者に譲渡してしまったことが債務者の責めに帰することができないとしても、少なくとも市場価格による買い戻しを試みる努力を債務者に求めることができる(94)。

10　第三一三条の規定（行為基礎の障害）との関係

なお、第二七五条二項の規定に従って「著しく不相当な費用」による債務者の免責が認められる場合においては、ドイツ民法三一三条一項（行為基礎の障害）の「契約の基礎となっていた事情が契約成立後に著しく変更し、かつ、当事者双方が当該変更を予見することができた場合においては契約を成立させず又は異なる目的の契約を成立させたであろうときは、契約又は法律の規定による危険の負担その他一切の事情を考慮して当初の契約に拘束されることを期待することができない当事者は、契約の変更を請求することができる」という規定との関係が問題となる(95)。つまり、ドイツ民法三一三条一項の規定の要件も重ねて満たすことがあるか否かである(96)。

典型的には、第二七五条二項の規定と第三一三条一項の規定は、異なる事案に適用され、両者が競合することは想定されていない。たとえば、一の価値の指輪を引き渡すべき場合においてそれが湖底に沈んだために引渡しの費用に三〇掛かるときは、債権者利益が一であるのに対して債務者費用が三〇であるため、第二七五条二項の規定に従って、債務者は、引渡しを拒むことができる。それに対し、突然の需給の逼迫によって本来一であった（原油などの）目的物の調達費用が三〇となったときは、それに伴って債権者利益も三〇に上がり、債務者費用が三〇に高騰しても、「著しく不相当な費用」に当たらず、第二七五条二項の規定に従ってでは、債務者は、引渡しを拒むことができない。けれども、第三一三条一項の規定に従って契約の変更を請求することができる。(97) もっとも、ドイツ民法三一三条一項の規定が同二七五条二項の規定と競合して適用される、という解釈も有力に主張されている。(98)

11　第二七五条第三項の規定

そして、第三項で定めているのは、第一項および第二項で規定する給付義務の法律上当然の不存在および抗弁による消滅という効果が他の効果を否定するわけではないということである。第一項または第二項の規定する給付義務不存在が債務者の責めに帰すべき事由によって生じるときは、債権者は、損害賠償請求権を取得し、または、代償請求権の規定の要件を満たすときは、債権者は、代償請求権を取得するのであり、そのことを第三項は、注意的に規定している（第三項がそれらの請求権発生の根拠規定であるわけではない）。(99) この点も日本人には難解であろうから、重要である。

12　代償請求権

代償請求権に関する法案理由書の記述は、討議草案理由書の文章をほぼ流用したものである。したがって、討議草案と同様に、ドイツ民法旧二八一条一項の「規定は、その明らかな正当な内容のために、維持されるべきである」という理由から、同様の規定が提案された。(100) 次の傍点部分がこの段階での修正箇所である。すなわち、――。

法案二八五条一項　代償の返還　第二七五条第一項又は第二項の規定に従って債務者が給付義務を免れる事由によって給付の目的について代償又はその請求権を債務者が取得するときは、債権者は、代償の償還又はその請求権の移転を請求することができる。

法案二八五条二項　代償の返還　債権者が給付に代わる損害賠償請求権を有する場合において、前項に定める権利を行使するときは、〔債権者の〕取得する代償又はその請求権の価額だけこれを縮減する。

まず、第一項には、細かな修正が一点施された。すなわち、ドイツ民法旧二八一条一項では、給付義務消滅の原因として給付不能だけを規定していたけれども、法案二七五条の規定では、給付不能（第一項）だけでなくそれ以外の給付困難（第二項）も給付義務不存在の原因となる予定である。それに合わせ、第二項の給付困難も代償請求権の要件を満たすことを明らかにするために、整理案では単純に「第二七五条」としていたのを「第二七五条第一項又は第二項」と明確にしている[101]。

つぎに、第二項の規定は、討議草案および整理案のそれと全く同じである[102]。

六　連邦参議院の態度決定と連邦政府の所見

法案は、まず、基本法七六条二項の規定に従って連邦参議院に送られたが[103]、ここからの審議も御座なりではなく、法案はさらに洗練された。同年七月一三日、連邦参議院は、態度決定を表明した。つぎに、同年八月二九日、基本法七六条三項の規定に従って連邦政府は連邦参議院の意見とともに自らの所見（Gegenäußerung）を添えて連邦議会に法案が送付された[104]。

1　不　能

連邦参議院が第二七五条に関して意見表明したのは、次の六点である。すなわち、——

第一に、連邦参議院は、第二七五条第一項および第二項前段の「その限りにおいて（und solange）」の削除を検討することを求めた。それは、一時不能が給付義務を不存在とすることによって、とりわけ損害賠償請求との関係において、困難な問題が生じることを懸念したからである[105]。これに対し、連邦政府は、第二八五条についてと同様に一時不能について問題が存在することを認め、削除に賛成した[106]。

第二に、連邦参議院は、第二項中段の「債務者がその人において（in der Person des Schuldners）給付を実現しなければならず、かつ債権者の給付利益と債務者の側の給付障害を考慮して給付を求めることができないときも」の部分は、「債務者が自ら（persönlich）給付を実現しなければならず、かつ債務者の給付障害と債権者の給付利益を考慮して給付を求めることができないときも」と修正することを提案した。もっとも、これは、立法趣旨の単純化と簡明化のための編集上の修正提案にすぎない[107]。これにも連邦政府は単純に賛成した[108]。

第三に、連邦参議院は、第二七五条および第三一一条aに関して労働法の規定を置くことを提案した。債務法改正によって労働法の諸原則が影響を受けないことを明らかにするためである[109]。これに対し、連邦政府は、法案のままで十分に労働法は考慮されていることを理由に提案を却けた[110]。

第四に、連邦参議院は、第三項における第二八〇条への言及を削除することを提案した。その理由は、第二八三条において第二八〇条が言及されているので第三項において言及することは不要である、ということであった[111]。しかし、連邦政府は、この提案を却けた。第二八三条は、義務違反による損害賠償を規定する第二八〇条に対し、不能による損害賠償を規定する特殊の規定であって（特別法が一般法を破るという意味における第二八〇条の規定の適用排除はなく）、第二八三条の規定が適用される場合においても、第二八〇条の規定の適用があり——とりわけ帰責事由の要件は第二八〇条の規定によるのであるし、また、不能による給付義務不存在（排除）の場合においても、たとえば、注意義務違反（Verletzung von Sorgfaltspflichten）のときは、第二八三条を経由せずに直接に第二八〇条の規定が適用されるため——、第二七五条第三項における第二八〇条への言及が適切だと判断されたからである[112]。

第五に、連邦参議院は、一時不能について再検討を求めた。つまり、第二七五条第三項には、さらに、「第一項又は第二項の規定に従って債務者が給付義務を負わないときは、第三二三条の規定〔解除の規定〕が準用される。」と付け加えるべきであると提案した。これは、第二七五条一項または二項の規定に従って給付義務が存在しない場合において、それが一時不能によるときは第三二三条が規定する解除要件を満たさないために準用規定が必要である、という趣旨であった(113)。また、第三一一条aについても一時不能について再検討を求めた(114)。これに対し、連邦政府は、一時不能についてはこれまでと同様に判例に委ねられるべきものと判断し、提案を却けた(115)。

第六に、連邦参議院は、存在しない権利を売却した際の第三一一条a第二項第一段の規定に従った原始的不能による損害賠償請求権が第二八〇条および第二八三条の一般規定による損害賠償請求権と整合的か、検討を求めた(116)。これに対し、連邦政府は、右の場合には権利の存在について保証の引受け（第二七六条）が認められて整合的である、と判断された(117)。

2　代償請求権

代償請求権に関する第二八五条については、一時不能によって給付義務が消滅したために債権者が代償請求をした後になって不能事由の消滅によって給付義務が再び発生したときの規定が追加的に必要かどうかを検討すべきである、との提案がなされた(118)。これに対し、連邦政府は、一時不能について問題が残ることは認めたものの、その問題をこれまでと同様に判例に委ねるべきとした(119)。

七　連邦議会の採決と新債務法の成立

こうして連邦参議院の意見および連邦政府の所見とともに連邦議会に提出された法案は、まず連邦議会法務委員会の審査を経て採決案として改めて起草された(120)（二〇〇一年九月二五日）。その翌々日に採決案は連邦議会本会議において審議され[121]、可決された（二〇〇一年一〇月一一日[122]）。その送付（基本法七七条一項）を受けた連邦参議院が同年一一月九日これに対して異議を唱えなかったため、法律は成立し（基本法七八条[123]）、基本法八二条一項の規定に従い大統領の認証を経て（二〇〇一年一一月二六日）、同条二項の規定に従って二〇〇一年一一月二九日付の官報にて公布され[124]、二〇〇二年一月一日に施行されている。

第二七五条については、連邦政府による所見の中で認められたとおり、第一項および第二項前段の「その限りにおいて」という文言が削除された。一時不能については、従来どおり判例学説にその解釈を委ねる趣旨である[125]。

1　不能

この最終段階における大きな修正としては、第二七五条第二項中段の規定が、その内容について修正を受けずに、第三項として独立したことである。すなわち、同条は全体として、給付不能または給付困難が原始的または後発的に生じることを要件とし、給付義務不存在を効果とする規範であるところ、債務者の有責性とは無関係であり、その点について誤解を生じさせないようにするための配慮であった[126]。

また、これまで議論されてこなかったことであるが、債務者が支払能力不足を主張することができない（したがって原則として金銭債務は不能にならない）ことは、従来どおり明文の規定なく妥当することが理由書に述べられた[127]。そして、第二七五条第二項中段が第二七五条第三項として独立することに伴い、同条第三項として予定されていた規定の項番号が第四項に変更になった[128]。

結局、第二七五条は次のようになった。傍点の部分が当初の法案からの修正箇所である。すなわち、——

現行ドイツ民法二七五条一項　給付義務の不存在　給付を目的とする請求権は、給付が債務者またはすべての人に不能であるときは、存在しない。

現行ドイツ民法二七五条二項　給付義務の不存在　債務者は、債務関係の内容と信義則に従って債権者の給付利益と著しく不相当な費用が必要な給付を、拒むことができる。債務者に求めることができる努力を定めるに当たっては、債務者の責めに帰すべき事由によって給付が妨げられるのかをも考慮しなければならない。

現行ドイツ民法二七五条三項　給付義務の不存在　債務者が自ら給付を実現しなければならず、かつ債務者の給付障害と債権者の給付利益を考慮して給付を求めることができないときも、前項と同様とする。

現行ドイツ民法二七五条四項　給付義務の不存在　債権者の権利については、第二八〇条、第二八三条から第二八五条まで、第三一一条a及び第三二六条の規定に従う。

他方、原始的不能に関しては、次のようになった。傍点の部分が当初の法案からの修正箇所である。すなわち、

現行ドイツ民法三一一条a一項　契約成立時における給付障害　第二七五条第一項から第三項までの規定に従って債務者の給付義務を不存在とする給付障害が契約成立時に既に存在していることは、契約の有効性を妨げない。

現行ドイツ民法三一一条a二項　契約成立時における給付障害　債権者は、その選択に従い、給付に代わる損害賠償又は費用賠償を第二八四条の規定の範囲で請求することができる。ただし、債務者が給付障害について責めに帰することができない事由によって善意であったときは、この限りでない。この場合においては、第二八一条第一項第二段及び第三段並びに第五項の規定を準用する。

実質的な変更は無いが、以下の四点に形式的な変更がある。(129) 第一に、表題が「契約成立時における給付義務の不存在」から「契約成立時における給付障害」へと変更された。「不存在」というのでは、いったん給付義務が生じるように誤解されるかも知れないからである。第二に、第二七五条の規定の変更に伴って「第二七五条第一項若しくは第二項」から「第二七五条第一項から第三項まで」と変更された。第三に、第二八一条の規定の変更に伴っ

て、「第二八一条第一項第三段及び第四項」が「第二八一条第一項第二段及び第三段並びに第五項」と変更された。第四に、第二項前段が第一段と第二段に分けられた（訳文としては区別していない）。

また、第二項の規定は、給付義務発生前にもかかわらず賠償請求権発生を根拠づけるものであって、独自の請求権発生原因となっていることが確認された[130]。

さらに、ドイツ民法三一一条aが契約の規定として契約の章に規定されたため、債権総則に置かれた同二七五条と離れることになった。たしかに理論上は正しいけれども、両者の関係が分かり難くなり、条文の位置としては欠点である（→結章第二節三2）。

2　代償請求権

代償請求権に関する第二八五条については、第二七五条の項立てが変更された（第二項が第二項と第三項に分割された）ことに伴う編集上の修正を受けた[131]。傍点の部分が法案からの修正箇所である。すなわち、——

現行ドイツ民法二八五条一項　代償の返還　第二七五条第一項から第三項までの規定に従って債務者が給付義務を免れる事由によって給付の目的について代償又はその請求権を債務者が取得するときは、債権者は、代償の償還又はその請求権の移転を請求することができる。

現行ドイツ民法二八五条二項　代償の返還　債権者が給付に代わる損害賠償請求権を有する場合において、前項に定める権利を行使するときは、〔債権者の〕取得する代償又はその請求権の価額だけこれを縮減する。

規定は、その内容が「明らかに正当」と評価されて新債務法においてもドイツ民法旧二八一条の規定と外見上ほぼそのままの形で維持された。しかし、不能概念が一新されたため、実質的には大きく内容が変わった。次の二点にまとめることができる。

第一に、旧規定においては、代償請求権は、「後発的不能」が要件であったのに対し、新債務法においては、「第二七五条の規定に従った給付義務の不存在」だけが要件である。つまり、代償請求権が発生するときは、常に第二七五条の規定の適用がある。したがって、消滅原因は、不能に限定されず、第二項・第三項の給付困難も含むことが重要である。また、それが後発的なものに限られず、原始的なものでもよい点も大きな変化である。[132] その一方で、債務者の有責性に関して有責・無責を問わないのは、旧規定と同様である。

第二に、第二八五条一項の規定中に明文で第二七五条の規定が指示された。そのため、代償請求権が、①第二七五条が規定する不能等による一次的給付義務不存在を補充する制度であり、②同じく二次的給付請求権として規定されている損害賠償請求権とは独立した制度であることが明白である。[133] 要件・効果という言葉を用いて対比すれば、債権者に損害が発生したことに着目して債務者の有責性を要件にそれを賠償させるという効果の損害賠償制度ではなく、逆に、債務者の代償取得に着目して債務者の給付義務不存在を要件にそれを償還させるという効果の制度となっている。したがって、具体的には、代償の取得が債務者の法律行為を原因とするときであっても（二重譲渡が代表例[134]）、さらには、代償の価額が本来の給付の価額を超えるときであっても（二重譲渡において第二売買の代金が第一売買のそれを超えるときが代表例[135]）、――右要件が満たされさえすれば――代償請求権が発生する。これらのことは本質的には、旧規定においても同様であった。が、旧二八一条の規定が旧二七五条の規定を指示していなかったことと、そもそも旧二七五条の規定がその「後発的無責不能」という紛らわしい文言によって誤解されることが多かったため、新規定の解釈は、旧規定と比較して断然明確になっている。

八　さらなる立法の動向

なお、債務法改正全体の内容は、欧州契約法委員会の「欧州契約法原則」およびユニドロワの「国際商事契約原則」からも影響を受けていて、そのような欧州民法統一の動向からすると、今回の債務法改正の寿命も長くはないかもしれない、とも言われていた[136]。

実際に二〇一一年には、欧州委員会が「共通欧州売買法」を正式に提案したため、欧州民法の統一も近いか、と大きな話題になった[137]。しかし、二〇一四年末には、「共通欧州売買法」の提案は欧州委員会によって撤回されている[138]。

九　まとめ

新債務法の規定は、実は債務法改正計画の最終報告書の影響が非常に大きい。つまり、給付義務不存在の要件が、①債務者の無責・有責を問わず、しかも、②原始的・後発的という区別も含まない、統一された新しい不能とされたことにおいてである。

他方、代償請求権の制度自体は債務法改正計画および債務法現代化においては大きな変更を被らなかった。規定自体の必要性についても全く議論されなかった。しかし、不能要件から導かれる給付義務不存在が代償請求権の要件であることが明文で規定されたため、現行法においては不能による給付義務不存在の規定を代償請求権が補充するという関係が明確になっている点が重要である。

第三節　新規定の解釈論

一　不　能

1　不能の新規定

こうして、不能規定は、ドイツ民法旧二七五条から条番号だけは引き継いだものの、内容が一変した。とりわけ重要なのは、新しい不能要件の法規範が歴史上初めて完全な形で成立し、第一項の規定の文言が単純に「不能」として規定されたことである。すなわち、「給付の不能」という要件に対応して「給付義務の不存在」という効果が統一して認められることが明文で承認された。統一してというのは、第一に、債務者の有責性を問わないことであり[139]、第二に、原始的・後発的を区別しないことである（したがって、原始的不能について規定していたドイツ民法旧三〇六条の規定は削除された[140]）。ローマ法源を用いて言えば、「不能な給付義務は存在しない（Impossibilium nulla obligatio est）」（D. 50. 17. 185）という命題が例外なく妥当することになった[141]。そして、新債務法成立後の同項の解釈論においても、この二つの意味において統一された新しい不能の文言が文理解釈されるべきことが承認されている[142]。

もちろん、右の第二七五条の規定は、それ自体は不能による給付義務不存在に関する規定にすぎず、これを補充する諸規定（Ergänzende Regelungen）が必要である[143]。とりわけ、二次的請求権（填補賠償請求権と代償請求権）および危険負担が重要である。つまり、不能が債務者の責めに帰すべき事由によるものであれば、填補賠償請求権が発生し（ドイツ民法二八〇条・二八三条）、不能と同一の原因により債務者が代償を取得すれば代償請求権が発生する（ドイツ民法二八五条）。そして、給付義務が双務契約を発生原因としていたときは、原則として、債務者は、反対債権を喪失する（ドイツ民法三二六条一項）。

なお、規定の位置は、旧二七五条と同じく、「第二編　債務関係法　第一章　債務関係の内容　第一節　給付義務」の中に本来の給付義務や損害賠償義務に関する規定と並んで置かれている。

2　不能の判断基準

「不能」の判断は、従来の判例通説に従い（→第六章第一節四2）、また、法案理由書に説明するとおり（→第七章第二節五3）、仮に給付判決が下されたときに執行することができずに無意味（sinnlos）かどうかが基準とされる[144]。

3 適用範囲

不能に関する新規定について、適用範囲に関する解釈論を補足しておこう。

まず、「給付を目的とする請求権」は、原則としてすべての請求権を含む。つまり、第二七五条の規定の適用範囲は、原則として約定債務に限らず、法定債務も含むすべての債務関係である[145]（↓代償請求権の判例について第七章第四節第三款三、わが国の解釈論について結章第二節二3・4・5）。

しかし、損害賠償請求権は含まれない。ドイツでは、不法行為による損害賠償は、原状回復が原則であるので（ドイツ民法八二三条一項、二四九条一項[146]）、一見、原状回復請求権としての損害賠償請求権が不能となることがあるように思われるけれども、そうではない。損害賠償請求権については、ドイツ民法二五一条一項の規定に従って、原状回復が不能であるときは、金銭賠償によって損害を賠償しなければならず、この第二五一条一項の規定が第二七五条の規定に優先し、第二七五条の規定の適用は無い、と解されている[147]。つまり、原状回復が不能となってもいったん請求権が不存在となるわけではなく、請求権の目的が金銭賠償に変わるだけである。

また、金銭債権は、その貫徹性の限界が実体法ではなく執行法および倒産法によってのみ画されるため、実体法上は不能となることがない[148]（↓わが国の新規定について結章第二節二6）。

4 新しい不能要件の意味

新債務法において成立した新しい不能要件が画期的であることは、わが国では実に理解しにくい。その理由は、わが国では履行請求権の限界の問題を要件・効果で考える意識が希薄であるせいであろう。そこで、次の具体的な事案を用いて、そこで適用される要件・効果は何か、という形で説明しよう。すなわち、――

「Xは、甥のYと贈与契約を結び、伝来の壺（甲）を無償で与えることにした。ところが、翌日の大地震により、甲は割れて滅失してしまった。」

要するに、Xの引渡債務の消滅という効果を導く要件が何か、という問題である。それは、ドイツ民法の各段階においては次のように異なっていた。

第一に、ドイツ民法典成立直後の文理解釈では次のような法適用であった。すなわち、――

第二七五条一項の規定に従って、債務者は、債務関係発生後に生じた債務者の責めに帰することができない事由によって給付が不能になる限りにおいて、給付義務を免れる。

本件では、Xは、債務関係発生後に生じたXの責めに帰することができない大地震によって引渡しが不能になるので、引渡義務を免れる。

つまり、Xの引渡義務の消滅という効果を導く要件は、給付の後発的有責不能であった。その不能は、一方で、債務者の責めに帰することができない事由によるという判断をも含むものであり、他方で、給付が不能となった時点が債務関係発生後であるという判断を含むものであった。

第二に、一九八〇年代までに通説判例となっていた解釈では次のような法適用であった。すなわち、――

第二七五条一項の規定に従って、債務者は、債務関係発生後に生じた事由によって給付が不能になる限りにおいて、給付義務を免れる。

本件では、Xは、債務関係発生後に生じた大地震によって引渡しが不能になるので、引渡義務を免れる。

つまり、Xの引渡義務の消滅という効果を導く要件は、給付の後発的不能であった。その不能は、給付が不能となった時点が債務関係発生後であるという判断を含むものである。しかし、もはや、債務者の責めに帰することができない事由によるという債務者の有責性判断は含んでいない。

第三に、ドイツ新債務法の規定によれば次のような法適用になる。すなわち、──

第二七五条一項の規定に従って、給付を目的とする請求権は、給付が債務者またはすべての人に不能であるときは、存在しない。

本件では、Xの引渡しを目的とする請求権は、Xの引渡しが不能であるので、存在しない。

つまり、Xの引渡義務の消滅という効果を導く要件は、給付の不能である。その不能は、もはや、①債務者の責めに帰すべきか否かという判断も、②給付が不能となった時点が債務関係発生後か前かという判断も含まない、統一された不能である。

二　代償請求権

1　機能と根拠

現行ドイツ民法二八五条が規定する代償請求権の考え方は、──ドイツ民法旧二八一条に関する第一草案理由書の言い方を踏襲して──「代償原則（Surrogationsprinzip）」と言われる（通説[149]・判例[150]）。

そして、代償原則は、①現行ドイツ民法二七五条の規定に従った不能による債務者の給付義務不存在を要件とすることで同条を補充する機能を有し、②当事者意思（すなわち仮定的意思）を根拠とする[151]。

2　他の制度との関係

代償請求権制度は、財産価値の不適当な分配の清算が目的である、と言われてきたことに関し（→第六章第二節三）[152]、注目すべき有力説も登場している。すなわち、代償請求権を不当利得返還請求権の一環と位置づける学説である。そのために、「この法律上の規定の基本思想が争われている」というコンメンタールの記述も現れている[153]。

また、「民法二八五条を不当利得法として位置づけることは、たしかに争われているけれども、今日では基本的には支配的な見解と呼んでよいだろう」[154]とまで言うものもあるが、我田引水に過ぎるきらいがある。

さらに、不当利得返還請求権だけでなく損害賠償請求権との関係の整理を工夫するハンス・シュトル説も登場している[155]。その学説の意義は、代償請求権が損害賠償請求権における損益相殺と同様の機能を有することを正確に指摘した点に認められる[156]。つまり、損害と利益の通算を債権者についてするのが損益相殺で債務者についてするのが代償請求権だという理解であった。

不利返還請求権にしろ損害賠償請求権にしろ、たしかに、ドイツ民法二八五条の規定を他の制度との関係でどのように位置づけるかは解釈者の自由である。また、代償請求権を他の制度との関係で体系化したいという学問上の欲求もよく分かる[157]。けれども、これまで見てきたように、代償請求権は、パンデクテン法学における独自の法源解釈に由来している。その際、代償請求権制度が不当利得返還請求権や損害賠償請求権といった他の制度に従属して解釈されたことはなく、類似点があるからと言って今日唐突にそれらと結びつけようという主張には無理がある。むしろ、財産価値の不適当な分配を均す一つの制度であるという以上には他制度との関係は現行ドイツ法下では理論化されていない、という理解[158]が正確と思われる。

3　法的性質

代償請求権は、債務者の行為を目的とする権利としての請求権（Anspruch）であり、その行使によって権利義務の変動を生じさせる形成権（Gestaltungsrecht）ではない。したがって、代償請求権の行使によって当然に権利を取得することがなく、いわゆる物権的効力がない。つまり、代償請求権の目的について、債権者は一般債権者であり、他の債権者に対する優先権を有さない[159]。そして、ドイツ法では、形成権は消滅時効に掛からないが、請求権は、消滅時効に掛かる（ドイツ民法一九四条一項）[160]。代償請求権も請求権であるからこそ、消滅時効に掛かる[161]（↓第四節第三款八）。

もっとも、代償請求権を行使するか否かは債権者の自由であり、行使することによって初めて債務者も履行することができる[162]。債権者による行使前は、債務者は、代償の提供によって債権者を受領遅滞に陥れることができない[163]。つまり、代償請求権の行使という債権者の意思表明がなされると、債務者が弁済またはその提供をすることができるようになる、という法律効果が生じる。その意味では、形成権的効力がある。しかし、行使しなくても請求権自体は既に発生しているので形成権そのものではない。そのため、「控え目な請求権（verhaltener Anspruch）」と呼ばれることがある[164]。

4　現行ドイツ民事法における代償請求権の機能

つぎに、代償請求権の機能を具体的な紛争を念頭に置いて説明しよう。債権者が本来の（一次的）給付を求めて給付の訴えを提起するところから始めると以下のようになる。すなわち、――

第一に、訴訟において債務者が給付の不能を主張するときは――証明まではしていない段階で――、債権者は、給付に代わる損害賠償請求（現行ドイツ民法二八〇条一項・三項、二八三条）または代償請求（現行ドイツ民法二八五条）をすることができる。前者を請求するときには義務違反[165]による損害の発生、それに対して後者を請求するときには現行民法二七五条一項から三項までの規定に従った給付義務の不存在とそれと同一の原因による代償の取得が要件である[166]。その義務違反と給付義務不存在の要件は、債務者が後発的不能を主張することによって満たされる[167]。そして、この損害賠償請求または代償請求は、旧規定におけるのと同様に、訴訟物の変更にかかわらず、訴えの変更ではないとみなされるので（ドイツ民事訴訟法二六四条）、被告の同意や裁判所の承認が不要である（同法二六三条）[168]。

また、債権者としては、債務者が不能を主張しただけで証明までしていなければ、本来の給付を諦めなくてもよい。あくまで一次的給付を求めて給付の訴えを追行して確定判決を得て強制執行を――執行不能を覚悟しつつ――試みることができる。そして、はたして執行不能が明らかになれば改めて二次的給付請求（損害賠償請求または代償請求）をすることができるのはもちろんであり、旧規定におけるのと同様である。

第二に、債権者の一次的給付を求める給付訴訟において債務者が不能による給付義務不存在を主張しないときはどうか。この場合は、ドイツ民法旧二八三条の規定におけるのと大きく異なる。すなわち、債権者が相当の期間を設定して本来の給付を催告してその期間が徒過したときは、一次的給付に代わる損害賠償を請求することができる（現行ドイツ民法二八〇条一項・三項、二八一条一項）[169]。そしてやはりこの現行ドイツ民法二八一条一項の規定は、損害賠償請求にだけ適用されるため、それに相当する証明責任軽減の規定を欠く代償請求では、確定した給付判決を得ているときであっても、執行不能の事実を明らかにするなどして債権者が給付不能を証明しなければならない。

第三に、債権者は、一次的給付請求をせずに当初から二次的給付請求（損害賠償請求または代償請求）をすることもできる。この場合においては、二次的給付請求が損害賠償請求か代償請求かで右の違いが無い。すなわち、債務者の義務違反[170]を主張して本来の給付に代わる損害賠償を請求する、または、現行ドイツ民法二七五条一項から三項までの規定に従った給付義務不存在とそれと同一の原因による代償の取得を主張して代償請求することができる。そのとき、損害賠償請求については、債務者が義務違反を争うときは、債権者は、相当の期間を設定して本来の給付を催告し、期間が徒過すれば、本来の給付に代わる損害賠償を請求することができるのは、第二の場合と同様である。

5　双務契約における代償請求権――危険負担との関係

双務契約においては、債権者は、代償請求権を行使するときは、反対給付の義務も負う（現行ドイツ民法三二六条三項。ドイツ民法旧三二三条二項の規定と同旨[171]）。代償請求権を行使しなければ、債権者は、反対給付義務を負わない（現行ドイツ民法三二六条一項。行使するまでは反対給付義務については未決定の状態（Schwebezustand）にある[172]。この場合において債務者は有責でもよい[173]。

6　双務契約における代償請求権――利益償還請求権との関係

履行不能が債権者有責であっても、代償請求権の要件が満たされる限り、その発生は妨げられない。双務契約においては、債務者は、反対給付を受ける権利を失わない（現行ドイツ民法三二六条二項前段）。しかし、債務者は、「自己の給付を免れたことによって節約した（erspart）又は労力（Arbeitskraft）を他に用いることによって取得した若しくは悪意で取得しなかったもの」を債権者に償還しなければならない（同項後段）。

これは、わが国の民法五三六条二項後段に相当する規定であるが、ドイツ法では詳しく規定されているため、分かり易くて参考になる（→結章第三節第四款五２）。

7　双務契約における代償請求権――解除との関係

また、反対給付義務以外に何らかの付随義務を負う懸念が債権者にあるときは、解除権を行使することでそれを解消することができる（現行ドイツ民法三二六条五項[174]）。

しかし、先に解除権を行使してしまうと、明文の規定はないが、もはや代償請求権を行使することはできない、と解するのが多数説である[175]。それに対し、解除権行使時に代償請求権の存在について善意だった債権者は解除権行使後も代償請求権を行使できるとする少数説もある[176]。ドイツでは、わが国とは異なり、損害額を超える代償請求が認められるので、債務者が実は多額の売却代金を得ていた場合に有意義な解釈である。さらに、そもそも解除権と代償請求権とを同時に行使することができるとする少数説もあり[177]、それは、解除権と損害賠償請求権とを同時に行使することができることに由来する解釈であろうが、説得力があるとは思われない。

逆に、先に代償請求権を行使する場合についても問題が提起されていて、信義則（ドイツ民法二四二条）に従って解除できなくなるという見解が示されている[178]。

なお、右の解除との複雑な問題は、新債務法において解除権と塡補賠償請求権とを双方行使することができるようになったことに由来するもので（現行ドイツ民法三二五条[179]）、新債務法において初めて現れた代償請求権の新しい論点である。そのため、ドイツ法上も確固たる通説が確立されていない。

三　ま と め

本書の第五章から第七章までで、不能および代償請求権について、民法典第一草案から新債務法まで十四の規定およびその草案を紹介してきた。当たり前のことであるが、現行の新債務法の規定は、不能と代償請求権に関する限り、旧規定や旧草案の欠点を克服していて、とりわけ明確性においては非常に優れた規定となっている。

第四節　判　例

第一款　総　説

ドイツにおいてもわが国と同様、不能と代償請求権に関する裁判例は非常に少ない。それは、不能な義務の履行を求めることが稀であること、そして、そもそも代償請求権の要件を満たす事案が少ないことが理由であろう。

それでも、そのように少ないからこそ貴重な判例理論を総合判例研究の形で提示することによって、右に示した現行ドイツ民法の解釈論を補うことにする。

第二款　不　能

一　給付請求権の範囲

【裁判例一】 BGH, Urteil vom　30. 5. 2008 − V ZR 184/07, NJW 2008, 3122

〔事実の概要〕 Bは、甲地の所有者であり、Yは、その隣の乙地の所有者であった。一九七三年、Bは、甲地上にスーパーマーケットとして利用可能な建物を建設したところ、四二㎡だけ乙地にはみ出してしまったため、Yとその四二㎡の土地についての賃貸借契約を締結して解決した。その後、Bが甲地をZに売却したため、Zは、Yとの賃貸借契約上の地位を承継し、月額四一八マルクの賃料を支払っていた。Zは、甲地をXに転売したが、その際、乙地への建物のはみ出しやYとの賃貸借契約のことをXには知らせなかった。Xは、Yに対する賃料支払を拒絶したため、Yが契約解除の意思表示をしたため、Xは、月額一〇〇マルクの賃料支払によるはみ出し部分の土地の利用権の確認を求めて訴えを提起した。それに対し、Yは、反訴を提起して、はみ出し部分の妨害排除を請求した。

〔判旨〕「この〔ドイツ民法二七五条の〕規定は、すべての給付義務に適用され、契約によるものか、法定債務関係によるものか、一般の法定の義務かを問わない〔……〕。これは、債務法現代化法の立法趣旨であった。法案の理由書は、民法二七五条二項の規定の適用範囲として物権的請求権を明示していた。〔……〕確定した事実における、はみ出しの除去によるYの利益とそのための〔Xの〕費用が不均衡であるためにYの請求にかかる建物取壊しに対する抗弁に理由があるかは明らかではない。〔……それを検討するに、はみ出しという〕権利の瑕疵が判明した後であっても、Xは、はみ出し部分の撤去義務を回避する、または、ZがYに対して払っていた賃料を払うか、一九七三年の契約上のZの地位を引き受けるというYの提案を受けることができた。にもかかわらず、それをしなかったことによって、Xは自ら、Yが賃貸借契約を解除し、経済的に期待不可能な帰結となる状況を導いてしまったのである。したがって、民法二七五条二項の枠組において示されているXの行為の評価によれば、Xには給付を拒絶する権利が認められない。」

〔解説〕ドイツ民法二七五条の規定する「請求権」は、文理解釈し、すべての請求権と解されている。本件では、物権的妨害排除請求権（ドイツ民法一〇〇四条一項）について第二七五条の規定の適用が——傍論ではあるけれども——肯定された。厳密には本件は、ドイツ民法二七五条の第二項の事案であるが、第一項の先例とも解されている。

もっとも、物権的返還請求権については異なる。そもそも占有喪失によって物権的返還請求権の要件が満たされなくなるため請求権が消滅し、請求権の不能が問題とならないからである（↓第七章第四節第三款三【裁判例一四の二】）。

なお、判旨中の「法定債務関係によるものか、一般の法定の義務か」という部分は、給付請求権の根拠条文が民法かそれ以外かという区別かと思われる。

二　一部不能

【裁判例二】BGH, Urteil vom 17. 2. 1995 – V ZR 267/93, NJW-RR 1995, 853

〔事実の概要〕一九九〇年一二月一一日、Yは、Xから飛行場建設目的で本件農地を購入した。ところが当局が本件農地の三分の一に相当する部分について譲渡を許可しなかったため、Xは、売買契約の解除の意思表示をし、残部の移転登記の抹消手続を請求し、Yは、残部についての債務の存在を主張して、その不履行を理由に損害賠償を請求したものである。

〔判旨〕「〔一部不能が契約の履行の全部不能となるのは、〕契約の内容および目的に照らして完全な履行についてしか利益がない、つまり一部の履行が無意味な（sinnlos）ときである。」

〔解説〕給付が可分であるときは、一部不能を観念することができ、原則として、不能な給付を目的とする債務だけが存在しないことになり、可能な給付を目的とする債務は、存続する。[180] 約定債務の場合における反対債務については、危険負担の規定が適用され、「一部給付の場合においては、第四四一条第三項の規定を準用する」（ドイツ民法三二六条一項前段）ことになり、瑕疵ある給付を受けた買主と同様の代金減額請求権を取得するほか、解除（ドイツ民法三二三条五項・三二六条五項）と損害賠償（ドイツ民法二八三条・二八一条一項）の規定の適用について可能性が残る。[181] しかし、例外として、契約の内容および目的に照らして完全な履行についてしか利益がない、つまり一部の履行が無意味なときは、全部不能と同様、全部の債務が存在しないことになる。

本件では、可分な給付であっても、例外として全部不能と同様、全部の債務が不存在とされ、その存在を前提とするYの損害賠償請求が棄却されたものである。

三　一時不能

【裁判例三の一】BGH, Urteil vom 19. 10. 2007 – V ZR 211/06, NJW 2007, 3777

〔事実の概要〕二〇〇四年一月二二日にXは、Yから甲区分所有権を付属する本件物置を含めて購入し、代金を支払ったところ、本件物置がAの所有と登記されかつAの占有にあることが判明したため、本件物置についての所有権移転登記手続と引渡しを求めて訴えを提起した。

〔判旨〕「所有権移転義務の履行は、不動産登記簿の表示が不明確であるからといって不能となるわけではない。つまりこの給付障害は、一時の（vorübergehend）ものであり、遅くとも当事者間の所有権の争いについて既判力のある裁判が下されることによってなくなるはずのものである。一時の給付障害が永続する（dauernd）給付障害と同じく扱われるのは、その障害によって契約目的の達成が危うくなり、当事者双方の利益を正当に衡量すると給付を請求しまたは実現することがもはや当事者に期待できないときに限られる〔……〕。その際、給付障害が永続のものか一時のものにすぎないのかの判断は、障害が生じた時点で下されるべきである。」

〔解説〕本件は、いわゆる一時不能（一時的不能）に関する指導判決である。本件のように、被告Yの履行に第三者Aの協力が必要な場合であるために一時不能であっても、それだけで給付義務が否定されて、給付請求が棄却されることはない。しかし、一時不能によって契約目的の達成が危うくなり、当事者双方の利益を正当に衡量すると給付を請求しまたは実現することがもはや当事者に期待できないときは、その一時不能は永続不能と等しく扱われ、ドイツ民法二七五条一項の規定に従って、給付義務が否定され、給付請求が棄却される。

しかし、一時不能概念自体について、その多義性を理由に批判がある。つまり、「『一時の』とはその語義からすれば、何かが初め存在して後から無くなることを言う。しかし、法学上の慣用では、一時不能と言うときは、いつまでも存続するかも知れない障害、つまり、一時のものにすぎずいつかは終わる、というのではない障害も含まれている。たとえば、建築確認が下りないケースを念頭に置けばよい。建築確認が下りるまでは、そもそも下りるかどうかが分からないかも知れないからである。したがって、『一時の』とは、正確には『期間が不確定の（von ungewisser Dauer）』であろう。また、『不能』というのも少なくとも曖昧ではある。というのは、一時不能の主な問題は、不能の完全な法律効果が生じるかどうか、だからである。〔にもかかわらず『一時不能』と呼んでしまうと、『不能』であって『不能』でない『不能』という概念矛盾が生じてしまう〕」[182]。また、同様に、「一時の（vorübergehend）」を避けて「暫時の（zeitweilig）」と表現し[183]、さらにそれを「仮の（einstweilig）」と改めるに至った論者もある。その主張によれば、「仮の（einstweilig）」は、障害の期間が不確定の場合と確定の場合双方を含むので、「期間が不確定の（von ungewisser Dauer）」という表現もまた正確でないからである[184]。

ドイツ法における「一時不能」概念の内包をどのように解するにせよ、右指導判決の事案のように不能が一時的であることが確定している場合よりもむしろ、一時的か永続的かが不確定な場合こそが「一時不能」の典型的な場合であり、そのような典型的な「一時不能」の場合においては、給付請求が棄却される、というのが通説である。[185]

しかし、そうすると、「一時不能」であるだけで「永続不能」と同じ法律効果を導くことになり、右指導判決との整合性が疑われてくる。そのため、一時的か永続的かが不確定な「一時不能」の場合には実体法上は、民法二七五条の規定が適用されるのではなく、同条の規定が類推適用されるにすぎない、という解釈も主張されている。[186] また、一時的であることが確定している「一時不能」の場合においては、ドイツ民事訴訟法二五七条[187]または二五九条[188]が規定する要件が満たされるときは、将来給付の判決が下されることがある、という解釈も主張されている。

さらに、双務契約においては、「一時不能」である限りは、債務者は、ドイツ民法三二〇条一項[189]または三二六条一項[190]の規定に従って、反対給付を求めることができない。

【裁判例三の二】 BGH, Urteil vom 15. 6. 2012 − V ZR 240/11, NJW 2012, 3096

〔事実の概要〕一九四〇年、ブランデンブルク（後の東ドイツ）の本件土地をXが二二〇〇〇マルクで購入したが、所有権移転は行われなかった。売主Aが死亡したが相続人の存在は明らかではない。西ベルリンに在住していたXは、一九五二年まで本件土地を保養目的で利用していたが、その後に東ドイツ当局によって管理されることになり、一九八二年には接収されるに至った。しかし、一九九〇年にドイツが統一されたことを契機に、Xは、財産法（Vermögensgesetz）一一条bの規定に従って、接収されていた本件土地の所有権移転を求めて訴えを提起した。

〔判旨〕「ドイツ統一の過程で給付障害が無くなっても、相続人の約定の給付義務は、復活することがない。ドイツ民法旧二七五条の規定に従って債務者が給付義務を免れた場合において、予期しない事情によって給付が再び可能になったとしても、そのままである。というのは、ある給付障害が永続不能を導くかどうかの判断は、障害の発生時に下されるべきだからである〔……〕。永続不能と等置されるべき給付障害が存在するという措定は、障害の——見通しのつかない——消滅まで法律行為に縛られていることは契約当事者に期待することができない、という評価を基礎としている。そこからの帰結、つまり給付義務を負わないことに関しては、予期しない形で障害が消滅したとしても、当事者の法律行為から自由であることの利益が原則として残っているはずだからである。〔……しかし〕例外的なケースにおいては、信義誠実の原則（ドイツ民法二四二条）に従って、法律行為の新たな成立に契約当事者が義務づけられることがある。」

〔解説〕ドイツ民法二七五条一項の規定に従って不存在とされた給付義務は、たとえ予期しない事情によって給付が再び可能になったとしても、復活しない。もっとも、例外的なケースにおいては、信義誠実の原則（ドイツ民法二四二条）に従って、新たな契約締結に当事者が義務づけられることがある。

基準時は、右判旨のとおり、「障害の発生時」であるけれども、実際の手続においては、口頭弁論終結時までに障害が消滅するか否かで、不能が一時的か永続的か判断されることになる。(191)

ドイツにおける一時不能の解釈論は、その帰結や適用条文に関して実に錯綜して安定しないが、概ねのところは右に紹介したとおりである。わが国が参考にする際には、ドイツにおける解釈の不安定さが一時不能概念の内包についての不一致に由来することを弁えることが肝要であろう（↓【裁判例三の一】）。

四　自然法則上の不能

【裁判例四の一】BGH, Urteil vom 13. 1. 2011 – III ZR 87/10, NJW 2011, 756

〔事実の概要〕Xは、カード占いによる人生相談を稼業とする者であるが、二〇〇七年九月、インターネットを通じてYから依頼を受け、Yのために電話による私生活上や職業上のカード占いによる相談を行った。二〇〇八年には、Yは、三五〇〇〇ユーロ（当時の為替レートでは邦貨約五〇〇万円）を超える巨額の報酬を支払ったが、Xは、翌年さらに六七二三・五〇ユーロの支払を請求した。

〔判旨〕「給付は、自然法則上または科学技術の知見として全く実現不可能であるときは、客観的に不能であり、請求や強制をすることができない〔ドイツ民法二七五条一項〕。超自然の、『魔法の』または超心理学上の力や能力を用いることを約束するときがそうである〔……〕。魔法の力や超心理学上の力や能力の存在は証明することができず、信仰や迷信、想像や妄想上のものにすぎないということが法の世界においては一般に認められ周知である。このような力や能力は、人生に関する学問的な認識や経験においては正当化されず、裁判官によって現実の影響力の原因として承認されることができず、現実世界において何らかの変化をもたらす手段として法的に認めることができない〔……〕。これと区別しなければならないのは、一般的な人生相談にすぎない事案や、現実には魔法の力や能力を用いるのではなく、縁日の娯楽が約されているだけの事案である〔……〕。」

〔解説〕不能の類型として第一に挙げられるのは、自然法則に反することによる不能である。本件では、カード占いによる人生相談が現実に影響を及ぼすことが自然法則に反するとして不能と判断された。もっとも、具体的事案においては、占いさえすれば現実への影響が無くてもよいこととして報酬が約されたか否かについて審理を尽くさせるために控訴審に差し戻された。

【裁判例四の二】BGH, Urteil vom 14. 1. 2010 – VII ZR 106/08, NJW 2010, 1282

〔事実の概要〕二〇〇四年八月、Aは、Yに対し、港湾の浚渫《しゅんせつ》工事を発注した。Yは、Xに対し、浚渫工事によって生じる浚渫土の処理を発注した。Xは、その処理を行い、Yに対して報酬を請求したところ、Yは、これを支払わなかった。その後Xは、直接にAから発注を受けて処理を続行し、他方で、Yに対して報酬の支払を請求した。

〔判旨〕「〔……〕Xは、下請負人としてAから発注されAのために実現した給付でもって同時にYと締結した契約を履行したとすることができない。その場合にはYへの給付は不能となっている〔ドイツ民法二七五条一項〕。〔XY間の〕請負契約は、可分な給付を目的としているから、約定報酬請求権は、ドイツ民法三二六条一項前段および四四一条三項の規定に従って、減額されなければならない。〔……〕ドイツ民法三二六条一項の規定に従って、元請負人の給付不能においては、その報酬請求権が消滅し、一部不能においては、注文者は、減額された報酬の支払だけを義務づけられる。債権者（A）がもっぱらまたは主にその不能の責めに帰すべきときは、債務者（Y）は、たしかにドイツ民法三二六条二項前段の規定に従って、報酬請求権を失わない。しかし、債務者（Y）は、同項後段の規定に従って、自己の給付を免れたことによって節約したまたは労力を他に用いることによって取得した若しくは悪意で取得しなかったものを〔債権者（A）に〕償還しなければならない。この状況において元請負人が節約するものは、通常は、民法三二六条一項前段の規定に従って元請負人が全くまたは一部しか払わずに済んだ下請負人の報酬である。注文者が下請負人に支払う金額が元請負人の節約する金額と一致しない〔で上回る〕ことによる注文者の不利益は、不能は注文者の責めに帰すべきであるので、〔注文者が下請負人に対して当初元請人に対して払う予定だった金額よりも高額な報酬を支払うことになっても〕仕方がないのである。」

〔解説〕下請負人が直接に注文者に対して仕事を完成させた場合において、元請負人の注文者に対する仕事完成は、不能となる。仕事をいったん完成させてしまえば、重ねて完成させることができなくなる、という意味で自然法則上の不能の一つである。(192) しかし、下請負人によって元請負人の法律上の給付義務が履行できなくなるという視点からは、法的不能にも分類することができる。もっとも、要件論において不能をどのように分類するかは、その効果が同一であるために意味はない。(193) それでも、ドイツでは不能の分類が伝統となっているので、それをさらに紹介しておこう。

五　絶対的定期行為

【裁判例五】BGH, Urteil vom 28. 5. 2009 – Xa ZR 113/08, NJW 2009, 2743

〔事実の概要〕Xは、ドイツのフランクフルトを出発地としてアメリカ合衆国のワシントン経由フェニックスを到着地とする往復の航空便を予約していた。そのうち、フランクフルト～ワシントン間はY社便で、ワシントン～フェニックス間はA社便であった。往路は、二〇〇六年一〇月七日一三時二五分フランクフルト発、同日一六時四〇分ワシントン着の予定であったところ、到着が遅れて一七時となったため、Xは、接続するワシントン発フェニックス便に乗り遅れた。Xは、Y社の負担でワシントンに宿泊し、翌一〇月八日七時のワシントン発フェニックス便に乗ったため、結局、フェニックスには予定より一四～一五時間遅れて到着した。そこで、Xは、損害賠償を請求したが、その中で、XY間の契約が絶対的定期行為であり、Yの債務がYの責に帰すべき事由によって不能となった、と主張した。

〔判旨〕「航空機による運送契約は、Xの主張に反し、〔……〕通常は、ドイツ民法二七五条、二八三条および三二六条の規定に従って、乗客の請求権を基礎づける絶対的定期行為ではない〔……〕。絶対的定期行為においては、給付時を遵守しないことが給付不能となる〔……〕。したがって、ある法律行為を絶対的定期行為と評価するためには、遅延した給付が履行とは言えないほど、契約の意味・目的と当事者の利益状況に照らして給付の時期が重大でなければならない。しかし、運送給付において、到着が遅延しただけの場合においては、この要件は備わらない。航空便の遅延においては、目的地になるべく早く到着するという乗客の利益は通常失われない。むしろ、遅延した運送においても、契約目的は、なお達成されることができる。仮にドイツ民法二七五条一項の規定に従って航空会社の一次的給付義務が消滅するとすれば、わずかな遅延であっても乗客が運送請求権を常に喪失することを意味することになってしまい、〔乗客としての〕債権者の利益に通常は適わないだろう〔……〕。このことは、運送の遅延によって接続便に乗り遅れることになっても、同様である。通常はその場合においても〔接続便に乗らない場合と〕同様に、できるだけ早く目的地に到着することに債権者の利益がある。」

〔解説〕絶対的定期行為とは、債権者が給付の定時性に特別の価値を置いているために、特定の時点で必ず実現されなければならない給付を目的とする契約である。(194) 絶対的定期行為における給付の遅延は、不能と評価される。

たとえば、特定の列車や飛行機に乗るためにタクシーを予約する場合である。もしタクシーの到着が遅れて列車や飛行機に間に合わなければ、タクシーによる運送は不能と評価される[195]。もっとも、絶対的定期行為において不能となった給付自体を裁判上請求することが考えにくいためか、裁判例は少ない。右判決も、航空便による運送自体が裁判上請求される中で絶対的定期行為が争われた事件ではなく、有責不能による損害賠償請求を否定するため、航空便による運送契約が絶対的定期行為ではないという判断が示されたものでしかない。

六　法的不能

【裁判例六の一】 BGH, Urteil vom 16. 10. 2007 – XI ZR 132/06, NJW 2008, 1070

〔事実の概要〕消費者信用法上の要式性に違反する契約によってXに対して債務引受をしたYは、その契約の有効性を争った。

〔判旨〕「Yによる本件債務引受けは、二〇〇一年一二月三一日まで適用されるドイツ民法旧三〇六条の規定に従って無効である。この規定における原始的客観的不能は、自然法則上の不能のみならず法的不能も含む。法秩序が承認しない法律効果、とりわけ義務の負担を契約当事者に生じさせる事案が典型的である〔……〕。そのような事情における契約は当初からその目的を達成できないのであるから、無効である。」

〔解説〕本件のように法秩序が給付の実現をそもそも承認しないときが、法的不能の主たるものであり、また、実例も多い[196]。とりわけ、ドイツ民主共和国（東ドイツ）政府の公用徴収による所有権移転不能が挙げられる[197]。チャーターした船舶が公権力によって接収された場合も典型的な講学事例である[198]。

本件では、原始的不能の給付を目的とする契約が無効とされたドイツ民法旧三〇六条の規定に適用を判断するに際して、法的不能も不能に含まれるという判断が示された。

【裁判例六の二】BGH, Urteil vom 13. 6. 1996 − III ZR 246/94, DtZ 1996, 310

〔事実の概要〕第二次世界大戦後にソビエト軍によって保管された後に東ドイツ政府によって国有化された財産（とりわけ土地）について、ドイツ統一後の一九九一年一月三〇日に買戻しを行ったXが、目的物が自己物であることを理由に代金支払義務の不存在の確認を求めた。

〔判旨〕「買主に既に帰属している物の所有権の移転を契約が目的とするときは、原始的法的不能の事案であり、それを〔民法旧三〇六条の規定が〕包摂することが明らかである。」

〔解説〕【裁判例六の一】のように法秩序が給付の実現をそもそも承認しない場合でなく、承認する場合であっても、人の行為によって給付が実現不能であり、法的不能と評価される場合もある。その典型例が本件のように買主の所有物を目的とする売買である。[199]

なお、自然法則上の不能と分類した【裁判例四の二】も、本件と同じく法的不能に分類することもできる。また、同様の例として、座礁船を救助・曳航する契約を締結したところ、自然の波によって船が回復し、救助の必要が無くなった場合や、病気のため医師に往診を依頼したところ、医師の到着前に自然治癒した場合も類似する。それらについては、「目的到達（Zweckerreichung）」という別種の不能と分類すべきという主張もある。[200]

七　事実的不能

【裁判例七】BGH, Urteil vom 8. 6. 1983 − VIII ZR 77/82, NJW 1983, 2873

〔事実の概要〕一九七九年一〇月に、Xは、Yから一万四〇二〇ダースという大量の韓国製パイロットシャツを一着五・六五マルクで購入し、イギリス経由で引渡しを受けることにしていた。ところが、翌月には、予定していた経路での引渡しが当時の輸入禁止に掛かり不可能であることが判明した。法律上禁止されているのは、イギリス経由の輸入であって、商品の引渡し自体は禁止されていないことを理由に、有効に成立している売買契約から生じる引渡債務の不履行による損害賠償を買主が請求した。
〔判旨〕「『不能の』給付というのは、思考法則上実現不可能な給付や法的障害のために実現不可能な給付だけでなく、理性ある人間であれば履行を試みようとしないであろう程に事実上の障害のために履行が妨げられている給付も言うのである。国内外の法的禁止による困難もそのような事実上の困難と同様である。したがって、輸入制限もまた場合によっては不能を生じさせることがある〔……〕。しかし、債務者だけでなく第三者にとっても永続的に実現不可能であることが要件である。しかし、本件ではそれが明らかではない。」
〔解説〕本判決は、商品の引渡しという売主の給付自体が禁止されているわけではないために、法的不能ではないことを前提に、ドイツ民法旧二七五条一項の規定する不能が事実的不能（faktische（praktische）Unmöglichkeit）を包摂することを抽象的に肯定したものの、具体的事案における当てはめとしてはこれを否定した。そして、契約が有効に成立していることを前提に、約定債務の不履行による損害賠償請求を認容した。なお、事実的不能の具体的事案におけるドイツ民法旧二七五条一項の当てはめまで肯定した連邦通常裁判所判決も存在する。[201]
もっとも、「事実的不能」に含まれる事案は、債務法現代化後は、ドイツ民法二七五条二項の規定に従って処理され、債務者は、債務関係の内容と信義則に従って債権者の給付利益と著しく不相当な費用が必要な給付を、拒むことができるようになった（↓第四節第二款九）。その法改正とともに、ドイツ民法旧二七五条一項が規定していた不能の一分類としての「事実的不能」もその役割を終えた。[202]

八　主観的不能

【裁判例八の一】BGH, Urteil vom 25. 10. 2012 – VII ZR 146/11, NJW 2013, 152
〔事実の概要〕一九九六年夏、Yは、Xのために„gewinn.de"というドメイン名を登録することを約した。Xは、その履行を求めることができると主張した。

〔判旨〕「債務者が自ら給付を実現することができないが他人がまたは他人の協力を得れば債務者が実現できるであろうときは、主観的不能が存在する〔……〕。本件においては、事実上の理由から、不能が存在しない。というのは、第三者のために接続済の〟gewinn.de〟のドメインであっても、Yは、将来Xのためにそのデータを用いてネームサーバーにそのドメインを取得し、Xとの間で締結したドメイン契約の期間そのままにしておき、Xをドメイン取得者としてデータバンクに登録することができるからである。」

〔解説〕ドイツ民法二七五条一項の規定によれば、給付を目的とする請求権は、給付が債務者またはすべての人に不能であるときは、存在しない。これを二つに分け、「債務者に不能であるとき」を主観的不能、「すべての人に不能であるとき」を客観的不能、と呼ぶ。

本判決は、前者の主観的不能について、「他人がまたは他人の協力を得れば債務者が実現できるであろう」と解釈されるべきことを判示した。しかし、その「できるであろう」という部分は接続法Ⅱ式の非現実話法であるので、現実には他人が実現しまたは他人の協力を得られない場合を指している。つまり、不能によって給付義務が不存在となる規範の趣旨は、債務者を名宛人とした給付判決に基づく強制執行によってでは給付が全く実現できないことが確定しているときは、債務者を名宛人とした給付判決を下しても無意味であろうというものである。したがって、単に第三者の協力がなければ実現できないというだけでは、主観的不能を認めることができない。むしろ、必要な第三者の協力を債務者が将来にわたって得ることができないことが確定している、言い換えれば、障害を克服できないことが確定していることによって初めて不能となる。たとえば、必要な協力を最終的に拒絶される、または、必要な協力者をそもそも発見することができない場合である[203]。

【裁判例八の二】BGH, Urteil vom 10. 5. 2006 – XII ZR 124/02, NJW 2006, 2323

〔事実の概要〕一九九九年、Xは、Yから駐車場として利用する目的で本件土地を年間賃料四万八〇〇〇マルクで借り受けた。ところが、Yは、Aに対して本件土地を二重賃貸に出し、Aが本件土地上に売店を建てたため、Xは、駐車場としての利用ができなくなった。そこで、Xは、YがAから賃料として取得した金銭ついて代償請求権を取得したと主張した。

〔判旨〕「第二賃借人による本件土地の占有取得により、YがXに本件土地の使用収益を委ねることは不能になった〔……〕。」

〔解説〕当初Xに対して賃貸された本件土地をAが借り受け、それをAが占有することによって、Yは、Xに対して本件土地の使用収益を委ねることができなくなったのであるから（ドイツ民法二七五条一項、五三五条一項）、YのXに対する使用収益債務は、後発的不能になり、一次的給付義務としては消滅したことになる。その一方で、その後発的不能は、もちろんYの責めに帰すべきものであるから、ドイツ民法二八三条の規定に従って、Xは、二次的請求として、給付に代わる損害賠償を請求することができる[204]。また、もう一つの二次的請求として代償請求権が考えられるが、本件では、「債務の目的と代償が給付された目的との同一性」という要件が否定されたため、代償請求は認められなかった（→第四節第三款六）。

なお、本件の事案は、二重賃貸であるが、二重譲渡でも同様に扱われる（判例[205]）。

また、他人の所有物を勝手に売却した場合において所有者の同意が得られないことが確定しているときも、同様に主観的不能である（判例[206]）。

九　「著しく不相当な費用」による免責

【裁判例九の一】BGH, Beschluss vom 14. 1. 2009 – VIII ZR 70/08, NJW 2009, 1660

〔事実の概要〕二〇〇五年一月二四日、X（買主）は、Y建材商（売主）から、イタリア製（すなわちYの製造によらない）艶有り床タイル四五・三六平方メートルを一三八二・二七ユーロ（当時の為替レートでは邦貨約一九万円）

で購入した。Xは、購入したタイルの約三分の二に当たる三三平方メートルを自宅の廊下・浴室・台所・玄関口に敷き詰めさせた。ところが、その後、敷き詰めたタイルの表面に濃淡が生じた。それは、微細な摩擦痕によるものであるため修補不能な欠陥であった。Xは、Yに対し、期間を定めて新品のタイルとの交換（取外し・取付け）を求めたところ、Yがこれに応じなかったため、あらためて、瑕疵のないタイルおよび取外しと取付けの費用五八三〇・五七ユーロ（当時の為替レートでは邦貨八〇万円弱）の償還を目的とする追完請求権を取得したと主張した。

〔判旨〕「通説によれば、ドイツ民法二七五条二項は、給付に必要な債務者の費用と債権者の給付利益との著しい不均衡を要件とし、したがって、絶対的な不相当性に関するドイツ民法四三九条三項の規定などよりは明らかに厳格な要件を立てている例外規定であり、縮小解釈され、稀にしか適用されることのないものである。」

〔解説〕本判決は、ドイツ四三九条一項の規定について取外費用償還否定説を採った場合に消費財売買指令三条二項および三項の解釈と両立するかどうかに疑いがあると考え、また、ドイツ民法四三九条一項について、費用償還肯定説を採ったとしても、今度は、追完の費用が掛かりすぎる場合、すなわち費用の不相当性がある場合に追完を拒絶する権利を売主に認める規定（ドイツ民法四三九条三項）が存在し、それが消費財売買指令三条三項の規定に抵触する可能性があると判断し、欧州裁判所に先決判決手続を申し立てる決定を下したものである。[207]その判断の中で、ドイツ民法二七五条二項の規定にも言及し、それが単なる費用の不相当性によって義務を免れさせる同法四三九条三項の規定と比較して、著しい不相当性（*grobes* Missverhältnis）という厳格な要件の下に稀にしか適用されない例外規定であることを判示したものである。[208]そのため、特別の広い免責要件が規定されている追完請求権については、民法二七五条二項の規定が無用のものとなり、広い免責要件の充足だけを検討すればよいことになる。

なお、ドイツ民法二七五条二項の「著しく不相当な費用」による免責は、従来、「事実的不能」の問題として不能の規定の適用によるしかなかったところ、債務法現代化において明文の規定が与えられたものである。債務者の抗弁を要件とする点で第一項の規定する不能による免責とは異なっている。しかし、それ以外の点では、第一項の規定と同様であり、「著しく不相当な費用」による給付困難は原始的・後発的のいずれであってもよい（債務者の有責性が考慮されることは明文で規定されている（→【裁判例九の二】）。また、第二項の規定による免責も代償請求権発生の要件も満たす点でも第一項の規定と同様である。

ところで、債務法現代化の過程でも確認されていたように（→第二節五9）、債権者利益と比較されるのはあくまでも給付のための債務者の費用であり、債務者利益（または損害）は問題にならない（判例[209]）。

また、この「著しく不相当な費用」が「犠牲の限界（Opfergrenze）」を超えるときに免責を認める、という表現も特に賃貸借契約における賃貸人の給付義務の免責について見られる（判例[210]）。

【裁判例九の二】BGH, Urteil vom 21. 5. 2010 – V ZR 244/09, NJW 2010, 2341

〔事実の概要〕Xは、農地として利用可能な本件土地の所有者であり、二〇〇二年八月、Yに対して苗畑としての利用目的で本件土地を六年間の約定で賃貸した。Yは、当初は苗畑として利用していたが、後に勝手に飼料用トウモロコシを栽培するようになった。二〇〇四年にYは、A業者に以来して有機肥料を散布させたが、それが発癌性のフッ素系界面活性剤を含む産業廃棄物であったため、大問題となった。本件土地の農地利用が当局によって禁じられただけでなく、その地域全体が一方で飲料水の給水経路を変更して他方で土壌汚染を除去するための排水路を大規模に建設する必要に迫られた。Xは、Yとの賃貸借契約を解除したうえ、Yに対し、本件土地を汚染前の状態に原状回復するよう求めた。

〔判旨〕「Xは、ドイツ民法一〇〇四条一項の〔物権的妨害排除請求権の〕規定の意味における侵害者である。Yは、侵害者として、Xに対し、原則として本件土地からフッ素系界面活性剤を除去しなければならない〔……〕。ドイツ民法一〇〇四条一項の規定に基づく請求権に対しても、同法二七五条二項の規定に基づいてその給付を拒むことができる〔……〕。ドイツ民法二七五条二項に規定されている債権者利益と債務者の給付義務実現のための費用との衡量においては、同項後段の規定に従って、債務者の過失が考慮されなければならない。〔……〕その際、第三者たる損害賠償請求権者が権利行使する危険についても考慮しなければならない。」

〔解説〕物権的妨害排除請求権にもまた、ドイツ民法二七五条二項の規定の適用がある（→第四節第二款一【裁判例二】）。それを前提に、本件では、「著しく不相当な費用」の判断について、同項後段に「債務者に求めることができる努力を定めるに当たっては、債務者の責めに帰すべき事由によって給付が妨げられるのかをも考慮しなければならない」と明文で規定されている債務者Yの帰責性のみならず、Yの給付が実現しない場合に債権者Xが受けるであろう第三者からの損害賠償請求も考慮されるべきことが判示された。これによって、「著しく不相当な費用」の給付困難による免責が、形式的には債務者の帰責性を要件とする損害賠償からは独立した制度であるにもかかわらず、その要件充足判断が損害賠償制度の帰結（第三者から損害賠償請求を受ける可能性の有無）とも密接に関連することが明らかにされた(211)。

一〇　債務者が自ら実現しなければならない給付の障害

【裁判例一〇】BAG, Urteil vom 24. 2. 2011 − 2 AZR 636/09, NJW 2011, 3319

〔事実の概要〕一九六三年生まれのXは、一九九五年以来、小売業者Yの店舗で従業員として働いていたところ、二〇〇三年に店舗が閉鎖されたため、別店舗の飲料売場に配置換えがなされた。二〇〇七年には、Xの希望に従って、魚売場に配置転換となったが、Xは、病欠を繰り返したため、Xは再び飲料売場に配置転換となった。ところが、Xは、イスラム教ではアルコール製品に従事することが禁じられている、と主張し、配置転換を拒んだ。そのためYが解雇に及んだところ、Xは、訴えを提起して解雇無効を主張した。

〔判旨〕「〔民法の〕給付障害法の〔第二七五条三項の〕新規定は、他法に優先して民法上の審理を求めているのではない。審理は、営業法（GewO）一〇六条の規定の枠内においてなされるべきであって、民法二七五条三項の規定の枠内でなされるべきではない。

一方で、宗教上の理由による給付拒絶権は、〔使用者の業務命令権を規定する〕営業法一〇六条前段の規定の意味における合理的な裁量の範囲内に給付〔履行〕請求があるときに限っての問題である。他方で、労働契約上の給付に関して信仰および良心の葛藤が意味を持つための要件は、いずれにしろ〔信仰および良心の自由を規定する基本法四条一項という〕上位法が根拠となる。したがって、〔基本法四条一項の規定に照らして業務命令権の行使が裁量の範囲内かという〕営業法一〇六条の規定の審理が優先される。」

〔判旨〕ドイツ民法二七五条三項は、債務者が自ら給付を実現しなければならず、かつ債務者の給付障害と債権者の給付利益を考慮して給付を求めることができないときも、第二項の「著しく不相当な費用」による給付困難と同様とする、と規定する。この規定は、本来、第二項と同一の項に規定されていたところを立法の最終段階において第三項の独立の規定となったものであり、法律効果としては、第二項と同様に、債務者の抗弁による免責である。債務は、一般に、債務者が自ら給付を実現しなくてもよいので、債務者自身に給付障害があるだけでは、免責事由とはならないが、例外として、雇用契約上の債務など、債務者が自ら実現しなければならない給付については、免責事由となり得るという趣旨の規定である（↓第二節五9）。

債務者が自ら給付を実現しなければならないときの債務者の給付障害の典型として想定されているのは、事実上のもの（疾病など）、法律上のもの（行政庁や裁判所による召喚など）、道徳上のもの（近親者の危篤など）が挙げられる。[212]

しかし、同項の規定の適用が問題になるほとんどの事案は、労働法の規定の適用を受け、本件のように、最終的にはドイツ民法二七五条三項の規定の解釈よりも労働法上の業務命令上の裁量の問題として解決されるものである。[213] 本件でも、Yによる配置転換自体が労働法（営業法）上の裁量の範囲を逸脱しているものとして無効とされたために、それが有効な場合にドイツ民法二七五条三項の規定を根拠に配置転換をXが拒絶することができるか否かの問題とはならなかった。

もっとも、本件のような良心上の給付拒絶が同項の「債務者の給付障害と債権者の給付利益を考慮して給付を求めることができないとき」に含まれるか否かの解釈は、それ自体争いのあるものであり、多数説はこれを肯定している。(214)

一一　証明責任

【裁判例一一の一】BGH, Urteil vom 21. 5. 2010 – V ZR 244/09, NJW 2010, 2341

〔事実の概要〕【裁判例九の二】と同一の事件である。Xから本件土地を土壌汚染前の状態に原状回復するよう求められたYが、ドイツ民法二七五条二項の規定を根拠にそれを拒絶することができる、と主張した。

〔判旨〕「給付を拒絶する権利を行使する債務者は、その要件を主張・立証しなければならない〔……〕。」

〔解説〕民法二七五条については、第一項から第三項までのいずれの要件も債務者が主張・立証しなければならない。

たとえば、他人の所有物の売買において、主観的不能による免責を求める売主は、所有者が協力しない（所有権を移転しない）ことが確定している（最終的に拒絶されている）ことを主張・立証しなければならない。そのためには、通常、売主としては漫然と手をこまねいていてはならず、積極的に第三者に働き掛けなければならない。

【裁判例一一の二】BGH, Versäumnisurteil vom 26. 3. 1999 – V ZR 368/97, NJW 1999, 2034

〔事実の概要〕「一九八三年、本件土地の所有者であった父Aが死亡し、一九八五年には母Sが死亡した。一九九三年、ASの子Yは、本件土地をPに売却し、所有権移転登記を経由した。その後、Xは、Yに対し、所有権移転請求権を取得したと主張した。」

〔判旨〕「当事者間で不能が争われていないまたは確定している給付を命じる判決を下すことは、許されないとするのが確定判例である〔……〕。ドイツ民法旧二七五条二項の規定に従って、主観的不能は、客観的不能と同じく扱われる。〔しかし、〕債務者が目的物を譲渡した場合においては、債務者が目的物を処分することができず目的物について何らの請求権を有していないというだけでは、給付が不能になるわけではない〔……〕。むしろ、債務者が処分権を取得することができず行使された請求権の履行のために目的物に影響力を及ぼすことができない、ということが確定して初めて不能になる〔……〕。それに対し、第三者が債務者に対して処分権を与えるまたは処分に同意する可能性が残っている限り、主観的不能とはならない〔……〕。

給付不能となる事実の主張・立証責任は、一般原則に従う〔……〕。したがって、権利発生事実にについては請求権を行使する者が主張・立証責任を負い、権利障害事実、権利消滅事実および権利阻止事実については相手方が主張・立証責任を負う〔……〕。不能が――民法旧二八〇条、旧二八一条、旧三二五条、旧三二六条、三二七条、旧三四七条、九八九条におけるように――権利発生事実であるときは、債務者が目的物を回復できない事情を債権者が陳述できないことが多いであろう。判断に必要な事実は、債務者と権利者との法律上および事実上の関係に大部分依拠し、主張責任を負う債権者には通常は明らかではないまたは十分に明らかではない一方、それについて債務者の方が自らの認識に基づいて詳細に陳述することは容易である。したがって、これらの事案においては、債務者が履行する意思があり可能であるということを債務者が主張しない限り、第三者への譲渡が不能の間接事実となる、ということを当裁判所は認めている〔……〕。

〔これに対し、〕債権者が履行請求権を行使し、目的物を既に譲渡済みであると債務者が抗弁する場合においては、原則として債務者の方が、履行が法律上または事実上不能であることをまず主張して必要であれば証明しなければならない。債務者に処分権が欠けていることは、不能の間接事実としては十分ではない。むしろ、債権者は、債務者に対してドイツ民法旧二八三条の規定に従って給付実現のための期間を設定し、負担軽減された方法で損害賠償を請求することができる〔……〕。債務者は、処分権を再び取得することができるかどうか、確定判決の後でも目的物を取り戻すことができるかどうか、という問題について陳述できるし期待されるのであるから、単に第三者へ譲渡したことを示すことだけでは、債権者からこの可能性を奪うことができない。この原則は、不動産譲渡においては、返還請求権についても、所有権移転請求権についても、抹消登記手続を求める意思表示を目的とする請求権についても妥当する〔……〕。〔……〕しかし、〔……〕債務者が口頭弁論終結時においてなお所有者として登記されているときに限り、不能の観点からは、〔登記手続を求める〕意思表示を命じる判決を下すことができる。それに対し、本件におけるように、その時点において登記上の所有権が既に書き換えられているときは、通常は、債務者が有効な所有権移転をすることができないことが確定しているため、債務者を名宛人として所有権移転を命じる判決を下すことができない〔……〕。ただし、債務者に処分権が欠けているにもかかわらず有効に所有権移転をすることができる場合がある〔……〕。その例外事実については、履行を請求する債務者が主張しなければならない。」

〔解説〕二重譲渡や他人の所有物の売却による不能が、主観的不能の代表的な例である（↓第四節第二款八）。主観的不能は、単に第三者の協力がなければ実現できないというだけでは認められず、必要な第三者の協力を債務者が将来にわたって得ることができないことが確定していることが必要である。しかし、二重譲渡や他人の所有物の売却においては、債務者が登記上の権利者でないというだけで主観的不能を肯定するのに十分であり、債務者が登記上の権利者ではないにもかかわらず履行をすることができる事情を債権者の方で主張・立証しなければならない。

第三款　代償請求権

一　代償請求権の規定の趣旨

【裁判例一二の一】BGH, Urteil vom 19. 6. 1957 – IV ZR 214/56, BGHZ 25, 1

〔事実の概要〕一八七八年生まれのY女は、一九〇一年生まれのXの母である。Yは、その夫A（Xの父）との婚約中の一九〇〇年四月に婚姻契約を締結し、本件土地（Aの単独所有か不明）は、A死後はXに相続されてYのために終身の用益権が設定されることを約した。一九二〇年一一月にAが死亡し、本件土地が一九五一年から一九五二年にかけて公用徴収されたために、相続人Xが本件土地の補償金を取得した。そこで、Yがその取得した用益権に基づき、補償金について代償請求権を取得したと主張した。

〔判旨〕「この〔代償請求権を肯定した控訴審の〕解釈は誤っている。債権者は、ドイツ民法旧二八一条の規定に従って、給付が不能になった事情によって債務者が取得した代償の返還を請求することができる。この規定は、そこにおいて詳しく指示された範囲の代償原則を承認している。債務の目的でありその給付が不能になった目的に代えて代償が給付されたときに限り、債権者は代償の償還を請求することができるのである。第一草案理由書の第二巻四六頁（Motive II, S. 46）に書かれているところによると、前身の第一草案二三八条は、義務づける意思がそれ〔代償〕に向けられている、という正当な仮定に依拠している。その規定は疑いなく正当性に適う、とされている。しかし、この仮定が無限定に妥当するのは、給付目的と、代償が給付された目的が同一であるときに限られる。そのときに限り、この代償を債権者に帰属させることが常に正当で、義務づけの内容が当事者意思に沿っていると無条件に言うことができる。この規定は、事実に即して債務関係を補充するのである。すなわち、約定債務関係においては、この規定は、法律上規定された補充的契約解釈をする。このように必要とされるべき債務の目的と代償が給付された目的との同一性に関しては、既に民法典理由書第二巻四七頁において述べられているように、使用賃借人（Mieter）および用益賃借人（Pächter）は、土地〔自体〕を求めることができたわけではないので、使用賃貸・用益賃貸の目的物が公用徴収（Enteignung）された場合において使用賃貸人・用益賃貸人に対して支払われた補償金を要求することができない。民法二八一条の規定は、判例上もそのように適用され、通説においてもそのように解釈されているのである〔……〕。民法典は、〔このような〕代償の原則を一般に認めているわけではなく、それを個別の箇所において個別の範囲でのみ妥当させている。それらは例外規定なのである。民法二八一条に規定されている例外は、その基礎となっている法政策的考慮に鑑みて、拡大解釈することができない。本件におけるように約定請求権の不能に関しては、民法二八一条の規定の立法趣旨が本件の特殊事情においても妥当するかどうかが吟味されなければならない。その限りにおいて、民法二八一条で示される方向に契約が補充的に解釈されるのである。債務者が債務の目的である使用させること自体に関して代償を取得したときに限って、民法二八一条の直接の請求権が発生するであろう〔が、そうでない本件では請求権が発生しない〕。」

〔解説〕本判決は、代償請求権の規定の趣旨が当事者意思の推定にあり、その要件の一つである「債務者が履行の目的の代償として取得した利益」は何か、を示している。たとえ、利益の取得が「履行不能と同一の原因によって」という他方の要件を満たしていたとしても、その利益が「代償として取得した」ものでなければ、代償請求権は、発生しない。本件では、「債務の目的と代償が給付された目的との同一性」と言い換えられた上で、具体的には、本件土地についてのＹの終身用益権と補償金が給付された本件土地所有権との同一性が否定され、「債務者が履行の目的の代償として取得した」の要件が否定された。

【裁判例一二の二】BGH, Urteil vom 10. 2. 1988 – IVa ZR 249/86, NJW-RR 1988, 902

〔事実の概要〕父Ａの前婚の息子Ｘが後婚の息子Ｙに対して訴えを提起した、異母兄弟間の争いである。本件農地は本来Aの前婚の妻（Xの母）B女に属していたところ、一九二一年にAB間で契約が成立し、B女の死後は本件農地がいったんAおよび長男Xの共有に、最終的にはXの単独所有に属する（AがXに対して所有権移転債務を負う）旨約された。一九二四年七月にB女が死亡し、本件農地はAXの共有となった。Aは長男Xおよび次男Cを連れてD女と再婚し、Aにとっての三男であるYが生まれ、他方で次男Cが戦死した。一九四五年末に農地改革の一環で本件農地が公用徴収されたため、AのXに対する所有権移転債務は不能となった。一九四七年七月にAが死亡し、その遺産をD女、XおよびYが相続し、その後にD女が死亡してYが相続した。その後に、戦時被災者補償法の規定に従って、公用徴収の補償金の一部をYが取得したため、Xは、それについて代償請求権を取得したと主張した。

〔判旨〕「戦時被災者補償法の法的枠組に従って補償請求権が失われた財産に当然に代わるわけではない。むしろ、同請求権は、社会正義の観点から損失者に与えられるものである〔……〕。しかし、それだからと言って、上告理由が看過してしまっていることであるが、戦時被災者補償法には明確な規定が無いのであり、民法二八一条の規定に従った補償の返還を目的とする民法上の請求権が生じないことにはならない。〔……〕

民法二八一条の規定は、経済上の過程において他人との関係からして相応しくない人に財産価値が帰属してしまったときに、それを相応しい人に帰属させる趣旨である。したがって、その規定は、財産価値の事実上の不適切な分配を解消するものである。そこでは、正当性を考慮して当事者意思の推定による請求権が立法者によって採用されている。〔……〕」

〔解説〕本件では、**【裁判例一二の一】**と同様に「代償」と何かが問題となり、「代償」が戦時被災者補償法上の給付であったとしても代償請求権規定の適用の妨げとはならないことが判示され、Xの請求が認められた。その際、当事者意思の推定という立法趣旨が繰り返された。

二　危険負担とは無関係であることについて

【裁判例一三】BGH, Urteil vom 4. 3. 1955 − V ZR 56/54, BeckRS 1955, 31198938

〔事実の概要〕一九五一年六月、Yは、Xに対してその所有する本件土地付き二戸建て住宅（Doppelwohnhaus）の一方を五〇〇〇マルクで売却して引き渡していたが、所有権移転は留保していた。代金支払は、その半金が所有権移転時、残金が所有権移転から一年後を期限と約された。同年八月に本件二戸建て住宅がもう片方の二戸建住宅もろとも原因不明の火災で全焼したが、同年九月には本件土地の所有権がXに移転されて約定どおり代金の半額が支払われた。一方Yは、焼失した二戸建て住宅双方について火災保険を掛けていたため、保険金一万二〇〇〇マルクを受領した。そこで、Xは、本件建物相当分である保険金の一部の七〇〇〇マルクついて代償請求権を取得したと主張した。

〔判旨〕「ドイツ民法旧二八一条の規定の請求権は、火災前に既に〔対価〕危険がXに移転していたとしても発生する。なぜならば、債権者と債務者のいずれかが不能の責めに帰するべきかは、民法二八一条の規定の適用には無関係だからである。」

〔解説〕本件では、通常の取引と異なり所有権移転と代金支払の前に目的物が引き渡されて対価危険が移転していた（ドイツ民法旧四四六条一項、現行四四六条）。危険負担としてはいわゆる債務者主義の規定に従い（ドイツ民法旧三二三条一項、現行三二六条一項）、当事者間には債務関係は存続しないとして代償請求権の規定の適用を否定することもあり得る解決の一つであった。しかし、対価危険が移転したかどうかにかかわらず代償請求権の規定が適用される、つまり、同規定の適用が危険負担とは無関係であることが示された。

三　適用範囲に限定が無いこと

【裁判例一四の一】BGH, Urteil vom 11. 10. 1979 − VIII ZR 285/78, BGHZ 75, 203

〔事実の概要〕一九七一年、Xは、Yから中古のトラックを四二一八〇マルクで購入し、トレーラーを一万二〇〇〇マルクで下取りに出そうとYに引き渡した。しかし、結局トラックの売買契約が成立しなかったため、Xは、Yに対してトレーラーの返還を求めて訴えを提起し、確定判決を得た。ところが、Yは、トレーラーを牽引車と客車に分解して別々に転売してしまっていたため、返還に応じることができなくなっていた。そこでXはYが取得した転売代金について代償請求権を取得したと主張した。

〔判旨〕「ドイツ民法旧二八一条の規定に従って、給付の後発的不能において、債権者は、給付を不能とした事情によって債務の目的の代償として債務者が取得したものの償還を請求することができる。この規定は、法律行為による代償を含む〔……〕。その規定は、優先する特別規定が存在しない限り、すべての債務関係（alle Schuldverhältnisse）に適用することができる。

ドイツ民法八一八条四項・八一九条の規定の厳格な要件を満たすときは、不当利得債務者は、同法八一八条一項の規定を超えて同法二八一条の規定に従って責任を負い、法律行為による代償を返還しなければならない。ドイツ民法旧二八一条は、同法八一八条四項の規定に言う『一般規定』であり、不当利得法の規定に従って認められる返還の範囲の制限を取り払ってその他の債務発生原因の債務者と等置するものである。ドイツ民法八一八条四項・八一九条の厳格な要件を満たすときは、債務者を有利に扱うことが正当ではないからである。ドイツ民法八一八条一項の特別規定が無ければ、債務者は、常に民法二八一条の規定に従ってすべての代償を返還しなければならないであろう。[215]」

〔解説〕本判決は、代償請求権の規定が約定債務関係[216]だけでなく法定債務関係を含むすべての債務関係に適用されることを示した。代償請求権の典型は、約定債務関係における履行不能であるが、ドイツ民法の代償請求権の規定は、債権総則中にあり、債務関係一般のものである。具体的に本判決は、不当利得としてのトレーラーの返還請求権が履行不能によって消滅する場合にも代償請求権が発生することを示した（↓不能の新規定における適用範囲の問題について第七章第四節第二款一、わが国の解釈論については結章第三節第二款二1）。仮に代償請求権の規定の適用がないとすると、ドイツ民法八一八条二項の規定に従って[217]、価格返還義務が生じるが、その価額は目的物（トレーラー）の客観的取引価値（objectiver Verkehrswert）の相当額であって転売代金相当額ではないため、債権者に不利になってしまう[218]。

なお、本判決の代償はトレーラーの転売代金であり、代償の取得原因が転売行為という法律行為でも構わないことも本判決は明示している。

また、右に言う法定債務関係は、狭義の民法上の法定債務関係に限定されない。したがって、公法上の法定債務関係もこれに含まれる（↓わが国の解釈論について結章第三節第二款二1）。

判旨に言う「優先する特別規定」で重要なものとしては、相続回復請求権（ドイツ民法二〇一八条）に関する規定を挙げることができる[219]。ドイツ民法二〇一九条以下に特別規定があり、不当利得に関するドイツ民法八一八条四項・八一九条の厳格な要件を満たすときに限って、代償請求権の規定が適用される余地が生じる（ドイツ民法二〇二一条[220]）。

【裁判例一四の二】RG, Urteil vom 28. 10. 1926 – IV 273/26, RGZ 115, 31

〔事実の概要〕一九二一年から一九二二年にかけてX会社の従業員Gは、X所有の金属屑を貨車で不正に持ち出し、七車両分の金属屑をYに売却し、Yはそれをさらに A に転売して転売代金を得た。Gは、窃盗罪および詐欺罪の有罪判決を受けている。Yは、Xに対し、二〇〇〇マルクの賠償を約束したが、さらにXは、本件訴訟において四四五〇マルクの支払を請求した。第一審は、請求を一部認容し、控訴審は、Xの控訴を棄却したところ、上告審においては、控訴審判決が破棄され、事件は控訴審に差し戻された。

〔判旨〕「民法二八一条の規定は、後発的給付不能にもかかわらず債務関係が全く無くなるわけではなく、債務関係の効力は他の方向、つまり代償の償還に現れるのだ、という考え方を基礎としている。すなわち、この償還義務は、その存続する債務関係から発生するのである。しかし、その債務関係は、その性質に従って給付義務が変わることをそもそも許すものでなければならないし、言い換えれば、給付義務の存続の可能性を内包するものでなければならない。このことは、債務法上の債務関係、たとえば、契約上の債務関係においては問題なく妥当する。そこでは、無責不能が債務者を当初の給付義務からは解放するけれども、債務関係全体が消滅するのではない。それは、〔債務関係全体の消滅には〕意思が向けられていないことが通常は前提とされるからである。このような事案のために民法二八一条の規定は用意されているのである。所有者の――善意の――占有者に対する物権的返還請求権においては、事情が異なる。占有者が転売済みの目的物を取り戻して所有者へ返還することが可能であるか否かにかかわらず、占有者が占有を喪失したことによって、〔占有者に対する〕物権的請求権は、消滅する。返還の不能が占有者を当初の義務から解放するという問題ではなく、むしろ、占有喪失という事実によって、物権関係から、つまり、返還請求権を生じさせるけれども民法九八七条以下の債権法上の償還請求権を生じさせない関係からその基礎が失われ、そして、物権的請求権にとって必要な法律上の要件としての占有喪失のために、物権関係がおよそ完全に無くなってしまう、という法律状態なのである。そうであれば、その場合に義務の存続の可能性は全く存在しないのであるから、民法二八一条の規定は適用される余地がない。」

〔解説〕物権的返還請求権には、代償請求権の規定の適用をする余地がない（通説・判例）[221][222]。物権的返還請求権の目的物が譲渡されるときは、たしかに債務者に対する物権的返還請求権が消滅するが、それは、存続するはずの物権的返還請求権が不能となるのではなく、そもそも占有喪失によって物権的返還請求権の要件が満たされなくなる

ツ民法八一六条一項の不当利得の特別規定が優先して適用されるからだ、とする少数説もある[224]。

なお、物権的返還請求権には代償請求権の規定の適用がないという結論は同一だが、その理由づけとして、ドイからだ、と考えるのである[223]。

四　給付義務の不存在

【裁判例一五】BGH, Urteil vom 31. 10. 2007 – VIII 278/05, NJW 2008, 989

〔事実の概要〕二〇〇二年一二月一日から三年間の約定で、中古ポルシェがYからXにリースされた。頭金二万ユーロ、月額リース料一〇六七・二ユーロ、物件取得価額六万九九九三ユーロ、リース終了時の残価二万〇九九七・九ユーロと設定され、リース終了時にはYがXに対して残価での買取りを求めることができるものとされた。ところが、二〇〇三年八月九日にXの過失による交通事故によって目的物が大破したため、Yが契約を解除した。保険会社がYに対して三万六七一八・三二ユーロ支払い、Xは、Yから大破した目的物を代金二万三七九九ユーロで取得した。そうすると、Yは、Xからの支払総額と保険金を合計して八万八九七三・九ユーロの支払を受けたことになり、事故がなかったと仮定した場合にYが受けるであろう六万八五〇五・二四ユーロとの差額二万四六八・六六ユーロについて代償請求権を取得した、とXが主張した。

〔判旨〕「この〔ドイツ民法二八五条の〕規定に従って、第二七五条一項から三項までの規定に従って債務者が給付義務を免れる事由によって給付の目的について代償またはその請求権を債務者が取得するときは、債務者は、債権者に対し、代償の償還またはその請求権の移転をしなければならない。この規定は、債務者にとって給付が――たとえば、目的物の滅失によって――全部不能になるときだけでなく、給付が――たとえば、目的物の損傷によって――一部不能になるときにも適用される〔……〕。」

〔解説〕代償請求権規定の第一の要件は、ドイツ民法二七五条の規定の適用による給付義務の不存在である。同条の規定による給付義務の免責は、第一項から第三項まで三種類規定されているが、そのいずれでも同様である[225]。また、同条の規定による免責は、後発的・原始的事由によるもの双方を含み、給付義務の消滅だけでなく不発生も含むが、この点で、後発的事由による給付義務消滅に限定されていた旧規定とは異なっている[226]。そして、その事由が債務者の責めに帰すべきか否かも問わない[227]。

そしてまた、本判決が示すとおり、免責は、給付義務全部でなくても一部の不存在でもよい。

本件では、一部不能による給付義務の一部不存在が肯定された。しかし、実務上珍しいタイプのリース契約によってXが目的物損傷の危険を引き受けているものと解釈され、ドイツ民法二八五条の規定の適用が否定され、結論としては保険金の代償請求が否定された[228]。

なお、明文の規定によれば、ドイツ民法二七五条の規定の適用による免責が要件であるが、ドイツ民法四三九条三項の規定に従って売買における追完の費用が不相当であることによって売主が拒絶権を行使するときにも（「絶対的な不相当性」と呼ばれるもの→第四節第二款九）、第二八五条の規定が類推適用されるとする見解が主張されている[229]。

五　代償の取得

【裁判例一六の一】 BGH, Urteil vom 10. 2. 1988 – IVa ZR 249/86, NJW-RR 1988, 902

〔事実の概要〕**【裁判例一二の二】**と同一の事件である。

〔判旨〕「Yが取得した補償金が父Aの公用徴収によるものではないと上告理由が帰結するのは不当である。戦時被災者補償法の規定にしたがって（裁判上請求することのできる）給付は、第一義には社会的正義の観点から与えられるものであるとしても、それだからといって〔Yの主張する〕『法的根拠の承認無くなされる第三者の寄付』や『事故を契機とする第三者の慈善贈与』であることにはならず、それに関して民法旧二八一条の規定が要件とする因果関係（Kausalzusammenhang）を否定するのはごく一部の学説でしかない〔……〕。ましてや、社会的正義の要請を実現するために立法者が戦時被災者に国家補償請求権を与えたということが相当性（Adäquanz）を否定することにはならない。」

〔解説〕代償請求権規定の第二の要件は、代償の取得である。ある権利または利益が取得されたときにそれが債務者の給付義務を免れる事由「によって（infolge des Umstands）」であるためには、給付義務を不存在とする事由と代償取得との間に、因果関係（Kausalzusammenhang od Kausalität）が必要である。[230] 本件ではそのことについても判示された。

なお、右の因果関係に加えて相当性（Adäquanz）も必要か否かという問題を立てた上で代償請求が損害賠償請求ではない（損害賠償請求では相当性が必要である）ことを理由にこれを否定する見解もある。[231]

【裁判例一六の二】 RG, Urteil vom 13. 11. 1917 – II 167/17, RGZ 91, 260

〔事実の概要〕一九一二年一月に、Xは、Yから一九一三年から一九一五年までの三年間にYの二隻の船が漁獲する鯨油（Tranausbeute）全量を購入した。当初の二年間は約定どおりに引き渡されたけれども、一九一五年分は、Yが第一次世界大戦のためにやむを得ずイギリスに持ち込んで第三者のイギリス商人Aに高い価格で売却してしまったため、引渡しが不能となった。そこで、Xは、Yが取得した高額の売却代金について代償請求権を取得したと主張した。

〔判旨〕「このような場合における接収とその後のやむを得ない売却は、売主に引渡しを不能として売買価格の形で代償を取得させた一連の一体的な戦時措置なのであるから、買主にはドイツ民法旧二八一条の規定する代償請求権が帰属する。」

〔解説〕代償の取得の例として先ず挙げられるのは、第三者の不法行為における損害賠償金である。[232] しかし、案外その裁判例は実在しないようである。(233) それに対し、【裁判例一三】が指導判例となった「保険金」は、その後の裁判例にもしばしば登場する。(234) つまり、保険金取得のためには、給付義務を不存在とする事由（保険事故）に加えて保険契約が必要であり、保険事故が保険金取得の唯一の原因ではなく、原因の一つにすぎないけれども、それで足りる、と解されている。(235)【裁判例一五】の判断も、このことを前提としている。

また、【裁判例一二の一】および【裁判例一二の二】では、公用徴収における補償金も代償として肯定されている。

問題は、本件におけるような売却代金である。厳密には、給付義務を不存在とする事由が債務者の物権行為であるのに対し、物権行為とは区別される債権行為から売却代金が取得されるからである。(236) しかし、これもまた代償として認めるのがモムゼン以来の伝統である（→第五章第三節六８）。【裁判例一四の一】もこれを肯定した裁判例の一つであるが、むしろこの【裁判例一六の二】が指導判決である。

六　同一性

【裁判例一七】BGH, Urteil vom 10. 5. 2006 – XII ZR 124/02, NJW 2006, 2323

〔事実の概要〕【裁判例八の二】と同一の事件である。

〔判旨〕「〔……〕本件では、因果関係の要件は満たされている。〔……〕しかし、ドイツ民法旧二八一条の規定に従った請求権が発生するためには、目的物と代償として取得されたものとの間の同一性（Identität）がさらに必要であり、それが本件では欠けている。

〔……〕ライヒ裁判所は、ドイツ民法旧二八一条の基礎となっている当事者意思と正当性の二つの考え方に従い、他人との関係において一方の当事者の経済的環境の中に流れ込む不適切な経済的価値を他方に与えることを同条が目的としている、と考えた〔……〕。後の判例および学説の多数は、この考え方を支持して発展させた〔……〕。

この考え方からは、ドイツ民法旧二八一条の規定を根拠とする請求権の内容および要件となる同一性の規定について、次のことを導き出すことができる。

債務者は、具体的な目的物の給付に義務づけられるとともに、給付の有責不能または無責不能において給付の目的についての代償を債権者に償還する義務も負う、という当事者意思は、ドイツ民法旧二八一条が規定するのは一次的請求権の喪失の代償を求める請求権、つまり、目的の給付を求める債権であり、不履行による損害賠償請求権ではない、ということを明らかにしている。不能によって目的を取得できない債権者は、少なくとも、債務者が取得した代償を請求することができるのである〔……〕。そこで『目的（geschuldeten Gegenstand）』とは、物および権利を含んでいる〔……〕。

当事者間の法律関係に従った財産価値の分配は、――約定の債務関係に関しては――、均すべき財産価値の事実上の分配の不当性に関する基準として当事者が契約において追求した財産秩序を指し示している〔……〕。ドイツ民法旧二八一条の規定が予測不能な一般的補償義務となることを避けるため、早くから判例上この制限が必要と考えられてきた〔……〕。

この基準からすると、本件においては同一性が欠如していることになる。たしかに、YはXに対して使用収益債務を負担している。それに第二賃貸借から使用収益の対価に賃料を取得している。しかし、Xに対しては駐車場という価値の低い使用であったのに対してAに対しては売店の建設と営業という大規模な使用を許していたのであるから、〔Xに対して〕負担していた使用貸借と〔Aに対する〕第二の使用収益とは同一ではない。そのため、Xは、駐車場利用の対価として当事者が適当と判断した、営業用に土地を大規模に利用することの対価としてAが支払うよりも明らかに低額な賃料を支払っていたのである。Xには、他の目的での利用も転貸借も許されていなかった。したがって、Xは、Xが「代償」と主張するAが支払った〔高額な〕賃料を、単に駐車場として使用することを許されていたことを根拠として請求することができない。

〔債務者が〕負担した目的と取得した目的とが同一であるか否かの問いに関して、本件のように不能が債務者の責めに帰すべきことは無関係である。したがって、契約違反に関する債務者の契約違反行為に対する制裁の考え方はここでは問題にならない。」

〔解説〕代償請求権規定の第二の要件は、不能となった給付の目的と代償との同一性（Identität）である。本件では、本件土地を廉価で賃借していたXが駐車場として使用することが不能となる一方で、大規模営業目的での使用の対価としてYが高額な賃料を取得していた。本判決は、駐車場としての使用と営業目的での使用との間に同一性がないため、後者の対価としてYが取得した賃料との間にも同一性がないと判断し、Xの代償請求を退けている。

同一性の解釈は、もっぱら経済的（wirtschaftlich）・機能的（funktionell）な観察方法（Betrachtungsweise）でなされるべきと一般に解されている(237)。また、本判決では、使用収益の目的が異なることから賃料に差がある場合に同一性を否定している（同一性を狭く解している）ところ、仮に賃貸借契約ではなく売買契約だとすれば、代金に差があっても同一性が否定されないはずであることから、同一性を広く解すべきという批判もある(238)。

また、地役権設定を目的とする債権契約の債権者が、債務者が目的土地を売却したことによって取得した代金を代償請求しても、やはり地役権設定と売買代金との同一性が否定されるために代償請求が退けられる（判例(239)）。しかし、これに対しても、地役権と所有権との相違は認めつつ、複数の物をまとめて売却した売主がその一部の物を二重譲渡した場合には同一性が肯定されるのであれば、地役権という制限物権を設定した場合にも同一性を広く解すべき、という論法による反対説が表明されている(240)。

七　債権者の損害を上限としないこと

【裁判例一八】BGH, Urteil vom 17. 4. 1958 – II ZR 335/56, NJW 1958, 1040

〔事実の概要〕Yが債務の担保としてXに引き渡していた株券を、Xが第三者Aに売却して高額の売却代金を得た。そこで、Yは、それについて代償請求権を取得したと主張した。

〔判旨〕「YがXに対して求めたのは、『代償として受けた物の返還』（ドイツ民法旧二八一条一項）であって、〔損害賠償における〕賠償義務の発生原因が無ければそうであったであろう状態の回復ではない。譲渡によって得た収益は、債権者の被った損害より小さくても大きくてもよいのである。」

〔解説〕債権者は、不能となった給付より高額であったとしても、代償を請求することができる（多数説）[241]。不能となった給付とはすなわち債権者の損害であるため、代償は、債権者の損害を上限とはしない、と言い換えることもできる。この点は、わが国の民法改正による新規定とは明確に異なるので特に注意が必要である。

この点については、最近は異論も見られる[242]。つまり、代償請求権を損害賠償制度から独立させずに、むしろ、代償請求を損害賠償請求に近づけて解すべきことからの反対論であるが、その当否は疑問である。代償請求権を損害賠償または不当利得という大きな制度に引き付けたいという考え方は分かるけれども、代償請求権は、当事者の仮定的意思を根拠とするもので、歴史上も現在の解釈上も損害賠償・不当利得のいずれにも属さない独立の制度である（→代償原則についての第五章第四節二6）。そして、権利の性質も、損害賠償請求権や不当利得返還請求権のような法定債権ではなく、債権者の行使の意思表明がなされてはじめて債務者が弁済またはその提供をすることができるという意味での「控え目な請求権」だからである（→第三節二3）[243]。

また、代償請求権は、本来の債務関係に基づくものであるので、人的・物的担保も継続する[244]。

なお、【裁判例一六の二】も損害を上限とするか否かを争点とすることができる事件であったが、実際には争われなかった。

八　期間制限

【裁判例一九】BGH, Urteil vom 10. 2. 1988 – IVa ZR 249/86, NJW-RR 1988, 902

〔事実の概要〕【裁判例一二の二】と同一の事件である。Xが代償請求できるとしても、それが消滅時効に掛かるか否かが問題となり、一般論としては肯定されたが、具体的事件における時効の完成は否定された。

〔判旨〕「ドイツ民法旧二八一条の規定に従った請求権は、約定の履行請求権と同一期間の消滅時効に服する。代償請求権は、本来の債務関係に基づいていて、本来の約定の代償価値にすぎないからである。〔……〕

そこで問題となる三〇年間の消滅時効期間は、――〔……〕履行請求権の消滅時効の起算点とは独立に――ドイツ民法旧一九八条前段の規定に従って代償請求権が発生した時から起算する〔……〕。それは早くてもXが請求権を行使して必要であれば訴えを提起することができるときである。〔……〕このことはドイツ民法旧二八一条のいわゆる控え目な請求権についても妥当する。」

〔解説〕代償請求権は、請求権でありながら形成権的効力を有するいわゆる「控え目な請求権」であるけれども（→第三節二3）、一般の請求権と同様、消滅時効に掛かる。(245) 消滅時効については一般に、わが国と同様、①その期間と②起算点の双方が問題になる。本件は、①については、不能によって消滅した請求権と同一であり、②については、ドイツ民法旧一九八条（現行ドイツ民法一九九条）の原則どおり請求権発生時（代償請求権において通常は代償取得時）であり、(246)「控え目な請求権」であってもそれが妥当する、と判示した。結論的に、代償請求権の期間制限は、履行不能による損害賠償請求権のそれと足並みが揃う。

この判例は、旧規定におけるものであるが、新規定においても妥当すると解されている。もっとも、債務法改正によって、①については、消滅時効期間の原則が三〇年（ドイツ民法旧一九五条）から三年（現行ドイツ民法一九五条）に変更され、②についても、請求権が発生するだけでなく、債権者がその発生原因および債務者を知ったことを要件とするようになったため、その限りで、新規定に合わせて解釈されている。(247)

なお、わが国では、②の問題についてドイツ法とは異なる解釈を採り、履行不能による填補賠償請求権の消滅時効の起算点を本来の履行請求権の起算時と同一と解する（最判昭和三五・一一・一民集一四巻一三号二七八一頁、最判平成一〇・四・二四判時一六六一号六六頁。民法一六六条一項参照)[248]。したがって、わが国の代償請求権については、——未だに論じられたことがないけれども——、わが国の填補賠償請求権と同様に解するのか、あるいは、ドイツの代償請求権と同様に解するのか、双方の解釈が可能である（→結章第三節第四款三）。

なお、代償請求権は、停止（旧規定の中断）に関しても本来の給付請求権と同じ扱いを受け、本来の給付についての裁判上の請求によってもドイツ民法二〇四条一項の規定に従った停止（Hemmung）が生じる[249]。

九　損害賠償請求権との競合

【裁判例二〇の二】RG, Urteil vom 21. 12. 1920 – VII 315/20, RGZ 101, 152

〔事実の概要〕一九一八年、織物商Yは、Xから三八四反の布を染色のために預かり、染物師Aに送るために、運送業者Bに引き渡した。ところが、BがAに届ける前に、預けられた布のうち七八反が盗難に遭い、そのうち七反は発見されたが、七一反は返って来なかった。そこで、その失われた七一反について、XがYに対して損害賠償を請求した。Xは他方でYのBに対する運送契約上の損害賠償請求権の譲渡を代償請求することもできるため、損害賠償請求と代償請求との関係が問題になった。

〔判旨〕「たしかに、Yは、ドイツ民法旧二八一条の規定に従って、Xに対し、Bに対する運送契約上の請求権を譲渡しなければならない。しかし、Yは、それだからといって、損害賠償義務を免れることができない。債権者は、ドイツ民法旧二八一条の規定に従って、損害賠償請求権の譲渡を〔代償〕請求することができるけれども、その選択に従って、その契約当事者〔債務者〕に対して損害賠償を請求することもできるのである。」

〔解説〕代償請求権と損害賠償請求権は競合し、選択権は債権者に属する[250]。選択する主体は債権者であるので、債務者が債権者に対して損害賠償を免れるために代償を押し付けることができない。もっとも、債務者は、代償請求について期間を定めた催告をすることができ、催告期間が徒過したときは、債務者は代償の償還について現存利益の範囲でのみ（軽減された）義務を負う、と解されている。[251]

そして、債権者の選択に従って代償請求権が弁済されれば、ドイツ民法二八五条二項（ドイツ民法旧二八一条二項）の明文の規定に従って、その価額だけ損害賠償請求権が縮減する。損益相殺（Vorteilsausgleichung）の規定である。[252]

この請求権競合は、一般のそれと同様に、一方が弁済されない限り継続する。つまり、債権者が債務者に対して代償請求権を行使する意思を表明しても、弁済されない限り損害賠償請求権も存続する。[253]

【裁判例二〇の二】 BGH, Urteil vom 17. 4. 1958 – II ZR 335/56, NJW 1958, 1040

〔事実の概要〕**【裁判例一八】**と同一の事件である。その後、株式がさらに高騰したため、Yは、代償請求を認容する確定判決を得た後に、さらに売却代金を超える損害について賠償請求をした。

〔判旨〕「〔前訴で〕Yは、損害とは無関係に、Xに対して代償請求をしたのであり、ドイツ民法旧二八一条の規定に従った請求権を行使したのである。〔……〕したがって、前訴の訴訟物が売却代金の返還を目的とするドイツ民法旧二八一条の返還請求権であり、被った損害の賠償を目的とする請求権ではない、ということがはっきりしている。したがって、Yは、本訴において売却代金を超える損害の賠償を請求することができる。」

〔解説〕**【裁判例二〇の一】**で示されたように、代償請求権と損害賠償請求権とは競合するのであるから、一方の請求権が弁済されない限り、他方の請求権を行使することができ、そのことは一方の請求権について確定判決を得ていたとしても妥当する。[254] 本件は、株式相場の変動によって損害額が高額な代償額よりさらに大きくなったために、高額な代償請求を認容する確定判決を得た後でも、なおも填補されない損害について賠償を請求する意味が生じたという珍しい事案であった。

なお、これら**【裁判例二〇の一】【裁判例二〇の二】**でも解決されていない問題がある。それは、代償請求権が行使される場合において、有責債務者が債権者に対し、第三者に対する請求権を譲渡するときに、どれだけの損害賠償請求権の価額が縮減されるかである。代償債務の履行としての請求権の譲渡は、損害賠償債務の弁済のために（支払のために）（erfüllungshalber）なのか（多数説）、弁済に代えて（支払に代えて）（an Erfüllung statt）なのか（少数説）、という問題である。民法典編纂時の議論と同様（↓第五章第四節五3）、多数説によれば、仮に譲渡された請求権が空振りに終ったときは、損害賠償請求権の価額は縮減しない。第三債務者無資力の危険を債権者に負担させないためである。(255)

一〇　代償取得の証明責任

【裁判例二二】BGH, Urteil vom 27. 10. 1982 – V ZR 24/82, NJW 1983, 929

〔事実の概要〕一九七六年、Yは、Xから本件分譲住宅地を購入した。売買契約締結に際しては、一定期間内にYが住宅を建設することが約されたが、Yが住宅を建設しないままに本件分譲住宅地を転売して代金を得てしまった。そこでXは、売買契約を解除するとともに、Yの取得した転売代金について代償請求権を取得したと主張した。

〔判旨〕「〔……〕返還請求権に関してさらに詳しい事実を主張するのは、Xの責任であった。そのために必要な情報提供請求権を、Xは、Yに対して取得していた〔……〕。」

〔解説〕代償請求権の要件については、いずれも債権者が証明責任を負う。とりわけ、代償の取得を証明することが債権者にとっては重要である。債権者は、代償の取得としては、厳密には、①そもそも債務者が代償を取得した事実、②代償の価額の双方を証明しなければならない。もっとも、債権者が①の証明に成功すれば、②については、債務者に債権者に対する情報提供義務が発生するため、実際には②について証明責任が転換されていることになる。(256)本判決は、そのような意味での情報提供義務について判示したものである。

さらに、情報提供義務とは別に、主張責任を負う当事者の相手方にも例外的に同様の責任（いわゆる「二次的主張責任（sekundäre Darlegungslast）」）が判例上認められることから[257]、債権者の主張責任が軽減される、という見解もある[258]。

また、この判決は、解除権行使によって発生する原状回復請求権が履行不能になることによって代償請求権が発生することを前提にしていて、それは、適用範囲についての問題において（↓第四節第三款三）、原状回復請求権を含むことを意味している[259]。

第五節　まとめ

ドイツ新債務法においては、第二七五条の規定の改正が重要である。すなわち、従来は後発的不能による給付義務消滅に関する規定であったところ、原始的・後発的の区別が廃され、不能による給付義務不存在の規定となった。有責性に関しては通説判例上で既に不能概念が統一されていたこと（↓第六章）と合わせ、統一された不能要件の下に給付義務不存在を効果とする新しい法規範がここに成立した。ドイツ新債務法はその意味で民法史において画期的存在である。

他方、代償請求権の制度自体は債務法改正計画および債務法現代化においては大きな変更を被らなかった。もっとも、その第二八五条の規定に第二七五条の給付義務不存在の規定を補充する機能が与えられたことから、両条の関係が極めて明確になった点が重要である。

（1）　フォーゲルは、一九八〇年代を代表する社会民主党の政治家である。一九八三年にはキリスト教民主同盟のヘルムート・コール首相の対立候補として連邦議会選挙に挑むが敗れた。

(2) Bundesministerium der Justiz (hrsg.): Gutachten und Vorschläge zur Überarbeitung des Schuldrechts, Köln 1981 und 1983.
(3) 債務法改正計画の成り立ちについては、ペーター・シュレヒトリーム（宮本健蔵訳）「西ドイツ債権法の改正計画について」『西ドイツ債務法改正鑑定意見の研究』（法政大学出版局、昭六三）三頁～四二頁参照。
(4) フーバーは、ボン大学教授を永く務めた。フーバーの提案全体については、宮本健蔵「債務不履行法体系の新たな構築――ウルリッヒ・フーバーの鑑定意見――」前掲『西ドイツ債務法改正鑑定意見の研究』一二一頁～一六二頁、森田修・前掲『契約責任の法学的構造』六八頁以下参照。采女博文「給付障害法改正に関するフーバーの提案モデル」鹿法二五巻一・二合併号（平二）三八五頁～四二九頁、三九八頁以下に条文訳がある。
(5) *Huber, Ulrich*: Leistungsstörungen, in: Gutachten und Vorschläge zur Überarbeitung des Schuldrechts, aaO, 1981, SS. 647–909, S. 663. シュレヒトリーム・前掲二七頁、宮本健蔵・前掲一三六頁も参照。
(6) *Huber, Ulrich*: Leistungsstörungen, in: Gutachten, aaO, S. 672 u. S. 674.
(7) わが国の当初の民法典には正式の見出しが無かったが平成一六年法律一四七号による改正（民法現代語化）で初めて正式に付けられたのと同様である。
(8) *Huber, Ulrich*: Leistungsstörungen, in: Gutachten, aaO, S. 781.
(9) これを前提とする言明の一つとして*Larenz, Karl*: Lehrbuch des Schuldrecht, 1. Band, Allgemeiner Teil, 14. Aufl., aaO, S. 308, Fn 10 参照。ドイツ新債務法成立以前から、判例通説はこのことを前提としていたのであり、後に成立する新債務法はこのことを明文の規定でもって確認しただけである。森田修・前掲『契約責任の法学的構造』九二頁が「ドイツ債務法改正の意義は、〔……〕損害賠償の発生要件と給付義務の限界の要件という二つの問題が、一つの要件によって統合されるという一元的解決の構成を去って、二つの別の問題であるとする二元的解決の構成を確認した点にある」と纏めるのと同旨。
(10) 宮本健蔵・前掲一五四頁は、「この提案を評価するためには、これまで確実な基礎原理および自明な原則と考えられてきたことから離れることが必要とされる。このため、フーバーの提案が肯定的に評価されることは難しいといわなければならない」と適切に評価する。シュレヒトリーム・前掲三一頁以下も同旨。

(11) *Huber, Ulrich*: Leistungsstörungen, in: Gutachten, aaO, S. 676 u. SS. 813–815.

(12) メディクス教授は、法制史家マックス・カーザー教授の弟子として出発したが、ドイツにおいてはもちろんわが国においても厚く信頼され頻繁に引用されるカリスマ的な民法学者となった。キール、テュービンゲン、レーゲンスブルクおよびミュンヘン大学の教授を歴任した。なかんずく教科書執筆者としては（『民法』、『民法総則』、『債権各論』および『債権総論』）、そのオーソドックスな内容と文章の明晰さにおいて一頭地を抜く存在であった。フーバーとは異なり、その後の債務法現代化においても重要な役割を果たした。Vgl. *Schiemann, Gottfried*: *Dieter Medicus* †, NJW 2015, S. 2111.

(13) *Medicus, Dieter*: Verschulden bei Vertragsverhandlungen, in: Bundesministerium der Justiz (hrsg.): Gutachten und Vorschläge zur Überarbeitung des Schuldrechts, Köln 1981, SS. 479–550, SS. 510–511. なお、小林一俊「西ドイツ債権法改正案における原始的不能法の克服」『西ドイツ債務法改正鑑定意見の研究』（法政大学出版局、昭六三）一六三頁～二〇九頁がフーバーとメディクス双方の見解を、円谷峻「『契約交渉上の過失』に関するメディクスの鑑定意見」前掲『西ドイツ債務法改正鑑定意見の研究』二一一頁～二五〇頁がメディクスの鑑定意見を紹介するものであるけれども、本書と同様の視点からの考察は施されていない。円谷峻『新・契約の成立と責任』（成文堂、平一六）八五頁以下も参照。

(14) *Huber, Ulrich*: Leistungsstörungen, in: Gutachten, aaO, S. 674.

(15) 利益（Nutzung）とは、①果実（ドイツ民九九条）と②使用利益（ドイツ民一〇〇条）から成り、両者の上位概念である。

(16) *Huber, Ulrich*: Leistungsstörungen, in: Gutachten, aaO, S. 802.

(17) Bundesministerium der Justiz (hrsg.): Abschlußbericht der Kommission zur Überarbeitung des Schuldrechts, Köln 1992. なお、Schuldrechtskommission は、直訳すれば「債務法委員会」であるけれども、左の下森定・岡孝編『ドイツ債務法改正委員会草案の研究』の訳語に従って「債務法改正委員会」とする。

(18) Abschlußbericht, aaO, S. 19f.

(19) Abschlußbericht, aaO, S. 132.

(20) しかし、最終報告書は、それに関する邦語文献が鑑定意見に関してよりも少なく、わが国ではその価値が過小評価されがちである。最終報告書を紹介する文献の中では特に、下森定・岡孝編『ドイツ債務法改正委員会草案の研究』(法政大学出版局、平八) および森田修・前掲『契約責任の法学的構造』七七頁以下を参照。

(21) Abschlußbericht, aaO, SS. 117–120. 傍点を付けた。

(22) 第六章第一節四7で紹介したムズィラク説がそうである。

(23) 森田修・前掲『契約責任の法学的構造』八一頁以下参照。

(24) 邦語文献としては、鹿野菜穂子「草案第二七五条」下森定・岡孝編前掲『ドイツ債務法改正委員会草案の研究』一六頁～二一頁の紹介が正確である。小林一俊『錯誤・原始不能と不履行法』(一粒社、平八) 一六七頁～二〇三頁にも紹介がある。

(25) Abschlußbericht, aaO, S. 120. 傍点を付けた。

(26) Abschlußbericht, aaO, S. 119.

(27) Abschlußbericht, aaO, S. 118. 具体例として、訳出したとおり、沈没した船舶を引き揚げることや山を移動させること、という行為を目的とする給付義務を認めるか否かは、一律に「不能」かどうかによってではなく個々の債務関係によって決まる (特殊な債務関係においてはそのような給付義務も認められる場合がある)、と説明される。

(28) Abschlußbericht, aaO, SS. 146–152. 半田吉信「原始的不能論の廃止」下森定・岡孝編前掲『ドイツ債務法改正委員会草案の研究』四八頁～五三頁の紹介がやはり正確である。

(29) 「消滅」と言うと、いったん発生したものが消滅することを意味することになるので、原始的な不発生を含めて「不存在 (Ausschluss)」と言う。給付義務の „Ausschluss" とは、給付義務が存在しないことを意味するので、給付義務の「不存在」と訳するのが民法学上は相当である。「排除」と訳する文献も散見されるが、直訳にすぎるうえ、実務上の用語から離れすぎるため、最善の訳語とは思われない。

(30) 吉政知広・前掲『事情変更法理と契約規範』二一五頁 (同「『履行請求権の限界』の判断構造と契約規範 (一) (二・完)」民商一三〇巻一号三七頁～八二頁、二号六六頁～九一頁、一号五一頁初出) が「従来の不能に着目した体系とは全く異なる」とするのに対し、森田修・前掲『契約責任の法学的構造』八一頁は、「学説・判例の取扱いを踏襲しただけのことである」と的確に批判する。

（31）　森田修・前掲『契約責任の法学的構造』七九頁以下がこれを「極めて大きな問題軸の変更」と指摘する。

（32）　*Huber, Ulrich*: Zur Auslegung des § 275 BGB, in: *Schilken, Eberhard*: FS *Gaul*, Bielefeld 2000, SS. 217–248, SS. 237–240. フーバーの主張の根拠は、第二七五条の規定の反対解釈からは有責不能による給付義務の消滅が導かれない、ということにあった（S. 238）。さらに、フーバーは、判例において有責不能の給付の訴えが棄却されるのは、第二七五条の規定の適用によるのではなく、「強制執行が空振りに終わることが当初から明らかな給付の訴えには、いかなる法的保護の必要性も無い」、という別の論理による、と言った（S. 239）。また、フーバーは、②についても、削除されるべき第三〇六条をむしろ後発的不能に拡張するものだと言って反対した（S. 237 f.）。

（33）　最終報告書は、右に引用したとおり、①（原始的なものを含めた）不能（またはその他の要件）による給付義務の不存在（排除）を肯定し（旧規定を承継し）、②損害賠償法の要件としては不能を否定する（旧規定を承継しない）ことを分かりやすく解説する。つまり、「不能は、給付障害法（Recht der Leistungsstörungen）におけるその中心的地位を失うべきである」という理由書の記述は、②損害賠償法においては「不能」の代わりに「義務違反」という上位概念が導入されるべきであるということを言うに過ぎず、①の給付義務不存在（排除）を否定するものではなかった。しかし、この点については、わが国では——①も否定しているかのごとくに——誤解されることが多いようである。たとえば、渡辺達徳「ドイツ債務法現代化法における一般給付障害法」岡孝編『契約法における現代化の課題』（法政大学出版局、平一四）六七頁以下の「不能に特別な法技術的意味を温存するドイツ民法新二七五条一項は、異彩を放っているといえよう。すなわち、ドイツ民法の新規定は、不能を中心に据えた伝統的な債務不履行理論を改め、債務法改正委員会草案以来の方針に則って義務違反（Pflichtverletzung）に基づく給付障害法の体系を構築することを基本的な方向とする」という記述では、①の民法新二七五条一項と②の義務違反の問題が区別されていない。また、三林宏・前掲「『原始的不能・不能無効』に関する一考察」一二六頁の「ドイツにおいては、ドイツ民法典型法規制を否定的に評価し、『原始的不能』諸規定を削除するとともに、まったく新しい『義務違反』概念による給付障害法が成立しつつある」という記述でも、①の原始的不能と②の義務違反の問題が区別されていない。なお右渡辺論文について森田修・前掲『契約責任の法学的構造』九三頁以下参照。

(34) Abschlußbericht, aaO, S. 131.

(35) たとえば、、*Flume, Werner*: in: Verhandlungen des 60. Deutschen Juristentages, Bd. II/2, München 1994, S. K 112ff. は、大陸法の伝統という視点から、改正不要論を明快に唱えていた。

(36) *Schmude, Jürgen*: Vorwort, in: Bundesministerium der Justiz (hrsg.): Gutachten und Vorschläge zur Überarbeitung des Schuldrechts, Köln 1981, SS. V–VI.

(37) 本節一および二の内容の多くは、拙稿「ドイツ新債務法における特定物売買の今日的課題」民商一三三巻一号（平一七）二頁以下が初出である。

(38) 債務法現代化の経緯を紹介する邦語文献は幾つも在るけれども、私の知る中では、半田吉信『ドイツ債務法現代化法概説』（信山社、平一五）五頁～五四頁および潮見佳男『契約法理の現代化』（有斐閣、平一六）三三九頁～四一〇頁が出色である。

(39) 一九六〇年代より閣僚理事会の制定する規則（Verordnung）ならびに欧州委員会の規則および決定の中でしばしば用いられてきていたけれども、公式の定義を伴ってはいなかった。一九八五年六月一四日に欧州委員会が公表した「域内市場完成に関する白書（Weißbuch zur Vollendung des Binnenmarktes）」が欧州単一議定書での概念導入に繋がった。

(40) 欧州経済共同体条約八条aを修正する欧州単一議定書一三条に規定された。

(41) 消費財売買及び消費財保証の特定局面に関する共同体指令（Richtlinie 1999/44/EG, Abl. EG Nr. L 171 v. 7. 7. 1999）である。加盟各国が二〇〇二年一月一日迄に国内法化することを規定していた（同指令一一条および一四条）。同指令の目的は、消費者が事業者から消費財を購入した際に、その目的物が契約に適合しなかったときにおける買主（消費者）の権利を統一することであった。とりわけ、売主の担保責任の期間制限を二年間に統一することが意識されていた。国内法に対する関係では、指令の内容よりも買主に不利な国内法であってはならない、という片面的強行指令である。

(42) 国内市場における情報組織サービス（特に電子商取引）の特定局面に関する共同体指令（Abl. EG Nr. L 178/1 v. 17. 7. 2000）および取引における支払遅延防止に関する共同体指令（Abl. EG Nr. L 200/35 v. 8. 8. 2000）である。

(43) *Gebauer, Martin*: Grundfragen der Europäisierung des Privatrechts, 1998, S. 131f.

(44) *Gebauer, Martin*: Das neue italienische Verbrauchergesetzbuch (codice del consumo) – Kodifikation oder Kom-

pilation?, Jahrbuch für Italienisches Recht 20, 2007, SS. 3–15, S. 9 は、指令と特別法が一対一の関係に立つ「特別法解決（Spezialgesetzlösung）」、複数の指令を特別法に纏める「特別法典解決（Spezialkodifikationslösung）」、「大きな解決」に相当する「統一法典解決（Gesamtkodifikationslösung）」の三つに分ける。

(45) Vgl. *Dauner-Lieb, Barbara*: Die geplante Schuldrechtsmodernisierung, JZ 2001, SS. 8–21, S. 10.

(46) 一九九九年～二〇〇〇年にかけての状況については、ギュンター・ハーガー／フロリアン・ベンテレ（拙訳）「一九九九－二〇〇〇年の民法総則・債権法・物権法の発展」日独二〇号（二〇〇二）三四頁～七一頁を参照。

(47) 債務法改正で削除された。

(48) ギュンター・ハーガー／フロリアン・ベンテレ・前掲三九頁～四二頁。

(49) Bundesministerium der Justiz: Diskussionsentwurf eines Schuldrechtsmodernisierungsgesetzes, Stand: 4. August 2000.

(50) Diskussionsentwurf, aaO, SS. 306–308. 厳密に言えば、全く同じではなく、見出しの有無（討議草案では見出しが削除された）、段落の切り方（Abschlußbericht, S. 118 の II. が一段落にまとめられたこと、Abschlußbericht, S. 119, Z. 1 の „Daß solche Maßnahmen“ 以下が独立の段落とされたこと、Abschlußbericht, S. 119 の第一および第二段落が一段落にまとめられたこと）および文献の補充（エルンスト・ラーベルの文献追加（Diskussionsentwurf, S. 307）とフォルカー・エマリッヒの文献の削除（Abschlußbericht, S. 119））において若干の差異はある。しかも、写し取る際に生じたであろう誤字（„entgegensten“（Abschlußbericht, S. 119）が „entgegenstellen“ となっていること）までもある（誤字は、後の法案で元に戻された（BT-Drucks. 14/6040, SS. 126–127））。

(51) Diskussionsentwurf, aaO, S. 309. Abschlußbericht, aaO, S. 120 と同じである。

(52) Diskussionsentwurf, aaO, S. 309. Abschlußbericht, aaO, S. 119 と同じである。

(53) Diskussionsentwurf, aaO, S. 16.

(54) 引用の討議草案二八二条は、債務法改正委員会草案二八三条である。なお、ここで代償請求権を規定する討議草案二八一条が引かれていないけれども、その理由は不明である。

(55) MüKo-BGB/*Emmerich*: 6. Aufl., 2012, § 285, Rn 1.

（56）BT-Drucks. 14/7052, S. 186.

（57）Diskussionsentwurf, aaO, S. 319. 代償の例としては、保険金請求権と不法行為による損害賠償請求権が挙げられている。

（58）Diskussionsentwurf, aaO, S. 319f.

（59）Diskussionsentwurf, aaO, S. 319f.　もちろん、そのような討議草案理由書の説明が正しいか否か、疑問の余地がある。しかし、この問題は、その後この文言が修正を受けて消滅するので、ここでは立ち入らない。

（60）Diskussionsentwurf, aaO, S. 17.

（61）ドイツ民法旧二八一条二項との比較では、「不履行に基づく損害賠償」が「給付に代わる損害賠償」と改められている。Diskussionsentwurf, aaO, S. 320.

（62）Bundesministerium der Justiz: Konsolidierte Fassung des Diskussionsentwurfs eines Schuldrechtsmodernisierungsgesetzes, SMG-DE 03-060301 neukorr, Berlin, den 6. März 2001.

（63）*Lorenz, Stephan/ Riehm, Thomas*: Lehrbuch zum neuen Schuldrecht, München 2002, S. 4.

（64）Konsolidierte Fassung des Diskussionsentwurfs, aaO, S. 10f. 傍点を付けた。また、„Ausschluss" を「不存在」と訳するべきことについては、注（29）参照。

（65）Konsolidierte Fassung des Diskussionsentwurfs, aaO, S. 11 によれば、第一項の給付不能は、「客観的不能（objektive Unmöglichkeit）」であり、第二項の給付困難は「事実的不能（faktische Unmöglichkeit）」である。しかし、私たちとしては、不能の分類についての（しばしば論者によって異なる）言葉遣いに惑わされることはない。第一項は不能、第二項は不能以外の給付困難、という理解でよい。

（66）Konsolidierte Fassung des Diskussionsentwurfs, aaO, S. 11.

（67）*Canaris, Claus-Wilhelm*: Die Reform des Rechts der Leistungsstörungen, JZ 2001, SS. 499–524, S. 505.

（68）Konsolidierte Fassung des Diskussionsentwurfs, aaO, S. 24.

（69）Konsolidierte Fassung des Diskussionsentwurfs, aaO, S. 14.

（70）*Canaris, Claus-Wilhelm*: Schuldrechtsmodernisierung 2002, München 2002, S. X.

（71）　Regierungsentwurf, BT-Drucks. 14/6040.

（72）　Regierungsentwurf, BT-Drucks. 14/6040, SS. 126–127. 段落の区切り方は討議草案を踏襲している。

（73）　法案（S. 127）は、討議草案（S. 307）を踏襲してラーベルを引用する。この部分は、最終報告書では無かったものであるが、最終報告書でも同旨で別箇所に引用があるので（S. 120）、全体として違いは無いと判断してよい。

（74）　もっとも、この問題は、直接には損害賠償請求権発生の要件の問題であり、不能による一次的給付義務免責の要件の問題ではない。なお、損害賠償請求権発生の要件として「不能」が用いられなくなったことに関し、„cause approach" から „remedy approach" への移行を説く見解もあったが（*Stürner, Rolf*：Empfiehlt sich die von der Schuldrechtskommission vorgeschlagene Neuregelung des allgemeinen Leistungsstörungsrechts, der Mängelhaftung bei Kauf- und Werkvertrag und des Rechts der Verjährung? – Versuch einer Themenpräsentation, NJW-Beil. 1994, SS. 2-6, S. 2）、それから二〇年以上経った現在では、そのような表現を用いる文献は見当たらない。ドイツ新債務法について「履行請求権の第一義性は維持されており、〔……〕履行請求権の排除の要件論は、填補賠償の要件論と有責性を媒介にして結合しているという一元的解決の構成は捨てられた。履行請求権の排除原因の中では不能はなお特別な位置づけを認められているが、損害賠償の要件論における不能概念の特権的地位は払拭された」（森田修・前掲『契約責任の法学的構造』五三七頁）、という説明が適切と思われる。現行ドイツ民法が「履行請求権と損害賠償請求権とが要件を異にする救済手段として独立に存在するという立場を鮮明にするものである」（潮見佳男・前掲『契約法理の現代化』三六七頁）という説明も同旨。中田邦博「ドイツ債務法改正から日本民法改正をどのようにみるか」椿寿夫ほか編『法律時報増刊 民法改正を考える』（日本評論社、平二〇）二七頁〜三〇頁、二八頁以下も同じ。

（75）　Regierungsentwurf, BT-Drucks. 14/6040, S. 128. 傍点を付けた。なお、ここで通説の根拠としては、第六章第一節四2で紹介した四件の判例（RG, Urteil vom 5. 4. 1939, aaO, RGZ 160, SS. 257–270, S. 263；BGH, Urteil vom 5. 5. 1977, aaO, BGHZ 68, SS. 373–379, S. 377；BGH, Urteil vom 21. 2. 1986, aaO, BGHZ 97, SS. 178–183, S. 181；BGH, Versäumnisurteil vom 26. 3. 1999, aaO, NJW 1999, SS. 2034–2035, S. 2034）と、三つの注釈書（Staudinger/*Löwisch*：§ 275, Rn 44；MüKo-BGB/*Emmerich*：§ 275, Rn 109；Palandt/*Heinrichs*：§ 275, Rn 24）が正確に挙げられている。

（76）　もっとも、整理案と法案では、不能以外の免責事由を記述する仕方に文言上の若干の差異がある。

(77) Regierungsentwurf, BT-Drucks. 14/6040, SS. 127–128. 傍点を付けた。
(78) Abschlußbericht, aaO, S. 119.
(79) Diskussionsentwurf, aaO, S. 308.
(80) Regierungsentwurf, BT-Drucks. 14/6040, S. 127. 第二七五条の不能に原始的不能を含ませることが、原始的不能の規定（ドイツ民法旧三〇六条）の削除の代替になる、と言う。
(81) Regierungsentwurf, BT-Drucks. 14/6040, S. 128.
(82) Regierungsentwurf, BT-Drucks. 14/6040, SS. 164–165.
(83) Regierungsentwurf, BT-Drucks. 14/6040, S. 164.
(84) Regierungsentwurf, BT-Drucks. 14/6040, SS. 165–166.
(85) Regierungsentwurf, BT-Drucks. 14/6040, S. 129.
(86) Regierungsentwurf, BT-Drucks. 14/6040, S. 128. この点については、わが国でも同様（のはず）である。なぜならば、わが国でも不能は、――主観的・客観的の別を問わず――社会の取引観念（社会通念）にしたがって判断されてきたからである（最判昭和五〇・一二・二五金法七八四号三四頁「履行不能の意味についてはこれを社会の取引観念にしたがって判断するのが相当である。」）。たとえば、他人の鉱業権を売却したが、権利者が第三者に譲渡して、第三者が対抗要件を備えた場合や（大判大正一〇・一一・二二民録二七輯一九七八頁）、売主が表見相続人から土地を取得して買主に売却した後で真正の相続人が相続回復請求をしたために買主が移転登記に応じなければならなくなった場合（最判昭和三〇・五・三一民集九巻六号八四四頁）である。結章第二節三11参照。
(87) この「その限りにおいて」という文言は、第二項前段にも登場する。理由書にわざわざ言及されてはいないけれども、同様の趣旨が妥当するはずである。
(88) Regierungsentwurf, BT-Drucks. 14/6040, S. 128f. 不能（少なくとも一時不能）によっていったん給付義務が不存在とされるときは、債権者は、解除によって自らの給付義務を免れることができる。したがって、この新規定によって債権者が不安定な地位に陥ることはない。
(89) Regierungsentwurf, BT-Drucks. 14/6040, S. 129.

(90)　*Canaris, Claus-Wilhelm*: Schuldrechtsmodernisierung 2002, aaO, S. XII. 吉政知広・前掲『事情変更法理と契約規範』二四九頁にも紹介がある。もっとも、同書二五〇頁以下「改正前のドイツ民法典二七五条とは異なり、給付障害法委員会が新たに提案するKF二七五条二項においては、債務者に帰責事由が認められる場合にも債務者に給付拒絶権が認められる」という記述は正確ではない。旧二七五条の規定においても債務者の帰責性は問われなかったからである（→第六章第一節四8）。

(91)　これについて大原寛史「ドイツにおける事実的不能の位置づけ――ドイツ民法二七五条二項をめぐる議論を中心に――」同志社法学六一巻六号（平二二）六五頁～一五一頁、八一頁は、整理案についての *Canaris, Claus-Wilhelm*: aaO, JZ 2001, S. 505 を引きつつ、「ドイツ民法二七五条二項にいう給付の拒絶というものは、債権者が給付に固執することによって必要となる過大な費用を債務者に負わせるべきではないという権利濫用の思想によるものであ」ると分かりやすく解説する。

(92)　Regierungsentwurf, BT-Drucks. 14/6040, S. 129f. 債務者有責の場合に債権者が損害賠償請求権を取得することは（→第七章第二節五11）、第二項要件充足の判断に影響しない。「債務者有責の不能においては、たしかに、債権者は、法案二八〇条および二八三条の規定に従って、損害賠償請求権を取得するけれども、しかし、だからといって債務者が容易にその一次的給付請求権〔義務〕を免れるとすれば、矛盾（paradox）であろう。」（S. 130）

(93)　Regierungsentwurf, BT-Drucks. 14/6040, S. 130.

(94)　Regierungsentwurf, BT-Drucks. 14/6040, S. 131.

(95)　ドイツの行為基礎論は、わが国では事情変更の原則として論じられている。ドイツでは、民法典成立後に学説・判例によって発展した理論が現在では明文化されてドイツ民法三一三条となっている。行為基礎論の発展については、五十嵐清『契約と事情変更』（有斐閣、昭四四）七二頁以下参照。

(96)　この問題の紹介については、大原寛史「事実的不能と経済的不能の峻別――ドイツにおける批判的見解を素材として――」同志社法学六三巻二号（平二三）二七五頁～三二三頁にプライオリティがある。

(97)　*Canaris, Claus-Wilhelm*: Schuldrechtsmodernisierung 2002, aaO, S. XII.

(98)　MüKo-BGB/ *Ernst*: 7. Aufl., 2016, § 275, Rn 23.

(99) Regierungsentwurf, BT-Drucks. 14/6040, S. 131.

(100) Regierungsentwurf, BT-Drucks. 14/6040, S. 144.

(101) Regierungsentwurf, BT- Drucks 14/6040, S. 144.

(102) Regierungsentwurf, BT-Drucks. 14/6040, S. 145.

(103) Bundesrat：Stellungnahme des Bundesrates, Entwurf eines Gesetzes zur Modernisierung des Schuldrechts, Drucksache 338/01 vom 13. 7. 2001.

(104) Deutscher Bundestag: 14. Wahlperiode, Gesetzentwurf der Bundesregierung, Entwurf eines Gesetzes zur Modernisierung des Schuldrechts, Drucksache 14/6857 vom 31. 8. 2001.

(105) BR-Drucks. 338/01, S. 13.

(106) BT-Drucks. 14/6857, S. 47.

(107) BR-Drucks. 338/01, S. 13f.

(108) BT-Drucks. 14/6857, S. 47.

(109) BR-Drucks. 338/01, S. 14.

(110) BT-Drucks. 14/6857, S. 47f.

(111) BR-Drucks. 338/01, S. 14.

(112) BT-Drucks. 14/6857, S. 48f. もっとも、第二七五条第三項は注意規定であるので、連邦参議院の提案に従って第二八〇条への言及部分を削除したとしても法規範としては変化がない、とも言う。

(113) BR-Drucks. 338/01, S. 15. これは法案理由書を誤解したことによるものだったようである。

(114) BR-Drucks. 338/01, S. 29.

(115) BT-Drucks. 14/6857, S. 49 u 54.

(116) BR-Drucks. 338/01, S. 30.

(117) BT-Drucks. 14/6857, S. 54.

(118) BR-Drucks. 338/01, S. 20. これは、本来の給付請求と代償請求との選択権を債権者が取得する、という誤解に基づくものであった。

(119) BT-Drucks. 14/6857, S. 50.

(120) Deutscher Bundestag: 14. Wahlperiode, Beschlussempfehlung und Bericht des Rechtsausschusses (6. Ausschuss), Entwurf eines Gesetzes zur Modernisierung des Schuldrechts, Drucksache 14/7052 vom 9. 10. 2001.

(121) 本会議第二読会における審議では、本書と無関係な事柄についてであるが、修正案が二つ提出され、いずれも否決された (BT-Drucks. 14/7067, BT-Drucks. 14/7080)。

(122) BR-Drucks. 819/01. その際、同一内容の法案が形式的には議員提出 (五月一四日) と政府提出 (八月二九日) と二重に提出されていたため、前者の法案可決をもって後者については処理済みと宣言する提案が前日の一〇月一〇日になされていて (BT-Drucks. 14/7100)、そのとおりに宣言された。

(123) Bundesrat – 769. Sitzung – 9. November 2001, S. 599. 両院協議会の召集を請求するべきとの案は僅差で否決された。

(124) Bundesgesetzblatt, Jahrgang 2001 Teil I Nr. 61, ausgegeben zu Bonn am 29. November 2001, S. 3138ff.

(125) BT-Drucks. 14/7052, S. 183.

(126) BT-Drucks. 14/7052, S. 175f. u. S. 183.

(127) BT-Drucks. 14/7052, S. 183.

(128) BT-Drucks. 14/7052, S. 183.

(129) BT-Drucks. 14/7052, S. 190.

(130) BT-Drucks. 14/7052, S. 190.

(131) BT-Drucks. 14/7052, S. 186.

(132) *Musielak, Hans-Joachim/ Hau, Wolfgang*: Grundkurs BGB, 13. Aufl., München 2013, Rn 594; *Medicus/ Lorenz*: aaO, Rn 425.

(133) *Medicus, Dieter/ Petersen, Jens*: Bürgerliches Recht, 23. Aufl., München 2011, Rn 243; *Musielak/ Hau*: aaO, Rn 593.

(134) Palandt/ *Grüneberg*: 77. Aufl., 2018, § 285, Rn 7; *Musielak/ Hau*: aaO, Rn 594. 反対説もあり、*Medicus, Dieter/ Petersen, Jens*: aaO, Rn 243 参照。

(135) MüKo-BGB/ *Emmerich*: 7. Aufl., 2016, § 285, Rn 30; Palandt/ *Grüneberg*: 77. Aufl., 2018, § 285, Rn 9; *Musielak / Hau*: aaO, Rn 595; *Medicus/ Lorenz*: aaO, Rn 424.

(136) *Lorenz/ Riehm*: aaO, S. 5.

(137) 拙稿「共通欧州売買法提案のためのドイツ私法学会臨時大会」千葉二九巻一・二号三二一頁〜三四七頁、三二一頁以下参照。

(138) Europäische Kommission, Mitteilung der Kommission an das Europäische Parlament, den Rat, den Europäischen Wirtschafts- und Sozialausschuss un den Ausschuss der Regionen, Arbeitsprogramm der Kommission für 2015: "Ein neuer Start" vom 16. 12. 2014, COM (2014) 910 final, Annex2, S. 13, Nr. 60. Vgl. *Maultzsch, Felix*: Der Entwurf für eine EU-Richtlinie über den Online-Wahrenhandel und andere Formen des Fernabsatezes von Waren, JZ 2016, SS. 236–245, S. 236.

(139) 用語上は、給付義務の不存在（排除）は、原始的不能においては給付義務の不発生、後発的不能においては給付義務の消滅と区別して表現される。

(140) A. A. *Lobinger, Thomas*: Die Grenzen rechtsgeschäftlicher Leistungspflichten — Zugleich ein Beitrag zur Korrekturbedürftigkeit der §§ 275, 311a, 313 BGB n.F., Tübingen, Univ., Habil., Tübingen 2004, SS. 214, 239, 249ff. ドイツ民法二七五条一項の明文に反することを覚悟した上で債務者有責の場合に給付義務の存続を認めるべきという主張である。それによって、たとえば、種類債権の目的物特定後の滅失においても給付義務が存続することができる、と言う。教授資格論文として傾聴するべきであるものの、公表から十余年経過した現時点では有力とは言えない。

(141) *Canaris, Claus-Wilhelm*: aaO, JZ 2001, S. 500.

(142) Palandt/ *Grüneberg*, BGB, 77. Aufl., 2018, § 275 Rn 4–5.

(143) Palandt/ *Grüneberg*, BGB, 77. Aufl., 2018, § 275 Rn 2.

(144) MüKo-BGB/ *Ernst*: 7. Aufl., 2016, § 275, Rn 33.

(145) Palandt/ *Grüneberg*, BGB, 77. Aufl., 2018, § 275 Rn 3.
(146) Palandt/ *Sprau*, BGB, 77. Aufl., 2018, Einf v § 823 Rn 23 u 24.
(147) Palandt/ *Grüneberg*, BGB, 77. Aufl., 2018, § 275 Rn 3.
(148) Palandt/ *Grüneberg*, BGB, 77. Aufl., 2018, § 275 Rn 3.
(149) Palandt/ *Grüneberg*: 69. Aufl., 2010, § 285, Rn 2.
(150) BGH, Teilurteil vom 15. 10. 2004 – V ZR 100/04, NJW-RR 2005, SS. 241–243, S. 242 が戦前の RG, Urteil vom 10. 3. 1928, aaO, RGZ 120, 297 および戦後の BGH, Urteil vom 10. 2. 1988, aaO, NJW-RR 1988, 902 を踏襲することを明言している。
(151) Palandt/ *Grüneberg*: 69. Aufl., 2010, § 285, Rn 7.
(152) *Bollenberger, Raimund*: aaO, S. 110ff.; *Hartmann, Felix*: Der Anspruch auf das stellvertretende commodum, Freiburg, Univ., Diss., Tübingen 2007; Staudinger/ *Löwisch/ Caspers*: 2014, § 285, Rn 2. ボレンベルガーおよびハルトマン教授の単行書はいずれも、今日の代償請求権論における重要文献であることは否定できないけれども、体系化を指向するあまり牽強付会の説となっている印象を受けた。
(153) MüKo-BGB/ *Emmerich*: 6. Aufl., 2012, § 285, Rn 2.
(154) *Hoffmann, Jan Felix*: Zum vermögenisrechtlichen Schutz absoluter und relativer Rechtspositionen an der Schnittstelle zum Immaterialgüterrecht, JA 2014, SS. 71–80, S. 75.
(155) *Stoll, Hans*: Vorteilsausgleichung bei Leistungsvereitelung, in: *Schwenzer, Ingeborg/ Hager, Günter*: FS *Schlechtriem*, Tübingen 2003, SS. 677–696. ハンス・シュトルの人物について第六章注（7）参照。
(156) *Stoll, Hans*: aaO, S. 688. 同論文については、*Helms*: aaO, S. 346ff. が高く評価する一方で、損益相殺と同様の機能という理解が本当に決定的だ（tatsächlich durchschlagend）と言えるのかという疑問も呈している。また、多治川卓朗「代償請求権と調整機能――利益吸い上げ機能との関連に着目して」新井誠・山本敬三編『ドイツ法の継受と現代日本法――ゲルハルド・リース教授退官記念論文集』（日本評論社、平二一）二九七頁～三一七頁は、このシュトル論文に示唆を受けて代償請求権の制度趣旨に考察を加えた貴重な業績である。

(157) *Bollenberger, Raimund*: aaO, S. 337f. は、不当利得法上の帰結よりも代償請求権の債権者を有利に扱わないために、代償請求権規定の縮小解釈を主張する。これには *Helms*: aaO, S. 358 も賛成。
(158) *Helms*: aaO, S. 345.
(159) RG, Urteil vom 8. 10. 1918 – VII 164/18, RGZ 94, SS. 20-25, S. 23; Palandt/ *Grüneberg*, 77. Aufl., 2018, § 285 Rn 9; BeckOGK/ *Dornis*, 1. 6. 2017, BGB § 285 Rn 110.
(160) *Leipold, Dieter*: BGB I. Einführung und Allgemeiner Teil, 9. Aufl., 2017, S. 507, Rn 2 u 4.
(161) BGH, Urteil vom 10. 2. 1988 – IVa ZR 249/86, NJW-RR 1988, SS. 902-904, S. 904.
(162) BeckOK-BGB/ *Schmidt*, 39. Aufl., 2016, § 326 Rn 8 u 36.
(163) MüKo-BGB/ *Emmerich*, 7. Aufl., 2016, § 285, Rn 29.
(164) Staudinger/ *Löwisch*/ *Caspers*: 2014, § 285, Rn 58; HK-BGB/ *Schulze*, 8. Aufl., 2014, § 285 Rn 8; Jauernig/ *Stadler*, 16. Aufl., 2015, § 285 Rn 10; MüKo-BGB/ *Emmerich*, 7. Aufl., 2016, § 285, Rn 29; BeckOGK/ *Dornis*, 1. 9. 2017, BGB § 285 Rn 112.
(165) Palandt/ *Grüneberg*, 77. Aufl., 2018, § 280 Rn 1/2.
(166) Palandt/ *Grüneberg*, 77. Aufl., 2018, § 285 Rn 5-8. 不能はもっぱら第二七五条一項の要件として問題になり、代償請求権の第二八五条の規定の直接の要件ではない。その点が旧規定との違いである。また、損害賠償請求権との顕著な違いでもある。現行ドイツ法では、代償請求権の規定（第二八五条）の適用は、給付義務不存在を定める規定（第二七五条）の適用を要件とし、両規定の適用範囲を比較すると、前者は後者に包摂されて後者の部分集合となるからである。それに対し、損害賠償請求権の規定と第二七五条の規定の適用範囲にはそのような包摂関係が存在しない。
(167) 厳密には、被告の不能の主張が先行自白となるからである（Stein-Jonas/ *Leipold*: 22. Aufl., 2005, vor § 128 Rn 157; 2008, § 288 Rn 14）。旧規定におけると同様である（→第五章注(205)）。なお、填補賠償請求においては、これに加えて義務違反についての債務者の有責性が要件となるけれども、免責のための無責性の証明責任を債務者が負担する（現行ドイツ民法二八〇条一項後段）。
(168) MüKo-ZPO/ *Becker-Eberhard*: 4. Aufl., 2013, § 264, Rn 32; 損害賠償請求について詳しくは MüKo-BGB/ *Ernst*:

7. Aufl., 2016, § 281, Rn 178.

（169）Regierungsentwurf, BT-Drucks. 14/6040, S. 137. ドイツ民法旧二八三条の規定に従えばいったん一次的給付請求をして給付判決を得る必要があったところ（→第五章第四節九5）、「面倒で時間と費用が掛かる」という理由で簡素化され、債権者に有利な規定になった。

（170）やはり義務違反は債務者の責めに帰すべきものでなければならないが、既述のとおり、債務者が無責性の証明責任を負う（現行ドイツ民法二八〇条一項後段）。

（171）Regierungsentwurf, BT-Drucks. 14/6040, S. 189.

（172）Staudinger/ *Schwarze*：2015, § 326, Rn D7. 旧規定でも同様であったことについて、Soergel/ *Wiedemann*：1990, § 323, Rn 46.

（173）Staudinger/ *Schwarze*：2015, § 326, Rn D11；*Medicus, Dieter*/ *Lorenz, Stephan*：Schuldrecht I, Allgemeiner Teil, 21. Aufl., München 2015, Rn 436.

（174）BeckOK-BGB/ *Schmidt*, 39. Aufl., 2016, § 326 Rn 36.

（175）MüKo-BGB/ *Emmerich*, 6. Aufl., 2012, § 285, Rn 35；BeckOK-BGB/ *Schmidt*, 39. Aufl., 2016, § 325 Rn 2.

（176）Soergel/ *Gsell*：2005, § 326, Rn 118.

（177）MüKo-BGB/ *Ernst*：7. Aufl., 2016, § 326, Rn 99. もっとも、MüKo-BGB/ *Emmerich*, 7. Aufl., 2016, § 285, Rn 35 では両者が両立しないという前の版（MüKo-BGB/ *Emmerich*, 6. Aufl., 2012, § 285, Rn 35）の記述が削除されていて、この辺りの解釈が安定しないことを示している。この問題に関し、ディーター・ライポルト教授（*Dieter Leipold*）（一九三九年一月一五日〜）、ロルフ・シュトゥルナー教授（*Rolf Stürner*）（一九四三年四月一一日〜）およびシュテファン・ローレンツ教授（*Stephan Lorenz*）（一九六一年一二月一三日〜）より親しくご教示を受けた。

（178）Staudinger/ *Schwarze*：2015, § 326, Rn D14.

（179）Staudinger/ *Schwarze*：2015, § 325, Rn 20. 旧規定では一般に解除権と填補賠償請求権の行使が二者択一であったことについての邦文の解説として、森田修・前掲『契約責任の法学的構造』三四七頁以下参照。

（180）MüKo-BGB/ *Ernst*：7. Aufl., 2016, § 275, Rn 122 u 128；Palandt/ *Grüneberg*, BGB, 77. Aufl., 2018, § 275 Rn 3.

(181) Palandt/ *Grüneberg*, BGB, 77. Aufl., 2018, § 275 Rn 8–9.

(182) *Medicus, Dieter*: Bemerkungen zur "vorübergehenden Unmöglichkeit", in: *Lorenz, Stephan/ Trunk, Alexander/ Eidenmüller, Horst/ Wendehorst, Christiane/ Adolf, Johannes*: FS *Heldrich*, SS. 347–357, München 2005, S. 347.

(183) *Canaris, Claus-Wilhelm*: aaO, JZ 2001, S. 500; 506; 508; 516.

(184) *Canaris, Claus-Wilhelm*: Die einstweilige Unmöglichkeit der Leistung, in: *Baums, Theodor/ Wertenbruch, Johannes*: FS *Huber*, SS. 143–163, Tübingen 2006, S. 144f.

(185) *Medicus, Dieter*: FS *Heldrich*, S. 349; *Canaris, Claus-Wilhelm*: FS *Huber*, SS. 147; MüKo-BGB/ *Ernst*: 7. Aufl., 2016, § 275, Rn 137.

(186) *Canaris, Claus-Wilhelm*: FS *Huber*, SS. 147. しかし、カナーリス教授のメディクス教授に対する批判は当たらないと思われる。

(187) Palandt/ *Grüneberg*: 77. Aufl., 2018, § 275, Rn 10.

(188) *Däubler, Wolfgang*: Die vorübergehende Unmöglichkeit der Leistung, in: *Lorenz, Stephan/ Trunk, Alexander/ Eidenmüller, Horst/ Wendehorst, Christiane/ Adolf, Johannes*: FS *Heldrich*, SS. 55–66, München 2005, S. 59; MüKo-BGB/ *Ernst*: 7. Aufl., 2016, § 275, Rn 137.

(189) MüKo-BGB/ *Ernst*: 7. Aufl., 2016, § 275, Rn 140.

(190) *Däubler, Wolfgang*: aaO, FS *Heldrich*, S. 59.

(191) Palandt/ *Grüneberg*, BGB, 77. Aufl., 2018, § 275 Rn 12.

(192) Palandt/ *Grüneberg*, BGB, 77. Aufl., 2018, § 275 Rn 14.

(193) MüKo-BGB/ *Ernst*: 7. Aufl., 2016, § 275, Rn 37.

(194) MüKo-BGB/ *Ernst*: 7. Aufl., 2016, § 275, Rn 46.

(195) MüKo-BGB/ *Ernst*: 7. Aufl., 2016, § 275, Rn 47.

(196) MüKo-BGB/ *Ernst*: 7. Aufl., 2016, § 275, Rn 42; Palandt/ *Grüneberg*, 77. Aufl., 2018, § 275 Rn 16.

(197) BGH, Urteil vom 19. 9. 1995 – VI ZR 377/94, DtZ 1996, 26.

(198) *Zweigert, Konrad/ Hein, Kötz*: Einführung in die Rechtsvergleichung: auf dem Gebiete des Privatrechts, 3. Aufl., Tübingen 1996, S. 469.

(199) MüKo-BGB/ *Ernst*: 7. Aufl., 2016, § 275, Rn 41; Palandt/ *Grüneberg*, 77. Aufl., 2018, § 275 Rn 17.

(200) Palandt/ *Grüneberg*, 77. Aufl., 2018, § 275 Rn 18. 実際に「目的到達」という類型の不能が著名な論争の対象となったことがある。それは、瑕疵ある売買目的物を買主自身で修補した場合に売主による修補が「目的到達」という不能になるか否かという問題においてであった。そのような類型の不能を肯定するか否か、学説上は争われていて、判例の立場は明らかではない。詳しくは、拙稿「ドイツ新債務法における買主自身の瑕疵修補」阪法五五巻三・四号（平一七）二〇七頁～二二六頁、二二〇頁以下参照。

(201) BGH, Urteil vom 26. 9. 1990 – VIII ZR 205/89, NJW-RR 1991, SS. 204–205, S. 205 は、賃貸目的のダンプカーが大破した事案において、「賃貸目的物の修繕のために必要な費用が『犠牲の限界（Opfergrenze）』を超えるときは、賃貸人の修繕義務は消滅する」という判断が確定判例に適うとした。

(202) MüKo-BGB/ *Ernst*: 7. Aufl., 2016, § 275, Rn 38; Palandt/ *Grüneberg*, 77. Aufl., 2018, § 275 Rn 22.

(203) MüKo-BGB/ *Ernst*: 7. Aufl., 2016, § 275, Rn 52–53.

(204) *Emmerich, Volker*: Anm. zu BGH, Urteil vom 10. 5. 2006 – XII ZR 124/02, JuS 2006, SS. 935–937, S. 936.

(205) BGH, Urteil vom 20. 11. 2015 – V ZR 217/14, NJW-RR 2016, 717.

(206) BGH, Urteil vom 10. 3. 1972 – V ZR 87/70, BeckRS 1972, 31123284.

(207) この事件は、「タイル事件」と呼ばれ、ドイツの売買法を理解する上で非常に重要な事件である。拙稿「ドイツ新債務法における代物請求権の範囲――タイル事件――」千葉二七巻二号（平二四）八七頁～一一五頁、九九頁以下、「ドイツ新債務法の二〇一七年瑕疵担保法改正」廣瀬久和古稀『人間の尊厳と法の役割――消費者法を超えて』（信山社、平三〇予定）参照。

(208) z. B. BGH, Urteil vom 6. 12. 2001 – VII ZR 241/00, NJW-RR 2002, 661.

(209) BGH, Urteil vom 7. 3. 2002 – VII ZR 1/00, NJW 2002, SS. 3543–3545, S. 3545. この事件では債務者が賠償するべき拡大損害が問題にならないとされた。

(210) z. B. BGH, Urteil vom 20. 7. 2005 – VIII ZR 342/03, NJW 2005, SS. 3284–3285, S. 3284; BGH, Urteil vom 21. 4. 2010 – VIII ZR 131/09, NJW 2010, SS. 2050–2053, S. 2052.

(211) *Looschelders, Dirk*: „Unmöglichkeit" und Schadensersatz statt der Leistung, JuS 2010, SS. 849–856, S. 850ff.

(212) BeckOGK/ *Riehm*, 1. 4. 2017, BGB § 275 Rn 262.

(213) *Treichel, Stefan*: Nochmals: Das Leistungsverweigerungsrecht nach § 275 III BGB im Spannungsfeld von Beruf und Familie, NZA 2016, SS. 459–463, S. 459.

(214) BeckOGK/ *Riehm*, 1. 4. 2017, BGB § 275 Rn 263.

(215) 傍点は原典の隔字体。

(216) 法律行為を原因とする請求権のうち、遺贈によるものについても代償請求権の規定の適用が判例上肯定されている。KG, Urteil vom 4. 9. 1998 – 17 U 3053/97, LSK 2000, 070034. なお、遺贈は、ドイツ法上も、相続編の規定に基づく行為であるが、相続編から生じる請求権についても、債権総則の規定の適用があり、また、ドイツ民法二七五条の規定も適用されることについて、Palandt/ *Grüneberg*, 77. Aufl., 2018, Einl v § 241 Rn 6, § 275 Rn 3 参照。

(217) ドイツ民法八一八条一項および二項の規定は、不当利得返還請求権の範囲を次のとおり規定する。すなわち、「第一項　返還義務は、取得した利益、受益者が取得した権利に基づいて取得したもの又は受益者が取得した目的物の滅失、損傷若しくは侵奪の賠償（Ersatz）として取得したものに及ぶ。第二項　取得したものの性質により返還が不能であるとき又は受益者がその他の事由によって返還することができないときは、受益者は、その価格（Wert）を賠償しなければならない。」不当利得法の邦語訳は、油納健一「不当利得法における『使用利益』の範囲（一）～（八・完）」広法三七巻二号（平二五）六三頁～七九頁、三八巻二号（平二六）一頁～三一頁、三九巻一号（平二七）一頁～一五頁、三九巻二号（平二七）一頁～二〇頁、四〇巻一号（平二八）二五頁～四三頁、四〇巻二号（平二八）一頁～八頁、四一巻一号（平二九）一頁～一八頁、四一巻二号（平二九）一頁～一六頁、四〇巻一号二六頁以下を参照。

(218) Palandt/ *Sprau*, 77. Aufl., 2018, § 818 Rn 19. これに対し、不当利得法上の帰結を尊重し、代償請求権の債権者を有利に扱わないように代償請求権規定の縮小解釈を主張する学説については、注（157）参照。

(219) ドイツ民法上の相続回復請求権の特徴については、『新版注釈民法（二六）』（有斐閣、平一五）〔泉久雄〕八七頁以下参照。

(220) Staudinger/ *Löwisch*/ *Caspers*：2014, § 285, Rn 15.

(221) RG, Urteil vom 1. 2. 1938－VII 174/37, RGZ 157, 40, 44 も同旨。

(222) Palandt/ *Grüneberg*, 77. Aufl., 2018, § 285 Rn 4.

(223) RGZ 115, 33f.

(224) *Weiss, Alexander*：Die Ergänzung besonderer Rechtsverhältnisse durch die allgemeinen Vorschriften der §§ 280 ff. BGB, JuS 2012, SS. 965–969, S. 978f.

(225) Palandt/ *Grüneberg*, 77. Aufl., 2018, § 285 Rn 6；BeckOGK/ *Dornis*, 1. 6. 2017, BGB § 285 Rn 64.

(226) Palandt/ *Grüneberg*, 77. Aufl., 2018, § 285 Rn 6；BeckOGK/ *Dornis*, 1. 6. 2017, BGB § 285 Rn 65.

(227) Palandt/ *Grüneberg*, 77. Aufl., 2018, § 285 Rn 6；BeckOGK/ *Dornis*, 1. 6. 2017, BGB § 285 Rn 67.

(228) *Weber, Jan*：Anm. zu BGH, Urteil vom 31. 10. 2007－VIII 278/05, NJW 2008, S. 992.

(229) Palandt/ *Grüneberg*, 77. Aufl., 2018, § 285 Rn 6.

(230) BeckOGK/ *Dornis*, 1. 6. 2017, BGB § 285 Rn 69.

(231) BeckOGK/ *Dornis*, 1. 6. 2017, BGB § 285 Rn 69.

(232) たとえば、*Emmerich, Volker*：Das Recht der Leistungsstörungen, 6. Aufl., München 2005, S. 159.

(233) Staudinger/ *Löwisch*/ *Caspers*：2014, § 285, Rn 31；BeckOGK/ *Dornis*, 1. 6. 2017, BGB § 285 Rn 82.

(234) Staudinger/ *Löwisch*/ *Caspers*：2014, § 285, Rn 32；BeckOGK/ *Dornis*, 1. 6. 2017, BGB § 285 Rn 83.

(235) BeckOGK/ *Dornis*, 1. 6. 2017, BGB § 285 Rn 69.

(236) BeckOGK/ *Dornis*, 1. 6. 2017, BGB § 285 Rn 72.

(237) MüKo-BGB/ *Emmerich*, 6. Aufl., 2012, § 285, Rn 24；BeckOGK/ *Dornis*, 1. 6. 2017, BGB § 285 Rn 92.

(238) *Lehmann, Matthias*：Anm. zu BGH, Urteil vom 10. 5. 2006 － XII ZR 124/02, JZ 2007, SS. 525–527, S. 526f.

(239) BGH, Urteil vom 23. 12. 1966 － V ZR 26/64, NJW 1967, SS. 622–625.

(240) Staudinger/ *Löwisch*/ *Caspers*：2014, § 285, Rn 45. 反対説として成立しているかは疑問である。判例では、地役

権という「小さな」権利を設定してもらうべき債権者からの売買代金という「大きな」代償請求が否定されただけだからである。複数の物をまとめて購入した債権者がその一部を二重譲渡された場合に代償請求権を行使することができることには判例上も問題がないであろう。

(241) Palandt/ *Grüneberg*, 77. Aufl., 2018, § 285 Rn 9；MüKo-BGB/ *Emmerich*, 6. Aufl., 2012, § 285, Rn 30.

(242) *Löwisch, Manfred*：Herausgabe von Ersatzverdienst. Zur Anwendbarkeit von § BGB § 285 BGB auf Dienst- und Arbeitsverträge, NJW 2003, SS. 2049–2053, S. 2051；Staudinger/ *Löwisch*/ *Caspers*：2014, § 285, Rn 41.

(243) Palandt/ *Grüneberg*, 77. Aufl., 2018, § 285 Rn 9.

(244) MüKo-BGB/ *Emmerich*：7. Aufl., 2016, § 285, Rn 33；Palandt/ *Grüneberg*, 77. Aufl., 2018, § 285 Rn 9.

(245) Staudinger/ *Löwisch*/ *Caspers*：2014, § 285, Rn 53；MüKo-BGB/ *Emmerich*：7. Aufl., 2016, § 285, Rn 33；Palandt/ *Grüneberg*, 77. Aufl., 2018, § 285 Rn 12.

(246) BGH, Urteil vom 16. 3. 2005 − IV ZR 246/03, ZEV 2005, SS. 391–393, S. 393 は、旧東ドイツにおいて土地給付が国有化によって不能となった事案について、代償取得の根拠法（財産法（Vermögensgesetz））の施行日（一九九〇年九月二九日）をもって起算点とした。

(247) Palandt/ *Grüneberg*, 77. Aufl., 2018, § 285 Rn 12.

(248) もっとも、わが国の債権の消滅時効も民法改正によって主観的起算点から五年、客観的起算点から一〇年という二元的なシステムへの大きな変更を被ったため、解釈については不明確な部分が残る。

(249) BGH, Urteil vom 17. 2. 2006 − V ZR 236/03, NJW-RR 2006, SS. 736–739, S. 738. 旧規定では、ドイツ民法旧二〇九条一項の規定に従った中断（Unterbrechung）であった。

(250) MüKo-BGB/ *Emmerich*：7. Aufl., 2016, § 285, Rn 35；Palandt/ *Grüneberg*, 77. Aufl., 2018, § 285 Rn 10.

(251) MüKo-BGB/ *Emmerich*：7. Aufl., 2016, § 285, Rn 34；BeckOGK/ *Dornis*, 1. 6. 2017, BGB § 285 Rn 124.

(252) Palandt/ *Grüneberg*, 77. Aufl., 2018, § 285 Rn 11.

(253) Staudinger/ *Löwisch*/ *Caspers*：2014, § 285, Rn 58 u 59.

(254) Palandt/ *Grüneberg*, 77. Aufl., 2018, § 285 Rn 10.

（255）　MüKo-BGB/ *Emmerich*: 6. Aufl., 2012, § 285, Rn 37; Palandt/ *Grüneberg*, 77. Aufl., 2018, § 285 Rn 11; Beck-OGK/ *Dornis*, 1. 6. 2017, BGB § 285 Rn 126. これに対し、Staudinger/ *Löwisch*/ *Caspers*: 2014, § 285, Rn 57 は少数説を採用し、その場合でも請求権の券面額ではないにせよ一定の価額が縮減されるべきであると主張する。

（256）　Palandt/ *Grüneberg*, 77. Aufl., 2018, § 285 Rn 13.

（257）　BGH, Urteil vom 17. 2. 2004 – X ZR 108/02, NJW-RR 2004, SS. 989–991, S. 990 は、主張責任を負う当事者が請求権について重大な事情を知ることができないのに対し、相手方がすべての重要な事実を知っているときは、詳しい陳述が期待できる限りで、単なる否認では不十分とする。一般に、相手方の事実の主張を否認するためには、一括の否認では足りず、個別の事実についてしなければならないことに由来する。Vgl. Stein-Jonas/ *Leipold*: 22. Aufl., 2005, § 138 Rn 35; Stein-Jonas/ *Kern*: 23. Aufl., 2016, § 138 Rn 31 u 54. この問題に関し、ディーター・ライポルト教授より親しくご教示を受けた。また、フライブルク大学のその講座を継いだアレクサンダー・ブルンス教授（*Alexander Bruns*）（一九六六年三月二六日～）の助力に対しても、ここでお礼を申し上げたい。二次的主張責任についての邦語文献として、さしあたり、伊東俊明「主張過程における当事者の情報提供義務」横国一五巻三号（平一九）一頁～二五頁、二二頁以下、松本博之『民事訴訟における事案の解明』（日本加除出版、平二七）五七頁以下参照。*Stürner, Rolf*: Die Aufklärungspflicht der Parteien des Zivilprozesses, Tübingen, Univ., Habil., Tübingen 1976 で主張され、判例上否定された一般的事案解明義務との関係について、松本博之・前掲三七五頁以下参照。

（258）　BeckOGK/ *Dornis*, 1. 6. 2017, BGB § 285 Rn 132.

（259）　Palandt/ *Grüneberg*, 77. Aufl., 2018, § 285 Rn 3.

結章――新規定の解釈論

第一節　総　説

本書の冒頭で、民法改正において挿入された履行不能規定（民法四一二条の二）と代償請求権規定（民法四二二条の二）の関係如何、そしてそれらの規定に共通の不能要件の関係および解釈如何、という問題を提起した。その問題に対する答えを簡単に述べれば、まず、代償請求権規定（民法四二二条の二）は、履行不能規定（民法四一二条の二）を補充する規定として解すべきであり、両規定の不能要件は同一のものと解すべきである。

そのように解釈するべき根拠は、第一にわが国の従来の不能論・代償請求権論の検証（第一部）、第二にドイツ法からの示唆（第二部）にある。つまり、第一部第一章で見てきたように、一方で、改正前民法立法者は代償請求権を否定していたことが明らかである。他方、第二章から第四章までにおいて、民法四二二条の二の規定は判例を明文化したものであり、その判例はドイツ法を参考に形成されたことが明白である。また、民法四一二条の二の規定も、ドイツ法に由来する学説を前提としている。そうであるとすれば、新規定の淵源として参考にされるべき外国法は、ドイツ法であり、ましてやドイツ新債務法における不能と代償請求権の規定が明確性において優れたものであればなおさらである（→第七章第三節三）。

以下では、右の内容を敷衍し、これまでの検討から導かれる新規定の解釈について詳しく管見を示してゆきたい。

第二節　履行不能新規定

一　総　説

民法四一二条の二は、履行不能による給付義務不存在を規定する。この問題は従来明確にされてこなかった（↓第三章第四節一1）[1]。それだけに、明文の規定ができたことは、非常に大きい意義を有する。

まず、民法四一二条の二の規定は、要件・効果から成るれっきとした法制度の一つである。もっとも、それ自体は不能による給付義務不存在を規定するにすぎず、これを補充する諸規定とともに綿密な解釈論が必要である。とりわけ、二次的請求権（塡補賠償請求権と代償請求権）および危険負担の規定が重要である。つまり、不能が債務者の責めに帰すべき事由によるものであれば、塡補賠償請求権が発生し（民法四一五条）、不能と同一の原因により債務者が代償を取得すれば代償請求権が発生する（民法四二二条の二）。そして、給付義務が双務契約を発生原因としていたときは、債務者の反対債権の帰趨が問題となり、当事者双方の責めに帰することができない事由によって不能となったときは、債権者は、反対債権の履行を拒むことができ（民法五三六条一項）、債権者の責に帰すべき事由によって不能となったときは、債権者は、反対債権の履行を拒むことができない（民法五三六条二項）。

以下では、民法四一二条の二の規定する法規範を要件・効果に分析し、他の制度との関係も考察しよう。

二　要件としての「債務」

1　総　説

最初の問題は、民法四一二条の二第一項の「債務」を制限して解するか（制限説）、無制限に解するか（無制限説)、である。それは、同条の規定の適用範囲を画する重要な問題である。以下、問題となる債務について個別に検討するが、この問題に関しては、次の三点を考慮するべきである。

第一に、形式的には、私法の一般法として無限定の適用範囲を持つ民法の債権総則の規定である民法四一二条の二第一項の規定は、その適用範囲が限定されていない。

第二に、わが国の学説および審議過程においては、この問題について論じられていない。

第三に、わが国の不能論が由来するドイツ法学においては、既に紹介したように、限定無く広く認められている(→第七章第三節一3)。

右の三点を考慮し、「債務」はそのまま「債務」としてすべての債務を含むと文理解釈する、つまり無制限説を採るべきである。

以下では、これを債務の種類に応じて説明しよう。

2　約定債務

まず、同条の「債務」に約定債務が含まれることは言うまでもない。沿革上、わが国でもドイツでも、契約を発生原因とする約定債務こそが不能となる「債務」として念頭に置かれてきた。以下は、約定債務以外のいかなる債務が民法四一二条の二第一項の「債務」に含まれるか、という問題である。

3　契約以外の法律行為を発生原因とする債務

つぎに、契約以外の法律行為を発生原因とする債務はどうか。単独行為または合同行為によって発生する債務である。そのような債務は、単独行為や合同行為による債務の発生を許す特別の法律上の規定を必要とするため、契約を発生原因とする約定債務と比べ、次に論じる法定債務に近い性質である。そのため、約定債務とは一応別に論じる必要がある。しかし、結論としては、契約以外の法律行為を発生原因とする債務も「債務」に含まれると解すべきである。そう解釈する上で特に問題はない。

したがって、遺贈を発生原因とする債務についても民法四一二条の二第一項の規定の適用がある。ローマ法源においても（→第五章第三節四3）、現行ドイツ法の判例においても（→第七章第四節第三款三【裁判例一四の一】）、遺贈による債務が不能となり得ることを前提に、代償請求権が肯定されている。

なお、遺贈が相続編の規定に基づく行為であることは、右の解釈を妨げない。債権総則の規定は、請求権に関する一般的性質を有し、物権関係、親族関係、相続関係などから生じる請求権についても、性質の許す限り適用されるからである。(2)

4　いわゆる法定債務

法律行為を発生原因とせず、法律上の規定を発生原因とする、いわゆる法定債務はどうか。債権総則の規定は、本来は――民法上のものか特別法上のものかすら問わずに請求権の一般法として――あらゆる発生原因の債務に適用されるはずであるが、(3)その規定の性質上、発生原因によって規定の適用が否定される債務がある。たとえば、民法七二二条一項が民法四一七条の規定の準用を規定するのは、民法四一七条の規定が不法行為債権には適用されないことを前提としている。わが国の債権総則は、その「総則」性に不明瞭なところがあり、契約以外の法律事実から生じる債権については、規定の適用がないと解されることがあるため、(4)このような問題が生じるのである。

しかし、法定債務も一般に民法四一二条の二第一項の「債務」に当たる、と解すべきである。たとえば、解除による原状回復債務（民法五四五条一項）や不当利得返還債務（民法七〇三条）である。

また、物権的請求権も同様である（物権的返還請求権については次項参照）。先例として、大判昭和一一・七・一〇民集一五巻一四八一号は、電力会社が発電用水路として幅四メートル長さ六一六メートルの隧《すい》道を無断で他人の所有地の地底に掘削して工事を竣成したときは、所有権に基づく妨害排除は「巨大なる物質と労力の空費を来し社会経済上の損失尠《すくな》からざるものある」ために「不能に帰」すると判断している。

なお、法定債務に規定の適用があるか否かの問題は、むしろ代償請求権に関して問題になる（↓第三節第二款二1）。

5　物権的返還義務

さて、物権的返還請求権に対応する物権的返還義務は、民法四一二条の二第一項の「債務」に含まれるだろうか。物権的返還請求権は、右の法定債務の一つでもあるが、次の問題があるために、法定債務一般とは別の考慮が必要である。

すなわち、他人の所有物の不法占有者は、占有を喪失することで物権的返還義務を免れる。それは、民法四一二条の二第一項の規定が適用されることよる給付義務消滅か、それとも占有要件を満たさないための給付義務消滅か。

物権的返還請求権の相手方が占有を喪失するときは、たしかにその者に対する物権的返還請求権が消滅するが、それは、存続するはずの物権的返還請求権が不能となるのではなく、そもそも占有喪失によって物権的返還請求権の要件が満たされなくなるからだ、とドイツ法と同様に解釈するべきである（↓第七章第四節第二款一）。しかし、それだからと言って、物権的返還請求権を「債務」に含まない、と取り立てて主張する必要はわが国ではないと思われる。なぜならば、請求権という括りで物権的請求権が債務法上の請求権と同様に扱われ、債権総則の規定の物権的請求権への適用が一般に肯定されるドイツ法とは違い(5)、わが国では、物権的請求権への債権総則の規定の適用は、理論上は別にして(6)、実際上は論じられることがないからである。

結局、他人の所有物の不法占有者が占有を喪失するときは、物権的返還義務は、その要件を充足しなくなるため、消滅してその存在を失い、そもそも民法四一二条の二第一項の規定が適用されるかどうか、という問題にならない、と解すべきである。つまり、民法四一二条の二第一項の規定が適用されるためには、ある債務の存在を要件とするところ、そもそもそれが存在しないため、同項の規定の要件を満たさない、と解すべきである。そのため、物権的返還義務が同項の「債務」に含まれない、と同項を縮小解釈する意義は無い。

冒頭の問題設定に答えるとすると、物権的返還義務は、民法四一二条の二第一項の「債務」には含まれる、と一応解すべきであるけれども、実際に同項の規定が適用されて物権的返還義務が消滅することはない、ということになる。

6　金銭債務

物権的返還義務と同様の問題が金銭債務について生じる。つまり、金銭債務に履行不能がなく(7)、そのことは審議過程においても自明とされていた（↓第四章第二節四3）。しかし、民法四一二条の二第一項の規定が適用されないのは、そもそも金銭債務が同項の「債務」に含まれないためか、それとも、金銭債務が同項の「債務」であることは肯定されるが、「不能」にならないためか、という問題を立てることができる。

金銭債務に履行不能がないことは、ドイツでも同様である。金銭支払を命じる給付判決は、執行手続において執行不能であることが確定することがなく、常に弁済の可能性がある。そのため、金銭債務の貫徹性の限界は、実体法ではなく執行法および倒産法によってのみ画される、と言われる（↓第七章第三節一3）。

わが国でも同様に、金銭支払を命じる給付判決が確定的に執行不能となることが無いことを理由に、金銭債務も民法四一二条の二第一項の「債務」であることは肯定されるが、原則としてそれが同項の「不能」にならない、と解すべきである。

三　要件としての「不能」

1　有責・無責を問わない不能

第一の問題は、民法四一二条の二第一項の「不能」が、債務者の帰責事由とどのような関係に立つかである。条文解釈としては、その「不能」を「債務者の責めに帰することができない事由による不能」と縮小解釈するべきか否か、の問題である。

この問題に関しては、次の二点を考慮するべきである。

第一に、民法四一二条の二第一項の文言上は、「不能であるときは」とだけ規定され、債務者の責めに帰することができない事由による不能に限定されていないことである。

第二に、従来の学説においては、後発的不能に関して無責不能が義務消滅の要件であることについて疑いが持たれず、問題意識すら見られなかったことである（↓第三章第四節一）。

第三に、審議過程においては、当初の「検討事項」ではなお不明確であったが（↓第四章第二節二1）、「中間的な論点整理のたたき台」以降は、履行請求権の限界と損害賠償請求権の発生という二つの問題が区別されたうえで前者に限定されて議論され（↓第四章第二節二2）、とりわけ第二ステージ以降はそれが明確になるとともに（↓第四章第二節三3）、有責・無責の区別は全く問題とされなかったことである。

第四に、民法四一二条の二第一項に至る日本の不能論においては、とりわけ後発的無責不能が義務消滅の要件であることは、ドイツ法に由来し（↓第二章第三節二5）、その後もドイツ法が絶え間なく参照され続けてきた。そのドイツ法においては、後発的無責不能が債務関係の消滅をもたらすというモムゼンの不能論（↓第五章第三節五4）が支持されたため（↓第五章第三節八2）、ドイツ民法典成立時には後発的無責不能が給付義務消滅をもたらすことが規定されていた（↓第五章第四節九4）。しかし、民法典成立後に後発的無責不能ではなく後発的不能こそが給付義務を消滅させるという解釈が主張され（↓第六章第一節三2）、通説となり（↓第六章第一節四8）、債務法改正計画（↓第七章第一節二2）および債務法現代化を経て（↓第七章第二節五3）、現行ドイツ新債務法においてはそれが明文の規定となっていることである（↓第七章第二節七1）。

右の三点のうち第一点と第四点を考慮すると、この問題を否定に解する、つまり「不能」は「不能」と文理解釈するべきことに傾く。他方、第二点と第三点からすると、明白にというわけではない。しかし、わが国の学説でそして審議過程においてこの問題が深く議論されなかったことは、ドイツ法の理論に依存してきたこと、そして現在でもドイツ法を参照すべきことを示している、とも言えるだろう。したがって、この問題は否定に解する、つまり民法四一二条の二第一項の「不能」は有責・無責を問わない不能である、と解すべきである。

従来わが国では、履行請求権の限界として不能はいかなるものか、つまり給付義務不存在という効果を導く要件は不能それ自体か別個の要素を含むものか、という形で問題提起される契機がなかった。新規定ではこれが明らかになった、と高く評価するべきである。その意味で、この問題について同内容を規定するドイツ新債務法と比較し、わが国もようやく明確性において同程度の規定を持ったことになる。

この問題については、わが国では、審議過程でそうであったように、明示的に議論されることが無く、「債務の履行が不能である場合は、それが債務者の責に帰すべき事由によるものか否かに関係なく、履行請求権が否定される。債務者の帰責性は、履行不能の抗弁が認められるための要件ではない。[8]」という主張が唯一見出されるだけであり、これに賛意を表したい。

2　原始的・後発的を問わない不能

第二の問題は、民法四一二条の二第一項の「不能」が、原始的・後発的不能の区別とどのような関係に立つかである。条文解釈としては、その「不能であるときは」を「後に至って不能となったときは[9]」と縮小解釈するべきか否か、の問題である。

この問題に関しては、次の二点を考慮するべきである。

第一に、民法四一二条の二第一項の文言上は、「不能であるときは」とだけ規定され、後発的不能に限定されていないことである。民法四一三条の二第一項の「不能となったときは」という文言と対比すれば明白である。これは、債務者の帰責事由との関係についての右の問題と同じである。

第二に、従来の学説においては、原始的・後発的不能が分けて論じられ、それらを義務不存在の要件として統一的な要件とするべきかどうかという問題意識すら見られなかったことである（↓第三章第四節一）。

第三に、審議過程においては、第二ステージ以降、原始的不能においても後発的不能と同様の履行請求権の問題を含んでいることが明示されるようになり（↓第四章第二節三3）、要綱案のたたき台では「不能であるとき」が原始的不能を含むことが説明され（↓第四章第二節四2）、要綱仮案（案）以降履行請求権の問題であることが原始的不能について明示されなくなる（↓第四章第二節四5）。しかし、その経緯からは、履行請求権の限界事由が契約成立時に存在していた場合には民法四一二条の二第一項の規定に従って履行請求ができないけれども同第二項の規定に従って損害賠償請求の可能性が残る、と読むべきことである（↓第四章第二節六）。

第四に、わが国において原始的・後発的不能の区別はドイツ法に由来し（↓第二章第三節二4）、その後もドイツ法が絶え間なく参照され続けてきた。そのドイツ法においては、「不能な債務は存在しない」というローマ法源まで遡ることができ（↓第五章第二節二3）、そのことはパンデクテン法学を通じて疑われずモムゼンによって明示的に踏襲され（↓第五章第三節五3）、成立したドイツ民法典においても明示された（↓第五章第四節九4）。そして、債務法改正計画において原始的不能による一次的給付義務からの免責を従来の後発的不能の条文に合わせて規定することが提案され（↓第七章第一節二2）、債務法現代化を経て（↓第七章第二節五5）、現行ドイツ新債務法においてはそれが明文の規定となっていることである（↓第七章第二節七1）。

右の四点は、いずれも、この問題を否定に解すべきことを示している。つまり、「不能であるときは」は「不能となったときは」と読まず、そのまま「不能であるときは」と原始的・後発的不能の双方を含むと文理解釈するべきである。原始的不能の場合には、一方で、後発的不能の場合と同様に民法四一二条の二第一項の規定に従って履行請求自体は否定され、他方で、同第二項の規定に従って損害賠償請求の可能性は残ることになる。(10)

従来わが国では、原始的不能がもたらすものとしては、契約無効を肯定するべきかどうかを論じてきた（→第三章第四節二・三・四）。ここでの問題はそれと同一ではなく、契約という行為の次元はさておきそれを発生原因とする債務という権利義務の次元の問題である。その問題について、新しい民法四一二条の二第一項において、不能になる時期が債務発生原因事実（または債務発生それ自体）より前か後かという区別もやはり不能要件の充足判断とは無関係であることが明示されたことになる。そして、それが従来明示的に議論されずに来ただけに、非常に大きな意義を有している。

しかも、民法四一二条の二第一項と第二項の規定を同一条に項を分けて規定する方法は、それに相当する規定がドイツ法では第二七五条と第三一一条aに離れて規定されるのと比較すると（→第七章第二節七1）、大変理解しやすい。内容的には契約という行為の次元の問題だけに関係する民法四一二条の二第二項の規定を契約の章ではなく敢えて債権総則に置くという大胆な決断が功を奏したクリーンヒットの立法と高く評価することができる。

3　客観的・主観的不能の区別

わが国では、従来そもそも、履行が「債務者に」不能であるのかそれとも「すべての人に」不能であるのかで、客観的・主観的不能を区別する学説判例上の伝統が存在しない。それは、給付義務を負うのは債務者に他ならず、その債務者に不能である以上は、債務者以外の第三者にも不能か否かを問うことは無意義であるというのが石坂音四郎博士以来の考え方だからである（→第二章第三節二3）。新規定の解釈論においても同様に、法律効果が同一である以上は要件論として両者を区別する意義は無い、と考えることになると思われる。つまり、客観的・主観的不能のいずれも、契約その他の債務の発生原因および取引上の社会通念に照らして判断される点では違いがない。

しかし、だからといって、そのいわゆる「客観的不能」「主観的不能」という概念が今後もわが国では解釈論上無用だということにはならない。管見によれば、①まず説明のための概念として、翻って②不能の判断枠組の一つとして、それらの概念の有用性も認めることができるからである[11]。

第一に、①説明概念としての有用性についてであるが、わが国で裁判上現れた不能の大部分は、いわゆる主観的不能であった、と説明することができる。つまり、不能の典型例として挙げられるのが、不動産の二重売買における買主の一方における登記の具備が他方への所有権移転を不能にするという前掲最判昭和三五・四・二一であり、――その判決は損害賠償に関するものであるが――新法下でもその先例価値は失われない。これに対し、客観的不能は、たとえば、売買目的物である建物が焼失した場合なのであるが、裁判例としては少ない[12]。

4　不能の判断基準

第二に、不能の判断枠組についてである。

一般に、不能の判断基準は、「契約その他の債務の発生原因及び取引上の社会通念に照らして」である。具体的には、ドイツ法を参考に、仮に給付判決を下したときに執行することができずに無意味かどうかを基準とするべきである（→第七章第三節一2）。

つまり、不能を要件として給付義務を不存在とする効果を導く規範の趣旨は、執行手続において給付が全く実現できないことが確定している場合においては執行手続を省略するために判決手続において給付義務を不存在とする、というものである。したがって、執行不能が明らかであるために給付判決が無意味であるときに限って給付を不能と判断することになる。不能判断の主体たる裁判官は、もっぱら執行手続を念頭に置き、債務者を名宛人とした給付判決を債務名義とする強制執行によって給付が実現する可能性が存するか否かによって履行不能を判断するべきである。そして、その可能性が存しない場合に限って履行不能を肯定するべきである。それ以外の事情、たとえば、債務者にとって給付が困難か、債務者が負担する費用が相当か、などを裁判官が考慮することは許されない（→ドイツの判例について、第六章第一節四2）。

5　いわゆる主観的不能の判断

そのような「契約その他の債務の発生原因及び取引上の社会通念に照らして」給付判決が無意味か否かの判断は、不能の大部分を占めるであろういわゆる主観的不能の場合においては、いわゆる客観的不能の場合と比較して、第三者の行為が手懸かりになるだけ容易になる。

つまり、債務者が実現できず、第三者または債務者が第三者の協力を得て実現することができる場合のうち、そのような第三者の協力が得られないことが確定している場合が主観的不能の場合である（ドイツ法について→第七章第四節第二款八）。

典型例は、他人の所有権を売却した場合において、所有者の協力が得られないことが確定しているときである(13)。不動産二重譲渡において譲受人の一方が所有権移転登記を備えたときも、登記手続という行為自体が譲受人の非協力の確定を示すものとして、不能と判断するべきである(14)。

明治時代には異なる判断も見られたが(15)、大正期以降は判例も安定し、具体的な先例が幾つも存在する。まず、不動産を二重に譲渡した場合について、損害賠償請求と解除に関するものであるが、前掲大判大正二・五・一二がある。もっとも、登記についての事実関係は不明である。

大判大正一三・三・一一新聞二二四六号二〇頁は、損害賠償に関するもので事実関係も不明であるが、「債務者が債務の目的物を第三者に譲渡したるときは之を其の第三者より譲受け其の所有権を回復し得る特別の事情存在せざる限り取引の通念上之を債務の履行不能と謂ふことを得べき」と明確に判示した。

前掲最判昭和三五・四・二一は、やはり損害賠償に関するものであるが、不動産二重売買の場合において買主の一方における登記の具備が他方への所有権移転を不能にするというものである。

契約終了に関するものであるが、前掲最判昭和四九・一二・二〇は、無権限者から不動産を賃借した者が同一物について真の権利者とさらに賃貸借契約を締結した場合において、無権限者との賃貸借契約が履行不能によって終了し、その時点から賃料債務が発生しないとするものである。

また、前掲最判昭和六二・七・一〇は、不動産売買契約が買主の債務不履行によって解除されたにもかかわらず、買主が不動産を原状回復せずに第三者に転売し、第三者が登記を備えたときも同様に、買主の原物返還が不能になることを前提としている。

他方、最判昭和三二・九・一九民集一一巻九号一五六五頁は、不動産譲渡後登記前に同不動産について処分禁止の仮処分（現行民事保全法五三条）があっただけでは譲渡人の登記義務が履行不能とはならないと判示した。仮処分があっただけでは仮処分債権者の協力を得られないことが確定しないという趣旨に解することができる。

また、最判昭和四四・五・二七判時五六〇号四五頁では、農地の二重売買において買主の一方が所有権移転請求権保全の仮登記を備え、さらにその買主が第三者に転売しても、他方の買主に対する売主の「債務が履行不能に確定したものとはいえない」、と判示された。これについては、最高裁の詳しい理由づけが欠けているが、「けだし仮登記は本登記の順位保全の効力を有するのみであるから本登記名義人である売主は仮登記が存在していても不動産を処分する権利を失なわない」という控訴審の判断を是認したものであり、その判断は、第三者の協力が得られないことが確定していない事案についてのものと解することができる。

なお、右の判断基準について、「売主が履行期後も全く履行しようとせず、権利者から権利を取得すべく努力しないとき、履行の可能・不能は誰が判断するのか。債権者（買主）が債務者（売主）に〔旧〕五六一条の担保責任を問うためには債権者自身が権利者の意思を確認するなどしなければならないのか、それとも、債務者に履行の意思ないし誠意がみられないときは、履行不能と扱って〔旧〕五六一条責任を認めてよいのか[16]」との問題提起に対する「①売主に履行の意思ないし誠意が見られず、売主による権利の移転が期待しえないときには、権利者の意思の確認をしなくても、〔旧〕五六一条の『不能』として扱って良い。②しかし売主が権利を移転すべく努力している場合でも、長い時間が経過する等、買主を不安定な状態に拘束するのが適切でない場合には、やはり右の『不能』と評価することができる。③ただ、この時間の経過は、買主の側から見て売主による権利移転に期待しうるか否か、換言すれば、売主に見切りをつけて契約を解除したり、みずから目的物を取得して良いか否かという判断の一要素であるから単に時間の経過だけが『不能』を基礎づけるものではない。〔……〕」という見解を紹介したうえで、これが「売主の努力の有無と時間の経過とが不能を判断する際の要素になっているとの観点からの指摘」とする文献がある[18]。そこでは、債務者が努力を怠るほど不能と判断されやすいと書かれているように見える。しかし、民法四一二条の二第一項の規定する不能は、給付義務不存在という債務者に有利な効果を導く要件であるから、右の事例において債務者（売主）に履行の意思ないし誠意が見られないことをもって不能と判断するべきではないだろう。あくまでも、主観的不能の判断基準は、第三者の協力が得られないことが確定しているかどうかであり、その確定のためには、逆に、債務者にはむしろ、積極的に第三者に働き掛ける行為が求められる、と解すべきである。また、右の旧五六一条の規定は、同じく「不能」を要件とするものであっても、解除権取得という債権者（買主）に有利な効果を導くものとして相対的に解釈されるべきものであり、その意味で、われわれが問題にしている民法四一二条の二第一項の規定する「不能」の判断とは必ずしも一致しないものである。

6　いわゆる客観的不能の判断――総説

これに対し、「すべての人に」不能である、いわゆる客観的不能は、給付義務不存在の要件としては、現実の裁判例ではほとんど問題にされない。客観的不能が明らかな給付を大真面目に請求する状況がなかなか考えられないからである。問題にされるとすれば、それが明らかではない場合や二次的請求（損害賠償請求や代償請求）の前提としてである。

また、いわゆる客観的不能の判断においては、いわゆる主観的不能におけるような「第三者」の手懸かりが無い。けれども、一般論としてはやはり、「仮に給付判決が下されたときに執行することができずに無意味かどうか」という基準で判断するべきである。

以下では、判断の一助とするために、客観的不能の類型を示す。要件論において客観的不能をどのように分類しても、その効果が給付義務不存在という同一のものであるために解釈論上の意味が無いのであるから（→第七章第四節第二款四）、客観的不能における類型論は、物理的不能（自然法則上の不能）、法的不能およびそれ以外の不能、という程度の緩やかな分類で足りる。

7　いわゆる客観的不能の判断――物理的不能

客観的不能の類型としては、まず、私法学会シンポジウム（→第四章第二節一1）から始まり、「民法（債権関係）の改正に関する検討事項」（→第四章第二節二1）、『中間的な論点整理』に対して寄せられた意見の概要」（→第四章第二節三3）、「中間試案のたたき台」（→第四章第二節三5）、「中間試案」（→第四章第二節三6）を通して類型の筆頭に挙げられてきた「物理的不能」なるものが存在する。物理的という紛らわしい言葉は、もちろん、化学的・生理学的など他の自然法則を排除する趣旨ではなく、古くから用いられている（前掲大判大正二・五・一二）。ドイツ法に言う「自然法則上の不能」と同じ趣旨である（ドイツ法でも、最近は余り見られないが、ラーベル（→第五章第二節一1）は「物理的（physikalisch）」と言っていた）。たとえば、カード占いによって現実に影響力を行使するというような給付が自然法則に反して不能であることは、疑いがなく、これがもっとも代表的な客観的不能であろう（→

第七章第四節第二款四）。

これに対し、客観的不能の好個の教室設例として挙げられる、売買目的物の建物が焼失した場合はどうだろうか。たしかに、特定物としての建物は、焼失によって存在しなくなるので、それを引き渡すことが通常は不能になる。しかし、それは事案によるのであって、新築建物の場合には立て直して引き渡すことが可能な場合もある。たとえば、代償請求権に関する指導判決の最判昭和四一年一二月二三日民集二〇巻一〇号二二一一頁の事案においては、わずか二ヶ月余の期間で建築されたばかりの建物が焼失したときは、債務者としては建物を直ちに再建築して引き渡すことができたのであるから、債務者の履行不能とは決め付けられないものであった(19)。このことは、特定物売買の目的物の滅失という典型とされる場合においても、債務の発生原因たる契約の解釈が債務の目的の決め手となることを示している。そして、いったん発生すると解釈された債務の不能判断は、「仮に給付判決が下されたときに執行することができずに無意味かどうか」という基準でなされるべきである。

先例として、前掲大判大正一五・七・二〇は、株式会社の株式の引渡義務は、合併による解散によって不能となるとした。しかし、この判決の評価が難しいことは既に述べた（↓第三章第三節二1【裁判例二の二】）。

前掲長崎控判昭和八・三・二〇は、代償請求権行使の前提として、目的物の焼失によって引渡債務が不能となったことを認めたものである。

契約解除に関するものとしては、前掲東京地判昭和六二・三・二六が賃貸家屋の焼失によって返還義務が履行不能となったことを理由に解除権の発生を認めている。

8　いわゆる客観的不能の判断 ── 法的不能

もう一つ、類型として挙げることができるのは、法的不能である。もっとも、給付の適法性（民法九一条）や社会的妥当性（民法九〇条）を理由にそもそも給付義務が発生しない場合を除けば、法的不能として民法四一二条の二第一項の規定を根拠に給付義務を否定すべき場合は、ほとんど想定することができない。[20]たとえば、契約成立後の煙草専売法発布によって取引禁止されたために目的物の葉煙草の引渡しが不能となった事件である（前掲大判明治三九・一〇・二九。もっとも、損害賠償請求事件である）。ドイツにおいても実例はほとんどなく、東ドイツ時代の公用徴収による事例が代表的なものとされるほどである（↓第七章第四節第二款六）。

9　いわゆる客観的不能の判断――その他の不能

右の物理的不能（自然法則上の不能）の他にも、審議過程においては、「［社会通念／社会観念／取引観念］により履行が不可能であると評価される場合」とか「履行をすることが契約の趣旨に照らして債務者に合理的に期待できない場合」が念頭に置かれ（↓第四章第二節三3）、「履行に過分の費用を要すること」、「その他、［契約の目的、契約締結に至る経緯その他の事情に基づき、取引通念を考慮して定まる］当該契約の趣旨に照らして、債務者に債務の履行を求めることが相当でないと認められる事由」によって履行請求権の限界が画されるとされ（↓第四章第二節三5）、中間試案においては、「履行に要する費用が、債権者が履行により得る利益と比べて著しく過大なものであること」と「その他、当該契約の趣旨に照らして、債務者に債務の履行を請求することが相当でないと認められる事由」の二つにまとめられていた（↓第四章第二節三6）。

このように、「物理的不能（自然法則上の不能）」の他に二つの類型が審議過程において挙げられていたことは、参考に値する。[21]

その二つの類型について、成立した民法四一二条の二第一項が規定する「不能」に包摂されると解すべきか否かが問題である。項を改めて詳論しよう。

10 「給付困難」も民法四一二条の二第一項の「不能」に含まれるか

中間試案の用語で言えば、「履行に要する費用が、債権者が履行により得る利益と比べて著しく過大なものであること」と「その他、当該契約の趣旨に照らして、債務者に債務の履行を請求することが相当でないと認められる事由」による給付困難も民法四一二条の二第一項の「不能」に含めて解釈するべきかどうかが問題である。

有力な見解によれば、「中間試案では、〔……〕①『履行が物理的に不可能であること』と並べて、②『履行に要する費用が、債権者が履行により得る利益と比べて著しく過大なものであること』を明記する考え方が示されていた。〔……〕しかし、要綱仮案の段階で、②の場合も、①の場合とともに『不能』の概念に吸収され、『契約その他の債務の発生原因及び取引上の社会通念に照らして不能』として立案されることとなった。民法四一二条の二第一項にいう『不能』とは、②の場合をも含む広汎な意味のものであることに留意しておく必要がある[22]」。

たしかに、審議過程の要綱仮案を作成する段階において、右のような議論が見られるけれども、それは、——以下に詳論する——理論上の問題意識を欠いた、ごく簡単なものであって（↓第四章第二節三6）、解釈上の決め手となる議論があったわけではない。

また、論者自身が認めているように、「債権者の利益と債務者の不利益を比較して両者が著しく不均衡である場合に、履行請求権の行使が濫用的なものと評価されて否定されるというアプローチは、ドイツにおいて、二〇〇一年に債務法が現代化された際に、民法の規律として明示的に取り込まれた[23]」ものであり、ドイツ民法二七五条二項が同条一項とは別に、「債務者は、債務関係の内容と信義則に従って債権者の給付利益と著しく不相当な費用が必要な給付を、拒むことができる」として規定するものである。この規定は、あくまで不能に至らない事実による債務者の抗弁〔権〕を定めるだけである。たとえば、湖底に沈んだ指輪の引渡しのように、可能であるけれども、債権者の給付利益（指輪の価値）と著しく不相当な費用（湖底を浚う費用）が必要な給付を債務者は拒むことができる、というものであり、言い換えれば、理性的な債権者であれば期待することができない給付困難についての債務者による拒絶権の規定である。これをドイツ民法二七五条では、不能（第一項）から区別して著しく不相当な費用〔による給付困難〕（第二項）として規定している（→第七章第二節五9）。

ドイツにおいては、湖底に沈んだ指輪の設例のように自然法則上の不能に包摂できない給付困難を「事実的不能」という独立の類型として扱ってきた伝統的な思考様式があり（→第七章第四節第二款七）、その伝統こそが、新規定において不能のドイツ民法二七五条一項とそれ以外の給付困難の同条二項・三項を分けて規定することに反映している（→第七章第二節五9）。たとえば、特定の指輪（一万ユーロの市場価格）を引き渡すべき場合においてそれが湖に落としてしまったために引渡しの費用に三〇万ユーロ掛かるときは、債権者利益が一万ユーロであるのに対して債務者費用が三〇万ユーロであるため、債務者は、引渡しを拒むことができる、というものである。

これに対し、わが国では、そのような思考様式における伝統が欠けている。そのうえ、――それだからこそ――不能であれば法律上当然の給付義務不存在（ドイツ民法二七五条一項）（→第七章第二節五6）、著しく不相当な費用の給付困難であれば抗弁を要件とする給付義務不存在（同二項）、債務者自らが実現すべき給付義務の給付困難であればやはり抗弁を要件とする給付義務不存在（同三項）（→第七章第二節五9）、という異なる効果に相当する明文上の区別が存在しない。むしろ、民法四一二条の二第一項の「不能」一本槍である。したがって、著しく不相当な費用による給付困難の事案を不能の一類型として民法四一二条の二第一項の規定に包摂するか否かは、解釈に委ねられている。つまり、湖底に沈んだ指輪の引渡しの事案において債務者に対する履行請求を棄却する判決を下すのに、第一に、端的に債務の発生原因の解釈としてそのような給付を現実に実現することを目的とする債務が発生していないことを理由とするか、第二に、債務の発生を前提とした上で著しく不相当な費用による給付困難が「契約その他の債務の発生原因及び取引上の社会通念に照らして不能」に包摂されることを理由とするか、裁判官には二通りの行き方がある。[24]

管見によれば、わが国では第一の行き方を採るべきである。すなわち、実現すべき給付についてのみ、給付が可能か否かを語ることができるのであるから、発生しない債務については不能を論じる余地がない。「契約その他の債務の発生原因」の解釈が「するべきか」の判断であるのに対し、「不能」の解釈が「できるか」の判断であるという意味で、両者は異なる判断であり、前者が後者に論理上先行する。右の第二の行き方は、そのような異なる判断を区別せず、民法四一二条の二第一項の存在意義を極めて曖昧にしてしまうために不当である。(25)

これをさらに敷衍しよう。仮に「するべきか」と「できるか」の双方の判断を区別せずに「不能」の解釈の中に契約解釈も押し込めるとすると、債務者が負担する費用が不相当かどうかの判断を不能判断において下すことになる。その際には、――ドイツ民法において明文で規定されているように(26)――債務者が費用を負担する事情（指輪が湖底に沈んでいること）が債務者自身に帰すべきか否か（誰が落としたのか）を考慮せざるを得ない。つまり、債務者の帰責性が不能要件充足判断に関わってくることになる。そうすると、いったん「不能」判断を債務者の帰責性とは無関係と措定したこと（→第二節三1）(27)との関係で理論上深刻な矛盾を孕んでしまうであろう。また、そのような「不能」判断においては明確な一般的基準を示すことができず、個別の契約の解釈が決め手となってしまう。

そもそも、民法四一二条の二第一項が「できるか」という不能判断によって給付義務を不存在とする趣旨は、執行手続において給付が全く実現できないことが確定している場合においては執行手続を省略するために判決手続において給付義務を不存在とする、ということにある（→第二節三4）。その判断は、将来の執行手続を念頭にした前向きのものであり、債務者がどこまでの費用を負担「するべきか」、すなわち、いかなる債務が発生するのかという過去の契約を解釈する後ろ向きの判断とは異質な判断である。

したがって、「たとえば、指輪の引渡義務を負っている債務者が、船舶で運送中、その指輪を海に落としてしまったとします。たしかに、莫大な費用をかければ捜索可能かもしれませんが、指輪の代金と捜索費用との関係で、そこまですることは考えにくいわけでして、履行不能となったと判断されます。(28)」という見解には、反対せざるを得ない。その場合には、引渡請求が棄却される理由は、履行不能ではない（民法四一二条の二第一項の規定が適用されるわけではない）。むしろ、仮定的意思解釈により、仮に指輪が湖に落ちた場合には、誰が落としたかにかかわらず（債務者の帰責性を問わず）、債務者は、現実に湖底から指輪を捜索して拾い上げる義務を負わないが、債務者の責めに帰すべき事由によって落としたときは、損害賠償義務を負う、と引渡義務の発生原因（契約）を解釈し、それを理由に引渡請求を棄却し、債務者有責のときは民法四一五条一項・二項一号の規定に従って損害賠償請求を認容するべきである。つまり、民法四一二条の二第一項の「不能」には当たらないけれども民法四一五条二項一号の「不能」には当たる。そして、そのような解釈こそが従来の判例に沿うものである[29]。

結局、著しく不相当な費用が給付に必要な場合において通常は、契約その他債務の発生原因の解釈としてそもそも、給付のためにそのような費用を現実に支出するべきという債務が発生していない、と判断される。特殊な場合においては（たとえば、当初から湖底に沈んだ指輪の発見を潜水夫が請け負うとき）、著しく不相当な費用を給付に必要とする債務が――履行可能なものとして――発生することがある。しかし、いったん履行可能なものとして債務が発生する場合であっても、後から不能と判断される場合も考えられる。たとえば、湖底に沈んでいる指輪を潜水夫が探し回ったが発見できずにいるときである。そのような事案の判決手続において履行不能を判断する裁判官としては、給付を命じる判決が執行手続において無意味なものとなることが明らかであるとして、履行不能を理由に給付請求を棄却するべきである。こうして、不能の判断は、債務の発生原因の解釈それ自体からは独立したものとなり、その基準は明確であり、履行不能と判断される範囲は相当に狭いことになる[30]。

不能判断は、契約（の解釈）に解消することができない。債権法学は、契約法学に解消し切れない部分を含んでいるのである[31]。

11　「契約その他の債務の発生原因及び取引上の社会通念に照らして不能」の解釈

右の管見に対しては、民法四一二条の二第一項が単なる「不能」ではなく、「契約その他の債務の発生原因及び取引上の社会通念に照らして不能」と規定していることを軽視している、という批判が当たるであろう。たしかに、「契約その他の債務の発生原因及び取引上の社会通念に照らして不能」という文言は、契約解釈と不能判断を一体化させる方向（右の第二の行き方）を示しているという理解も可能であろう。

しかし、そうすると民法四一二条の二第一項の「不能」には、ドイツ民法二七五条一項の「不能」に相当する不能の他に、履行不能という法規範の制度趣旨を契約解釈の一部として矮小にとらえられた不能（ドイツ民法二七五条二項・三項の給付困難に相当する）が含まれることになって、不能判断の基準を一律に立てられなくなってしまい、比較法上も理論上も支持することができない。

また、現実に民法四一二条の二第一項の「契約その他の債務の発生原因及び取引上の社会通念に照らして不能」という文言が採用されるに至った審議過程を詳細に検討しても、右の第一の行き方と第二の行き方を明確に区別したうえで第二の行き方を採用したわけではなく（→第四章第二節四3）、決め手となる議論があったわけではない。

結局、不能の判断基準を一律に保つために、不能と給付困難とを明確に区別し、「契約その他の債務の発生原因及び取引上の社会通念に照らして不能」を、「契約その他の債務の発生原因から解釈される債務の目的が取引上の社会通念に照らして不能」と解釈するべきである。

12　事情変更の原則（行為基礎の障害）との関係

事情変更の原則（行為基礎の障害）とは、たとえば、突然の需給の逼迫によって本来は一であった（原油などの）売買目的物の調達費用が三〇に高騰したときに、債務者が引渡しを拒むことができるか否かの問題である。この事案は、債務者費用の三〇への高騰に伴って債権者利益も三〇に上がることに特徴がある。ドイツであれば、――債務者費用と債権者利益が双方三〇であって均衡が保たれているので――ドイツ民法二七五条二項の「著しく不相当な費用」に当たらず、同項の規定に従ってでは、債務者は、引渡しを拒むことができないけれども、ドイツ民法三一三条一項〔行為基礎の障害〕の規定に従って契約の変更を請求することができる可能性が残されている（→第七章第二節五10）。

しかし、わが国ではドイツ民法三一三条一項に相当する規定が存在しないため、行為基礎の障害または事情変更の原則として契約の変更を求めることが難しい。平成二九年改正においても、事情変更の原則に関する一般規定を設けることが検討されはしたが、結局見送られている。最高裁の判例上も、従前から事情変更の原則が承認されてきたけれども、実際にこの原則が適用されて事件が解決されたことはない[32]。事情変更の原則が適用されない場合に事情変更が不利益となる当事者を救済するための手段としては、契約の解釈によることがもっとも有力である[33]。その他は、例外としての一般条項による救済の可能性を指摘することができる。

13　一部不能

給付が可分であるときは、一部不能を観念することができる。原則として、不能な給付を目的とする義務だけが存在しないことになり、可能な給付を目的とする義務が存在する、と解すべきである。例外として、一部の給付では契約目的が達成できないときは、全部不能と同様、全部の義務が存在しないことになる、と解すべきである。ドイツ法と同様の解釈である（→第七章第四節第二款二）。

なお、約定債務が一部不能になる場合における反対債務については、危険負担（民法五三六条一項）、解除（民法五四二条一項二号）、損害賠償（民法四一五条一項・二項一号）の各規定の適用について可能性が残る。

14　一時不能

これに対し、一時不能については、ドイツ法とは異なる解釈を採るべきである。

ドイツ法学においては従来から一時不能・永続不能という区別が広く用いられ、現行法の判例理論でもそれを反映して両者の区別を前提にしている。つまり、不能とは原則として永続不能であり、一時不能は、例外的にその障害によって契約目的の達成が危うくなり、当事者双方の利益を正当に衡量すると給付を請求しまたは実現することがもはや当事者に期待できないときに限り、不能として扱われる、というものである。しかし、そもそも「一時不能」という概念を用いること自体に対して疑問が呈せられ、それに代わる用語が提唱されているだけでなく、その解釈論は適用条文を含めて不安定なものとなってしまっている（↓第七章第四節第二款三）。

そのようなドイツに対し、わが国の学説・判例においては、一時不能・永続不能を区別する伝統が存在せず、したがってそのような用語にこだわる必要がない。そこで、端的に不能が存在するか否かだけを問題にし、それで足りると解すべきである。つまり、一時不能概念は不要である。口頭弁論終結時を基準時とし（↓第七章第四節第二款三）、その時点において履行を命じることに意味があるか否かで可能か不能かを判断するべきである。ただし、例外として、その時点において不能と判断される場合であっても、将来可能となることが確定しているときは、そのときに備えて将来給付の訴えが認められる場合がある（民事訴訟法一三五条）、と解すべきである。期限未到来の請求権等と同様に扱うことができるからである。

15　新しい不能要件

結局、民法四一二条の二の規定自体には、本書の研究結果からは欠点を見出すことができない（不能の判断基準として「契約その他の債務の発生原因及び取引上の社会通念に照らして」という語を採用してしまったことや（↓第二節三11）、そもそも履行請求権が存在することについての明文の規定が欠けていることは別論）。なぜならば、①その規定の内容がドイツ新債務法と同様であり、かつ、②ドイツ新債務法自体が明確性において非常に優れた規定と評価されるからである（↓第七章第三節三）。民法四一二条の二の新規定は、有責・無責および原始的・後発的という区別を廃した不能要件が明確に規定された画期的な改正である。[34]

もっとも、ドイツ法と比較すると、違いがある。民法四一二条の二第一項がドイツ民法二七五条一項に、民法四一二条の二第二項がドイツ民法三一一条aに相当するところ、ドイツ民法二七五条二項・三項に相当する規定が無いからである。第一項の「不能」がドイツ民法二七五条一項の不能だけでなく、同条二項・三項の場合をも含むと解すれば、結果的にはドイツ法と同様になるが、そのような解釈を本書では採用していない（↓第二節三10）。

四　効　果

効果は、「債務の履行を請求することができない」、つまり、請求権の不存在、すなわち給付義務の不存在である。不能が原始的であれば請求権（給付義務）が発生せず、後発的であれば請求権（給付義務）が消滅する。(35)

五　条文の位置

最後に、条文の位置を検討しよう。履行不能の規定は、フランス民法典旧規定およびイタリア旧民法典においては、目的物の滅失による債務関係消滅（フランス民法旧一三〇二条一項、イタリア旧民法一二九八条一項）として規定されていた。わが国の旧民法は、一方でフランス民法旧一三〇二条一項およびイタリア旧民法一二九八条一項に対応する財産編五三九条を「義務ノ消滅」の章に有していた。さらに、旧民法修正の段階においてはもう一歩進めて、財産編五三九条の規定自体を不要と考えて削除した、という経緯があった（↓第一章第三節）。

他方でドイツでは、不能要件に変遷があったため、現行法の規定の位置関係が乱れている。すなわち、ドイツ民法典成立時には、今日のような統一された不能要件を知らなかったため、後発的有責不能を要件とする損害賠償請求権の規定などと混在して規定され、その位置が現行法でも踏襲されているからである（↓第五・六・七章）。

つまり、大別して、フランス民法典、イタリア旧民法典およびわが国の旧民法典のように、「債権の消滅」に置く方式（「フランス＝イタリア式」と呼ぼう）、ドイツ民法典のように「債権の目的」や「債権の効力」に置く方式

（「ドイツ式」と呼ぼう）、この二つがある。わが国の新規定は、「債権の効力」の中に第四一二条の二としてドイツ式で規定された。これは、その不能概念が後発的不能だけではなく原始的不能を含み、したがって効果としては請求権の消滅のみならず請求権の不発生をも含む「請求権の限界」についての規定であるためであり、その明確性を高く評価することができる。

第三節　代償請求権新規定

第一款　総　説

一　総　説

代償請求権および履行不能の新規定は、改正前民法典には相当する規定が存在せず、したがって、規定の新設の論拠がまず重要な問題となる。さらに、規定新設によって多くの解釈問題が生じている。以下では、審議過程で未解決のままとされた解釈問題を中心に答える形で本研究の成果を示すことにしたい。

二　解釈の方向性

1　新規定の必要性についての疑問

代償請求権規定新設の最大の論拠は、最高裁昭和四一年判決の存在であり、それに由来する通説が明文化されたものと説明される(36)。しかし、明文化が必要であったのかは、実に疑わしい。

第一に、危険負担を理論的根拠として掲げる右判決自体に説得力があるとは言い難いからである（↓第三章第二節四）。つまり、右判決が「民法五三六条二項但書《ママ》の規定は、この〔代償請求権の〕法理のあらわれである」と判示する部分は、代償請求権の理論的根拠として危険負担の規定を挙げるものであるところ、その部分に説得力が無い。

この点は、当初の「債権法改正の基本方針」の段階から問題とされ[37]（↓第四章第三節一1）、後の審議過程においても、「その理由付けについても批判をする学説があ」る、と認識されていたところである[38]（↓第四章第三節四2）。

第二に、最高裁昭和四一年判決が現在の裁判実務で先例として機能している、とは言い難い状況にあるからである（↓第三章第三節二9）。つまり、裁判例を網羅的に検討すれば、たしかに「代償請求権」という語が用いられる例が何度も現れているけれども、本来の代償請求権は、最高裁昭和四一年判決を除いてただ一件しか存在せず、しかも、それは同判決前のものである。

この点も、審議過程において「この判決以来、純粋な代償請求権の判例は出ていないという指摘もあ」ると認識されていたところである[39]（↓第四章第三節四2）。

第三に、比較法学上も、規定の必要性が認められないからである。たしかに、ドイツ法においては、第二八五条の規定が存在する。しかし、ドイツ法においても、第二八五条の規定は、歴史的経緯から残っているにすぎないものであり、実際に裁判例も少なく、一般に代償請求権の典型例として扱われる第三者の不法行為における損害賠償請求権を代償とする裁判例が実在しない程である（↓第七章第四節第三款五）。また、ドイツ以外の国においても、——物の滅失以外に——広く履行不能を要件とする——ドイツ流の——代償請求権の規定は、わが国の他には、明文の規定を有する国は無く、わずかに、ドイツ法学の影響を強く受けるスイスとオーストリアにおいてそのような判例が認められるに過ぎない（↓第五章第四節一〇・一一）。

審議過程においても、比較法学上の必要性は疑問とされたままであった。むしろ、「外国でもこのような立法化の状況がそれほど明確な流れにあるわけではないのではないかと思います。ドイツ民法には元々あって、改正後も残っておりますし、ドイツ民法を継受するような動き、立法提案もあるとは思いますが、私〔中田裕康委員〕自身十分に調査してはいないのですけれども、必ずしもそれが非常に大きな流れになっているというわけでもないのではないかという気がします。」とされていた。[40]

第四に、債権法改正の審議過程自体において、規定の必要性についての共通認識が十分に形成されないまま、削除する理由も見出されなかったために、新規定として残ってしまったという感が強いからである（→第四章第三節四3）。むしろ、「そうしますと、五〇年近く前のこの判決の一般論を広く立法という形で取り込むのは、かなりリスクがある」という慎重な姿勢が示され、[41]「もしも新設するのであれば、やはり限定的にしておいた方がいいと思いますし、そもそもこの規定を新設することの要否も含めて更に御検討いただければと思います。」とまで明確に消極的な意見が出されていたほどであった。[42]

2　基本的な解釈姿勢

右のような検討の下に、管見としては新規定の必要性を否定に解し、パブリックコメントにおいては新設に反対していた。現在でも、立法論としては民法四二二条の二の規定を削除すべきと考えている。

もっとも、一般に規定の新設の是非は、当該規定だけの研究からは導かれず、全体のバランスの中でこそ判断されるべきであろう。そこで、本書では、これ以上に代償請求権規定新設という立法の是非を事後的に論じることは差し控えたい。むしろ、実現した民法改正を尊重し、新設された規定を前提に、なお改善の余地（さらなる改正の可能性）があるかどうかを含め、新規定の存在を前提とした解釈論を展開することが有益であろう。

その際、基本的な解釈姿勢としては、新規定の必要性に疑問が呈される中での立法であったことから、謙抑的であることが望ましい。つまり疑わしい場合には、一方で適用範囲を狭くするために要件をなるべく厳格に解釈し、他方でその効力を控え目にするために効果をなるべく小さく解釈することによって、新規定立法の影響を抑えるべきである、と考える。

三　理論的根拠——当事者意思の推定

代償請求権の理論的根拠から始めよう。

民法四二二条の二の規定は、判例が明文化されたものであり、ドイツ法継受による通説を前提に判例は確立されたのであるから、わが国においても、理論的根拠について、ドイツ法と同様に解するのに何ら障害がない。また、ドイツ法とは異なる理論的根拠を求める契機も存在しない。つまり、債務の履行が不能になったのと同一の原因により債務の目的物の代償である権利または利益を取得したときは、債務者は、債権者の請求に従って、債権者に対して代償である権利を移転しまたは利益を償還しなければならないという（債権者に有利な）合意をしたであろうという推定が理論的根拠である。つまり、民法四二二条の二の規定は、民法四一二条の二の不能による（債権者に不利な）履行請求権の限界を当事者意思の推定によって（債権者に有利に）補充する制度として位置づけられるべきである（→第七章第三節二1）。

当事者の公平も副次的な根拠として挙げてよいが、それは民法の他の規定にも共通する趣旨であり、強調されるべきではない。

四　他の制度との関係

1　危険負担との関係——総論

債権法全体の中での位置づけが当初から問題となり、[43]「債務不履行による損害賠償の可能性が尽きたときの補充的な救済手段であると考えられることを踏まえ、中間試案においては、債務不履行による損害賠償のパートに置いている[44]」と説明され、損害賠償責任の免責事由の存在が要件とされていた（→第四章第三節三5）。

従来の学説においても、代償請求権の理論的根拠としては、危険負担の制度の一部だという考え方がわが国では根強く[45]、条文上の根拠としても改正前民法五三六条二項後段の類推適用論が有力であった[46]（↓第三章第三節三3）。代償請求権論の祖国ドイツでも、パンデクテン法学の時代にそのような考え方が見られた（↓第五章第三節六1）。しかし、ドイツ民法典編纂過程において考え方が変化し、既にドイツ民法典成立時において（対価）危険を負担することが代償請求権発生の要件とは規定されず、むしろ、履行の可能性が尽きたときの当事者意思の推定を立法趣旨として、債務者の帰責事由を問わない後発的不能を要件と定めていた（↓第五章第四節八2）。そして、現行ドイツ新債務法においても、債務者の帰責事由とは無関係、つまり、無責不能における危険負担とは無関係なものとして代償請求権は規定され（↓第七章第二節七2）、解釈されている（↓第七章第四節第三款二）。

わが国の代償請求権の新規定についても、これと同様に、履行の可能性が尽きた段階で不能と同一の原因により目的物の代償を取得したときは、債務者は、債権者に対して代償を償還する義務を負うという（債権者に有利な）合意をしたであろうという推定が理論的根拠と解されるべきである（↓第三節第一款三）。

実際、「要綱案のたたき台」においては民法四二二条の二が「債務不履行による損害賠償の可能性が尽きたときの補充的な救済手段」だという理解が捨てられ、代償請求権と塡補賠償請求権との併存が認められるに至った（↓第四章第二節四2）。成立した民法四二二条の二の規定も、ドイツ法と同様に危険移転に関する要件を掲げず危険負担とは無関係の文言となっている。したがって、危険が移転したかどうかにかかわらず代償請求権の規定は適用される、と文理解釈されるべきである。つまり、民法四二二条の二の「不能」は、債務者の有責・無責を問わない。代償請求権を危険負担の一環として位置づけ、不能を債務者無責のものに限定してきた従来の解釈は、新規定には妥当しない。

結局、民法四二二条の二の代償請求権規定は、債務不履行による損害賠償請求権の限界を補充する制度としてではなく、民法四一二条の二第一項の不能による履行請求権（一次的給付義務）の限界を当事者意思の推定によって補充する制度として位置づけられるべきである。

2　危険負担との関係――新規定における債権者主義の規定の削除

危険負担との関係に関し、法制審民法（債権関係）部会における審議過程においては、危険負担の債権者主義を定める改正前民法五三四条の規定が削除される予定の下での規定新設の意味について、中田裕康委員が疑問を呈されていた[(47)]。それに対しては、代償請求権が危険負担の制度のあり方には依存しないことから、改正前民法五三四条の規定の削除と新設の必要性とが無関係である、と理屈の上では一応の説明をすることができる。しかし、代償請求権がその存在意義をもっとも発揮する債権者主義の事案が少なくなる（対価危険の債権者負担を約定することがあり得るため、全く無くなるわけではない）ことは確かであるので、中田委員の指摘は、至極もっともである。

3　損害賠償請求権との関係

さらに、代償請求権は、同じく二次的給付請求権として規定されている損害賠償請求権からは独立した制度である（→ドイツ新債務法について第七章第二節七2）。要件・効果という言葉を用いて対比すれば、債権者の損害発生に着目して債務者の有責性を要件にそれを賠償させる損害賠償制度ではなく、逆に、債務者の代償取得に着目して債務者の給付義務不存在を要件にそれを償還させる制度である。

したがって、これら二つの二次的請求権は、それぞれの要件を満たす限りで競合するため、履行不能による填補賠償請求権は、代償請求権と競合することがあり、解釈上の諸問題を生じさせる（→第三節第四款二）。また、具体的な紛争における代償請求権の機能も、履行不能による填補賠償請求権のそれと合わせてでなければ十分に考察することができない（→第三節第四款四）。

なお、民法四二二条の二という条番号は、審議過程において当初、代償請求権規定が損害賠償の中に位置づけられたことに由来する（→第四章第三節三4・5）。しかし、代償請求権は、民法四二二条の規定する「損害賠償による代位」とは制度上の関係が無く、誤解を招きやすい条番号である。また、代償請求権規定が履行不能規定を受けた規定であることを示すためにも、これを民法四一二条の三と改正する立法上の措置も検討されるべきであろう（→第三節第四款六3）。

4　債権者固有の損害賠償請求権との関係――問題

債権者固有の損害賠償請求権との関係は、わが国の立法史上重要な問題であった。つまり、給付すべき目的物が第三者の不法行為によって滅失した場合において、第三者に対する債権者固有の損害賠償請求権が発生するときは、代償請求権の存在意義が無くなってしまうのではないか、という問題である。一方で、ボアソナードもこれを重視して代償請求権の構成を変更し（→第一章第二節四3）、富井博士もこれを理由に改正前民法の立法において代償請求権を否定した（→第一章第二節六2）。他方で、石坂博士は、代償請求権と債権者固有の損害賠償請求権とが原則として重複しないと解していた（→第二章第三節一7）。

たとえば、売買契約の目的物が第三者Aの不法行為によって滅失した場合において、引渡債務者たる売主Yが第三者Aから損害賠償金を受けたときは、引渡債権者たる買主Xは、その損害賠償金を目的とする代償請求権を取得する。この場合において、XY間の売買契約による所有権の移転時期が代償請求権の帰趨に影響を与えるかどうか、という問題である。仮にXY間の売買契約によって契約成立時に所有権がXに移転するならば、Xは、Aに対して所有権侵害を理由とする固有の損害賠償請求権を取得するため、AがYに誤って支払った損害賠償金について代償請求権を取得する必要がないとも考えることができるからである。

この問題は、ドイツ法継受による通説形成後は、明示して論じられたことがほとんどない。わずかに、「債権者に既に所有権が移っているときは、これら「代償として」の権利または利益は直接債権者に帰属するのが原則であり〔……〕、その限度で代償請求権は問題にならない(48)」という記述がたしかに見られた。が、広く学界においては、所有権の移転時期が代償請求権の帰趨に影響を与えないことは暗黙の内に了解されてきたと言ってよいだろう。それは、最高裁昭和四一年判決が控訴審判決を維持して上告棄却した際に、目的物の所有権の帰属が「そのいずれであれ」という形で代償請求権の要件を緩やかに認めたことの反映でもあると思われる（↓第三章第二節五4）。

5　債権者固有の損害賠償請求権との関係——結論

そして、結論としてはやはり、所有権の移転時期は、代償請求権の帰趨に直接の影響を与えない、と解すべきである。つまり、民法四二二条の二が規定する要件を満たす限り、Xは、代償請求権を取得する。

既に見たように、代償請求権は、民法四一二条の二の不能による（債権者に不利な）履行請求権の限界を当事者意思の推定によって（債権者に有利に）補充するのが制度趣旨であり（↓第三節第一款三）、不法行為法を補充する制度ではないので、既に不法行為法上所有者として保護される者（X）にも重ねて民法四二二条の二の規定する債権者としての保護が与えられると解すべきだからである。

すなわち、第一に、Xは、固有の損害賠償請求権を取得する場合においても、代償請求権を取得してそれを行使することができる。Xは、代償請求権を行使したときは、民法五三六条一項の規定を援用して反対給付の履行を拒むことが許されないため（↓第三節第四款五1）、二重に利得をすることはない。

第二に、Xは、代償請求権の取得にかかわらず固有の損害賠償請求権を行使することもできる。固有の損害賠償請求権の履行によってXの損害が填補された場合には、代償以上の損害の発生という要件が満たされなくなるため、Xが代償請求権を取得していたとしてもそれが消滅する、あるいは、Yが後から代償を取得したとしても代償請求権が発生しない、と解すべきである。この場合にも民法五三六条一項の規定の適用は否定されるべきであるが、それは、「債務を履行することができなくなった」という要件が満たされないことが理由となるであろう。

もっとも、右の解釈論は、理論上のものに過ぎない。実際には、Xは、固有の損害賠償請求権または代償請求権を行使しないだろうからである。なぜならば、平成二九年改正法によって債務者の帰責事由を問わずに解除権が発生することになったため（民法五四二条一項一号）（→第三節第四款五3）、Xとしては、解除権を行使することによって自ら負担する反対債務を消滅させる方が合理的だからである。また、固有の損害賠償請求権、代償請求権および解除権のいずれも行使せずに、反対債務の履行を拒むこともできる（民法五三六条一項）。つまり、平成二九年改正によってそもそも固有の損害賠償請求権との関係を論じる実際上の意義が無くなった、と言うことができるだろう。

右の解釈論は、債権者固有の損害賠償請求権が代償請求権の帰趨に影響を与えないと最高裁昭和四一年判決が理解されているだろうというところから導かれたものにすぎず、理論上は、それに反対することも十分に可能である。つまり、ボアソナードや富井博士の考え方に帰る形で、債権者固有の損害賠償請求権が存在するときには代償請求権を否定する解釈論が――今のところは主張されていないけれども――将来主張される可能性は残っている。

6　不当利得との関係――総論

誤解を招きやすいのが不当利得との関係である。たしかに、債務者の権利または利益の取得に着目してそれを返還させる制度として、代償請求権は不当利得返還請求権と共通する。しかし、不当利得がその名のとおり「法律上の原因なく」を要件とし、当事者間の公平の観念にもとづいて返還を命じる制度であるのに対し、代償請求権は、債務者の本来正当な利得について、履行不能による債権者の給付請求権消滅を要件に、当事者意思の推定を根拠として償還を命じる制度である。したがって、両者は異なる事案に適用される法制度であって、代償請求権が不当利得返還請求権と競合することを想定することができない。

その点で、代償請求権と塡補賠償請求権とは競合することが多く、そこから生じる諸問題が代償請求権を語る上で不可欠の論点となっていることと対照的である（→第三節第四款二）。
もっとも、代償請求権を不当利得返還請求権の中に位置づける考え方もドイツでは有力に主張されている（→第五章第四節二7・第七章第三節二2）。わが国でも、ドイツで有力説になる以前から不当利得と関係づける方向での議論が存在したし(49)、現在でも、「代償請求権を不当利得法の一般法として位置づけ」る学説もある(50)。そして今後もドイツの有力説から示唆を受けた学説が登場することは十分に考えられる。しかし、ドイツの有力説も少数説に留まっているし、代償請求権制度が不当利得法とは無関係に発展してきたという歴史的経緯を考慮すると、そのような考え方の正当性は疑わしい。少なくともわが国においては、ドイツの有力説に依拠して代償請求権を不当利得法の中に位置づける主張は、残念ながら十分な根拠がないものと思われる。

7　不当利得との関係——民法四二二条の二の「その債務」と不当利得返還債務

右の位置づけや体系化の問題とは別に、不当利得との関係では、民法四二二条の二の規定が不当利得返還債務にも適用されるか否か、という問題がある(51)。解釈問題としては、民法四二二条の二の「債務」が民法七〇三条の不当利得返還債務を含むかどうかである。具体的事案としては、不当利得返還債務の目的物を債務者が売却したために原物返還が不能となったときは、債務者は、民法四二二条の二が規定する代償として売却代金を償還する義務を負うかどうかである。

この問題に関しては、次の三点を考慮するべきである。

第一に、形式的には、民法四二二条の二は債権総則の規定であるので、不当利得返還債務を含むと文理上解釈するべきことである。

第二に、ドイツ法上は、不当利得返還債務にも適用されていることである。もっとも、わが国とは異なり、「損害の額の限度において」の消極的要件がドイツ法には存在しないため、売却代金が市場価格より高額であったときに高額な売却代金全額を償還請求することができるという債権者にとっての明らかな利点が存在する。それに対し、わが国では、民法四二二条の二が「損害の額の限度において」を要件とする。その損害は、履行不能による損害であり、原則として履行不能が生じた時点における目的物の交換価値としての市場価格である、と解される。[52]そうだとすると、売却代金が市場価格より高額であったときに民法四二二条の二の規定を適用することによって売却代金全額を償還請求できる、というメリットがない。不当利得返還債務について同条の規定の適用を肯定することが債権者を利する場面がわが国では認められないのである。

第三に、民法七〇三条の解釈問題として、不当利得に基づく原物返還請求権の目的物が売却されたときは、売却代金全額の請求が認められていることである。判例上、不動産についての古い判決が存在したが、[53]代替物たる株式についても認められている。[54]そうだとすると、民法四二二条の二の規定を適用しなくても、同様の結論を民法七〇三条の解釈として導くことが既にできていることになる。すなわち、ドイツにおいては、不当利得返還の範囲が、わが国よりも狭く、返還目的物の転売代金相当額が含まれないため、転売代金相当額を償還させるために代償請求権の規定を適用する実益がある（→第七章第四節第三款三【裁判例一四の二】）。それに対し、わが国では、不当利得返還の範囲が判例上広く認められているため、代償請求権の規定を適用する実益が無い。

右の三点のうち第二点と第三点を考慮すると、民法四二二条の二の「債務」が民法七〇三条の不当利得返還債務を含むことを肯定する実益は無いことになる。他方、第一点からすると、これを否定することには文理上無理がある。結局、これを否定することはできないが、肯定しても結論に違いが生じないため、この解釈問題自体がわが国では実益の無いもの、ということになろう。そうであれば、取り立てて民法四二二条の二の文理解釈を否定する必要が無く、不当利得返還債務を含むと解釈するべきである。[55]

なお、この不当利得との関係の問題は、不動産二重譲渡における買主の一方の登記によって履行不能となった債権者（他方の買主）が売主の取得した売買代金について代償請求することはできるか、という問題とも関連する

(→第三節第二款二5)。

第二款　要　件

一　総　説

要件は、ⓐ債務の履行不能、ⓑ目的物の代償である権利または利益を債務者が取得したこと、ⓒそれが履行不能と同一の原因によること、ⓓ代償以上の損害の発生、である。

二　債務の履行不能

1　「債務」とは何か

民法四二二条の二の規定する「債務」とは何か、という問題である。これは、代償請求権の規定の適用範囲を決する重要な問題である。

基本的には、代償請求権を不能による給付義務不存在を補充する制度と解する以上、民法四二二条の二の規定する「債務」は、不能によって給付義務が不存在となる債務、つまり、民法四一二条の二第一項の規定する「債務」と等しい、と解すべきである。すなわち、「債務」は文理解釈されて何らの限定を受けない、つまり、無制限説を採るべきである(→第二節二1)。ドイツでも、代償請求権規定は、法定債務関係を含むすべての債務関係に適用されている(→第七章第四節第三款三【裁判例一四の一】)。

具体的には、まず、同条の「債務」に約定債務が含まれることは言うまでもない。沿革上、わが国でもドイツでも、契約を発生原因とする約定債務こそが代償請求権の要件の「債務」の典型として扱われてきた。問題は、契約以外の法律行為を発生原因とする債務が含まれるか否かであるが、これを肯定するべきである。たとえば、遺贈のように契約以外の法律行為を発生原因とする債務も含まれる（↓第二節二3）。

さらに、いわゆる法定債務としての不当利得返還債務（↓第三節第一款四7）も含まれる。また、解除による原状回復債務（民法五四五条一項）も、その性質をどのように解するかを問わず、ドイツ法においても判例上肯定されているのと同様に（↓第七章第四節第三款一〇）、含まれる。

なお、法定債務として代表的な存在の不法行為による損害賠償債務も、それを民法四二二条の二の「債務」に含めない理由はない。わが国では、原則として金銭賠償であるため（民法七二二条一項・四一七条）、その履行不能を観念することができず、代償請求権規定の要件を満たすことができないが、それは、「不能」の問題であり、「債務」の問題ではない。なおドイツ法でも結論は同様で、不法行為による損害賠償は、わが国とは違って原状回復が原則であるけれども（ドイツ民法八二三条一項・二四九条一項）、原状回復が不能のときは同二五一条一項の規定が同二七五条一項の規定に優先して適用されて金銭賠償が目的となるために、不能となることがなく（↓第七章第三節一3）、代償請求権規定の要件を満たすことがない。

また、もう一つの民法上の法定債務である事務管理を発生原因とする利益償還債務（民法七〇二条）も、やはり通常は金銭債務であるため、その履行不能を観念することができず、代償請求権の要件を満たすことができないが、それだからと言ってそれが民法四二二条の二の「債務」であることは否定されるべきではない。

また、右に言う法定債務は、狭義の民法上のそれに限定されない。したがって、民法上の債務としての性質を有する限り、公法上の法定債務もこれに含まれる、と解すべきである（↓ドイツ法について、第七章第四節第三款三【裁判例一四の二】）。

2　物権的返還義務

物権的返還義務も一応「債務」に含まれると解すべきである。しかし、結論的には、民法四二二条の二の規定が適用される余地が無いことについては、やや詳しい説明が必要である。この問題は、たとえば、他人の物の不法占有者に対して物権的返還請求権が行使される前に、不法占有者が目的物を転売して転売代金を取得し、占有を喪失したときは、所有者は、不法占有者に対する物権的返還請求権を喪失する一方で、転売代金についての代償請求権を取得するかどうか、という形で提起される。

物権的返還請求権の相手方が占有を喪失するときは、たしかにその者にに対する物権的返還請求権が消滅するが、それは、存続するはずの物権的返還請求権が不能となるのではなく、そもそも占有喪失によって物権的返還請求権の要件が満たされなくなるからだ、と解し、したがって、物権的返還義務が不能となることがなく、民法四二二条の二の規定が適用される余地が無い、と解すべきである。結果的に、民法四一二条の二第一項の規定についてと同様（→第二節二5）、ドイツ法と同じ解釈である。

3 「履行不能」は債務者の責めに帰することができない履行不能に限られるか

第一の要件である⒜の履行不能は、債務者の責めに帰することができない履行不能に限られるだろうか。解釈問題としては、民法四二二条の二の「不能となった」を「債務者の責めに帰することができない事由によって不能となった」と縮小解釈するべきか否か、であり、これが要件論の中で最大の論点である。

この論点に関しては、次の四点を考慮するべきである。

第一に、民法四二二条の二の文言上は、「その債務の履行が不能となった」とだけ規定され、債務者の責に帰すべき履行不能に限定されていないことである。

第二に、審議過程においては、代償請求権関係の論点としては、この問題が最大の関心事となったが、明確な結論が議事録に残されていないことである。つまり、第二ステージの中間試案の段階では、免責事由の存在（つまり債務者無責の不能）を要件とする【乙案】が取られていた（→第四章第三節三2・3）。しかし、第三ステージの「要綱案のたたき台」では【乙案】が捨てられて免責事由の存在を要件としない【甲案】が明示的に採用され、履行不能による填補賠償請求権との併存を認めるものとされた[56]（→第四章第三節四2）。もっとも、その後の要綱仮案の原案策定のための逐条的検討においては、「今回の案は、債務者に帰責事由がない場合に限って代償請求権を認めるという解釈を否定したものではな」い、という発言もあった[57]（→第四章第三節四3）。

そのため、「これ〔新法が文言上債務者の帰責事由を問わないとしていること〕は、債務者の帰責《ママ》事由の要否をめぐって学説上で対立があり、中間試案のように条文上で債務者に『免責事由があるときは』と明示的に書くことでは意見の一致をみることができなかったことによるものであり、起草時における審議内容を根拠にして同条が帰責《ママ》事由不要説を積極的に支持したものであるということはできない。理論面での対立は、新法下においてもなお続きうるというのが、立法過程に忠実な解釈である。[58]」という見解が示されている。もっとも、その見解は、せいぜい審議過程の議論がこの問題について中立である、という主張に止まり、免責事由を要件とするということまで主張しているわけではない。

第三に、民法四二二条の二の規定は、最高裁昭和四一年判決が確立した判例の明文化であり、そこにおいては、債務者の帰責性が問われていなかったことである（→第三章第二節二）。

第四に、民法四二二条の二の規定は、民法四一二条の二第一項の不能による履行請求権の限界を当事者意思の推定によって補充する制度として理論的に位置づけられるべきことである（→第三節第一款三）。したがって、両条の履行不能は、同一のものであり、債務者の帰責性を問わないものと解されることである。

第五に、第三点とも関連するが、沿革上は、民法四二二条の二の規定は、ドイツ法からもっとも強い影響を受けていて、ドイツの代償請求権規定の不能要件は、債務者の帰責性を問わない、ということである（→第七章第二節七2）。

結局、右の四点のうち、第二点の審議過程は解釈の決め手にはならず、それ以外の諸点を考慮すると、債務者の帰責性を問うべきではなく、民法四二二条の二の「不能となった」は、縮小解釈せずに、そのまま文理解釈するべきことになる。

4 「履行不能」は原始的不能を含むか

解釈問題としては、民法四二二条の二に「ただし、契約に基づく債務の履行がその契約の成立の時に不能であったときは、この限りでない」と但書を付け加えて縮小解釈するべきか否か、である。

この点に関しては、次の四点を考慮するべきである。

第一に、民法四二二条の二の文言上は、「その債務の履行が不能となった」とだけ規定され、後発的不能に限定されていないことである。

第二に、審議過程においては、この点は議論されなかったことである。

第三に、民法四二二条の二の規定は、民法四一二条の二第一項の不能による履行請求権の限界を当事者意思の推定によって補充する制度として理論的に位置づけられるべきことである（↓第三節第一款三）。したがって、両条の履行不能は、同一のものであり、原始的不能を含むものと解されることである。

第四に、民法四二二条の二の規定に沿革上強い影響を与えたドイツ法においては、原始的不能を含む、と解されていることである（↓第七章第二節七2）。

結局、第一点、第三点および第四点を考慮し、民法四二二条の二の「不能」は、縮小解釈せずに、原始的不能を含む、と解釈するべきである。

5 法律行為による不能

債務者の法律行為によって履行不能となる場合も、ⓐの履行不能に含むと解すべきである。

ドイツの学説史上のトピックであったこの問題もわが国ではほとんど論じられたことがない。法律行為による不能を履行不能に含めないとする説も主張されていない。

なお、この問題は、不当利得返還の範囲の問題とも関連する（→第三節第一款四7）。それについて、「代償請求権（民法四二二条の二）の箇所での説明（第二売買により得た売買代金は「代償」かをめぐる議論）と平仄を合わせる必要があり[59]」、「受益者が第三者に目的物を売却したことにより得た売買代金について、これを不当利得返還請求権の対象とすることを認める判例法理からは、代償請求権の局面においても、売買代金を代償と捉えるのが一貫するであろう（そのうえで、民法四二二条の二により、債権者が受けた損害の限度においてという制約が加えられる[60]）」という見解が示されている。結論においては本書の管見と同じである。

もっとも、わが国では、不当利得返還の範囲が判例上広く認められているため、代償請求権の規定を適用する実益が無いことは、既に述べた（→第三節第一款四7）。

三　目的物の代償である権利または利益を債務者が取得したこと

第二の要件であるⓑの権利または利益は、一身専属のものを除く民法上の権利および利益すべてを含む。たとえば、金銭所有権や金銭債権が代表的である。典型例として、債務者が第三者に対して有する損害賠償請求権や保険金として受領した金銭ないし保険金請求権が挙げられている[61]。

なお、民法四二二条の二の「債務の目的物」と民法四二二条の「債権の目的である物又は権利」とは無関係である。民法四二二条の二が民法四二二条を受けた規定ではないからである。民法四二二条の二という条番号の由来は、審議過程において当初、中間試案の段階では、「債務不履行による損害賠償の免責事由」が要件とされたために、代償請求権の規定が損害賠償の中に位置づけられたことにある[62]。その後、その要件が不要とされてからも、位置づけの再検討がなされなかったため、損害賠償の中に取り残されているにすぎない（→第四章第三節三5）。

四　代償取得が履行不能と同一の原因によること

第三の要件であるⓒは、ⓐの原因とⓑの原因の同一性である。たとえば、売買目的物が引渡し前に焼失したことによる売主の保険金取得(ⓑ)は、引渡債権の履行不能(ⓐ)と同一の原因である[63]。火災保険金取得には火災保険契約締結が必要であるために履行不能が唯一の原因ではないにもかかわらず同一の原因と認められる[64]。

五　代償以上の損害の発生

1　機　能

民法四二二条の二の規定は、ⓓの「損害の額の限度において」を第四の要件としている。言い換えれば、債権者に損害が発生することを消極的要件としている。この要件は、代償請求権を填補賠償請求権と比べて次のように特徴づける機能を有している。すなわち、①債務者の責めに帰すべき事由による履行不能のときは、債権者に損害発生の証明責任のある填補賠償請求権と比べ、逆に債務者に損害不発生の証明責任を負わせる制度である。②債務者の責めに帰することができない事由による履行不能のときは、債務者の帰責事由を要件とする填補賠償請求権と比べ、それを要件とせずに請求権を発生させる制度である。

2　由　来

しかしこの要件は、勝本説（少数説）が——管見によれば最高裁の誤解によって——昭和四一年判決に紛れ込んだことに由来する学説史の残滓と言うべきものである（→第三章第二節三6）。したがって、この要件に関しては相応の正当化論理が必要なはずだが、現実にはいかなる論理も示されていない。

3　磯村保説の可能性

そうだとすれば、実際に解釈論として有力であったように（↓第三章第三節三2）、損害発生という消極的要件に関する唯一の本格研究であり、その要件を課すべきではないという主張を含む、磯村保説が再評価されるべきである。とりわけ慎重を要する立法の局面ではその主張が検討に値したはずであった。[65]

しかし、現実には、審議過程ではその主張が検討されることがなく、最高裁昭和四一年判決の存在だけを頼りに損害発生という消極的要件が明文化されてしまった。[66]

そのように理論的に解明されていない要件を民法典中に明文化したことは、判例・学説史の流れからすると疑問、と否定的に評価することもできる。そして、その方向の解釈論としては、概念の相対性を理由に「損害の額の限度において」の「損害」を民法四一六条の「損害」とは無関係に広く解することにより、「損害の額の限度において」の要件を拡大解釈することが考えられる。そしてまたそうでもしなければ、民法四二二条の二の規定がかなり限定して適用されることになり、同条の規定の有用性を損ねることになりそうである。[67]

4　評　価

しかし、そもそも、民法四二二条の二の規定は、要件を厳しくする方向で解釈するべきである（↓第三節第一款二2）。そうだとすれば、「損害の額の限度において」の存在によってその規定の適用範囲が縮小されることは、むしろ歓迎すべきである。ましてや、それがそもそも――誤解に基づくものであったとしても――最高裁判決に由来するものであれば手堅く望ましいものであろう。つまり、「損害の額の限度において」の文言を尊重し、第四の要件としてそのまま認めるべきである。

その意味で、民法四二二条の二の新規定は、この論点に関し、磯村保説を葬り去るものである。しかし、将来、同条の規定を生かす（その適用範囲を拡大する）ための解釈論として、またはその趣旨の立法論として、「損害の額の限度において」を無視するまたは削除するという方向性が示され、磯村保説が不死鳥の如く甦る日が来るかもしれない。(68) しかし、それは今ではない。

第三款　効　果

効果は、債権者の債務者に対する権利移転または利益償還を目的とする請求権（代償請求権）の発生、である。その代償請求権について多くの解釈問題が生じるため、第四款に項を改めて法的性質（→一）、塡補賠償請求権との関係（→二）、期間制限（→三）、機能（→四）、契約総則との関係（→五）および不能規定と関係（→六）、と論じてゆこう。

第四款　法的性質その他

一　法的性質

1　特殊な請求権

代償請求権の法的性質は、請求権である。したがって、代償請求権を主張して裁判所に対してする判決の要求は、通常の給付の訴えであり、被告は債務者である。具体的な給付は、取得された代償次第であり、金銭の支払、物の引渡し、債権の譲渡（の意思表示）などになる。

もっとも、代償請求権を行使するか否かは債権者の自由であり、行使することによって初めて債務者も履行することができる。債権者が行使しない限り、債務者は弁済またはその提供をすることができない。行使は、債権者の意思表明によってなされる。意思表明によって法律効果が生じる（債務者が弁済またはその提供をすることができるようになる）点では、たしかに、通常の請求権とは異なり、形成権的効力のある特殊な請求権である。これを形成権と呼ぶか請求権と呼ぶかという問題であるが、請求権の一つと考えるべきで、形成権と呼ぶべきではないだろう。なぜならば、ある権利を形成権と呼ぶときは、意思表示によってその権利の本体的な効力としての権利変動が生じるが、代償請求権の場合には、行使前から請求権自体は存在し、意思表明によってごく小さな法律効果（債務者が弁済またはその提供をすることができるようになること）が生じるにすぎないからである（ドイツで形成権とされずに「控え目な請求権」と称されることが参考になる（↓第七章第三節二3））。

2　形成権説について

ところで審議過程においては、第三ステージの「要綱案のたたき台」に関してこの点が論じられ、代償請求権が請求権または形成権であって四二二条の二の「『権利の移転又は利益の償還』のうち『権利の移転』というのが、その形成権の場合を示したものだ」、という解釈も示された(69)。しかしそうだとすると、第一に、代償請求権の目的は、ほとんどの場合において「権利の移転」（たとえば、金銭所有権や金銭債権の移転）であるから、代償請求権は、名称が「請求権」であるにもかかわらず、実体はほとんどの場合において形成権だ、ということになってしまうだろう。第二に、とはいえ、代償請求権の目的が「利益の償還」のときは、請求権であるのであれば、目的が「権利の移転又は利益の償還」のいずれかによって、形成権であったり請求権であったりすることになってしまうだろう。そして、第三に、代償請求権が形成権だとすると、その行使によって債務者の行為なくして法律上当然に権利が移転するというあまりに強い権利になってしまうだろう。実際、形成権だという右解釈に対しては、「競合債権者がない場合に、債権者代位権とか、債権の差押え以外に、当該請求権を直接に帰属させるということを、この場合にだけ認めるという理由はどこにあるのでしょうか」とか(70)、「そこにおける訴訟というのは、債権者から第三債務者に対する訴訟にな」ってしまう(71)、という的を射た疑念が審議過程で示されていた。

たしかに、旧民法は、代償請求権に関し、フランス民法の構成を否定し、法律上当然の権利の移転を定めたイタリア旧民法に由来する構成を採用していた。しかし、それは債権者の意思（代償請求権行使）すら要件としない権利取得という構成であり、形成権構成とは異なるものであった。さらに、忘れてならないのは、改正前民法典の立法者は、第三者の過失によって目的物が滅失したときは債権者が固有の権利として不法行為に基づく損害賠償を求めることができることを理由に代償請求権規定を意図的に削除し、したがって、改正前民法は旧民法の代償請求権規定を否定する趣旨であった、ということである（↓第一章）。

代償請求権が形成権だという説明は、イタリア旧民法の行使によらない法律上当然の移転の構成でもなく、ましてやフランス民法の権利の譲渡を債権者が請求するという構成でもない。また、――改正前民法の立法者意思とは無関係に接ぎ木されて従来の通説となっている（↓第二章）――ドイツ流の請求権構成でもない。他に例を見ない新しい説明である。わが国の旧民法起草過程における（とりわけイタリア旧民法に関する）議論を調査する中で生じた誤解ではないかと思われる。

結局、代償請求権の目的が「権利の移転又は利益の償還」のいずれかによって、形成権であったり請求権であったりするのではなく、代償請求権は、常に請求権だ、と解すべきである。(72)

3　行使によって優先権を取得しないこと

代償請求権は一般債権に対する優先権を生じさせるか否か、という疑問も右の問題と関連する。それは、「要綱案のたたき台」に関して呈せられた。(73)代償請求権の目的が権利の移転である場合においてその性質を形成権と解する説を採るときは、競合債権者がいる場合に代償請求権を行使した債権者が一般債権者に対して優先権を取得するように解されてしまうからである。

しかし、右に述べたとおり、代償請求権は形成権ではなく常に請求権であり、したがって、その行使によって優先権が生じるわけではない。

4　履行期と履行遅滞

代償請求権の履行期は、不能となった本来の給付請求権の発生原因（契約）をいかに解釈するかによって定まる。原則としては、代償請求権は、その履行について期限の定めがないものと解され、債務者は、履行の請求を受けた（催告）時から遅滞の責任を負う（民法四一二条三項）。しかし、例外として、確定または不確定の期限の定めがあるものとして（民法四一二条一項・二項参照）、あるいは不法行為に基づく損害賠償請求権のように催告を要しないものと解釈される可能性も残る。たとえば、双務契約から生じる対価関係にある給付請求権の一方が不能によって消滅して代償請求権が発生するときは、存続する他方の給付請求権と同一の期限の定めがあるものと解すべき場合が多いであろう。

この問題は、従来議論されたことがなく最近指摘されたものである。(74)

二　塡補賠償請求権との関係

1　有責・無責、原始的・後発的を問わない不能

代償請求権の要件の履行不能は、民法四一二条の二第一項の規定する履行不能と同一であり、したがって、有責・無責、原始的・後発的を問わない不能である。

重要なのは、有責・無責を問わないという点である。(75) なぜならば、有責不能であるときは、履行不能による塡補賠償請求権（民法四一五条一項・二項）と併存することになるからである。この場合に関して提起された問題の多くが審議過程では未解決のまま残り、「不能」は無責不能と解すべきではないか、ということが最後まで懸念された(76)（→第四章第三節四2・3）。そこで、以下では、それらの問題に網羅的に答えることによって、代償請求権と塡補賠償請求権との関係に関する本書の立場を示すことにしたい。

2　併存に対する疑問

「要綱案のたたき台」の第三読会では、「損害賠償を請求することができるのに、どうして更に債務者の財産管理にまで介入することを新たに認めるべきかの根拠が十分に説明されていない〔……〕債務者である企業が、履行不能を生じさせた取引先に対する請求権を持っているんだけれども、取引関係を考慮して、その行使を差し控えているというときに、その企業の債権者が、いきなり代償請求権を行使するということを認める必要はない」と強い懸念が示されていた(77)（↓第四章第三節四2）。

また、要綱仮案の原案策定のための逐条的検討でも、代償請求権規定新設の必要性について、「最高裁の判示のうち帰責事由がある場合についてはいわば傍論であ」り、「このケースは損害賠償請求権と代償請求権の並立を認めた事案でもありません(78)」、と併存に対する消極的意見が出されていた（↓第四章第三節四3）。

しかし、債務者有責の場合であっても、代償請求権は、当事者意思の推定で根拠づけられる（公平は根拠にならない）。もし債務者が取引先である第三債務者に対する債権者の介入を防ごうとするのであれば、まず自ら債権者に対して負担する損害賠償債務を履行するのが筋であろう。それをしないでおいて債権者の代償請求権行使を防ぐのには、債権者と交渉をするしかない。

もっとも、右の強い懸念は、代償請求権を優先権たる形成権とする解釈に対して示されたものであって、優先権ではないという本書の立場に立つ場合には、問題にはならないはずである。

3　請求権競合

併存する場合において、二つの請求権は競合する（↓第三節第一款四3(79)）。そして、この請求権競合は、一般のそれと同様に、一方が弁済されない限り継続する。

したがって、「債権者は、損害賠償請求権を行使しないで、いきなり代償請求権を行使してよいのか」という

「要綱案のたたき台」に関する質問に対しては[80]（→第四章第三節四２）、肯定で答えられるべきである。

また、「一方を請求すると他方は請求できなくなるのか」、という問題も「要綱案のたたき台」の第三読会で提起された[81]（→第四章第三節四２）。二つの請求権の関係は、請求権競合であるので、債権者が債務者に対して一方を行使しても――たとえ確定判決を得ても――、弁済されない限り双方が存続する。したがって、この問題に対しては、否定で答えられるべきである。

4　一方の行使の効果

なお、二つの請求権の価額が異なることがある。その場合は、履行された価額だけ他方の請求権が縮減する。その際、履行が「権利の移転」によるときは、どれだけの価額が縮減するか問題となる。権利には価額算定の幅があるからである。たとえば、填補賠償請求権（甲）と併存する代償請求権の行使として、有責債務者の第三者に対する損害賠償請求権（乙）が債権者に移転されたときである。言い換えると、有責債務者の債権者に対する乙の移転は、弁済に代えて（支払に代えて）なされるのか、弁済のために（支払のために）なされるのか、という問題である。もし前者と解すれば、たとえ移転された乙が完全な空振りに終っても、甲の価額は乙の券面額だけ縮減し、債権者は後から甲の全額の履行を請求することができない。後者と解すれば、乙が完全な空振りに終ったときは、債権者は後から甲の全額の履行を請求することができる。

思うに、第一に、代償請求権は当事者意思の推定を立法趣旨として債権者を有利にする規定であり（→第三節第一款三）、有責債務者に対する代償請求権を肯定して填補賠償請求権と併存させるのは債権者の債権満足の可能性を高めるためである（→第五章第四節五２）。第二に、一般に、有責債務者の第三者に対する債権を差し押さえて取立訴訟を提起するときは、その強制執行は弁済のためになされるのであるから、その場合よりも代償請求権を行使する債権者を不利に扱うべきではない（→第五章第四節五３）。したがって、第三債務者無資力の危険を債権者に負担させてはならず、後者（弁済のために）と解すべきである。

この問題については、わが国では未だ論じられたことが無い。しかし、ドイツ法を参考にすることに支障がないので、そこでの議論に全面的に依拠している。

5　填補賠償請求権について過失相殺事由があるとき

これも、「要綱案のたたき台」の第三読会で提起された問題である(82)（↓第四章第三節四2）。填補賠償請求権について過失相殺事由があるときは、損害賠償額が減額されることがある（民法四一八条）。そのときは、その減額された填補賠償請求権と代償請求権が競合する。過失相殺は代償請求権についてはなされない。過失相殺は損害賠償請求権の制度の一部であり、代償請求権と損害賠償請求権とは互いに独立した制度だからである（↓第三節第一款四3）。

たとえば、一〇〇万円の損害が発生し、一〇〇万円の代償が取得された場合において、過失相殺事由があるために八〇万円に減額された填補賠償請求権と一〇〇万円の代償請求権が競合するときは、債権者は、代償請求権を一〇〇万円全額について行使することができる、と解すべきである。

なお、わが国の「損害の額の限度において」という要件を「損害賠償請求権の額の限度において」と読む債務者に有利な解釈も理論的には成立しうるだろう。「損害の額の限度において」の要件は、比較法的にも独特で前例がないものであり、自由な解釈が可能だからである。しかし、代償請求権が損害賠償請求権とは別の制度であり、過失相殺があくまでも損害賠償請求権の制度の一部であることを考慮すると、その解釈には無理があると思われる。

6　一方を第三者に譲渡したとき

類似の問題として、「一方を譲渡したら他方はどうなるのか」という問題も「要綱案のたたき台」の第三読会で提起された[83]（→第四章第三節四2）。これも、債務者がどちらかを弁済しない限り、双方が存続する、と解釈するべきである。理論上は、そのように答えることができるが、実際は、第三者への譲渡契約の解釈として、双方が目的とされている、と解されることが多いだろう。また、一方を第三者に譲渡した債権者が他方を行使するときは、譲渡契約の趣旨に照らして信義則違反（民法一条二項）または権利の濫用（民法一条三項）となる可能性を特に考慮するべきである。

7　塡補賠償請求権が時効消滅したとき

「損害賠償請求権が時効消滅したらどうか」という問題もまた「要綱案のたたき台」の第三読会で提起された[84]（→第四章第三節四2）。たとえば、不法行為の後で保険金が支払われる場合のように、損害の発生から遅れて代償が取得される場合に、塡補賠償請求権が先に消滅時効に掛かることがある。しかし、代償請求権は、塡補賠償請求権の消長に依存しない独立した請求権であるので（→第三節第一款四3）、塡補賠償請求権が時効消滅しても、代償請求権は影響を受けずに存続する、と解すべきである。

また、消滅時効の新規定（民法一六六条一項）の下においては、履行不能による塡補賠償請求権の消滅時効の起算点が明文で定められず解釈に委ねられることになった[85]。旧規定と同様に本来の履行請求権の起算時と同一と解するのであれば[86]、塡補賠償請求権が先に時効消滅する場合が多くなるだろう。

三　期間制限

代償請求権は、一般の債権として消滅時効に掛かる（民法一六六条一項）。起算点は早くとも、民法四二二の二が規定する要件が満たされて――通常は代償の取得時となろう――代償請求権が発生した時点であり、不能となった債権の起算点とは無関係、とドイツ法と同様に解すべきである。その点で、本来の履行請求権の起算時と同一と解することになろう履行不能による塡補賠償請求権の起算点とは扱いが異なる（→第七章第四節八）。そのため、先に塡補賠償請求権の時効が完成したときの問題が生じることになる（→第三節第四款二7）。

四　代償請求権の機能

つぎに、代償請求権の機能を履行不能による塡補賠償請求権のそれと合わせ、具体的な紛争と証明責任を念頭に置いて説明しよう。審議過程においても代償請求権を行使する場合の証明責任について問題提起されたものの、その際には議論されずに終わっていた(87)。

平成二九年改正では、損害賠償請求権と代償請求権の双方の規定が改正されたけれども、両者の関係は、改正前からほとんど変わっていない。改正前と同様（→第三章第五節）、一次的請求（本来の給付請求）と二次的請求（塡補賠償請求または代償請求）とを合わせて、また債務者の主張次第で、債権者には以下の手段が認められている。

1　本来の順序

第一に、債権者は、本来の給付を求めて訴えを提起し、確定判決を得て強制執行を申し立てることができ、執行不能であれば、改めて二次的請求として塡補賠償請求（民法四一五条一項・二項）または代償請求（民法四二二条の二）の訴えを提起する、というのが本来の順序である。その際、塡補賠償請求をするときには履行不能による損害の発生(88)、代償請求するときには履行不能とそれと同一の原因による代償の取得が要件である(89)。それぞれの履行不能は、先行する執行不能の事実によって証明されることになる。

しかし、わが国では、本来の給付を請求しつつそれが執行不能の場合に備えて予め塡補賠償を請求する趣旨の訴えを認めているので（判例(90)）、債権者が当初からまたは追加的に塡補賠償の予備的請求をすることもできる。予備的請求をするときは、執行手続後に填補賠償の訴えを提起する場合と比べ、二回目の判決手続を省略できる分だけ債権者に有利である。しかし、それに相当するものが代償請求権には認められていないので、本来の給付請求について確定判決を得たときにおいても、代償請求権については、二回目の判決手続を省略することができない。

2　債務者が履行不能を主張する場合

第二に、債権者が本来の給付を求めて訴えを提起したのに対して債務者が本来の給付義務を免れるために履行不能を主張することがある。そのうえで債務者が履行不能を証明までしてしまえば、債権者の本来の給付請求は、棄却される（民法四一二条の二第一項）。そこで、債権者は、改めて二次的請求として填補賠償請求（民法四一五条一項・二項）または代償請求（民法四二二条の二）の訴えを提起することができる。その場合においては、前訴における履行不能の判断は判決理由中のものであるので既判力が生じず債権者が証明責任を負うけれども、その証明は容易である。

しかし、債務者が履行不能を主張しても、証明までしていなければ、債権者としては、あくまで本来の給付を求めて訴えを追行し、確定判決を得て強制執行を——執行不能を覚悟しつつ——申し立てることができる。そして果たして執行不能となれば、改めて二次的請求として填補賠償請求または代償請求の訴えを提起することができる。その際、予め填補賠償を予備的に請求しておけば二回目の判決手続を省略できることは、1の場合と同様である。

また、債務者によって履行不能が主張されたことを契機に、債権者が本来の給付請求を断念して二次的請求（填補賠償請求または代償請求）に訴えを変更することもできる。その場合においては、履行不能の要件は、ことさら債権者が証明しなくても、債務者の履行不能の主張によって満たされる、と解すべきである。それは、被告の履行不能の主張が先行自白となるからであるが[91]、原告が援用する必要があり[92]、しかもそれは被告が撤回する前でなければならない[93]。

3　当初から二次的請求をする場合

第三に、債権者は、履行不能を見越して本来の給付請求をせずに、当初から填補賠償請求（民法四一五条一項・二項）または代償請求（民法四二二条の二）をすることもできる。この場合においては、填補賠償請求か代償請求かで1および2に説明してきた違いがなく、いずれにしても債権者自ら債務者の履行不能を証明しなければならない。しかし、履行不能が債務者の事情であり、かつ消極的事実であるため、債務者の自白なくして債権者が独力で証明することは通常困難である。したがって、債権者は、この第三の行き方を避け、1および2に説明した第一または第二の行き方を採るのが通常である。

五　契約総則との関係

次の契約総則との関係は、わが国ではほとんど知られず、審議過程でも論じられなかった問題である。しかし、ドイツ法学の状況に鑑みれば、これこそが解釈上の難問となるはずである。

1　危険負担（民法五三六条一項）との関係

平成二九年改正民法では、双務契約において代償請求権を行使する債権者の負担する債務の帰趨について明文の規定が欠けている。しかし、当事者双方の責めに帰することができない事由によって債務を履行することができなくなった場合において、債権者が代償請求権を行使するときは、民法五三六条一項の規定を援用して反対給付の履行を拒むことは許されない、と解すべきである。もっとも、代償請求権を行使するか否かは債権者の自由であり、行使することによって初めて債務者も履行することができるので、行使しなければ（行使するまでは）、債権者は、民法五三六条一項の規定に従って反対給付の履行を拒むことができる、と解すべきである。[94]すなわち、同項は、「第四二二条の二の規定による権利が行使されない限り」という縮小解釈がなされるべきである。

要するに、双務契約においては、債権者は、代償請求権を行使するときは、反対給付の義務も負う。それは、本来、ドイツ民法典のように契約総則中に明文で規定するべき事柄である（ドイツ民法三二六条三項）（→第七章第三節二5）。したがって、明文の規定が欠けていても、信義則といった一般条項を援用するまでもなく、民法五三六条一項の縮小解釈によって導かれるものと考える。

なお、債務者有責であれば、そもそも民法五三六条一項の規定を適用する余地がないので、右問題が生じず、単純に、債権者は、自らの債務を負担しつつ、本来の給付請求権に代わる填補賠償請求権および代償請求権を取得するだけである。

2　利益償還請求権（民法五三六条二項後段）との関係

履行不能が債権者有責であっても、代償請求権の要件が満たされる限り、その発生は妨げられない。双務契約においては、債権者は、反対給付の履行を拒むことができないが（民法五三六条二項前段）、債務者がその債務を免れたことによって得た利益の償還を請求することができる（同後段）。したがって、債権者は、代償請求権に加えてこの利益償還請求権を取得することがある。たとえば、請負人の仕事完成債務の履行が注文者の責めに帰すべき事由によって不能になった場合において、注文者は、報酬全額の履行を拒むことができない一方（民法五三六条二項前段）、請負人が保険金を取得したときにはそれについての代償請求権を取得し（民法四二二条の二）、さらに請負人が他の仕事によって第三者から報酬を受けたときはそれついての利益償還請求権を取得する（民法五三六条二項後段）。

代償請求権は、債権者の債権の履行不能と同一原因による権利または利益を目的とする。それに対し、民法五三六条二項後段の利益償還請求権は、債務者が反対給付を受ける一方（前段）、債務を免れたことによって支出を免れた費用および労力を保持することで二重に利得することを防止するための不当利得返還請求権の性質を有する。

両者は、性質を異にしている。

このことは、債権法改正前から指摘されていることであり（↓第三章第二節四）、改正後も同様である。たとえば、前者は、債務者が第三者に対して取得した損害賠償金または損害賠償請求権や、売買目的物が引渡し前に焼失したことによる保険金または保険金請求権であるが、後者は、債務者たる請負人が支出を免れた材料費、債務者たる労働者が他の雇用によって得た報酬である。

この問題についても、明確な規定を持つドイツ新債務法が参考になる（↓第七章第三節二6）。すなわち、わが国では、「自己の債務を免れたことによって利益を得たときは、これを」と簡単に規定するだけであるが、ドイツ法と同様に、「自己の給付を免れたことによって節約した又は労力を他に用いることによって取得した若しくは悪意で取得しなかったもの」と解すべきである。

3　解除（民法五四二条一項）との関係

また、反対給付義務および何らかの付随義務等を負う懸念が債権者にあるときは、履行不能による解除権（民法五四二条一項）を行使することでその懸念を解消することができる。平成二九年改正法によって債務者の帰責事由を問わずに解除権が発生することになったため（民法五四二条一項一号）、解除権と代償請求権との競合が広く生じることとなった。この問題は、どちらを先に行使するかで区別して論じなければならない。

第一に、先に解除権を行使してしまうと、明文の規定はないが、もはや代償請求権を行使することができない、と解すべきである。当事者意思としては、解除する場合にまで代償請求を許さないだろうからである。その場合には、代償請求権は、解除の意思表示によって消滅する、と解すべきである。(95) ドイツの多数説と同様の解釈である（↓第七章第三節二7）。

この点について、ドイツでは、解除権行使時に代償請求権の存在について善意だった債権者は解除権行使後も代償請求権を行使できるとする少数説がある（→第七章第三節二7）。代償請求権は、債権者の損害の発生を要件とする損害賠償請求権とは異なり、債務者の代償の取得を要件とするため、その要件の充足を債権者が知ることが通常は容易ではないことに鑑みた債権者を保護するための学説である。たとえば、目的物を焼失した売主が火災保険金を受けたことを買主が知ることは通常容易ではない。この少数説はたしかに傾聴するべき内容を含んでいる。けれども、疑わしい場合には代償請求権の要件を厳しく解すべきという本書の基本的な解釈姿勢に従い（→第三節第一款二2）、また、複雑な解釈を避けるため、むしろドイツの多数説に従って解除の意思表示によって代償請求権が消滅する、と解すべきである。

なお、右の帰結は、解除の効果をどのように解するかの論争に依存しない。むしろ民法四二二条の二の解釈として導かれるべきである。つまり、解除の効果によって契約が遡及的無効になるために代償請求権が遡及的に消滅する等の論理は不要である。当事者意思を推定する規定としての民法四二二条の二は、解除権の行使によって——遡及的にではなく単に将来に向かって——消滅する代償請求権を規定していると解すべきである。

第二に、先に代償請求権を行使する場合については、それだけでは解除権を喪失しない、と解すべきである。行使をしても、空振りに終わる場合があり、その場合にはなおも解除権の行使を認めるべきである。それに対し、代償請求権を行使しただけでなく、給付が実現し、弁済を受けた場合にはどうか。この問題は、代償請求権が発生しない有責不能の事案において塡補賠償請求権が行使されて弁済された場合の解除権と平仄が合うように解釈するべきである。塡補賠償が実現してもそれだけで当然に解除権が消滅するとは解されないから、代償請求権が弁済される場合にも、解除権が当然に消滅することはない、と解すべきである。たとえば、不動産の二重譲渡で第二買主が登記を備えることによって第一買主の債権が履行不能となるときは、第一買主は、第二売買の代金について代償請求権を行使することができ、代償請求権の弁済として第一買主が取得した第二売買の代金額が予想外に低廉であったときは、第一買主は、なおも売主に対して塡補賠償請求権を行使することができるほか、解除権を行使することもできる、と解釈するべきである。その場合に解除権の方を行使したときは、既に受領した代償について不当利得返還義務が生じることになる（民法七〇三条）。

もっとも、競合する権利の債権者の選択によって債務者が振り回されるときは、一般条項によって解除権の行使が制限される可能性が高くなるであろう。また、債権者の行為、とりわけ代償請求権の弁済を受ける行為が、解除権の放棄の意思表示を含むと解釈されることもあると思われる。

これら解除関連の解釈論は、ドイツ新債務法を参考にしたものである。しかし、ドイツ法上も確固たる通説が確立されているわけではなく（↓第七章第三節二7）、わが国の解釈論としてもなお議論の余地が大きく残されている。

4　同時履行の抗弁（民法五三三条）との関係

双務契約から生じる対価関係にある給付請求権の一方が不能によって消滅して代償請求権が生じる場合において、存続する他方の請求権と同時履行の関係に立つか否かは、不能によって消滅する本来の給付請求権の発生原因（契約）をいかに解釈するかに掛かっている。

原則としては、代償請求権は、存続する他方の請求権と同時履行の関係に立たない。不能によって生じる塡補賠償請求権が本来の給付請求権と同時履行の関係に立っていた請求権と同時履行の関係に立たないのと同様である。しかし、例外として、同時履行の関係に立つものと契約が解釈される可能性も残る。また、留置権の規定（民法二九五条一項）についても同様に、代償請求権が「その物に関して生じた債権」か否か契約の解釈が決め手になり、原則としては否定に解すべきであろう。

この問題は、従来議論されたことがなく最近指摘されたものである。(96)

六　不能規定との関係

1　フランス民法・日本旧民法・ドイツ民法との対比

フランス民法典においては、目的物の滅失による債務関係の消滅に関する規定（フランス民法旧一三〇二条一項、新一三五一条）の直後が代償請求権の規定であり（フランス民法旧一三〇三条、新一三五一条の一第二項）、また、わが国の旧民法においても、「履行ノ不能」による「義務ノ消滅」に関する財産編五三九条に従う形で財産編五四三条に代償請求権が規定されていた。そのため、それぞれ代償請求権が債務関係（または義務）の消滅を要件にしていることが規定の位置から明確にされていた（↓第一章第二・三節）。

これに対し、現行ドイツ法においては、不能の規定（ドイツ民法二七五条一項）と代償請求権の規定（ドイツ民法二八五条一項）は、いずれも「給付義務」の節の中に本来の給付義務や損害賠償義務に関する規定と混在し、かつ両者の規定の間には九つもの条文が作る空隙が存在している。そのため、両者の規定の関係は、その位置だけでは分かりにくい。その点で、フランス民法や日本旧民法とは異なっている。しかし、ドイツ民法二八五条一項には、「第二七五条第一項〔……〕の規定に従って債務者が給付義務を免れる事由によって」という明文の指示が存在するため、両者の規定の離れた位置にかかわらず、一次的給付義務の不存在（ドイツ民法二七五条一項）が代償請求権の要件であることが明確になっている。しかも、その両条の関係は、学界においても承認され、両者は、注釈書や教科書では一つのまとまりとして解説されているため、誤解が生じることは考えにくい。

翻ってわが国の新規定においては、不能と代償請求権の規定との関係が、フランス民法やわが国の旧民法におけるような条文の位置から示されることもないし、ドイツ民法におけるような明文の指示も無い。両者の関係は、ただ第四二二条の二の「不能」という文言だけで示されていて、十分に明確とは言えない。法解釈さらには法学教育上、相当な困難をきたすものと予想される。

2　第四二二条の二における第四一二条の二の指示

そこで望むらくは、第一に、ドイツにおけるような明文の指示を挿入する立法の機会があればよいと思う。具体的には、民法四二二条の二の「その債務の履行が不能となったのと」という文言を「第四一二条の二第一項の規定によって債権者がその債務の履行を請求することができないのと」という文言に修正することで実現する。そうすることによって、わが国の代償請求権規定も規定の明確性の点においてドイツ民法典と肩を並べることができるであろう。

3　条文の位置

さらに、欲を言えば、代償請求権の新規定を履行不能の規定の直後に置くべきである。現在の第四二二条の二という条番号の由来は、審議過程(97)において当初、「債務不履行による損害賠償の免責事由」が要件とされたために、代償請求権の規定が損害賠償の中に位置づけられたことにある（↓第四章第三節三４・５）。その後、その要件が不要とされてからも、位置づけの再検討が怠られたため、損害賠償の中に取り残され、「損害賠償による代位」を規定する第四二二条の枝番号が与えられる形になってしまった。しかし、代償請求権は、「損害賠償による代位」とは制度上の直接の関係が無く、誤解を招きやすい条番号である。

わが国の代償請求権規定は、ドイツにおけるような条番号上の歴史的拘束が無く、新設であって位置が自由になる。そうであれば、その規定が不能を補充する規定であることを表す位置に置くべきである。枝番号の条文であるので、他の条項への影響も無い。

具体的には、代償請求権の規定の条番号を第四一二条の三と変更することで実現する。そうすることによって、規定の明確性の点において、フランス民法やわが国の旧民法の長所も取り入れることになり、ドイツ民法典をも凌駕することができるであろう。ドイツ法を参考にして代償請求権規定を定めた以上、後発のわが国の規定は、青は藍より出でて藍より青し、と言われたいものである。

第四節　おわりに

本章は、民法改正において新設された二つの制度、すなわち、民法四二二条の二（代償請求権）と民法四一二条の二第一項（履行不能）の解釈論を対象とした。

民法四一二条の二第一項が不能を要件として給付義務を不存在とする効果を規定する趣旨は、執行手続において給付が全く実現できないことが確定している場合においては判決手続において給付義務を不存在とすることによって手続を省略することにある。したがって、執行不能が明らかであるために給付判決が無意味であるときに限って給付を不能と判断することになる。不能判断の主体たる裁判官は、もっぱら執行手続を念頭に置き、債務者を名宛人とした給付判決を債務名義とする強制執行によって給付が実現する可能性が存するか否かによって履行不能を判断し、その可能性が存しない場合に限って履行不能を肯定するべきである。

そしてその判断基準から民法四一二条の二第一項に関するいくつかの具体的な解釈を導くことができた。

他方、民法四二二条の二が不能を要件として代償請求権を発生させる効果を規定する趣旨は、民法四一二条の二第一項の不能による履行請求権の不存在という債権者に不利な帰結を当事者意思の推定によって補充することにある。つまり、債務の履行が不能になったのと同一の原因により債務の目的物の代償である権利または利益を取得したときは、債務者は、債権者の請求に従って、債権者に対して代償である権利を移転しまたは利益を償還しなければならないという、債権者に有利な合意をしたであろうという推定が代償請求権の理論的根拠である。したがって、民法四二二条の二の不能要件は、民法四一二条の二第一項の不能要件と同一と解される。

そして右の理論的根拠から民法四二二条の二に関する様々な解釈を導くことができた。

両条に関して解釈論を展開するに際してとりわけ重要と思われるのは、従来、不能要件について常に判断されてきた、「原始的・後発的」という区別や「債務者の責めに帰すべき・債務者の責めに帰することができない」という区別が両条の解釈においては意味を持たないということである。

(1) 加毛明・前掲一〇四頁は、「履行請求権の限界を画する基準として『不能』概念を明文化し、従前の通説との接合を図るものといえる」とする。むしろ本書は、履行請求権の限界の問題に関して従来の学説は無関心で通説と言えるものは厳密には成立していなかったと考えている。
(2) 我妻榮・前掲『新訂債権総論』一九頁。
(3) 我妻榮・前掲『新訂債権総論』一九頁。
(4) たとえば、中田裕康・前掲『債権総論　第三版』五頁以下。
(5) Palandt/*Grüneberg*, 77. Aufl., 2018, Einl v § 241 Rn 6.
(6) 我妻榮・前掲『新訂債権総論』一九頁。
(7) 我妻榮・前掲『新訂債権総論』三五頁、中田裕康・前掲『債権総論　第三版』四七頁。
(8) 潮見佳男『新債権総論Ⅰ』（信山社、平二九）二八一頁。同『プラクティス民法 債権総論〔第五版〕』（信山社、平三〇〔初版は平一六〕）六九頁も同旨。
(9) 改正前民法四一〇条一項（不能による選択債権の特定）の文言を参照。
(10) 潮見佳男・前掲『新債権総論Ⅰ』二八一頁も同旨。
(11) 潮見佳男・前掲「日本における客観的不能と主観的不能の区別」二一九頁以下は、この区別を一応否定しながらも「議論の遺産」を生かそうとするものであり、その姿勢に示唆を受けた。
(12) 不能の例を挙げる場合には、客観的・主観的不能を一つずつというのが一般的であろう。たとえば、山野目章夫『新しい債権法を読みとく』（商事法務、平二九）八八頁は、本文の両者を不能の例として真っ先に挙げるものである。
(13) 「真の所有者の処分意思ないし財産管理意思を重視する」（潮見佳男・前掲『新債権総論Ⅰ』二八四頁）という学説も

同旨であろう。

(14)　潮見佳男・前掲『新債権総論Ⅰ』二八四頁の「例外的に履行を可能とする特殊事情の消滅があってはじめて、履行不能が排除される」とは、「特殊事情があってはじめて」の誤記かと思われる。趣旨については賛成である。

(15)　大判明治三四・三・一三民録七輯三巻四一頁と大判明治三四・七・八民録七輯七巻四一頁はいずれも、買戻特約のある土地を第三者に売却した場合において、第三者の承諾を得て履行することができることを理由に履行不能と扱うことができないと判示していた。また、大判明治四四・六・八民録一七輯三七一頁は、土地二重贈与の場合において第二受贈者が登記を備えたときも、贈与者が所有権を取り戻すのは「絶対に不能のことにあらざる」ため、第一受贈者に対する贈与者の所有権移転登記義務が不能とはならない、と判示していた。

(16)　奥田昌道・前掲『債権総論〔増補版〕』一四七頁。

(17)　高橋眞「権利の担保責任と権利移転の『不能』について――裁判例の検討――」林良平献呈『現代における物権法と債権法の交錯』（有斐閣、平一〇）二四三頁～二六六頁、二六〇頁～二六一頁。

(18)　潮見佳男・前掲『新債権総論Ⅰ』二八五頁注二八。

(19)　現実の裁判例についてもその点が指摘されていた。第三章注（27）参照。

(20)　潮見佳男・前掲『新債権総論Ⅰ』二八八頁以下。

(21)　潮見佳男・前掲『新債権総論Ⅰ』二八一頁以下。

(22)　潮見佳男・前掲『新債権総論Ⅰ』二八六頁以下。

(23)　潮見佳男・前掲『新債権総論Ⅰ』二八六頁注三〇。

(24)　筒井健夫・村松秀樹『一問一答　民法（債権関係）改正』（商事法務、平三〇）七一頁は、大判大正二・五・一二民録一九輯三二七頁を論拠として第二の行き方を採る。しかし、その判決は、履行請求を棄却したものではなく、履行不能による損害賠償請求を認容したものであるので、論拠として適切ではない。

(25)　もっとも、ドイツ民法においても、「するべきか」と「できるか」の判断は必ずしも常に明確に区別されてきたわけではない。債務法改正委員会最終報告書においてすら、曖昧な記述が見られる（↓第七章第一節二2に訳出した最終報告書Ⅲ3）。

（26）　ドイツ民法二七五条二項後段（→第七章第二節七1）。
（27）　民法四一二条の二第一項の規定について、潮見佳男・前掲『新債権総論Ⅰ』二八一頁。同・前掲『プラクティス民法債権総論〔第五版〕』六九頁も同旨。
（28）　道垣内弘人「第四章 債務不履行、解除、危険負担」中田裕康ほか『講義 債権法改正』（商事法務、平二九）八〇頁。
（29）　判例（大判大正二・五・一二民録一九輯三二七頁等）によれば、損害賠償請求権発生要件としての履行不能は、広く認められるのに対し、履行請求を棄却する要件としての履行不能は、認められていない（→第三章第四節一2）。
（30）　ドイツと同様である。Vgl. MüKo-BGB/*Ernst*: 7. Aufl. 2016, § 275, Rn 33.
（31）　この五〇年、学界は、債権法学から契約法学へと進軍し、その橋頭堡となったのが北川善太郎・前掲『契約責任の研究』であった。しかし、履行不能は、不可侵の債権法なのである。拙稿・前掲「北川善太郎『契約責任の研究――構造論』」四六〇頁以下参照。
（32）　小粥太郎「判批」民百選Ⅱ〔第七版〕四五事件別ジュリ二二四号（平二七）九二頁～九三頁、九二頁。最判平成九・七・一民集五一巻六号二四五二頁も、要件が充足されないとして、その原則の適用を否定したものである。契約締結時のルールにその後の契約関係をすべて規律させようとする特権的地位を承認することの問題性を指摘するものとして、山本顯治「契約と交渉」田中成明編『現代理論法学入門』（法律文化社、平五）四八頁～七六頁、五六頁以下。
（33）　この点を特に強調するものとして、久保宏之『経済変動と契約理論』（成文堂、平四〔初出は昭六二〕）二一七頁～二五一頁、特に二三二頁。
（34）　原始的不能概念が民法から消える、という誤解を耳にすることがあるけれども、そうではなく、原始的・後発的不能を区別しなくなるのである。
（35）　松尾弘『債権法改正を読む――改正論から学ぶ新民法』（慶應義塾大学出版会、平二九）七一頁は、債務が存在して履行拒絶権が債権者に認められるにすぎないとする。
（36）　潮見佳男・前掲『民法（債権関係）の改正に関する要綱仮案の概要』四八頁、同・前掲『民法（債権関係）の改正法案の概要』六六頁、同・前掲『民法（債権関係）改正法の概要』七五頁。
（37）　民法（債権法）改正検討委員会編・前掲『詳解・債権法改正の基本方針Ⅱ』二二二頁。論拠として拙稿・前掲「民

法五三六条二項但書類推適用論の批判的検討」が引用されている。

(38) 法制審議会民法（債権関係）部会・前掲「第七八回会議議事録」一四頁（中田裕康委員による）。

(39) 法制審議会民法（債権関係）部会・前掲「第七八回会議議事録」一四頁（中田裕康委員による）。その指摘は、拙稿・前掲「判批」民百選Ⅱ〔第六版〕九事件二一頁のことであろう。

(40) 法制審議会民法（債権関係）部会・前掲「第九〇回会議議事録」五九頁。

(41) 法制審議会民法（債権関係）部会・前掲「第七八回会議議事録」一四頁（中田裕康委員による）。

(42) 法制審議会民法（債権関係）部会・前掲「第九〇回会議議事録」五九頁（中田裕康委員による）。

(43) 法制審議会民法（債権関係）部会・前掲「民法（債権関係）の改正に関する中間的な論点整理の補足説明」五六頁。森田宏樹『債権法改正を深める――民法の基礎理論の深化のために』（有斐閣、平二五）七八頁以下参照。

(44) 法制審議会民法（債権関係）部会・前掲「民法（債権関係）の改正に関する中間試案の補足説明」一一九頁。

(45) 小野秀誠・前掲「危険負担と第三者関係」三八六頁、多治川卓朗・前掲「代償請求権と売買契約における危険負担」一二二頁。

(46) 石坂音四郎・前掲「給付不能ノ効力」四二頁～四四頁（同・前掲『民法研究第二巻』三〇九頁～三一〇頁、同・前掲『改纂民法研究下巻』二〇一頁～二〇二頁所収）、同・前掲『日本民法　債権總論　上巻』五八二頁～五八三頁、同・前掲『債權法大綱』一一〇頁ほか多数。

(47) 法制審議会民法（債権関係）部会・前掲「第九〇回会議議事録」五八頁。

(48) 半田吉信『契約法講義』（信山社、第二版、平一七）一〇一頁。

(49) 甲斐道太郎・前掲「代償請求権と不当利得」一六〇頁および一六六頁以下。

(50) 遠山純弘・前掲三七一頁。

(51) ①不当利得返還請求権と代償請求権との位置づけや体系化の問題と、②民法四二二条の二の規定が不当利得返還債務にも適用されるかどうかという解釈問題は、別個の問題である。さらに、③不当利得返還請求権の目的である原物返還が不能になった場合の価格返還の範囲はもちろん別の問題である。藤原正則『不当利得法』（信山社、平一四）一三二頁の議論は、②③の区別をしていないように見える。

(52) 最判昭和四七・四・二〇民集二六巻三号五二〇頁。
(53) 大判昭和一一・六・三〇判決全集三輯七号一七頁。錯誤に基づく不動産の所有権移転登記を受けた者が、それを奇貨として当該不動産を売却して取得した売却代金は、「価額の昂低に因り左右せら」れず、不当利得であると判示した。
(54) 最判平成一九・三・八民集六一巻二号四七九頁。不当利得返還義務の目的物である株式を売却して売却代金を取得した事案について、「受益者は、法律上の原因なく利得した代替性のある物を第三者に売却処分した場合には、損失者に対し、原則として、売却代金相当額の金員の不当利得返還義務を負うと解する」と判示された。
(55) 澤井裕『テキストブック事務管理・不当利得・不法行為〔第三版〕』（有斐閣、平一三〔初版は平五〕）三五頁。
(56) 法制審議会民法（債権関係）部会・前掲「第七八回会議議事録」一二頁以下の議論は、それが前提である（道垣内弘人幹事による）。
(57) 法制審議会民法（債権関係）部会・前掲「第九〇回会議議事録」五九頁（金洪周関係官による）。
(58) 潮見佳男・前掲『新債権総論Ⅰ』二九九頁。同・『民法（債権関係）の改正に関する要綱仮案の概要』四九頁、同・『民法（債権関係）の改正法案の概要』六六頁以下、同・『民法（債権関係）改正法の概要』七五頁も同旨。
(59) 潮見佳男『基本講義 債権各論Ⅰ 契約法・事務管理・不当利得』（新世社、第三版、平二九）三三二頁。
(60) 潮見佳男・前掲『新債権総論Ⅰ』二九七頁。
(61) 法制審議会民法（債権関係）部会・前掲「民法（債権関係）の改正に関する中間試案の補足説明」一一八頁。代償請求権の問題とは別に、保険目的物の譲渡によって被保険者の地位も譲受人に移転するかどうかの問題について、半田吉信・前掲『売買契約における危険負担の研究』四五三頁以下参照。
(62) 法制審議会民法（債権関係）部会・前掲「民法（債権関係）の改正に関する中間試案の補足説明」一一九頁。
(63) 法制審議会民法（債権関係）部会・前掲「民法（債権関係）の改正に関する中間試案の補足説明」一一八頁。
(64) 前掲長崎控判昭和八・三・二〇。
(65) 磯村保・前掲「二重売買と債権侵害――『自由競争』論の神話――」神戸三五巻二号三八五頁以下。
(66) 実際に、中川敏宏「不能体系のゆらぎと代償請求権」専修大学法学研究所紀要三五巻（平二二）一三一頁〜一六五頁、一六三頁は、「立法論として、実損害に制限しない形で規定しておく」ことを主張していた。

(67) 磯村保教授より親しくご指摘を受けた。

(68) 平成二九年改正直後における民法四二二条の二の規定に関する解釈論としては、代償請求権という制度自体の沿革・判例学説・立法過程を重視して本文のように解釈しなければならない。しかし、いったんそれを消化した後であれば、折角立法した民法四二二条の二の規定を生かすために他の制度を参考にした解釈論を展開する余地が生じてくるだろう。その際、磯村保説の先見性に言及しつつ――代償請求権を損害賠償請求権と関連させる――シュトル論文を基礎に据える、多治川卓朗・前掲「代償請求権と調整機能」が顧みられるべきである。また、代償請求権を不当利得返還請求権の一環と位置づける学説にも配慮するべきである（→第七章第三節二2）。平成二九年改正直後の時点では参考としにくいボレンベルガー説も（*Bollenberger, Raimund*: aaO, S. 104f u 111ff）、それが依拠する、„inter partes" 概念を用いて整理しようというピッカー説に遡って検討する価値があるだろう（*Picker, Eduard*: Positive Forderungsverletzung und culpa in contrahendo – Zur Problematik Haftungen „zwischen" Vertrag und Delikt, AcP 183, 1983, SS. 369–520, S. 511ff; *ders.*: Vertragliche und deliktische Schadenshaftung, JZ 1987, SS. 1041–1058, S. 1044）。

(69) 法制審議会民法（債権関係）部会・前掲「第七八回会議議事録」一二頁以下（金洪周関係官による）。

(70) 法制審議会民法（債権関係）部会・前掲「第七八回会議議事録」一三頁（道垣内弘人幹事による）。

(71) 法制審議会民法（債権関係）部会・前掲「第七八回会議議事録」一五頁（道垣内弘人幹事による）。

(72) 反対、平野裕之『債権総論』（日本評論社、平二九）九二頁。

(73) 法制審議会民法（債権関係）部会・前掲「第七八回会議議事録」一二頁以下（道垣内弘人幹事および中田裕康委員による）。

(74) 大阪弁護士会『実務家からみた民法改正――「債権法改正の基本方針」に対する意見書』（別冊NBL一三一号、平二一）九〇頁以下。もっとも、そこで挙げられている二つの下級審判決は、残念なことに、代償請求権ではなく、執行不能に備えた填補賠償請求権に関するものであり、不適切である。

(75) 「中間的な論点整理」以降の資料においては、この要件について、「損害賠償責任の免責事由の存在」と表現されているが、正確には、「債務者の責めに帰することができない事由による不能」、つまり無責不能である。不能が無責であることによって損害賠償責任を免れるかどうかだけが問題であって、その他の「損害賠償責任の免責事由の存在」は無関係だからである。
(76) 法制審議会民法（債権関係）部会・前掲「第七八回会議議事録」一四頁、同・前掲「第九〇回会議議事録」五八頁（いずれも中田裕康委員による）。
(77) 法制審議会民法（債権関係）部会・前掲「第七八回会議議事録」一四頁（中田裕康委員による）。
(78) 法制審議会民法（債権関係）部会・前掲「第九〇回会議議事録」五九頁（中田裕康委員による）。
(79) 改正前民法についての説明であるが、「代償請求権は、損害賠償請求権ではないのである。代償請求権は、損害賠償請求権の要件が存在するかどうかとは無関係に成立するものである。」（浜上則雄・前掲（中）四一頁）という説明がぴたりと当てはまる。
(80) 法制審議会民法（債権関係）部会・前掲「第七八回会議議事録」一四頁（中田裕康委員による）。
(81) 法制審議会民法（債権関係）部会・前掲「第七八回会議議事録」一四頁（中田裕康委員による）。
(82) 法制審議会民法（債権関係）部会・前掲「第七八回会議議事録」一四頁（中田裕康委員による）。
(83) 法制審議会民法（債権関係）部会・前掲「第七八回会議議事録」一四頁（中田裕康委員による）。
(84) 法制審議会民法（債権関係）部会・前掲「第七八回会議議事録」一四頁（中田裕康委員による）。
(85) 法制審議会民法（債権関係）部会「第七四回会議議事録」（平二六）一四頁（潮見佳男幹事の発言）。これに関しては、そうすると起算点が早くなりすぎるという懸念が示されていた（同・「第六三回会議議事録」（平二四）四三頁（岡正晶委員幹事の発言））。
(86) 前掲最判昭和三五・一一・一、前掲最判平成一〇・四・二四。
(87) 法制審議会民法（債権関係）部会・前掲「第七八回会議議事録」一五頁（潮見佳男幹事による）。
(88) なお、填補賠償請求においては、これに加えて履行不能についての債務者の有責性が要件となるけれども、免責のための無責性の証明責任を債務者が負う（民法四一五条一項但書）。
(89) この点において、現行ドイツ民法とは異なる。同法では不能はもっぱら第二七五条一項の要件として問題になり、代償請求権に関する第二八五条の規定の直接の要件ではないからである（→第七章第二節七2）。現行ドイツ民法は、代償請求権の規定（第二八五条）が給付義務不存在を定める規定（第二七五条）の適用を前提とすることが明瞭な点で、わが国の規定より優れている。

(90) 前掲大判昭和一五・三・一三、前掲最判昭和三〇・一・二一。

(91) 新堂幸司・前掲五八三頁、高橋宏志・前掲四八一頁参照。第三章注（96）参照。

(92) 前掲大判昭和八・二・九。

(93) 前掲大判昭和八・九・一二。

(94) 森田宏樹・前掲『債権法改正を深める』八二頁参照。

(95) 奥富晃「代償請求権」潮見佳男ほか編『Before/After 民法改正』（弘文堂、平二九）一三〇頁～一三一頁、一三一頁は、「解除により契約関係を解消した以上、〔……〕。契約目的物の代償について問題にすることは、もはやできない」とするが、その理由は明らかにされていない。

(96) 大阪弁護士会・前掲九〇頁以下。

(97) 法制審議会民法（債権関係）部会・前掲「民法（債権関係）の改正に関する中間試案のたたき台（二）」九頁。「中間試案のたたき台」の段階では「債務不履行による損害賠償の免責事由」を要件とする【乙案】が採用されていたことに由来し、中間試案でも【乙案】が採用された上に、代償請求権規定が債務不履行による損害賠償のパートに置かれたためである。

要約

一　序　章

1　研究対象

平成二九年民法改正によって、代償請求権に関する民法四二二条の二の規定と履行不能に関する民法四一二条の二の規定が新たに設けられた。双方の規定では、共通する要件として、履行が「不能」となったことが掲げられている。二つの規定はどのような関係を有し、それぞれの「不能」要件は、どのように解釈されるべきだろうか。

2　対象の限定

従来の不能概念は、①給付義務の不存在という効果に対する要件と②損害賠償請求権発生という効果に対する要件という二種類の要件を構成してきた。このうち、本書は、①だけを研究対象とする。なぜならば、民法四一二条の二第一項（履行不能）と民法四二二条の二（代償請求権）は、①の不能要件だけを規定しているからである。

二　民法制定過程

1　代償請求権

民法制定過程における代償請求権について明らかになったのは以下の事柄である。

第一に、旧民法財産編五四三条には、代償請求権を肯定する規定があった。その規定は、イタリア旧民法に由来するものであり、フランス法の規定を否定する趣旨であった。すなわち、旧民法起草を担当したボアソナードは、いったん債務者のもとに発生した権利を譲渡しなければならないというフランス民法の構成を否定し、いったん債務者のもとに発生した権利が法律上当然に債権者に移転するというイタリア旧民法の構成を参考にボアソナード草案を起草した。そして、ボアソナードは、法律取調委員会・法律取調再調査委員会において邦語訳される際に、イタリア旧民法の構成すら否定する形で、債権者固有の権利の発生とも読める文言に直すことを求めた。それに基づいて成立した旧民法財産編五四三条は、第三者の債権侵害によって債権者に対する不法行為が成立することを確認する規定にすぎないものであった。

第二に、改正前民法の立法者意思は、代償請求権について旧民法と反対の趣旨、すなわち、代償請求権を否定する趣旨であった。改正前民法の代償請求権の部分を担当した富井博士は、イタリア旧民法に由来する旧民法の構成を否定し、代償請求権の存在意義を否定した。つまり、わが国の代償請求権規定の系譜は、イタリア旧民法からボアソナード草案そして旧民法までで絶たれたのである。

第三に、①わが国の旧民法の代償請求権規定がフランス法に由来する、②改正前民法の立法者意思が旧民法と同様に代償請求権肯定説である、と主張されていた従来の見解が妥当しないことが明らかになる。①旧民法の規定は、イタリア旧民法に由来し、②改正前民法の立法者意思は、旧民法と反対に代償請求権否定説だからである。

第四に、代償請求権の要件としては、フランス民法旧一三〇三条からボアソナード草案五六五条を経て旧民法財産編五四三条まで、「物の滅失」に終始し、条文の文言にはついぞ「不能」概念は登場しない点が重要である。つまり、旧民法までの段階では、規定上は、代償請求権の要件は、不能概念によって成り立っていたわけではなかった。もっとも、考え方としては、代償請求権が履行不能を要件としていることがボアソナード草案の理由書で説明され、旧民法修正の段階でも富井博士が同旨を説いていた。

2　不　能

旧民法財産編五三九条には、ボアソナードの提案によって、――フランス式の物の滅失ではなく――後発的無責不能を要件とする義務消滅の規定があった。また、旧民法財産編三二二条一項には、やはりボアソナードの提案によって、――フランスやイタリアには見られなかった新しい体裁の――原始的不能の合意を無効とする規定が設けられた。

しかし、いずれの条文も民法修正の過程で富井起草委員の提案によって削除され、改正前民法にはそれらに対応する明文の規定が存在しない。しかし、富井委員によれば、旧民法に反対する趣旨ではなく、当たり前のこととして明文化が省かれただけである。したがって、改正前民法の立法者意思は、旧民法のそれと同様、後発的無責不能による義務消滅および原始的不能による合意無効を肯定している。

3 まとめ

右のように、旧民法修正を経て成立した改正前民法典においては、そもそも物の滅失または履行不能を要件とする義務消滅の明文の規定も代償請求権発生の明文の規定も存在しない。もっとも、規定が削除された理由は両者で異なっていて、前者については履行不能による義務消滅の規範を肯定するべきことが当たり前のこととして明文の規定が省かれただけであるのに対し、後者は規範として代償請求権発生を否定する趣旨で削除されたのであった。こうして、改正前民法典が、不能についても代償請求権についても、明文の規定を欠いて成立すると、その段階では、——特に後者についての規範が存在を認められなかったわけであるから——両者の関係という問題も存在しないかのような様相を呈していた。

三　民法典制定後の学説史

1 起草者の学説

改正前民法典起草者の解釈論としての学説には見るべきものがない。なぜならば、代償請求権を起草者が否定したために、それについての起草者の学説が民法典公布後には全く残されなかったからである。また、不能論についても、石坂説を初めとする後輩たちによる大正期の学説に従ったものにすぎないからである。

2　ドイツ法継受による通説形成

明治末期以降、代償請求権論においても、不能論においても、立法者意思とは無関係にドイツ法の学説継受がなされた。

代償請求権については、不能を生じた事由と同一の原因によって債務者が代償を取得することを要件とする肯定説が民法典の立法者意思に反して通説化した。これは、石坂博士によって輸入され、末弘博士・我妻博士・於保博士らによって賛同された学説である。その一方で、代償請求権の価額が損害額を上限とするという勝本説も主張された。

他方、不能自体についても、まず、石坂博士によって有責・無責不能の区別が後発的不能について加えられたことが重要である。そして、後発的無責不能を要件に債務消滅の効果が生じると解されるようになった。また、ドイツ流の原始的不能論が発展し、契約締結上の過失論に裏付けられた原始的不能ドグマが末弘博士・我妻博士によって主張され通説化した。

また、当初は、代償請求権論と不能論は切り離された形で論じられていたが、末弘説において両者が接続されて以降、代償請求権論は、後発的不能論の一部として論じられるようになった。我妻説・於保説においては、代償請求権発生の要件としては、後発的不能であれば、有責・無責を問わないとされた。

四　近時の判例と学説

1　最高裁昭和四一年判決

民法四二二条の二の規定は、最高裁昭和四一年判決によって確立された判例を明文化したものである。同判決は、要件を、ⓐ履行不能、ⓑ目的物の代償を債務者が取得したこと、ⓒそれが履行不能と同一の原因によること、ⓓ代償以上の損害の発生、効果を、債権者の債務者に対する利益償還請求権の取得、とする代償請求権の一般論を判示していた。なお、ⓓの要件を課す点で、その当時の少数説（勝本説）に従ったものであった。
また、代償請求権の根拠についても判示されたが、改正前民法五三六条二項後段の利益償還請求権との区別がなされず、説得力を欠くものであった。

2　他の裁判例と学説

最高裁昭和四一年判決以外にも、「代償請求権」という語が用いられた裁判例は、一再ならず現れている。けれども、最高裁昭和四一年判決に言う代償請求権の実体を備えているものは、ただ一件である。しかも、それは最高裁昭和四一年判決前のものである。それ以外は、執行不能に備えた填補賠償請求権（改正前民法四一五条後段）、解除による原状回復に代わる価格返還請求権（民法五四五条一項）、不当利得返還請求権（民法七〇三条）、遺産の一部の売却代金請求権や滅失損傷による損害賠償請求権など（代償財産）、代償分割において一部の共同相続人が取得する請求権、単なる「代わりの請求権」および不法行為による損害賠償請求権のいずれかである。そのため、最高裁昭和四一年判決が改正前民法下での裁判実務において先例として機能してきた、と言うことが難しい。

学説においては、最高裁昭和四一年判決を肯定する形で通説が形成された。その際には、①旧民法の代償請求権規定がフランス法に由来していた、②改正前民法の立法者意思が旧民法と同様に代償請求権肯定説を採っていた、という二つの内容を含む見解が星野博士によって示された。その影響によって、フランス民法→旧民法→改正前民法立法者意思→判例、という肯定説の流れが存在するものと見なされた。しかし、民法典制定過程を精査すると、①旧民法の代償請求権規定がそもそもフランス法ではなくイタリア法に由来していたことと、②改正前民法においても代償請求権を否定するのが立法者意思であった、ということが明らかである（→二1）。その限りでは星野博士の言明が不適切であったと言わなければならない。

さらに、最高裁昭和四一年判決に追随する学説においては、同判決において言及された民法五三六条二項後段の規定を用いて、その類推解釈によって代償請求権を根拠づける見解が有力となった。もっとも、その見解を支える基礎研究は乏しく、平成期に入ると、判例、民法制定過程およびドイツ法の沿革を理由に、危険負担が代償請求権とは関係しないという主張（拙稿）が現れ、そのためもあろうか、近時の文献では民法五三六条二項後段を引くものがほとんど見られなくなっている。

3　不能の学説

後発的不能に関しては、石坂説以降、後発的無責不能が義務消滅の要件であることについて疑いが持たれず、問題意識すら見られなかった。他方で、後発的有責不能についても、債務が消滅せずに損害賠償債務に変化するという解釈論を採ることで満足し、その場合の本来の給付義務の消長については関心が払われなかった。

原始的不能に関しては、末弘博士・我妻博士によって既に通説化していた原始的不能ドグマについて磯村哲博士によって――原始的不能ドグマは論理上の問題ではないという――ドグマ否定の方向性が与えられ、北川博士によってわが国の解釈論として展開されて伝播し、相当な有力説となるに至った。

4　代償請求権の機能

改正前民法において判例理論として承認されていた代償請求権の要件のうち、履行不能は、債権者が独力で証明することが困難である。そのため、執行不能の事実によって履行不能が証明されるか、債務者が履行不能を主張する場合においてはじめて、代償請求権は実務上の機能を発揮することができる。なお、履行不能による填補賠償請求権においても、履行不能が要件であるけれども、そこでは執行不能の場合に備えて予め填補賠償請求をすることが認められているので、二回目の判決手続を省略でき、その分だけ代償請求権よりも債権者に有利である。

五　民法（債権法）改正

1　不能

わが国においては、履行不能による義務消滅の考え方が明治民法制定過程において知られていた。しかし、現在まで踏襲される学説は、起草者意思とは無関係にドイツから継受されたものである。もっとも、平成二九年改正において民法四一二条の二第一項が新設されるに至った過程を精査してみても、不能に関するドイツ法の議論が綿密に調査された形跡は見られない。

2　代償請求権

代償請求権についてはなおさらの事であり、わが国では当初、イタリア旧民法を範とする代償請求権規定が旧民法に存在し、平成二九年改正前民法の立法者はそれを否定する趣旨で規定を削除していた。しかし、民法四二二条の二の規定する代償請求権は、そのような改正前民法の立法過程からは断絶したものであり、ドイツ民法学説の継受に由来する。それにもかかわらず、審議過程の検討を通して明らかになったことは、ドイツ法を調査した上で解釈論上の帰結を踏まえた改正ではなく、むしろ、いったん検討事項として挙げてしまったけれども、それを取り下げるだけの研究も用意されていない、という状況において勢いで作ってしまった条文だ、ということである。

六　ドイツ民法典成立史

ドイツの不能と代償請求権の有意な学説史は、パンデクテン法学に始まる。不能を要件とする給付義務の不存在に関しては、素朴な記述が既に古代ギリシア・古代ローマにおいて残されているものの、現代に繋がる議論は、パンデクテン法学において初めて登場する。サヴィニーが「不能の眠りを覚まし」、イェーリングが「代償」概念を確立し、モムゼンがその不能論において後発的無責不能が債務関係消滅という効果を生じさせると定式化した。モムゼンは他方で危険負担を根拠とする代償請求権発生の要件として「不能」を掲げ、ここに初めて不能論と代償請求権論との連結が成立した。つまり、不能論においてはサヴィニーとモムゼンが、代償請求権論においてはイェーリングとモムゼンがその成立と発展に貢献したことになる。

さらに、不能論と代償請求権論の双方に影響を及ぼしたのがヴィントシャイトである。ヴィントシャイトは、危険負担という根拠づけを取り去った代償請求権の要件の不能が後発的無責不能であることをはっきりさせ、その連結を明確なものとした。そのことによって、代償請求権は、後発的無責不能による給付義務消滅を要件とし、それを補充する制度として位置づけられることとなった。つまり、後発的無責不能による給付義務消滅という債権者に不利な制度を当事者意思によって補充するのが代償請求権である。債務の履行が不能になったのと同一の原因により債務の目的物の代償を取得したときは、債務者は、債権者の請求に従って、債権者に対して代償を償還しなければならないという（債権者に有利な）合意をしたであろうという推定が代償請求権の理論的根拠である。

民法典編纂過程においては、右のように成立したモムゼン＝ヴィントシャイト流の不能論・代償請求権論が前提とされ、当初は、当事者意思を根拠として後発的無責不能による給付義務消滅を補充する制度として代償請求権の立法が計画されていた（第一草案まで）。けれども、修正第一草案以降には給付義務消滅の要件が後発的無責不能、代償請求権発生の要件が後発的不能、と足並みが乱れて規定されるに至った。そのため、成立したドイツ民法典においては、後発的無責不能における代償請求権の補充的機能というものが文言上は消滅している。

七　ドイツ民法典制定後の学説史

ドイツ民法典（一八九六年公布・一九〇〇年施行）成立から一九八〇年代の債務法改正計画開始までの時期においては、不能論においては、第二七五条一項の解釈について、有責・無責を区別しない不能要件が成立するという画期的な出来事があった。つまり、後発的無責不能ではなく、単なる後発的不能が給付義務消滅をもたらすという通説が形成された。債務者の有責性が給付義務消滅の要件とはならないことが学説上認識されるに至ったのである。

他方で、裁判実務上の成果として、不能判断の基準が明確になっていった。つまり、履行不能を理由として給付義務を否定する趣旨は、仮に給付を命じる判決を下した場合にはそれが無意味であるからである。いかなる意味で無意味かと言うと、執行不能という意味で無意味である。すなわち、執行不能が確定している場合においては判決手続において給付義務を不存在とすることによって執行手続を省略することにこそ、履行不能の制度趣旨が見出されるのである。

それに対し、代償請求権論においては根拠に関し、当事者意思だという立法趣旨を肯定する判例が形成されたに留まった。

八　ドイツ新債務法

その後、後発的不能のみならず原始的不能もまた同様に扱うべき、と考えられるに至る。すなわち、後発的不能を要件として給付義務消滅の効果が導かれるのと同様に原始的不能を要件として給付義務不発生の効果がもたらされる、と理解されるようになった。これらは合わせて単純な「不能」を要件として給付義務不存在を効果とする法規範として認識されるようになり、それが債務法改正の成果として現行ドイツ民法二七五条一項の規定となった。

他方、代償請求権の制度自体は債務法改正計画および債務法現代化においては大きな変更を被らなかった。規定自体の必要性についても全く議論されないまま、現行ドイツ民法二八五条に引き継がれ、現行ドイツ民法二七五条一項の規定を補充するものとしての位置づけも変わっていない。しかし、不能要件から導かれる給付義務不存在が代償請求権の要件であることが明文で規定されたため、現行法においては不能による給付義務不存在の規定を代償請求権が補充するという関係が明確になっている。

不能および代償請求権について、民法典第一草案から新債務法まで十四の規定およびその草案を精査して明らかになったのは、現行ドイツ民法典の規定は、不能と代償請求権に関する限り、前身たる旧規定や旧草案の欠点を克服していて、とりわけ明確性においては非常に優れた規定となっているということである。

九　日本法の解釈論

1　履行不能と代償請求権の関係

代償請求権規定（民法四二二条の二）は、履行不能規定（民法四一二条の二）を補充する規定として解すべきであり、両規定の不能要件は同一のものと解すべきである。

2　履行不能

民法四一二条の二の規定も、要件・効果から成るれっきとした法制度の一つである。もっとも、それ自体は不能による給付義務不存在を規定するにすぎず、これを補充する諸規定とともに綿密な解釈論が必要となる。たしかに、わが国においては、履行不能による義務消滅の考え方が明治民法制定過程において知られていた。しかし、現在まで踏襲される学説は、起草者意思とは無関係にドイツから継受されたものであった。もっとも、履行不能についてはドイツにおいて見られたような問題意識が明確にならないまま、平成二九年改正において民法四一二条の二第一項が新設されるに至っている。しかし、沿革に鑑みれば、民法四一二条の二第一項の「不能」の解釈は、ドイツ法の現在の解釈論を参考にすることができる。

すなわち、民法四一二条の二第一項の「不能」を「債務者の責めに帰することができない不能」と縮小解釈するべきではない。また、その「不能であるときは」を「後に至って不能となったときは」と縮小解釈するべきでもない。つまり、その「不能」は、債務者の有責・無責および原始的・後発的の双方を問わない単純な「不能」である。

結局、民法四一二条の二第一項の「不能」を判断する裁判官は、もっぱら執行手続を念頭に、債務者を名宛人とした給付判決を債務名義とする強制執行によって給付が実現する可能性が存するか否かによって履行不能を判断し、その可能性が存しない場合に限って履行不能を肯定するべきである。また、その不能判断においては、債務者の責めに帰すべきか帰することができないかという判断も、不能が原始的か後発的かという判断も全く不要である。そのような不能判断は、債務の発生原因の解釈それ自体からは独立したものであり、かつその基準は明確であり、履行不能と判断される範囲は相当に狭いことになる。「不能」に至らない「給付困難」も、民法四一二条の二第一項の「不能」に含まれない。

なお、条文の位置が第四一二条の二というドイツ式で規定されたことは、その不能概念が後発的不能だけではなく原始的不能を含み、したがって効果としては請求権の消滅のみならず請求権の不発生をも含む「請求権の限界」についての規定であることを明らかにし、その明確性を高く評価することができる。

3　代償請求権

わが国では当初、イタリア旧民法を範とする代償請求権規定が旧民法に存在し、平成二九年改正前民法の立法者はそれを否定する趣旨で規定を削除していた。したがって、代償請求権新規定は、その趣旨を覆すものであり、むしろドイツ民法学説の継受に由来する最高裁昭和四一年判決の存在を論拠とするものである。しかし、規定新設が必要であったのかは、実に疑わしい。第一に、危険負担を理論的根拠として掲げる右判決自体に説得力があるとは言い難いからである。第二に、最高裁昭和四一年判決が現在の裁判実務で先例として機能している、とも言い難い状況にあるからである。第三に、比較法学上も、規定の必要性が認められないからである。第四に、債権法改正の審議過程自体において、規定の必要性についての共通認識が十分に形成されないまま、削除する理由も見出されなかったために、新規定として残ってしまったという感が強いからである。そのため、立法論としては民法四二二条の二の規定を削除すべきである。

そして、解釈論として民法四二二条の二の規定を論じるならば、新規定の必要性に疑問が呈される中での立法であったことから、一方で適用範囲を狭くするために要件をなるべく厳格に解釈し、他方でその効力を控え目にするために効果をなるべく小さく解釈することによって、新規定立法の影響を抑えるべきである、と考える。また、その際の解釈論の詳細においては、最高裁昭和四一年判決の元となるドイツ法を参照することが有益である。

同規定の理論的根拠は、ドイツ法と同様に、当事者意思の推定であり、制度としては損害賠償とは互いに独立したもの、と解すべきである。また、要件の解釈としては、とりわけ、「損害の額の限度において」という文言が代償以上の損害の発生を課している点が注目されるが、その要件を肯定し、規定の適用範囲を狭く解すべきである。

仮に民法四二二条の二の存在を前提として立法上改善すべき点を指摘するならば、第一に、民法四一二条の二の規定との関係を明らかにするために、ドイツにおけるような明文の指示を挿入するべきである。具体的には、民法四二二条の二の「その債務の履行が不能となったのと」という文言を「第四一二条の二第一項の規定によって債権者がその債務の履行を請求することができないのと」という文言に修正することで実現する。第二に、代償請求権が損害賠償請求権からは独立したものであり、むしろ履行不能を補充する機能を有する規定だということを明示するべきである。具体的には、民法四二二条の二の条番号を民法四一二条の三と変更することで実現する。

〈引用文献一覧〉

〈邦　文〉

赤松秀岳『十九世紀ドイツ私法学の実像』（成文堂、平七）
浅井清信『債権法に於ける危険負担の研究』（新青出版、復刻版、平八〔初版は昭一七〕）
浅井清信「履行不能」谷口知平・加藤一郎編『民法演習Ⅲ（債権総論）』（有斐閣、昭三三）一五頁～二七頁
有地亨「旧民法の編纂過程にあらわれた諸草案――旧民法とフランス民法との比較検討の準備作業として」法政三九巻二～四合併号（昭四八）一二七頁～一五八頁
五十嵐清「瑕疵担保と比較法（一）（二―完）」民商四一巻三号（昭三四）三七七頁～三九三頁、六号（昭三五）二四頁～四四頁〔同『比較民法学の諸問題』（一粒社、昭五一）八〇頁～一二四頁所収〕
五十嵐清『契約と事情変更』（有斐閣、昭四四）
池田真朗『スタートライン債権法〔第五版〕』（日本評論社、平二二〔初版は平七〕）
池田真朗『ボワソナードとその民法』（慶應義塾大学出版会、平二三）
幾代通『民法総則〔第二版〕』（青林書院、昭和五九）
石坂音四郎「債權ハ第三者ニ依リテ侵害セラルルヲ得ルヤ」『民法研究第一巻』（有斐閣、明四四）一三五頁～一八九頁
石坂音四郎「給付不能論」新報二一巻（明四四）九号一頁～八頁、一〇号七二頁～七五頁、一一号五八頁～七三頁、一二号三七頁～四五頁、二二巻（明四五）一号一七頁～四三頁、二号六一頁～七一頁、三号一二頁～二三頁、「給付不能ノ效力」京都法學會雜誌七巻二号（明四五）二五頁～五二頁〔同『民法研究第二巻』（有斐閣、大二）「給付不能論」二〇三頁～三一九頁、同『改纂民法研究下巻』（有斐閣、大九）「給付不能論」一二五頁～二〇八頁所収〕
石坂音四郎『日本民法　債權總論　上巻』（有斐閣、合本、大一〇〔初出は明四四〕）
石坂音四郎『日本民法　債權總論　下巻』（有斐閣、合本、大一〇〔初版は大四〕）
石坂音四郎『債權法大綱』（有斐閣、第四版、大九〔初版は大六〕）
石坂音四郎「物權ノ設定移轉ニ關スル我國法ノ主義」『改纂民法研究上巻』（有斐閣、大八）三二五頁～三四六頁所収
石田喜久夫『現代民法講義1　民法総則』（法律文化社、昭六〇）

石田喜久夫「石坂音四郎」法教一八一号（平七）九八頁～九九頁
石田喜久夫『口述民法総則　第二版』（成文堂、平一〇〔初版は昭六一〕）
石田穣『民法Ｖ（契約法）』（青林書院、昭五七）
石田穣『民法総則』（悠々社、平四）
石田穣『民法体系（一）民法総則』（信山社、平二六）
石部雅亮「サヴィニー」法セミ昭四九年六月号付録一〇頁～一三頁（伊藤正己編『法学者　人と作品』（日本評論社、昭六〇）九頁～一五頁所収）
石部雅亮「ドイツ民法典編纂史概説」『ドイツ民法典の編纂と法学』（九州大学出版会、平一一）三頁～六一頁
泉久雄「第八八四条」『新版注釈民法（二六）』（有斐閣、平一五）
磯村保「二重売買と債権侵害――『自由競争』論の神話（一）（二）（三）」神戸三五巻第二号（昭六〇）三八五頁～四〇八頁、三六巻一号（昭六一）二五頁～六三頁、二号（昭六一）二八九頁～三一七頁
磯村哲「Impossibilium nulla obligatio原則の形成とその批判理論――その一、獨民法の『原始的不能』の學説史的背景」石田文次郎還暦『私法学の諸問題（一）』（有斐閣、昭三〇）三九七頁～四三五頁
伊藤昌司「第九〇七条」『新版注釈民法（二七）』（有斐閣、補訂版、平二五）
伊東俊明「主張過程における当事者の情報提供義務」横国一五巻三号（平一九）一頁～二五頁
乾政彦「判研」法協四六巻八号（昭三）一四〇頁～一四二頁
フランツ・ヴィーアッカー（鈴木禄弥訳）『近世私法史』（創文社、昭三六）
内田貴『民法Ⅲ　第三版』（東京大学出版会、平一七〔初版は平八〕）
内田貴『民法Ⅱ　第三版』（東京大学出版会、平二三〔初版は平九〕）
采女博文「給付障害法改正に関するフーバーの提案モデル」鹿法二五巻一・二合併号（平二）三八五頁～四二九頁
梅謙次郎『民法要義　巻之三　債権編』（有斐閣、訂正増補版、明三三＝大元＝昭五九復刻〔初版は明三〇〕）
近江幸治『民法講義Ⅳ債権総論〔第三版補訂〕』（成文堂、平二一〔初版は平三〕）
近江幸治『民法講義Ｖ契約法〔第三版〕』（成文堂、平二〇〔初版は平一〇〕）
大久保泰甫『日本近代法の父　ボワソナアド』（岩波書店、昭五二）
大阪弁護士会『実務家からみた民法改正――「債権法改正の基本方針」に対する意見書』（別冊ＮＢＬ一三一号、平二一）
大原寛史「ドイツにおける事実的不能の位置づけ――ドイツ民法二七五条二項をめぐる議論を中心に」同志社法学六一巻六

号（平二二）六五頁～一五一頁
大原寛史「事実的不能と経済的不能の峻別――ドイツにおける批判的見解を素材として」同志社法学六三巻二号（平二三）
二七五頁～三二三頁
大森忠夫『保険法』（有斐閣、補訂版、昭六〇）
岡村玄治『改訂債權法總論』（巖松堂書店、改訂五版、昭六〔初版は大一三〕）
岡村玄治「代償請求権」末川博編集代表『民事法学辞典下巻』（有斐閣、再版増補、昭三九）一二九七頁～一二九八頁
沖野眞已「契約の解釈に関する一考察（一）～（三）――フランス法を手がかりとして」法協一〇九巻（平四）二号六一頁
～一二七頁、四号一頁～七三頁、八号一頁～一〇九頁
奥田昌道『請求権概念の生成と展開』（創文社、昭五四）
奥田昌道「ヴィントシャイト」法セミ昭四九年六月号付録一四頁～一七頁（伊藤正己編『法学者　人と作品』（日本評論社、
昭六〇）一六頁～二二頁所収）
奥田昌道『債権総論〔増補版〕』（悠々社、平四〔初版は筑摩書房、昭五七〕）
奥富晃「代償請求権」潮見佳男ほか編『Before/After 民法改正』（弘文堂、平二九）
小野秀誠『危険負担の研究――双務契約と危険負担』（日本評論社、平七）
小野秀誠『反対給付論の展開（危険負担論・各論第1巻）』（信山社、平八）
小野秀誠『叢書民法総合判例研究　危険負担』（一粒社、平一一）
小野秀誠『債権総論』（信山社、平二五）
小野秀誠『法学上の発見と民法』（信山社、平二八）
於保不二雄『法律学全集二〇　債権総論』（有斐閣、昭三四）
於保不二雄『法律学全集二〇　債権総論〔新版〕』（有斐閣、昭四七）
甲斐道太郎「第五三四条」『注釈民法（一三）』（有斐閣、昭四一）
甲斐道太郎「判批」判評一〇二号（昭四二）九三～九五頁
甲斐道太郎「代償請求権と不当利得」谷口知平還暦『不当利得・事務管理の研究（3）』（有斐閣、昭四七）一五九頁～一六
九頁
甲斐道太郎「第五三四条」『新版注釈民法（一三）』（有斐閣、補訂版、平一八）
勝本正晃『債權總論概説』（巖松堂書店、昭七）

勝本正晃『債權總論〔中巻之二〕』（嚴松堂書店、昭一一）

勝本正晃『債権法概論（總論）』（有斐閣、昭二四）

角紀代恵『ライブラリ　法学基本講義＝5　基本講義　債権総論』（新世社、平二〇）

加藤雅信「『不能論』の体系――『原始的不能』・『契約締結上の過失』概念廃棄のために」名法一五八号（平六）五五頁～七八頁

加藤雅信『新民法大系Ⅲ　債権総論』（有斐閣、平一七）

加藤雅信『新民法大系Ⅴ　事務管理・不当利得・不法行為〔第二版〕』（有斐閣、平一七）

金山直樹「第四一五条」能見善久・加藤新太郎編『論点体系　判例民法〈第2版〉4　債権総論』（第一法規、平二五）五三頁～七〇頁

鹿野菜穂子「草案第二七五条」下森定・岡孝編『ドイツ債務法改正委員会草案の研究』（法政大学出版局、平八）一六頁～二一頁

加毛明「債務不履行等」大村敦志・道垣内弘人編『解説民法（債権法）改正のポイント』（有斐閣、平二九）九六頁～一三四頁

嘉山幹一『債權總論上巻』（敬文堂書店、大一四）

嘉山幹一『債權總論』（敬文堂書店、増訂改版、昭二）

川井健『民法入門』（有斐閣、第三版、平一一〔初版は平元〕）

川井健『民法概論3（債権総論）』（有斐閣、第2版補訂版、平二一〔初版は平一四〕）

川井健『民法概論4（債権各論）』（有斐閣、補訂版、平二〇〔初版は平一八〕）

河上正二『民法総則講義』（日本評論社、平一九）

川島武宜『法律学全集一七　民法総則』（有斐閣、昭四〇）

川島武宜『債權法講義（總則Ⅰ）』（近代思想社、昭二三）

川添清吉「給付不能による代償請求権」法論一二巻一号（昭八）一七頁～四〇頁

川村泰啓『個人史としての民法学』（中央大学出版部、平七）

北川善太郎「契約責任法におけるドイツ民法の位置――契約責任の構造（一）」法叢六六巻四号（昭三五）三七頁～七一頁
〔同『契約責任の研究』（有斐閣、昭三八）六頁～四一頁〕

北川善太郎「瑕疵担保責任について（一）（二・完）――契約責任の構造（三）」法叢六七巻六号（昭三五）六六頁～一〇一

頁、六八巻三号（昭三五）九三頁～一三六頁、六八巻三号一二一頁～一二三頁〔同・前掲『契約責任の研究』九八頁～一九三頁、一七三頁～一七四頁所収〕
北川善太郎「契約責任の構造とわが民法理論（一）（二）・完 ― 契約責任の構造（五）・完」法叢六九巻六号（昭三六）九四頁～一三一頁、七〇巻一号（昭三六）一〇〇頁～一三九頁、一号一〇七頁～一〇八頁〔同・前掲『契約責任の研究』三四六頁～三四七頁所収〕
北川善太郎『契約責任の研究 ― 構造論』（有斐閣、昭三八）
北川善太郎『日本法学の歴史と理論』（日本評論社、昭四三）
北川善太郎『民法総則（民法講要Ⅰ）〔第2版〕』（有斐閣、平一三）
久保宏之『経済変動と契約理論』（成文堂、平四）
窪田充見「履行請求権」ジュリスト一三一八号（平一八）一〇三頁～一一六頁
ゲオルク・クリンゲンベルク（瀧澤栄治訳）『ローマ債権法講義』（大学教育出版、平一三）
小池隆一『日本債権法總論』（清水書店、昭八）
小粥太郎「判批」民百選Ⅱ〔第七版〕四五事件別ジュリ二二四号（平二七）九二頁～九三頁
古財英明「法律行為の成立要件・有効要件と立証責任 ― 代理、確定性、実現可能性を中心として」田原睦夫古稀『現代民事法の実務と理論（上巻）』（きんざい、平二五）八二頁～一〇三頁
小菅芳太郎「パウルス文（D. 18. 4. 21）の解釈史　序に代えて」北法四四巻六号（平六）一頁～一三頁
児玉寛・大中有信「ドイツ民法典編纂資料一覧」『ドイツ民法典の編纂と法学』（九州大学出版会、平一一）巻末五頁～一三頁
小林和明「危険負担」『裁判実務大系（一一）不動産訴訟法』（青林書院、昭六二）三九〇頁～四〇〇頁
小林一俊「西ドイツ債権法改正案における原始的不能法の克服」『西ドイツ債務法改正鑑定意見の研究』（法政大学出版局、昭六三）一六三頁～二〇九頁
小林一俊『錯誤・原始不能と不履行法』（一粒社、平八）
近藤英吉・柚木馨『註釋日本民法（債權編總則）〔上巻〕』（巖松堂書店、昭九）
佐藤友藏「民法ニ於ケル代償主義」法曹記事二五巻九号（大四）一頁～一一頁
沢井裕「判批」民商五七巻一号（昭四二）一一八頁～一二九頁
澤井裕『テキストブック債権総論〔補訂版〕』（有斐閣、増補、平元〔初版は昭五五〕）

澤井裕『テキストブック事務管理・不当利得・不法行為〔第三版〕』（有斐閣、平一三〔初版は平五〕）
潮見佳男「誰も不能の契約に拘束されない」法教一五二号（平五）二八頁〜三〇頁
潮見佳男『債権総論〔第二版〕Ⅰ――債権関係・契約規範・履行障害』（信山社、平一五〔初版は平六〕）
潮見佳男『契約法理の現代化』（有斐閣、平成一六）
潮見佳男「日本における客観的不能と主観的不能の区別――学説継受とその遺産」新井誠・山本敬三編『ドイツ法の継受と現代日本法――ゲルハルド・リース教授退官記念論文集』（日本評論社、平二一）一九三頁〜二一七頁
潮見佳男「第四一五条」『新版注釈民法（一〇）Ⅱ』（有斐閣、平二三）
潮見佳男『プラクティス民法　債権総論〔第四版〕』（信山社、平二四〔初版は平一六〕）
潮見佳男「第三分科会提出メモ」（平二四）
潮見佳男「中間試案のたたき台（一）についての意見」（平二四）
潮見佳男「中間試案のたたき台（二）についての意見」（平二四）
潮見佳男「民法（債権関係）の改正に関する要綱案のたたき台（三）資料六八Aについての意見」（平二五）
潮見佳男「前注　第九〇六条〜九一四条」『新版注釈民法（一七）』（有斐閣、補訂版、平二五）
潮見佳男『民法（債権関係）の改正に関する要綱仮案の概要』（きんざい、平二六）
潮見佳男・山本敬三・松岡久和「民法（債権関係）の改正に関する要綱仮案の原案（その一）についての意見及び説明の要望」（平二六）
潮見佳男『民法（債権関係）の改正法案の概要』（きんざい、平二七）
潮見佳男『新債権総論Ⅰ』（信山社、平二九）
潮見佳男『基本講義　債権各論Ⅰ契約法・事務管理・不当利得』（新世社、第三版、平二九）
潮見佳男『民法（債権関係）改正法の概要』（きんざい、平二九）
潮見佳男『プラクティス民法　債権総論〔第五版〕』（信山社、平三〇〔初版は平一六〕）
下森定「判研」法協七九巻二号（昭三七）九五頁〜九九頁
四宮和夫『民法総則〔第四版補正版〕』（弘文堂、平八）
四宮和夫・能見善久『民法総則〔第八版〕』（弘文堂、平二二）
下村正明「原始的不能法に関する一考察」阪法一三六号（昭六〇）一〇七頁〜一四四頁
ペーター・シュレヒトリーム（宮本健蔵訳）「西ドイツ債権法の改正計画について」『西ドイツ債務法改正鑑定意見の研究』

（法政大学出版局、昭六三）三頁～四二頁
新堂幸司『新民事訴訟法』（弘文堂、第五版、平成二三）
末弘嚴太郎「雙務契約ト履行不能」法協三四巻（大五）三号一頁～四二頁、四号四七頁～九〇頁、五号三七頁～六〇頁、六号一一六頁～一五七頁
末弘嚴太郎『債權各論』（有斐閣、大七）
鈴木竹雄『新版商行為法・保険法・海商法』（弘文堂、全訂第二版、平五）
鈴木禄弥『債権法講義　四訂版』（創文社、平一三〔初版は昭五五〕）
瀬戸正二「判解」最高裁判所判例解説民事篇昭和四十一年度（昭四二）五六四頁～五六八頁〔曹時一九巻四号（昭四二）一四五頁～一四八頁初出〕
瀬戸正二「判批」民百選Ⅱ〔初版〕一三事件別ジュリ四七号（昭五〇）三八頁～三九頁
高木多喜男「判批」民商四三巻五号（昭三六）七八頁～八二頁
高木多喜男「二重譲渡」中川善之助・兼子一監修『不動産大系第一巻　売買〔改訂版〕』（昭五〇）三八五頁～三九九頁
高橋宏志『重点講義　民事訴訟法　上〔第二版補訂版〕』（平二五）
高橋眞「代償請求権と物上代位」法教一八七号（平八）五二頁～五九頁
高橋眞「権利の担保責任と権利移転の『不能』について――裁判例の検討」林良平献呈『現代における物権法と債権法の交錯』（有斐閣、平一〇）二四三頁～二六六頁
高橋康之「債権債務（Les obligations）の概念」フランス民法研究会「共同研究　体系・フランス民法〔債務法〕」判タ五五八号（昭六〇）二六四頁～二七〇頁
多治川卓朗「代償請求権と売買契約における危険負担――売買契約の履行過程における目的物の滅失とその事後処理について」熊法八九号（平九）七一頁～一四六頁
多治川卓朗「代償請求権と調整機能――利益吸い上げ機能との関連に着目して」新井誠・山本敬三編『ドイツ法の継受と現代日本法ゲルハルド・リース教授退官記念論文集』（日本評論社、平二一）二九七頁～三二七頁
田中宏治「民法五三六条二項但書類推適用論の批判的検討――代償請求権に関する一考察」阪法四八巻一号（平一〇）一六九頁～二二三頁
田中宏治「原始的不能と契約無効――債権法改正［提案H］の学説史的考察」阪法四八巻五号（平一〇）九三頁～一三〇頁
田中宏治「北川善太郎『契約責任の研究――構造論』」『民法学説百年史』（三省堂、平一一）

田中宏治「ドイツ新債務法における特定物売買の今日的課題」民商一三三巻一号（平一七）一頁～四八頁
田中宏治「ドイツ新債務法における買主自身の瑕疵修補」阪法五五巻三・四号（平一七）二〇七頁～二二六頁
田中宏治「判批」民百選Ⅱ〔第六版〕九事件別ジュリ一九六号（平二一）二〇頁～二一頁
田中宏治「ドイツ新債務法における代物請求権の範囲――タイル事件」千葉二七巻二号（平二四）八七頁～一一五頁
田中宏治「共通欧州売買法提案のためのドイツ私法学会臨時大会」千葉二九巻一・二号（平二六）三二一頁～三四七頁
田中宏治「判批」民百選Ⅱ〔第七版〕一〇事件別ジュリ二二四号（平二七）二二頁～二三頁
田中宏治「ドイツ新債務法の二〇一七年瑕疵担保法改正」廣瀬久和古稀『人間の尊厳と法の役割――消費者法を超えて』（信山社、平三〇予定）
田山輝明『債権総論〔第2版〕〈有斐閣双書プリマ・シリーズ〉』（有斐閣、平四）
筒井健夫・村松秀樹『一問一答　民法（債権関係）改正』（商事法務、平三〇）
円谷峻「『契約交渉上の過失』に関するメディクスの鑑定意見」『西ドイツ債務法改正鑑定意見の研究』（法政大学出版局、昭六三）二一一頁～二五〇頁
円谷峻『新・契約の成立と責任』（成文堂、平一六）
円谷峻『債権総論』（成文堂、第二版、平二二〔初版は平二〇〕）
道垣内弘人「第四章　債務不履行、解除、危険負担」中田裕康ほか『講義 債権法改正』（商事法務、平二九）
遠山純弘「法律行為による利益（lucrum ex negotiatione）と代償請求権――ドイツにおける議論状況とその問題点」北園三六巻一号（平一二）一頁～三四頁、三八巻一号（平一四）三三頁～六三頁、二号（平一四）三三五頁～三七五頁
飛世昭裕「パウルス文（D. 18. 4. 21）の解釈史――註釈学派から人文主義法学まで」北法四四巻六号（平六）一四頁～一六九頁
富井政章『契約法講義』（時習社、明二一）
富井政章『民法論綱　人權之部　下巻』（岡島寶文舘、明二三）
富井政章『民法原論　第一巻　總論』（有斐閣、大四〔初出は明三六・三七〕）
富井政章『民法原論　第三巻　債權總論　上』（有斐閣、昭四）
中川敏宏「不能体系のゆらぎと代償請求権」専修大学法学研究所紀要三五巻（平二二）一三一頁～一六五頁
中島玉吉「危險負擔者の代位權」法叢一八巻一号一七頁～三四頁（昭二）
中田邦博「ドイツ債務法改正から日本民法改正をどのようにみるか」椿寿夫ほか編『法律時報増刊　民法改正を考える』

（日本評論社、平二〇）二七頁～三〇頁
中田裕康『債権総論　第三版』（岩波書店、平二五〔初版は平二〇〕）
中田裕康「部会資料八三―一に関するコメント」（平二六）
中村肇「事情変更法理における債務解放機能と債務内容改訂機能――ドイツ債務法現代化法および国際取引法規範における事情変更問題への対応を中心に」成城七二号（平一六）三九頁～一二〇頁
沼義雄『債權法要論　第一冊』（清水書店、大一三）
能見善久「鳩山秀夫」法教一七九号（平七）八〇頁～八一頁
能見善久「履行障害」山本敬三ほか『債権法改正の課題と方向――民法一〇〇周年を契機として』別冊NBL五一号（平一〇）一〇三頁～一四六頁
ギュンター・ハーガー／フロリアン・ベンテレ（田中宏治訳）「一九九九―二〇〇〇年の民法総則・債権法・物権法の発展」日独二〇号（平一四）三四頁～七一頁
鳩山秀夫『日本債權法總論』（岩波書店、大五）
鳩山秀夫『日本債權法（各論上）』（岩波書店、大七）
鳩山秀夫『日本債權法（各論中）』（岩波書店、大八）
浜上則雄「代償請求権について（上）（中）（下）」The Law School三九号（昭五六）六四頁～七三頁、四一号（昭五七）四〇頁～四三頁、四二号（昭五七）三五頁～四七頁
林良平「ドイツ民法第二八〇条の履行不能概念」『近代法における物権と債権の交錯』（有信堂高文社、平元〔初出は昭三〇〕）一九一頁～二〇九頁
林良平ほか『債権総論【第三版】』〔林良平・安永正昭〕（青林書院、平八〔初版は昭五三〕）
半田吉信『売買契約における危険負担の研究』（信山社、平一一）
半田吉信「原始的不能論の廃止」下森定・岡孝編『ドイツ債務法改正委員会草案の研究』（法政大学出版局、平八）四八頁～五三頁
半田吉信『ドイツ債務法現代化法概説』（信山社、平一五）
半田吉信『契約法講義』（信山社、第二版、平一七）
平井宜雄『債権総論〔第二版〕』（弘文堂、平六〔初版は昭六〇〕）
平井宜雄『法律学基礎論の研究』（有斐閣、平二二）

平田春二「判研」名経一号（平六）一三九頁～一五二頁
平野裕之『債権総論〔債権法講義案I〕講義案シリーズ一二』（信山社、平六）
平野裕之『契約法〔第二版〕講義案シリーズ一二』（信山社、平一一）
平野裕之『民法総合5　契約法』（信山社、第三版、平一九〔初版は平八〕）
平野裕之『債権総論』（日本評論社、平二九）
廣瀬克巨「原始的不能論前史（一）（二）」新報八四巻四・五・六号（昭五二）三七頁～一一一頁、七・八・九号（昭五三）四五頁～八二頁
広中俊雄『債権各論講義（第一分冊）』（有斐閣、昭三六）
藤原正則「侵害利得法の現状：代償請求と利益の返還（Gewinnherausgabe）」北法四四巻六号（平六）一七〇頁～一九六頁
藤原正則『不当利得法』（信山社、平一四）
ボアソナード『大日本帝国のための民法典草案、付註釈』
ボワソナード氏起稿、加太邦憲・一瀬勇三郎・藤林忠良合訳『民法草案財産篇講義　二　人権之部』（司法省、版年不明）
法制審議会民法（債権関係）部会「第三回会議議事録」（平二二）
法制審議会民法（債権関係）部会「第四回会議議事録」（平二二）
法制審議会民法（債権関係）部会「第九回会議議事録」（平二二）
法制審議会民法（債権関係）部会「民法（債権関係）の改正に関する検討事項（一）詳細版」（部会資料五―二）（平二二）
法制審議会民法（債権関係）部会「民法（債権関係）の改正に関する検討事項（六）詳細版」（部会資料一一―二）（平二二）
法制審議会民法（債権関係）部会「民法（債権関係）の改正に関する中間的な論点整理のたたき台（一）」（部会資料二一）（平二三）
法制審議会民法（債権関係）部会「民法（債権関係）の改正に関する中間的な論点整理のたたき台（二）」（部会資料二二）（平二三）
法制審議会民法（債権関係）部会「第二一回会議議事録」（平二三）
法制審議会民法（債権関係）部会「第二二回会議議事録」（平二三）
法制審議会民法（債権関係）部会「民法（債権関係）の改正に関する中間的な論点整理」（平二三）
法制審議会民法（債権関係）部会「民法（債権関係）の改正に関する中間的な論点整理の補足説明」（平二三）

法制審議会民法（債権関係）部会「『民法（債権関係）の改正に関する中間的な論点整理』に対して寄せられた意見の概要（各論一）」（部会資料三三―二）（平二三）
法制審議会民法（債権関係）部会「『民法（債権関係）の改正に関する中間的な論点整理』に対して寄せられた意見の概要（各論三）」（部会資料三三―四）（平二三）
法制審議会民法（債権関係）部会「第二ステージの審議の進め方」（部会資料一八）（平二三）
法制審議会民法（債権関係）部会「民法（債権関係）の改正に関する論点の検討（五）」（部会資料三二）（平二三）
法制審議会民法（債権関係）部会「民法（債権関係）の改正に関する論点の検討（六）」（部会資料三四）（平二三）
法制審議会民法（債権関係）部会「民法（債権関係）の改正に関する論点の検討（一三）」（部会資料四一）（平二三）
法制審議会民法（債権関係）部会「第三七回会議議事録」（平二三）
法制審議会民法（債権関係）部会「第四〇回会議議事録」（平二四）
法制審議会民法（債権関係）部会「第四八回会議議事録」（平二四）
法制審議会民法（債権関係）部会「第三分科会　第二回会議議事録」（平二四）
法制審議会民法（債権関係）部会「第一分科会　第三回会議議事録」（平二四）
法制審議会民法（債権関係）部会「第六三回会議議事録」（平二四）
法制審議会民法（債権関係）部会「民法（債権関係）の改正に関する中間試案のたたき台（一）（概要付き）」（部会資料五三）（平二四）
法制審議会民法（債権関係）部会「民法（債権関係）の改正に関する中間試案のたたき台（二）（概要付き）」（部会資料五四）（平二四）
法制審議会民法（債権関係）部会「民法（債権関係）の改正に関する中間試案のたたき台（四）（概要付き）」（部会資料五六）（平二四）
法制審議会民法（債権関係）部会「第六四回会議議事録」（平二四）
法制審議会民法（債権関係）部会「第六五回会議議事録」（平二四）
法制審議会民法（債権関係）部会「民法（債権関係）の改正に関する中間試案」（平二五）
法制審議会民法（債権関係）部会「民法（債権関係）の改正に関する中間試案（概要付き）」（平二五）
法制審議会民法（債権関係）部会「民法（債権関係）の改正に関する中間試案の補足説明」（平二五）
法制審議会民法（債権関係）部会「第七四回会議議事録」（平二五）

法制審議会民法（債権関係）部会「『民法（債権関係）の改正に関する中間試案』に対して寄せられた意見の概要（各論）【速報版（五）】」（部会資料六四－六）（平二五）

法制審議会民法（債権関係）部会「民法（債権関係）の改正に関する要綱案のたたき台（三）」（部会資料六八A）（平二五）

法制審議会民法（債権関係）部会「第七八回会議議事録」（平二五）

法制審議会民法（債権関係）部会「『民法（債権関係）の改正に関する中間試案』に対して寄せられた意見の概要（各論二）」（部会資料七一－三）（平二五）

法制審議会民法（債権関係）部会「『民法（債権関係）の改正に関する中間試案』に対して寄せられた意見の概要（各論四）」（部会資料七一－五）（平二五）

法制審議会民法（債権関係）部会「民法（債権関係）の改正に関する要綱案のたたき台（九）」（部会資料七五A）（平二五）

法制審議会民法（債権関係）部会「第八四回会議議事録」（平二六）

法制審議会民法（債権関係）部会「民法（債権関係）の改正に関する要綱仮案の原案（その一）」（部会資料七九－一）（平二六）

法制審議会民法（債権関係）部会「民法（債権関係）の改正に関する要綱仮案の原案（その一）補充説明」（部会資料七九－三）（平二六）

法制審議会民法（債権関係）部会「第九〇回会議議事録」（平二六）

法制審議会民法（債権関係）部会「民法（債権関係）の改正に関する要綱仮案の原案（その二）」（部会資料八〇－一）（平二六）

法制審議会民法（債権関係）部会「第九二回会議議事録」（平二六）

法制審議会民法（債権関係）部会「民法（債権関係）の改正に関する要綱仮案の第二次案」（部会資料八二－一）（平二六）

法制審議会民法（債権関係）部会「第九五回会議議事録」（平二六）

法制審議会民法（債権関係）部会「民法（債権関係）の改正に関する要綱仮案（案）」（部会資料八三－一）（平二六）

法制審議会民法（債権関係）部会「民法（債権関係）の改正に関する要綱仮案（案）補充説明」（部会資料八三－二）（平二六）

法制審議会民法（債権関係）部会「第九六回会議議事録」（平二六）

法制審議会民法（債権関係）部会「民法（債権関係）の改正に関する要綱仮案」（平二六）

法制審議会民法（債権関係）部会「民法（債権関係）の改正に関する要綱案の原案（その一）」（部会資料八四－一）（平二

六)
法制審議会民法（債権関係）部会「民法（債権関係）の改正に関する要綱案の原案（その一）参考資料」（部会資料八四—二）（平二六）
法制審議会民法（債権関係）部会「第九七回会議議事録」（平二六）
法制審議会民法（債権関係）部会「民法（債権関係）の改正に関する要綱案（案）」（部会資料八八）（平二七）
法制審議会民法（債権関係）部会「第九九回会議議事録」（平二七）
法制審議会民法（債権関係）部会「民法（債権関係）の改正に関する要綱案」（平二七）
法典調査会「民法議事速記録三」『日本近代立法資料叢書　三』（商事法務研究会、昭五九）
法務省「民法の一部を改正する法律案新旧対照条文」（平二七）
法律取調委員會「民法草案財産編人權ノ部議事筆記一」『日本近代立法資料叢書　八』（商事法務研究会、昭六二）
法律取調委員會「民法草案財産編人權ノ部議事筆記二」『日本近代立法資料叢書　九』（商事法務研究会、昭六二）
法律取調委員會「民法草案財産編再調査案議事筆記」『日本近代立法資料叢書　一一』（商事法務研究会、昭六三）
法律取調委員會「民法草案議事筆記」『日本近代立法資料叢書　一五』（商事法務研究会、昭六三）
法律取調委員會「民法草案再調査案議事筆記」『日本近代立法資料叢書　一五』（商事法務研究会、昭六三）
星野英一「判研」法協八五巻一号（昭四三）九〇頁～九五頁
星野英一『民法概論Ⅳ（第一分冊　契約総論）』（良書普及会、昭五〇）〔同『民法概論Ⅳ（契約）』（良書普及会、昭六一）所収〕
星野英一『民法概論Ⅳ（契約）』（良書普及会、昭六一）
星野英一「日本民法学の出発点」『民法論集　第五巻』（有斐閣、昭六一〔昭五二初出〕）一四五頁～二一三頁
星野英一「日本民法学史（一）（二）（三）（四）」法教八号（昭五六）三七頁～四四頁、九号（昭五六）一四頁～二二頁、一〇号（昭五六）一五頁～二五頁、一一号（昭五六）一六頁～二四頁〔同『民法講義　総論』（有斐閣、昭五八）所収〕
星野英一「日本の民法解釈学」『民法論集　第五巻』（有斐閣、昭六一）二一五頁～二五一頁〔早稲田法学五八巻三号（昭五八）三〇五頁～三三二頁初出〕
星野英一「我妻栄」法教一七六号（平七）六八頁～六九頁
穂積重遠「法學博士石坂音四郎教授ヲ悼ム」法協三五巻五号（大六）一頁～一〇頁
前田達明「原始的不能についての一考察」林良平還暦『現代私法学の課題と展望　下』（有斐閣、昭五七）五九頁～七八頁

前田達明『口述債権総論　第三版』（成文堂、平五〔初版は昭六二〕）
前田達明編『史料民法典』（成文堂、平一六）
牧山市治「判批」金法一一九四号（昭六三）一七頁～二一頁
松尾弘『債権法改正を読む――改正論から学ぶ新民法』（慶應義塾大学出版会、平二九）
松坂佐一『プラトンと法律――ギリシア法思想への案内』（名古屋大学出版会、昭六二）
松下英樹「原始的不能ドグマ克服論の体系」九大法学七三号（平九）二〇一頁～二五八頁
松本博之『民事訴訟における事案の解明』（日本加除出版、平二七）
ハインリッヒ・ミッタイス（世良晃志郎・広中俊雄訳）『ドイツ私法概説』（創文社、昭三六）
ミッタイス＝リーベリッヒ（世良晃志郎訳）『ドイツ法制史概説　改訂版』（創文社、昭四六）
三林宏「『原始的不能・不能無効』に関する一考察」伊藤進還暦『民法における「責任」の横断的考察』（第一法規、平九）
九三頁～一三五頁
三潴信三『債權法提要總論上冊』（有斐閣、大一二）
宮井忠夫・佐藤義彦「第八九八条」『新版注釈民法（二七）』（有斐閣、補訂版、平二五）
宮本健蔵「債務不履行法体系の新たな構築――ウルリッヒ・フーバーの鑑定意見」『西ドイツ債務法改正鑑定意見の研究』
（法政大学出版局、昭六三）一二一頁～一六二頁
民事法研究会編集部編『民法（債権関係）の改正に関する検討事項』（民事法研究会、平二三）
民法改正研究会編『民法改正国民・法曹・学界有志案』法時増刊（日本評論社、平二一）
民法（債権法）改正検討委員会編『債権法改正の基本方針』（別冊NBL一二六号、平二一）
民法（債権法）改正検討委員会編『シンポジウム「債権法改正の基本方針」』（別冊NBL一二七号、平二一）
民法（債権法）改正検討委員会編『詳解・債権法改正の基本方針　Ⅱ――契約および債権一般（一）』（商事法務、平二一）
向井健「民法典の編纂」福島正夫編『日本近代法体制の形成（下巻）』（昭五七）三一三頁～三九六頁
村上淳一「イェーリング」法セミ昭四九年六月号付録一八頁～二一頁（伊藤正己編『法学者　人と作品』（日本評論社、昭
六〇）二二三頁～二九頁所収）
村上淳一「ドイツ法学」『法学史』（東京大学出版会、昭五一）一一七頁～一七三頁
村上淳一『「権利のための闘争」を読む』（岩波書店、昭五八）
森泉章・鎌野邦樹『民法入門・〔第三版〕債権総論』（平一八〔初版は昭六一〕）

森田修『契約責任の法学的構造』（東京大学出版会、平一八）
森田修「『債権法改正』の文脈――新旧両規定の架橋のために　第一講　はじめに」法教四二七号（平二八）七二頁～七八頁
森田修『契約規範の法学的構造』（商事法務、平二八）
森田宏樹『債権法改正を深める――民法の基礎理論の深化のために』（有斐閣、平二五）
森山武市郎『債權法撮要（總論）上巻』（松華堂書店、昭八）
山口俊夫『フランス債権法』（東京大学出版会、昭六一）
山下末人「第五四五条」『新版注釈民法（一三）』（有斐閣、補訂版、平一八）
山田創一「第五二一条～第五四八条」遠藤浩編『民法Ⅴ（契約総論）』（青林書院、平九）
山中康雄『契約総論』（弘文堂、昭二四）
山野目章夫『新しい債権法を読みとく』（商事法務、平二九）
山畠正男「前注　第八八二条～八八五条」『新版注釈民法（二六）』（有斐閣、平四）
山本敬三『民法講義Ⅳ－1　契約』（有斐閣、平一七）
山本顯治「契約と交渉」田中成明編『現代理論法学入門』（法律文化社、平五）四八頁～七六頁
山本進一「判批」別ジュリ七号（昭四一）八六頁～八七頁
山本哲生〈損害保険〉山下友信ほか『保険法（第三版）』（有斐閣、平二二〔初版は平一一〕）一〇三頁以下
油納健一「不当利得法における『使用利益』の範囲（一）～（八・完）」広法三七巻二号（平二五）六三頁～七九頁、三八巻二号（平二六）一頁～三一頁、三九巻一号（平二七）一頁～一五頁、三九巻二号（平二七）一頁～二〇頁、四〇巻一号（平二八）二五頁～四三頁、四〇巻二号（平二八）一頁～八頁、四一巻一号（平二九）一頁～一八頁、四一巻二号（平二九）一頁～一六頁
柚木馨『判例債權法總論』（有斐閣、昭二五）
柚木馨・高木多喜男『判例債権総論〔補訂版〕』（有斐閣、昭四六）
吉田邦彦『債権侵害論再考』（有斐閣、平三）
吉政知広『事情変更法理と契約規範』（有斐閣、平二六）
我妻榮『債權總論』（岩波書店、昭一五）
我妻榮『債權各論上巻』（岩波書店、昭二九）

我妻榮『新訂債権総論』（岩波書店、昭三九）
我妻榮・有泉亨著・清水誠補訂『〔新版〕コンメンタール債権総則』（日本評論社、平九）
我妻榮・有泉亨著・清水誠・田山輝明『第3版　我妻・有泉コンメンタール民法――総則・物権・債権』（日本評論社、平二五〔初版は平一七〕）
渡辺達徳「ドイツ債務法現代化法における一般給付障害法」岡孝編『契約法における現代化の課題』（法政大学出版局、平一四）五五頁～七八頁
渡辺達徳「損害賠償規定（過失相殺・賠償額の予定・代償請求権）をどう考えるか」椿寿夫ほか編『法律時報増刊　民法改正を考える』（日本評論社、平二〇）二〇七頁～二〇八頁

〈欧　文〉

Alpmann, Josef: § 285 BGB, in: juris Praxiskommentar BGB, Band 2, 7. Aufl., Saarbrücken 2014（zit.: jurisPK-BGB/*Alpmann*）
Arp, Torsten: Anfängliche Unmöglichkeit zum Verständnis von § 306, Bonn, Univ., Diss., Bonn 1988
Becker-Eberhard, Ekkehard: § 264 ZPO, in: Münchner Kommentar zum ZPO, 4. Aufl., München 2013（zit.: Müko-ZPO/*Becker-Eberhard*）
Boissonade, Gustave Émile: Projet de code civil pour l'Empire du Japon accompagné d'un commentaire, tome 2, 2e éd., 1883
Boissonade, Gustave Émile: Projet de code civil pour l'Empire du Japon, 1889
Boissonade, Gustave Émile: Projet de code civil pour l'Empire du Japon accompagné d'un commentaire, tome 2, nouvelle éd., 1891
Boissonade, Gustave Émile: Code civil de l'Empire du Japon accompagné d'un exposé des motifs, tome 2, exposé des motifs du livre des biens, 1891
Bollenberger, Raimund: Das stellvertretende Commodum, Die Ersatzherausgabe im österreichischen und deutschen Schuldrecht unter Berücksichtigung weiterer Rechtsordnungen, Wien, Univ., Habil., Wien, Newyork 1999
Bundesgesetzblatt, Jahrgang 2001 Teil I Nr. 61, ausgegeben zu Bonn am 29. November 2001, S. 3138

Bundesministerium der Justiz (hrsg.): Gutachten und Vorschläge zur Überarbeitung des Schuldrechts, Köln 1981 und 1983

Bundesministerium der Justiz (hrsg.): Abschlußbericht der Kommission zur Überarbeitung des Schuldrechts, Köln 1992 (zit.: Abschlußbericht)

Bundesministerium der Justiz: Diskussionsentwurf eines Schuldrechtsmodernisierungsgesetzes, Stand: 4. August 2000

Bundesministerium der Justiz: Konsolidierte Fassung des Diskussionsentwurfs eines Schuldrechtsmodernisierungsgesetzes, SMG-DE03-060301neukorr, Berlin, den 6. März 2001

Bundesrat: Entwurf eines bürgerlichen Gesetzbuches für das Deutsche Reich. Erste Lesung. Ausgearbeitet durch die von dem Bundesrathe berufene Kommission. Amtliche Ausgabe., Berlin und Leipzig 1888

Bundesrat: Motive zu dem Entwurfe eines Bürgerlichen Gesetzbuches für das Deutsche Reich. Band II. Recht der Schuldverhältnisse. Amtliche Ausgabe., Berlin und Leipzig 1888

Bundesrat: Entwurf eines Bürgerlichen Gesetzbuchs und eines zugehörigen Einführungsgesetzes sowie eines Gesetzes, betreffend Aenderungen des Gerichtsverfassungsgesetzes, der Civilprozeßordung, der Konkursordnung und der Einführungsgesetze zur Civilprozeßordnung und zur Konkursordnung. In der Fassung der Bundesrathsvorlagen. Auf amtliche Veranlassung, Berlin 1898

Bundesrat: Stellungnahme des Bundesrates, Entwurf eines Gesetzes zur Modernisierung des Schuldrechts, Drucksache 338/01 vom 13. 7. 2001 (zit.: BR-Drucks. 338/01)

Bundesrat: Gesetzesbeschluss des Deutschen Bundestages, Gesetz zur Modernisierung des Schuldrechts, Drucksache 819/01 vom 19. 10. 2001 (zit.: BR-Drucks. 819/01)

Canaris, Claus-Wilhelm: Zur Bedeutung der Kategorie der „Unmöglichkeit" für das Recht der Leistungsstörungen, in: *Schulze, Reiner/Schulte-Nölke, Hans* (hrsg.), Die Schuldrechtsreform vor dem Hintergrund des Gemeinschaftsrechts, Tübingen 2001, SS. 43–66

-: Die Reform des Rechts der Leistungsstörungen, JZ 2001, SS. 499–524

-: Schuldrechtsmodernisierung 2002, München 2002

-: Die einstweilige Unmöglichkeit der Leistung, in: *Baums, Theodor/Wertenbruch, Johannes*: FS *Huber*, SS. 143–163, Tübingen 2006

Cekovic-Vuletic, Simonida: Haftung wegen Unmöglichkeit nach dem Schuldrechtsmodernisierungsgesetz, München, Univ., Diss., München 2003

Commission zur Ausarbeitung eines Allgemeinen Deutschen Obligationenrechts: Entwurf eines für die deutschen Bundesstaaten gemeinsamen Gesetzes über Schuldverhältnisse, Dresden 1866 (zit.: Der Dresdner Entwurf von 1866)

Dalloz: Réforme du droit des obligations: Un supplement au Code Civil 2016, À jour de l'ordonnance n° 2016–131 du 10 février 2016

Däubler, Wolfgang: Die vorübergehende Unmöglichkeit der Leistung, in: *Lorenz, Stephan/Trunk, Alexander/Eidenmüller, Horst/Wendehorst, Christiane/Adolf, Johannes*: FS *Heldrich*, SS. 55–66, München 2005

Dauner-Lieb, Barbara: Die geplante Schuldrechtsmodernisierung, JZ 2001, SS. 8–21

-: § 285 Herausgabe des Ersatzes, in: Nomos Kommentar BGB Schuldrecht, Band 2/1: §§ 241–610, 2. Aufl., Baden-Baden 2012, SS. 474–480 (zit.: NK-BGB/*Dauner-Lieb*)

Deutscher Bundestag: 14. Wahlperiode, Gesetzentwurf, Entwurf eines Gesetzes zur Modernisierung des Schuldrechts, Drucksache 14/6040 vom 14. 5. 2001 (zit.: BT-Drucks. 14/6040)

-: 14. Wahlperiode, Gesetzentwurf der Bundesregierung, Entwurf eines Gesetzes zur Modernisierung des Schuldrechts, Drucksache 14/6857 vom 31. 8. 2001 (zit.: BT-Drucks. 14/6857)

-: 14. Wahlperiode, Beschlussempfehlung und Bericht des Rechtsausschusses (6. Ausschuss), Entwurf eines Gesetzes zur Modernisierung des Schuldrechts, Drucksache 14/7052 vom 9. 10. 2001 (zit.: BT-Drucks. 14/7052)

-: 14. Wahlperiode, Änderungsantrag zu der zweiten Beratung des Gesetzentwurfs —Drucksache 14/6040, 14/7052—, Drucksache 14/7067 vom 9. 10. 2001 (zit.: BT-Drucks. 14/7067)

-: 14. Wahlperiode, Änderungsantrag zu der zweiten Beratung des Gesetzentwurfs —Drucksache 14/6040, 14/7052—, Drucksache 14/7080 vom 10. 10. 2001 (zit.: BT-Drucks. 14/7080)

-: 14. Wahlperiode, Beschlussempfehlung und Bericht des Rechtsausschusses (6. Ausschuss) zu dem Gesetzentwurf der Bundesregierung —Drucksache 14/6857—, Drucksache 14/7100 vom 10. 10. 2001 (zit.: BT-Drucks. 14/7100)

Dornis, Tim W.: beck-online. GROSSKOMMENTAR, GesamtHrsg: *Gsell/Krüger/Lorenz/Mayer*, Hrsg: *Gsell*, München 1. 6. 2017, § 285, (zit.: BeckOGK/*Dornis*, 1. 6. 2017, BGB § 285)

Emmerich, Volker: § 275 BGB, in: Münchner Kommentar zum BGB, 3. Aufl., München 1994 (zit.: Müko-BGB/

Emmerich)
-: Anm. zu BGH, Urteil vom 10. 5. 2006 —XII ZR 124/02, JuS 2006, SS. 935–937
-: § 285 BGB, in: Münchner Kommentar zum BGB, 6. Aufl., München 2012（zit.: Müko-BGB/*Emmerich*）
-: § 285 BGB, in: Münchner Kommentar zum BGB, 7. Aufl., München 2016（zit.: Müko-BGB/*Emmerich*）
-: Das Recht der Leistungsstörungen, 4. Aufl., München 1997
-: Das Recht der Leistungsstörungen, 6. Aufl., München 2005
Ernst, Wolfgang: §§ 275, 281. 326 BGB, in: Münchner Kommentar zum BGB, 7. Aufl., München 2016（zit.: Müko-BGB/*Ernst*）
Esser, Josef/Schmidt, Eike: Schuldrecht, Bd. I, Allgemeiner Teil, Teilband 2, 7. Aufl., Heidelberg 1993
-: Schuldrecht, Bd. I, Allgemeiner Teil, Teilband 2, 8. Aufl., Heidelberg 2000
Europäische Kommission, Mitteilung der Kommission an das Europäische Parlament, den Rat, den Europäischen Wirtschafts-und Sozialausschuss un den Ausschuss der Regionen, Arbeitsprogramm der Kommission für 2015: „Ein neuer Start" vom 16. 12. 2014, COM（2014）910 final, Annex2
Fikentscher, Wolfgang: Das Schuldrecht, Berlin 1965
Flume, Werner: in: Verhandlungen des 60. Deutschen Juristentages, Bd. II/2, München 1994
Gebauer, Martin: Grundfragen der Europäisierung des Privatrechts, 1998
-: Das neue italienische Verbrauchergesetzbuch（codice del consumo）—Kodifikation oder Kompilation?, Jahrbuch für Italienisches Recht 20, 2007, SS. 3–15
Gernhuber, Joachim: Die Erfüllung und ihre Surrogate sowie das Erlöschen der Schuldverhältnisse aus anderen Gründen, 2. Aufl., Tübingen 1994
Grüneberg, Christian: § 285 BGB, in: Palandt Bürgerliches Gesetzbuch mit Nebengesetzen, 69. Aufl., München 2010（zit.: Palandt/*Grüneberg*）
-: Einl v § 241, §§ 275, 280, 285 BGB, in: Palandt Bürgerliches Gesetzbuch mit Nebengesetzen, 77. Aufl., München 2018（zit.: Palandt/*Grüneberg*）
Gsell, Beate: § 326 BGB, in: Bürgerliches Gesetzbuch mit Einführungsgesetz und Nebengesetzen Kohlhammer-Kommentar begründet von *Soergel, Hans Theodor*, Bd. 2, Schuldrecht 3/2, Stuttgart 2005（zit.: Soergel/*Gsell*）

Hagen, Horst: *Bollenberger, R.* Das stellvertretende Commodum, JBl 2003, S. 891f.

Hanau, Peter: § 275 BGB, in: Münchner Kommentar zum BGB, 1. Aufl., München 1979 (zit.: Müko-BGB/*Hanau*)

-: § 275 BGB, in: Münchner Kommentar zum BGB, 2. Auf., München 1985 (zit.: Müko-BGB/*Hanau*)

Harder, Manfred: Commodum eius esse debet, cuius periculum est. Über die actio furti als stellvertretendes commodum beim Kauf, in: Festschrift für *Max Kaser* zum 70. Geburtstag, 1976, SS. 351–372

Harke, Jan Dirk: Unmöglichkeit und Pflichtverletzung: Römisches Recht, BGB und Schuldrechtsmodernisierung, in: *Helms, Tobias* u. a. (hrsg.): Jahrbuch Junger Zivilrechtswissenschaftler 2001 Das neue Schuldrecht, Stuttgart 2001, SS. 29–59

Hartmann, Felix: Der Anspruch auf das stellvertretende commodum, Freiburg, Univ., Diss., Tübingen 2007

Hartmann, Gustav: Die Obligation, Erlangen 1875

Heinrichs, Helmut: § 275 BGB, in: Palandt Bürgerliches Gesetzbuch mit Nebengesetzen, 42. Aufl., München 1983 (zit.: Palandt/*Heinrichs*)

-: § 275 BGB, in: Palandt Bürgerliches Gesetzbuch mit Nebengesetzen, 43. Aufl., München 1984 (zit.: Palandt/*Heinrichs*)

-: § 275 BGB, in: Palandt Bürgerliches Gesetzbuch mit Nebengesetzen, 59. Aufl., München 2000 (zit.: Palandt/*Heinrichs*)

-: § 280, 281, 283 BGB, in: Palandt Bürgerliches Gesetzbuch mit Nebengesetzen, 61. Aufl., München 2002 (zit.: Palandt/*Heinrichs*)

Helms, Tobias: Gewinnherausgabe als haftungsrechtliches Problem, Freiburg, Univ., Habil., Tübingen 2007

Hoffmann, Jan Felix: Zum vermögensrechtlichen Schutz absoluter und relativer Rechtspositionen an der Schnittstelle zum Immaterialgüterrecht, JA 2014, SS. 71–80

Höhn, Holger: Die Beeinträchtigung von Rechten durch Verfügungen Eine Untersuchung der Ansprüche aus §§ 281 Abs. I, 816 Abs. I, 818 Abs. BGB, München, Univ., Diss., München 1986

Huber, Ulrich: Leistungsstörungen, in: Bundesministerium der Justiz (hrsg.): Gutachten und Vorschläge zur Überarbeitung des Schuldrechts, Köln 1981, SS. 647–909

-: Leistungsstörungen, Bd. 2., Die Folgen des Schuldnerverzugs —Die Erfüllungsverweigerung und die vom Schuldner zu

vertretende Unmöglichkeit, Tübingen 1999.
-: Zur Auslegung des § 275 BGB, in: *Schilken, Eberhard*: FS *Gaul*, Bielefeld 2000, SS. 217–248
Jakobs, Horst Heinrich: Unmöglichkeit und Nichterfüllung, Bonn 1969
-: §§ 275–304: in: *Jakobs, Horst Heinrich/Schubert, Werner*: Die Beratung des Bürgerlichen Gesetzbuchs in systematischer Zusammenstellung der unveröffentlichten Quellen, Recht der Schuldverhältnisse I Art. 241–432, Berlin 1978
-: Gesetzgebung im Leistungsstörungsrecht. Zur Ordnung des Rechts der Leistungsstörungen im Bürgerlichen Gesetzbuch und nach Einheitlichem Kaufrecht, Paderborn, München, Wien, Zürich 1985
-: Lucrum ex negotiatione: kondiktionsrechtliche Gewinnhaftung in geschichtlicher Sicht, Tübingen 1993
Jhering, Rudolf von: Abhandlungen aus dem Römischen Recht, Leipzig 1844
-: In wie weit muß der, welcher eine Sache zu leisten hat, den mit ihr gemachten Gewinn herausgeben?, in: Abhandlungen aus dem Römischen Recht, Leipzig 1844, SS. 1–86
-: Cupla in contrahendo oder Schadensersatz bei nichtigen oder nicht zur Perfection gelangten Verträgen, in: Jahrbücher für die Dogmatik des heutigen römischen und deutschen Privatrechts, 4. Bd., 1861, SS. 1–112
-: Der Kampf um's Recht, 18. Aufl., Wien 1913
Jochem, Reiner: Eigentumsherausgabeanspruch (§985 BGB) und Ersatzherausgabe (§281 BGB): Abschied von einem Wiedergänger, MDR 1975, SS. 177–185
Kaser, Max: Die actio furti des Verkäufers, ZRG-RA 96, 1979, SS. 89–128
Kern, Christoph: § 138 ZPO, in: Kommentar zur Zivilprozessordnung, 23. Aufl., 2016 (zit.: Stein-Jonas/*Kern*)
Krückmann, Paul: Unmöglichkeit und Unmöglichkeitsprozeß; zugleich eine Kritik der Entwurf Rußlands, Ungarns und der Schweiz, AcP 101, 1907, SS. 1–306
Laband, Paul: Zum zweiten Buch des Entwurfes eines bürgerlichen Gesetzbuches für das Deutsche Reich. I. Abschnitt. Titel 1 bis 3., in: AcP 73, 1888, SS. 161–208
Larenz, Karl: Lehrbuch des Schuldrechts, 1. Band, Allgemeiner Teil, 1. Aufl., München 1953
-: Lehrbuch des Schuldrechts, 1. Band, Allgemeiner Teil, 2. Aufl., München 1957
-: Lehrbuch des Schuldrechts, 1. Band, Allgemeiner Teil, 4. Aufl., München 1960
-: Lehrbuch des Schuldrechts, 1. Band, Allgemeiner Teil, 5. Aufl., München 1962

-: Lehrbuch des Schuldrechts, 1. Band, Allgemeiner Teil, 6. Aufl., München 1963

-: Lehrbuch des Schuldrechts, 1. Band, Allgemeiner Teil, 7. Aufl., München 1964

-: Lehrbuch des Schuldrechts, 1. Band, Allgemeiner Teil, 8. Aufl., München 1967

-: Lehrbuch des Schuldrechts, 1. Band, Allgemeiner Teil, 9. Aufl., München 1968

-: Lehrbuch des Schuldrechts, 1. Band, Allgemeiner Teil, 10. Aufl., München 1970

-: Lehrbuch des Schuldrechts, 1. Band, Allgemeiner Teil, 11. Aufl., München 1976

-: Lehrbuch des Schuldrechts, 1. Band, Allgemeiner Teil, 12. Aufl., München 1979

-: Lehrbuch des Schuldrechts, 1. Band, Allgemeiner Teil, 13. Aufl., München 1982

-: Lehrbuch des Schuldrechts, 1. Band, Allgemeiner Teil, 14. Aufl., München 1987

Lehmann, Matthias: Anm. zu BGH, Urteil vom 10. 5. 2006—XII ZR 124/02, JZ 2007, SS. 525–527

Leipold, Dieter: vor § 128, § 138 ZPO, in: Kommentar zur Zivilprozeßordnung, 22. Aufl., 2005 (zit.: Stein-Jonas/*Leipold*)

-: § 288 ZPO, in: Kommentar zur Zivilprozeßordnung, 22. Aufl., 2008 (zit.: Stein-Jonas/*Leipold*)

-: BGB I, Einführung und Allgemeiner Teil, 9. Aufl., 2017

Lobinger, Thomas: Die Grenzen rechtsgeschäftlicher Leistungspflichten —Zugleich ein Beitrag zur Korrekturbedürftigkeit der §§ 275, 311a, 313 BGB n. F., Tübingen, Univ., Habil., Tübingen 2004

Looschelders, Dirk: „Unmöglickeit" und Schadensersatz statt der Leistung, JuS 2010, SS. 849–856

-: Unmöglichkeit als Leistungsstörungskategorie, in: *Artz, Markus/Gsell, Beate/Lorenz, Stephan* (hrsg.): Zehn Jahre Schuldrechtsmodernisierung, Tübingen 2014, SS. 213–235

Lorenz, Stephan/Riehm, Thomas: Lehrbuch zum neuen Schuldrecht, München 2002

Löwisch, Manfred: BGB § 275, in: J. V. Staudingers Kommentar zum Bürgerliches Gesetzbuch mit Einführungsgesetz und Nebengesetzen, 12. Aufl. Zweites Buch Recht der Schuldverhältnisse §§ 255–327, Berlin 1979 (zit.: Staudinger /*Löwisch*)

-: Herausgabe von Ersatzverdienst. Zur Anwendbarkeit von § BGB § 285 BGB auf Dienst-und Arbeitsverträge, NJW 2003, SS. 2049–2053

Löwisch, Manfred/Caspers, Georg: § 285 BGB, in: J. V. Staudingers Kommentar zum Bürgerliches Gesetzbuch mit Einführungsgesetz und Nebengesetzen, Berlin 2014（zit.: Staudinger/*Löwisch/Caspers*）

Maultzsch, Felix: Der Entwurf für eine EU-Richtlinie über den Online-Warenhandel und andere Formen des Fernabsatzes von Waren, JZ 2016, SS. 236–245

Medicus, Dieter: Zur Funktion der Leistungsunmöglichkeit im römischen Recht, Zeitschrift der Savigny-Stiftung für Rechtsgeschichte（ZRG）86, 1969, SS. 67–104

-: Verschulden bei Vertragsverhandlungen, in: Bundesministerium der Justiz（hrsg.）: Gutachten und Vorschläge zur Überarbeitung des Schuldrechts, Köln 1981, SS. 479–550

-: *Torsten Arp*: anfängliche Unmöglichkeit zum Verständnis von § 306, JZ 1988, S. 757

-: Schuldrecht: ein Studienbuch, I. Allgemeiner Teil, 12. Aufl., München 2000

-: Bemerkungen zur „vorübergehenden Unmöglichkeit“, in: *Lorenz, Stephan/Trunk, Alexander/Eidenmüller, Horst/Wendehorst, Christiane/Adolf, Johannes*: FS *Heldrich*, SS. 347–357, München 2005

Medicus, Dieter/Lorenz, Stephan: Schuldrecht I, Allgemeiner Teil, 21. Aufl., München 2015

Medicus, Dieter/Petersen, Jens: Bürgerliches Recht, 23. Aufl., München 2011

Mommsen, Friedrich: Beiträge zum Obligationenrecht. Erste Abtheilung: Die Unmöglichkeit der Leistung in ihrem Einfluß auf obligatorische Verhältnisse, Braunschweig 1853

-: Beiträge zum Obligationenrecht. Zweite Abtheilung: Zur Lehre von dem Interesse, Braunschweig 1855

-: Beiträge zum Obligationenrecht. Dritte und letzte Abtheilung: Die Lehre von der Mora nebst Beiträgen zur Lehre von der Culpa, Braunschweig 1855

-: Erörterungen aus dem Obligationenrecht, Erstes Heft: Erörterungen über die Regel: Commodum ejus esse debet, cujus periculum est, Braunschweig 1859

Mugdan, Benno（hrsg.）: Die gesamten Materialien zum Bürgerlichen Gesetzbuch für das Deutsche Reich, II. Band. Recht der Schuldverhältnisse, Berlin 1899

Musielak, Hans-Joachim: Grundkurs BGB, 1. Aufl., München 1986

-: Grundkurs BGB, 2. Aufl., München 1989

-: Grundkurs BGB, 3. Aufl., München 1992

-: Grundkurs BGB, 4. Aufl., München 1994

-: Grundkurs BGB, 5. Aufl., München 1997

-: Grundkurs BGB, 6. Aufl., München 1999

Musielak, Hans-Joachim/Hau, Wolfgang: Grundkurs BGB, 13. Aufl., München 2013

Niederrheinischer Bezirksverein deutscher Ingenieure unter Mitwirkung von *Cretschmar, Cornelius* (hrsg.): Der Entwurf eines Bürgerlichen Gesetzbuchs für das Deutsche Reich. Zweite Lesung, Düsseldorf 1894

Pfammatter, Paul: Der Anspruch auf das stellvertretende Commodum, Bern, Univ., Diss., Bern 1983

Picker, Eduard: Positive Forderungsverletzung und culpa in contrahendo —Zur Problematik Haftungen „zwischen" Vertrag und Delikt, AcP 183, 1983, SS. 369–520

-: Vertragliche und deliktische Schadenshaftung, JZ 1987, SS. 1041–1058

Plato: Nomoi

Rabel, Ernst: Origine de la règle: »Impossibilium nulla obligatio«, in: Mélanges Gérardin, Paris 1907, SS. 473–512

-: Unmöglichkeit der Leistung: Eine kritische Studie zum Bürgerlichen Gesetzbuch, in: FS *Bekker*, Weimar 1907, SS. 3–67, in: *Rabel, Ernst*: Gesammelte Aufsätze Bd. I, Arbeiten zum Privatrecht 1907–1930, hrsg. von *Leser, Hans Georg*, Tübingen 1965, SS. 1–55

Rauh, Theo: Leistungserschwerungen im Schuldvertrag, Trier, Univ., Diss., 1992, Frankfurt am Main 1992

Redaktionskommission: Der Entwurf eines Bürgerlichen Gesetzbuchs für das Deutsche Reich. Zweite Lesung. Nach den Beschlüssen der Redaktionskommission, I. bis III. Buch, Berlin 1894

Reichsjustizamt: Protokolle der Kommission für die zweite Lesung des Entwurfs des Bürgerlichen Gesetzbuchs. Im Auftrage des Reichsjustizamts, Bd. I, Allgemeiner Theil und Recht der Schuldverhältnisse Abschn. I, Abschn. II Tit. I, Berlin 1897

Reichstag: Entwurf eines Bürgerlichen Gesetzbuchs in der Fassung der dem Reichstag gemachten Vorlage, Berlin 1896

Riehm, Thomas: beck-online. GROSSKOMMENTAR, GesamtHrsg: *Gsell/Krüger/Lorenz/Mayer*, Hrsg: *Gsell*, München 1. 4. 2017, § 275, (zit.: BeckOGK/*Riehm*, 1. 4. 2017, BGB § 275)

Rohde, Gerd: Die Unmöglichkeit der Leistung bei Gattungsschulden, Würzburg, Univ., Diss., Würzburg 1972

Savigny, Friedrich Carl von: Obligationenrecht I & II, Berlin 1851 & 1853

-: Pandekntenvorlesung 1824/25, in: *Horst Hammen* (hrsg.), Ius Commune —Sonderhefte Studien zur Europäischen

Rechtsgeschichte, 62, Savignyana 1, 1933

Scheele, Heinrich: Das stellvertretende commodum nach § 281 BGB, Erlangen, Univ., Diss., Emsdetten 1931

Schermaier, Martin Josef: Historisch-kritischer Kommentar zum BGB, hrsg. von *Mathias Schmoeckel, Joachim Rückert, Reinhard Zimmermann*, Tübingen 2007, vor § 275. Leistungsstörungen, SS. 851–940., § 275. Ausschluss der Leistungspflicht, SS. 941–1027, §§280–285. Schadensersatz wegen Pflichtverletzung,, SS. 1178–1311 (zit.: HKK-BGB/*Schermaier*)

Schiemann, Gottfried: *Dieter Medicus* †, NJW 2015, S. 2111

Schmidt, Hubert: Beck'scher Online-Kommentar BGB, *Bamberger/Roth*, 39. Aufl., München 2016, § 325 u 326, (zit.: BeckOK-BGB/*Schmidt*)

Schmude, Jürgen: Vorwort, in: Bundesministerium der Justiz (hrsg.): Gutachten und Vorschläge zur Überarbeitung des Schuldrechts, Köln 1981, SS. V–VI

Schubert, Werner: §§ 241–275, 305–319: in: *Jakobs, Horst Heinrich/Schubert, Werner*: Die Beratung des Bürgerlichen Gesetzbuchs in systematischer Zusammenstellung der unveröffentlichten Quellen, Recht der Schuldverhältnisse I Art. 241–432, Berlin 1978

Schubert, Werner (hrsg.): Die Vorentwürfe der Redaktoren zum BGB. Recht der Schuldverhältnisse. Teil 1, Allgemeiner Teil, Teil 3, Besonderer Teil II. Verfasser: *Kübel, Franz Philipp von*, Berlin 1980, (zit.: Vorentwürfe Schuldverhältnisse)

Schulz, Fritz: System der Rechte für den Eingriffserwerb, AcP 105, 1909, SS. 1–489

Schulze, Reiner: BGB § 285, in: Bürgerliches Gesetzbuch Handkommentar, von *Schulze, Reiner/Dörner, Heinrich*, 8. Aufl., Baden-Baden 2014 (zit.: HK-BGB/*Schulze*)

Schwarze, Roland: BGB §§ 325, 326, in: J. V. Staudingers Kommentar zum Bürgerliches Gesetzbuch mit Einführungsgesetz und Nebengesetzen, Berlin 2015 (zit.: Staudinger/*Schwarze*)

Sessler, Anke: Die Lehre von den Leistungsstörungen —Heinrich Stolls Bedeutung für die Entwicklung des allgemeinen Schuldrechts, Freiburg, Univ., Diss., Berlin 1994

Siber, Heinrich: Römisches Recht in Grundzügen für die Vorlesung, 2. Auflage (Reprografischer Nachdruck der 1. Auflage, Berlin 1925 (Bd. I) und Berlin 1928 (Bd. II)), Darmstadt 1968

Sprau, Hartwig: § 818, Einf v § 823 BGB, in: Palandt Bürgerliches Gesetzbuch mit Nebengesetzen, 77. Aufl., München 2018 (zit.: Palandt/*Sprau*)

Stadler, Astrid: BGB § 285, in: Kommentar zum BGB, *Jauernig, Othmar von*, 16. Aufl., München 2015 (zit.: Jauernig/*Stadler*)

Stoll, Hans: Vorteilsausgleichung bei Leistungsvereitelung, in: *Schwenzer, Ingeborg/Hager, Günter*: FS *Schlechtriem*, Tübingen 2003, SS. 677–696

Stoll, Heinrich: Abschied von der Lehre von der positiven Vertragsverletzung, AcP 136, 1932, SS. 257–320

-: Die Lehre von den Leistungsstörungen, Tübingen 1936

Strieder, Joachim: Handbuch der Beweislast im Privatrecht Bd. 1, Allgemeiner Teil und Schuldrecht BGB mit VOB, HOAI, KSchG und ProdhaftG, *Baumgärtel, Gottfried*, 2. Aufl., Köln, Berlin, Bonn, München 1991

Stürner, Rolf: Die Aufklärungspflicht der Parteien des Zivilprozesses, Tübingen, Univ., Habil., Tübingen 1976

-: Empfiehlt sich die von der Schuldrechtskommission vorgeschlagene Neuregelung des allgemeinen Leistungsstörungsrechts, der Mängelhaftung bei Kauf-und Werkvertrag und des Rechts der Verjährung?—Versuch einer Themenpräsentation, NJW-Beil. 1994, SS. 2–6

Tanaka, Koji: Die Rechtsfolgen der Unmöglichkeit und die Erleichterung ihrer prozessualen Durchsetzung, Osaka University Law Review, Vol. 50, 2003, SS. 33–70

Treichel, Stefan: Nochmals: Das Leistungsverweigerungsrecht nach § 275 III BGB im Spannungsfeld von Beruf und Familie, NZA 2016, SS. 459–463

Treitel, Güenter H: Unmöglichkeit, »Impracticability« und »Frustration« im anglo-amerikanischen Recht, Baden-Baden 1991

Ullrich, Hans Günther: Doppelverkauf und stellvertretendes *commodum* vom D. 18. 21 zu § 281 BGB, Bonn, Univ., Diss., Trier 1990

Weber, Jan: Anm. zu BGH, Urteil vom 31. 10. 2007—VIII 278/05, NJW 2008, S. 992

Weill, Alex/Terré, François: droit civil, Les obligations, 4e éd., 1986

Weiss, Alexander: Die Ergänzung besonderer Rechtsverhältnisse durch die allgemeinen Vorschriften der §§ 280 ff. BGB, JuS 2012, SS. 965–969

Werner, Alfred: BGB vor §§ 275–292, § 275, in: J. V. Staudingers Kommentar zum Bürgerliches Gesetzbuch mit Einführungsgesetz und Nebengesetzen, 10./11. Aufl. II. Band Recht der Schuldverhältnisse Teil 1c §§ 249–327, Berlin 1967 (zit.: Staudinger/*Werner*)

Wieczorek, Andreas: Die Erlösherausgabe bei § 281 BGB, Marburg, Univ., Diss., Frankfurt am Main 1995

Wiedemann, Herbert: BGB § 281, § 283, § 323, in: Bürgerliches Gesetzbuch mit Einführungsgesetz und Nebengesetzen Kohlhammer-Kommentar begründet von *Soergel, Hans Theodor*, Bd. 2, Schuldrecht I, Stuttgart 1990 (zit.: Soergel/*Wiedemann*)

Windscheid, Bernhard: Mommsen, Beiträge zum Obligationenrecht. Erste Abtheilung. Die Unmöglichkeit der Leistung in ihrem Einfluß auf obligatorische Verhältnisse, Kritische Zeitschrift für die gesamte Rechtswissenschaft, Bd. 2, Heidelberg 1855, SS. 106–145

-: Lehrbuch des Pandektenrechts Band 2, 1. Abt., 1. Aufl., Düsseldorf 1865

Windscheid, Bernhard/Kipp, Theodor: Lehrbuch des Pandektenrechts Band 2, 9. Aufl., Frankfurt am Main 1906, Aalen 1963

Wittig, Solms Ubbo: Verurteilung zur Herausgabe einer Sache trotz behaupteter Unmöglichkeit, NJW 1993, SS. 635–639

Wollschläger, Christian: Die Entstehung der Unmöglichkeitslehre zur Dogmengeschichte des Rechts der Leistungsstörungen, Göttingen Univ., Diss., Köln 1970

Würthwein, Susanne: Zur Schadensersatzpflicht wegen Vertragsverletzungen im Gemeinen Recht des 19. Jahrhunderts: Grundsätze des Leistungsstörungsrechts im Gemeinen Recht in ihrer Bedeutung für das BGB, Marburg, Univ., Diss., Berlin 1990

Zweigert, Konrad/Hein, Kötz: Einführung in die Rechtsvergleichung: auf dem Gebiete des Privatrechts, 3. Aufl., Tübingen 1996

事項索引

ら

わ

A

B

C

D

人名索引

あ

か

さ

た

な

は

ら

わ

A

B

C

D

E

F

G

H

J

K

判例索引

◈ 大審院・最高裁判所

大判明治34・3・13民録7輯3巻41頁……*488*
大判明治34・7・8民録7輯7巻41頁……*488*
大判明治39・10・29民録12輯1358頁……*151, 441*
大判明治44・6・8民録17輯371頁……*488*
大判大正2・5・12民録19輯327頁……*151, 436, 439, 488, 489*
大判大正10・11・22民録27輯1978頁……*410*
大判大正13・3・11新聞2246号20頁……*436*
大判大正15・7・20民集5巻709頁……*107, 440*
大判昭和2・2・25民集6巻236頁……*94, 98*
大判昭和8・2・9民集12巻397頁……*146, 494*
大判昭和8・9・12民集12巻2139頁……*146, 494*
大判昭和11・6・30判決全集3輯7号17頁……*491*
大判昭和11・7・10民集15巻1481号……*428*
大判昭和15・3・13民集19巻530頁……*146, 494*
最判昭和25・10・26民集4巻10号497頁……*89*
最判昭和30・1・21民集9巻1号22頁……*146, 494*
最判昭和30・5・31民集9巻6号844頁……*410*
最判昭和32・9・19民集11巻9号1565頁……*437*
最判昭和35・4・21民集14巻6号930頁……*142, 151, 435, 437*
最判昭和35・11・1民集14巻13号2781頁……*397, 493*
最判昭和37・7・20民集16巻8号1656頁……*136*
最判昭和41・12・23民集20巻10号2211頁……*9, 92, 141, 174, 440, 457, 464, 467, 468, 500, 507, 508*
最判昭和44・5・27判時560号45頁……*437*
最判昭和47・4・20民集26巻3号520頁……*491*
最判昭和49・12・20判時768号101頁……*151, 437*
最判昭和50・12・25金法784号34頁……*410*
最判昭和62・7・10金法1180号36頁……*112, 198, 437*
最判平成9・7・1民集51巻6号2452頁……*489*
最判平成10・4・24判時1661号66頁……*397, 493*
最判平成19・3・8民集61巻2号479頁……*491*

◈ 控訴院・高等裁判所

長崎控判昭和8・3・20新聞3560号5頁……*105, 440, 491*
名古屋高判昭和47・9・7判時692号90頁……*109*
名古屋高判昭和51・12・27判時856号85頁……*110*
大阪高判平成5・10・27判タ873号238頁……*113*
福岡高判平成9・12・25判時1635号91頁……*111*

◈ 地方裁判所

名古屋地判昭和48・4・27判タ298号327頁……*119*

札幌地判昭和50・4・15判タ326号292頁……109
東京地判昭和54・7・19判タ398号130頁……110
大阪地判昭和58・4・25判時1099号89頁……114
東京地判昭和62・3・26判時1260号21頁……151, 440
東京地判平成2・3・13判時1338号21頁……120
宮崎地判平成5・2・26判タ823号156頁……112
那覇地判平成12・6・29判時1764号80頁……116

◈ 家庭裁判所
長野家審平成4・11・6家月46巻1号128頁……115
高松家審平成8・10・21家月51巻7号48頁……116

◈ その他
国税不服審判所裁決平成24・3・8裁決事例集86集1頁……118

◈ ドイツライヒ裁判所
RG, Urteil vom 13. 11. 1917 — II 167/17, RGZ 91, 260……392
RG, Urteil vom 8. 10. 1918 — VII 164/18, RGZ 94, SS. 20–25……416
RG, Urteil vom 21. 12. 1920 — VII 315/20, RGZ 101, 152……398
RG, Urteil vom 16. 5. 1923 — I 441/22, RGZ 107, 15, S. 17……311
RG, Urteil vom 10. 3. 1928 — I 228/27, RGZ 120, SS. 297–300……314, 415
RG, Urteil vom 1. 2. 1938 — VII 174/37, RGZ 157, 40……421
RG, Urteil vom 5. 4. 1939 — II 155/38, RGZ 160, SS. 257–270……310, 409

◈ ドイツ連邦通常裁判所
BGH, Urteil vom 4. 3. 1955 — V ZR 56/54, BeckRS 1955, 31198938……386
BGH, Urteil vom 19. 6. 1957 — IV ZR 214/56, BGHZ 25, S. 1–11……314, 383
BGH, Urteil vom 17. 4. 1958 — II ZR 335/56, NJW 1958, 1040……395, 399
BGH, Urteil vom 23. 12. 1966 — V ZR 26/64, NJW 1967, SS. 622–625……421
BGH, Urteil vom 4. 11. 1971 — VII ZR 175/69, NJW 1972, S. 152……310
BGH, Urteil vom 10. 3. 1972 — V ZR 87/70, BeckRS 1972, 31123284……419
BGH, Urteil vom 5. 5. 1977 — VII ZR 36/76, BGHZ 68, SS. 373–379……311, 409
BGH, Urteil vom 27. 10. 1982 — V ZR 24/82, NJW 1983, 929……400
BGH, Urteil vom 8. 6. 1983 — VIII ZR 77/82, NJW 1983, 2873……372
BGH, Urteil vom 21. 2. 1986 — V ZR 226/84, BGHZ 97, SS. 178–183……311, 409
BGH, Urteil vom 10. 2. 1988 — IVa ZR 249/86, NJW-RR 1988, SS. 902–904……314, 384, 391, 396, 416
BGH, Urteil vom 26. 9. 1990 — VIII ZR 205/89, NJW-RR 1991, SS. 204–205……419
BGH, Urteil vom 17. 2. 1995 — V ZR 267/93, NJW-RR 1995, 853……363
BGH, Urteil vom 19. 9. 1995 — VI ZR 377/94, DtZ 1996, 26……418
BGH, Urteil vom 13. 6. 1996 — III ZR 246/94, DtZ 1996, 310……372
BGH, Versäumnisurteil vom 26. 3. 1999 — V ZR 368/97, NJW 1999, SS. 2034–2035……311, 380, 409
BGH, Urteil vom 6. 12. 2001 — VII ZR 241/00, NJW-RR 2002, 661……419
BGH, Urteil vom 7. 3. 2002 — VII ZR 1/00, NJW 2002, SS. 3543–3545……419
BGH, Urteil vom 17. 2. 2004 — X ZR 108/02, NJW-RR 2004, SS. 989–991……423
BGH, Teilurteil vom 15. 10. 2004 — V ZR 100/04, NJW-RR 2005, SS. 241–243……415
BGH, Urteil vom 16. 3. 2005 — IV ZR 246/03, ZEV 2005, SS. 391–393……422

BGH, Urteil vom 20. 7. 2005 − VIII ZR 342/03, NJW 2005, SS. 3284-3285 ……… *420*
BGH, Urteil vom 17. 2. 2006 − V ZR 236/03, NJW-RR 2006, SS. 736-739 ……… *422*
BGH, Urteil vom 10. 5. 2006 − XII ZR 124/02, NJW 2006, 2323 ……… *374, 393*
BGH, Urteil vom 16. 10. 2007 − XI ZR 132/06, NJW 2008, 1070 ……… *371*
BGH, Urteil vom 19. 10. 2007 − V ZR 211/06, NJW 2007, 3777 ……… *364*
BGH, Urteil vom 31. 10. 2007 − VIII 278/05, NJW 2008, 989 ……… *390*
BGH, Urteil vom 30. 5. 2008 − V ZR 184/07, NJW 2008, 3122 ……… *362*
BGH, Beschluss vom 14. 1. 2009 − VIII ZR 70/08, NJW 2009, 1660 ……… *375*
BGH, Urteil vom 14. 1. 2010 − VII ZR 106/08, NJW 2010, 1282 ……… *368*
BGH, Urteil vom 21. 4. 2010 − VIII ZR 131/09, NJW 2010, SS. 2050-2053 ……… *420*
BGH, Urteil vom 21. 5. 2010 − V ZR 244/09, NJW 2010, 2341 ……… *377, 380*
BGH, Urteil vom 13. 1. 2011 − III ZR 87/10, NJW 2011, 756 ……… *367*
BAG, Urteil vom 24. 2. 2011 − 2 AZR 636/09, NJW 2011, 3319 ……… *378*
BGH, Urteil vom 15. 6. 2012 − V ZR 240/11, NJW 2012, 3096 ……… *366*
BGH, Urteil vom 25. 10. 2012 − VII ZR 146/11, NJW 2013, 152 ……… *373*
BGH, Urteil vom 20. 11. 2015 − V ZR 217/14, NJW-RR 2016, 717 ……… *419*

◈ ドイツベルリン上級地方裁判所

KG, Urteil vom 4. 9. 1998 − 17 U 3053/97, LSK 2000, 070034 ……… *420*

法令索引

は

〈著者紹介〉

田中　宏治（たなか・こうじ）

1967年　埼玉県に生まれる
1986年　私立武蔵高校卒業
同　年　東京大学文科Ⅰ類入学
1991年　東京大学法学部卒業
1993年　東京大学大学院法学政治学研究科修士課程修了
1997年　東京大学大学院法学政治学研究科博士課程中退
同　年　大阪大学法学部助手
1999年　ドイツ学術交流会（DAAD）長期奨学生
同　年　大阪大学大学院法学研究科助教授
2001年　フライブルク大学法学部修士課程修了（LL. M.）
2009年　千葉大学大学院専門法務研究科教授
2017年　千葉大学大学院社会科学研究院教授（現在に至る）

代償請求権と履行不能

2018（平成30）年12月25日　第1版第1刷発行

著　者　田　中　宏　治
発行者　今井　貴　渡辺左近
発行所　株式会社　信　山　社
〒113-0033　東京都文京区本郷6-2-9-102
Tel 03-3818-1019　Fax 03-3818-0344
info@shinzansha.co.jp
笠間才木支店　〒309-1600　茨城県笠間市才木515-3
笠間来栖支店　〒309-1625　茨城県笠間市来栖2345-1
Tel 0296-71-0215　Fax 0296-72-5410
出版契約 2018-6831-7-01010　Printed in Japan

印刷・製本／亜細亜印刷・牧製本
ISBN978-4-7972-6831-7　C3332：324. 401 民法
6831-01011：012-035-015：p.588《禁無断複写》

民法研究 第2集〔東アジア編〕

大村敦志 責任編集

21世紀民事法学の挑戦 加藤雅信先生古稀記念 上・下

加藤新太郎・太田勝造・大塚直・田高寛貴 編

人間の尊厳と法の役割 ― 民法・消費者法を超えて

廣瀬久和先生古稀記念

河上正二・大澤彩 編

新債権総論Ⅰ・Ⅱ

潮見佳男

プラクティス債権総論〔第5版〕

潮見佳男

判例プラクティス民法Ⅰ～Ⅲ

松本恒雄・潮見佳男 編